The Report of Economic Policies and Simulations

经济政策与模拟研究报告

（第七辑）

中国社会科学院经济政策与模拟重点研究室

图书在版编目（CIP）数据

经济政策与模拟研究报告. 第七辑/中国社会科学院经济政策与模拟重点研究室编. —北京：经济管理出版社，2015.6
ISBN 978-7-5096-3761-6

Ⅰ. ①经… Ⅱ. ①中… Ⅲ. ①中国经济—经济政策—研究报告 Ⅳ. ①F120

中国版本图书馆 CIP 数据核字（2015）第 088823 号

组稿编辑：张永美
责任编辑：张永美　王格格
责任印制：黄章平
责任校对：雨　千

出版发行：经济管理出版社
（北京市海淀区北蜂窝 8 号中雅大厦 A 座 11 层　100038）
网　　址：www. E-mp. com. cn
电　　话：（010）51915602
印　　刷：北京九州迅驰传媒文化有限公司
经　　销：新华书店
开　　本：787mm×1092mm/16
印　　张：17.75
字　　数：405 千字
版　　次：2015 年 7 月第 1 版　　2015 年 7 月第 1 次印刷
书　　号：ISBN 978-7-5096-3761-6
定　　价：58.00 元

本书作者

第一章　刘生龙

第二章　娄　峰

第三章　万相昱

第四章　沈利生

第五章　张　晓

第六章　王宏伟　李　平　张　静

第七章　郑世林

第八章　刘建翠

第九章　王国成　王一涵

第十章　李新中

第十一章　王　莉

第十二章　李金华

第十三章　王喜峰　牛存稳　贾仰文
　　　　　周　娜　郝春沣

第十四章　陈星星

目 录

第一章　电力消费与中国经济增长
——基于面板协整及向量误差修正模型结果

第一节　引言及背景

在过去的 30 多年里，中国经历了高速经济增长，GDP 年均增长率达到了近 10%，成为世界第二大经济体，经济总量仅次于美国。随着经济的高速增长，中国的用电需求也高速增长，2011 年中国全社会用电量达到 47025.89 亿千瓦时，超过美国，成为世界上用电需求最高的国家。

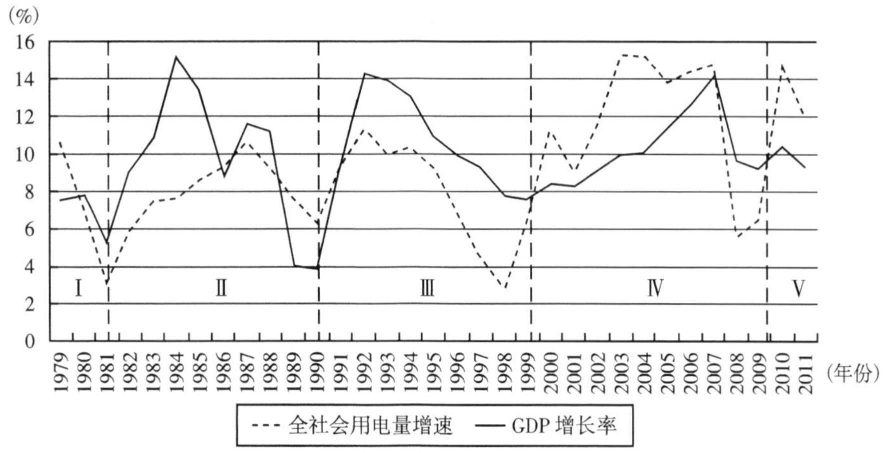

图 1-1　1979~2011 年中国全社会用电量增速与 GDP 增长率

图 1-1 表现的是 1979~2011 年中国全社会用电量增速和 GDP 增长率，可以看到，如果按照经济增长的波谷—波谷作为周期，那么用电需求的周期与中国的经济增长周期是高度吻合的，经济增长快的年份对应着用电需求高速增长的年份，而经济增速减缓的年份则对应用电需求增长降低的年份，用电需求在一定程度上成为中国经济增长快慢的

“晴雨表”。目前，全社会用电量、铁路货运量和信贷发放量[①] 成为国外研究者跟踪观察中国宏观经济运行最为核心的指标。

从图 1-1 还可以看到，尽管在过去的 30 年里中国加大了电力行业投资，全社会用电量保持了较高的增长速度，1978~2011 年全社会用电需求年均增长率达到了 9.3%，然而，在大部分年份里，尤其在 2000 年之前，用电量增速低于经济增长率，说明电力消费与中国的经济增长之间并不存在一一对应的关系。从历史数据来看，中国的电力消费相对于经济发展的需求而言一直存在着较大的短缺，虽然在 1997 年亚洲金融危机爆发后，随着中国经济增速减缓，中国首次出现了电力盈余，然而，自 2002 年中国进入新一轮经济景气周期之后，电力短缺问题再次暴露出来，2004 年全国电力短缺问题更加凸显。中国电力供需矛盾直到 2008 年全球金融海啸爆发，中国经济增速明显下降之后才有所缓解。然而，近些年来，中国的电力供需总体来说仍然偏紧，区域性、时段性和季节性缺电问题一直较为严重。

历史数据表明，中国电力短缺的问题一直存在，需要加大电力投资和生产，然而这就不得不提到另一个问题，即电力生产对环境的负面影响。基于资源禀赋的特点，中国的发电装机以火电为主。1978 年中国火电发电装机容量占发电设备装机容量的比重为 69.2%，到 2006 年这一比重达到 77.6%，之后缓慢下降到 2011 年的 72.3%。而在中国的一次能源消费结构中，煤炭一直占据着最重要的份额，在所有的煤炭消费中，一半以上用于电力生产，其负面效果是大量的碳排放从而造成环境污染。2011 年中国的二氧化碳排放量为 89 亿吨，是世界上最大的二氧化碳排放国，高出排放量第二的美国 29 亿吨，是 1978 年中国二氧化碳排放量的 6 倍多。据测算，2011 年煤炭消费所产生的二氧化碳

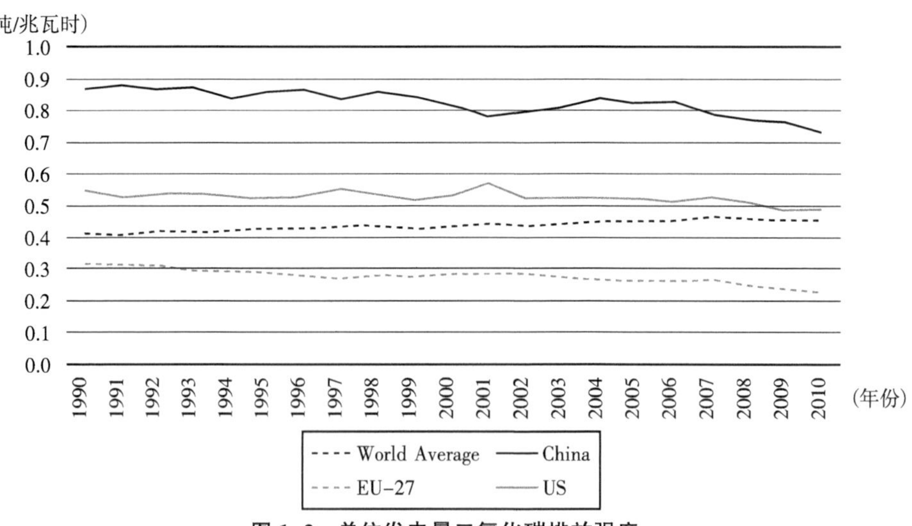

图 1-2 单位发电量二氧化碳排放强度

资料来源：IEA，2013。

① 这三项指标构成的指数被国外媒体称为“克强指数”。

为 56.4 亿吨，而电力和热力行业的生产和供应占整个煤炭消费近 50%，这就意味着火力发电是导致中国二氧化碳高排放的重要原因。根据国际能源署公布的数据，2010 年中国发电部门二氧化碳排放占世界发电部门二氧化碳排放的 32%，高出美国近 10 个百分点，然而中国的发电量仅占世界的 1/5，略高于美国。这实际上也反映出中国电力部门的排放强度大幅高于世界平均水平。尽管中国的发电排放强度从 20 世纪 90 年代的近 0.9 吨每兆瓦时下降到 2010 年的 0.73 吨每兆瓦时，但仍然比世界平均水平高出 61%。

根据中国国务院新闻办公室发布的信息，1996~2005 年中国由于环境污染造成的 GDP 损失占总 GDP 的比重达到了 10%（国新办，2006）。如果中国的能源消费仍然延续当前的这种发展趋势，一个不可避免的问题就是中国将很难实现可持续发展。正是意识到这个问题的严重性，中国政府在制定“十一五规划”（2006~2010）时首次明确提出了到 2010 年单位 GDP 能耗下降 20%的目标，而在接下来的“十二五规划”（2011~2015）中再次明确提出单位 GDP 能耗在 2010 年的基础之上下降 16%的目标。在中国政府的节能减排规划中，电力部门的二氧化碳排放被放在突出显著的位置。过快的电力消费增速所带来的碳排放以及相关的环境问题已经不再能够被决策部门所容忍。与之相关联，未来经济增长目标设定的下调，实际上也是平衡电力增长与电力部门的碳排放之间关系的重要措施。

一方面，经济发展导致中国电力短缺的状况长期存在；另一方面，出于环境保护的需要，中国需要降低经济发展对能源和电力的依赖程度。这就要求必须正确把握电力消费与经济发展之间的关系，只有这样才能够提出适合经济可持续发展的能源和电力发展政策。此外，对于中国经济与电力之间的关系，更为突出的特征还体现在地区经济发展水平、电力发展水平以及节能减排实现情况的不平衡上。因而，研究各地区经济增长与电力消费的特征分布与面板数据下的互动关系就成了研究这一问题最好的切入点与分析路径。

第二节 文献回顾

自 1974 年石油危机发生以来，能源消费和经济增长之间的关系一直是经验研究的核心问题之一。Kraft J.和 Kraft A.（1978）开创性地运用 1947~1974 年的时间序列数据验证了美国能源消费与经济增长之间的关系，研究结果表明两者之间呈单向的因果关系，即经济发展是能源消费的原因。之后，经验研究扩展至许多发达国家，如英国、德国、意大利、加拿大、法国、日本和希腊等（Yu 和 Choi，1985；Erol 和 Yu，1987；Hondroyiannis 等，2002；等等）。近些年来，这一经验研究又扩展至许多发展中国家，如印度、斯里兰卡、约旦、喀麦隆等（Ghosh，2002；Morimoto 和 Hope，2004；Yemane，2006；Lee 和 Chang，2008）。然而，这些经验研究并没有得出一致的结论，Yang（2000）的研究表明，电力消费与中国台湾的经济增长之间具有双向的因果关系，

Morimoto 和 Hope（2004）发现斯里兰卡也是如此。也有一些研究表明电力消费与经济增长之间仅仅具有单向的因果关系，但即使是具有单向的因果关系，有的研究也表明这种单向的因果关系是从经济发展到电力消费的，比如 Masih A. M. M. 和 Masih R.（1996）对于印度尼西亚的研究，Aqeel 和 Butt（2001）对于巴基斯坦的研究，以及 GHosh（2002）对于印度的研究等；还有的研究表明这种关系是从电力消费发展到经济增长的，比如 Masih A. M. M. 和 Masih R.（1996）对印度的研究，Asafu-Adjaye（2000）对于日本的研究，以及 Belloumi（2009）对突尼斯的研究等。即使是同一个国家，不同的研究者通过收集不同时间段的数据或者采用不同的实证方法也可以得出不同的研究结论，比如同样是对印度的研究，GHosh（2002）与 Masih A. M. M. 和 Masih R.（1996）的研究结论是完全相反的，前者的研究表明存在一个从电力消费到经济增长的因果关系，而后者的研究表明存在从经济增长到电力消费的因果关系。

尽管国际上有关电力消费与经济发展关系问题的研究已经很多了，但是有关中国电力消费与经济发展的研究并不多见。随着经济的发展，中国在国际上占据着越来越重要的位置，中国的能源安全和电力短缺问题越来越受到国内外学者的重视，近些年来，一些研究者才开始关注中国的电力消费与经济发展的关系问题，然而现有的研究也没能得出一致的结论（见表 1-1）。林伯强（2003）的研究表明，经济增长对中国的电力消费具有单向的影响，Shiu 和 Lam（2004）、Yuan 等（2007）及 Cheng 等（2013）的研究则表明电力消费对中国的经济增长具有单向的影响，而 Rong 等（2011）的研究则表明电力消费与经济增长之间从长期来看存在着双向的因果关系，而从短期来看，因果关系则不确定。

表 1-1　中国的电力消费与经济增长因果关系的经验结果比较

作　者	研究时段	研究方法	研究结论
林伯强（2003）	1978~2001	协整模型与误差修正模型	GDP→电力消费
Shiu 和 Lam（2004）	1971~2000	误差修正模型	电力消费→GDP
Yuan 等（2007）	1978~2004	协整模型	电力消费→GDP
Yuan 等（2008）	1963~2005	协整模型和向量误差修正模型	电力消费→GDP
Rong 等（2011）	1985~2008	Panel 协整	电力消费↔经济增长（长期） 具有混合的影响（短期）
Cheng 等（2013）	1953~2010	协整分析与格兰杰因果关系检验	电力消费→GDP

正确把握电力消费与经济增长之间的因果关系具有重要的意义，这是因为不同的因果关系暗示着不同的能源政策。从目前的研究结果来看，电力消费与经济增长之间存在如下四种关系：①电力消费单向地影响经济增长。②经济增长单向地影响电力消费。③电力消费与经济增长之间不存在任何方向上的因果关系。④电力消费与经济增长之间存在双向的因果关系。如果存在从电力消费到经济增长单向的因果关系，就意味着减少电力消费会导致经济增速下降（Asafu-Adjaye，2000）。相反，如果存在从经济增长到电力消费单向的因果关系则意味着电力消费下降对经济增长不会产生实质性的影响，而经

济增长下降则会降低对电力消费的需求。如果电力消费与经济增长之间不存在任何方向上的因果关系，就意味着降低电力消费不会影响经济增长，而经济增长下降也不会影响电力消费，在这种情况下，能源节约政策不会对经济增长产生任何影响（Jumbe，2004）。而如果电力消费与经济增长之间存在双向的因果关系，就意味着经济增长要求更多的电力需求，更高的电力消费将会导致更高的经济增速，电力消费与经济增长相辅相成，能源节约政策将会导致经济增速下降。

鉴于当前文献关于中国电力消费与经济增长之间关系存在着研究结论不一致的问题以及电力消费在中国经济发展中的重要性，有必要对电力消费与中国经济增长之间的关系进行更加细致的研究和分析，尤其是需要引入更新的方法研究电力消费与中国经济增长之间的关系。从目前研究中国电力消费与经济增长之间关系的文献来看，主要存在如下几个方面的问题：首先是数据的时间段较短，样本数偏低，大多数研究文献所使用的数据仅仅包含 30~40 年的样本；其次是使用的方法以格兰杰因果关系和误差修正模型为主，而一些批评者则明确指出，格兰杰因果关系模型会随着模型结构较小的变化而变得十分敏感，比如是否加入线性趋势项或者滞后阶数发生改变都有可能改变模型的估计结果；最后是现有的研究主要采用的是双变量模型，这些研究通常没有考虑其他一些因素（如资本和劳动力）对结果可能产生的影响，因而导致估计结果不稳定甚至是错误的（Lee 和 Chang，2008）。

由于传统的时间序列数据单位根检验和协整检验的势（power）比较弱，本章决定通过收集中国内地 28 个省、直辖市、自治区 1978~2011 年的数据，[①] 通过面板单位根和面板协整技术再次检验电力消费与中国经济增长之间的关系。由于面板数据提供的信息要远远高于单个时间序列数据或者横截面数据，而且面板检验允许不同组别之间的动态异质性，因此面板单位根检验和协整检验要比传统的检验方法具有更强的势（Harris 和 Tzavalis，1999）。本章与先前的文献相比还存在三个不同之处：首先，在研究电力消费与中国经济增长之间的关系时，本章控制了中国各省份的资本存量和劳动力；其次，本章运用新近发展的面板协整方法，即基于误差修正的面板协整进行分析，与以往基于残差动态的面板协整检验不同，这是一种基于结构式动态的协整检验，其检验的势更高；最后，本章将中国分成东、中、西三大区域，[②] 分别检验不同区域电力消费与经济发展之间的协整关系。由于中国是一个拥有超过 13 亿人口的高速发展的大国，中国的经济发展和能源消费对全世界的经济格局、能源发展和环境保护都会带来深刻的影响，因此，本章将集中探讨中国的电力消费、经济发展和环境保护。

---

① 海南和西藏因为数据大量缺失所以没有包含进来，为了保持数据的一致性，重庆被合并到四川，这样，本章的样本只剩下中国内地 28 个省、直辖市、自治区。

② 根据中国经济发展状况，我们将中国区域经济分成三块，分别是东部发达地区、中部次发达地区和西部欠发达地区。东部发达地区包括：北京、天津、辽宁、上海、江苏、浙江、山东、广东和福建；中部次发达地区包括河北、山西、内蒙古、吉林、黑龙江、安徽、江西、河南、湖北、湖南、广西和海南；西部欠发达地区包括：重庆、四川、贵州、云南、陕西、西藏、甘肃、青海、宁夏和新疆。

第三节　变量及数据

本章的研究使用的数据是中国内地的 28 个省份 1978~2011 年的时间序列数据。实际 GDP（1978=100）用人民币亿元衡量、劳动力用万人来衡量、电力消费量用亿千瓦时来衡量，这些数据均来自《新中国六十年统计资料汇编》和各省《统计年鉴》（2010~2012 年）。本章中，实际资本存量用亿元衡量（1978=100）。由于《新中国六十年统计资料汇编》和各省《统计年鉴》中只是给出了各年度的投资额，因此我们采用永续盘存法计算各地区不同年份的资本存量。遵循 Chow（1995）和 Wu（2000）的做法，我们假定第一阶段的资本存量是过去所有投资之和，资本折旧率为 5%，即第一期的资本存量可以用式（1-1）代表：

$$K(1) = \int_{-\infty}^{1} I(t)\,dt = \frac{I(0)e^{\theta}}{\theta} \tag{1-1}$$

这里 $I(t) = I(0)e^{\theta t}$，θ 和可以通过 1978~2011 年时间序列的线性回归模型进行估计。给定折旧率，资本存量可以通过式（1-2）进行计算：

$$K(t) = K(t-1)(1-\delta) - I(t) \qquad (t = 2, \cdots, 34) \tag{1-2}$$

这里的 K(t) 表示第 t 时期的资本存量，δ 表示折旧率。各变量的定义和描述性统计如表 1-2 所示。

表 1-2　变量的定义及描述统计

变量	变量定义		均值	标准差	最小值	最大值	观察样本
GDP	1978 年不变价衡量的实际 GDP（亿元）	overall	1058.26	1568.39	13.00	12596.69	N = 952
		between		806.54	74.33	3199.05	n = 28
		within		1353.48	-1891.54	10455.90	T = 34
ELEC	电力消耗量（亿千瓦时）	overall	489.41	605.88	11.14	4399.02	N = 952
		between		303.54	118.39	1268.87	n = 28
		within		527.40	-689.67	3636.22	T = 34
K	1978 年不变价衡量的实际资本存量（亿元）	overall	1628.29	2606.19	40.25	21889.84	N = 952
		between		1098.73	212.89	4229.12	n = 28
		within		2372.12	-2380.25	19336.53	T = 34
L	总就业人员数（万人）	overall	2050.33	1368.90	135.60	6335.30	N = 952
		between		1305.74	222.30	4575.40	n = 28
		within		477.61	281.93	4289.01	T = 34

第四节 经验探索

由前面的分析可知，电力消费与经济增长孰因孰果对于能源政策的制定具有重要的意义，争论的焦点在于电力消费到底是促进经济增长、还是阻碍经济增长，或者对于经济增长来说是中性的。在一些增长理论模型中，比如说在哈罗德-多玛（Harrod-Domar）模型中，能源被认为是与生产函数无关的，即能源消费与经济增长之间的关系是中性的，既不促进经济增长，也不阻碍经济增长。然而，大多数能源经济学家则认为能源是生产函数中重要的投入要素（Stern，1997）。在新增长理论里，技术在生产函数中被内生化了，而能源使用又是促进技术进步的影响因素之一，因此将能源作为生产要素具有合理性（Beaudreau，2005）。

从 Jorgensen（1973）提出的经典的资本、劳动、能源、原材料的四投入要素的 KLEM 模型开始，越来越多的文献将能源消费作为生产要素来研究能源消费对经济增长的影响，并得出了有意义的结论，如 Stern（2000）对美国的研究，Ghali 和 El-Sakka（2004）对加拿大的研究，Lee 和 Chang（2008）对东亚 16 国的研究。本章中我们认为能源是重要的生产要素，因此，与 Lee 和 Chang（2008）一样，我们建立如下生产函数模型：

$$gdp = f(elec, k, l) \tag{1-3}$$

式（1-3）中 gdp、elec、k 和 l 分别是实际 GDP、实际资本存量 K 和用总就业人员衡量的劳动力 L 的对数。

一、面板协整和因果分析

在对面板数据进行协整分析之前，我们首先对面板数据的平稳性进行单位根检验。我们采用了四种不同的面板数据单位根检验方法，前三种分别由 Levine 等（2002）、Im 等（2003）和 Pesaran（2003）提出，即分别用 LL、IPSHIN 和 CADF 表示，第四种是 Maddala 和 Wu（1999）提出的一种更加直接的非参数单位根检验方法，分别为 Fisher-ADF 和 Fisher-PP 统计检验。表 1-3 给出了这些面板单位根检验结果。可以看到，除了 LL 检验和 Fisher-PP 检验之外，其余所有检验结果均表明这四个变量序列（gdp、elec、k、l）都服从 1 阶单整过程，即 I（1）。

尽管面板数据由于合成了时间和横截面维度，使得检验的势大为增加，但是由于大多数面板协整检验都是基于残差的检验，要求变量在水平量上的长期参数与它们在差分量上的短期参数相等，即所谓的共同因子约束（common-factor restriction），而共同因子约束通不过检验往往是基于残差的协整检验的势下降的一个重要原因（Kremers 等，

表 1-3 面板单位根检验结果

模型	水平量				一阶差分量			
	gdp	elec	k	l	gdp	elec	k	l
LL	1.53	-0.06	-1.58*	3.16	-7.38**	-8.25**	-4.74**	-5.41**
IPSHIN	-1.55	-1.97	-1.43	-1.35	-2.49**	-2.81**	-2.62**	-2.51**
CADF	-1.86	-2.06	-2.15	-2.52	-2.80**	-2.74**	-2.58*	-2.98**
Fisher-ADF	63.12	32.33	26.35	36.81	196.81**	140.55**	73.32*	146.29**
Fisher-PP	1.12	10.45	0.48	134.78**	358.91**	474.66**	61.97	428.13**

注：所有变量都取自然对数。LL、IPSHIN 和 CADF 分别代表 Levine 等（2002）、Im 等（2003）和 Pesaran（2003）提出的面板数据单位根检验值。Fisher-ADF 和 Fisher-PP 分别代表 Maddala 和 Wu（1999）提出来的 Fisher-ADF 和 Fisher-PP 面板单位根检验值。所有单位根检验都假定存在截距项和趋势项。LL、IPSHIN、CADF、Fisher-ADF 和 Fisher-PP 的原假设假定变量是非平稳的。** 和 * 分别表示在 5%和 10%的显著性水平下通过了显著性检验。Fisher 类型的检验计算服从渐进卡方分布，其余检验值计算服从渐进正态分布。

1992）。Westerlund（2007）提出了另外一种基于误差修正的面板协整检,[①] 这是一种基于结构式动态，而非基于残差动态的面板协整检验，因而不需要强加任何共同因子约束，其检验的势也就进一步提高。

本章的目的是检验式（1-3）中的 4 个变量是否存在协整关系，以此来确定它们之间的长期关系。对式（1-3）进行修订，我们构造如下对数线性的柯布-道格拉斯生产函数：

$$gdp = \alpha_i + \beta_i t + \gamma_i elec_{it} + \theta_i k_{it} + \delta_i l_{it} + \varepsilon_{it} \tag{1-4}$$

这里的 α_i 和 $\beta_i t$ 分别用来控制省际效应和趋势效应。趋势效应用来捕获同时产生在各省份的干扰因素，如全国性的政策变动、经济周期等。由于每个变量都取了对数，γ_i、θ_i 和 δ_i 分别代表电力、资本和劳动力的产出弹性。

表 1-4 面板协整检验结果

统计量	值	Z 值	P 值
Gt	-3.414	-5.370	0
Ga	-2.188	-2.437	0
Pt	-7.378	-3.683	0
Pa	-6.595	-1.892	0.012

注：根据 AIC 准则选择的滞后阶数为 1.75，选择的超前阶数为 1.79。

Westerlund（2007）的面板协整检验要求所有序列都是 1 阶单整的，而本章中的所有变量都满足这一条件。表 1-4 给出了面板协整检验结果。可以看到，四组检验值均表明这 4 个变量之间存在着协整关系，这就意味着在控制了省际效应之后，中国的电力消费与经济发展之间存在着长期的稳态关系。在确定了这 4 个变量之间具有协整关系之后，接下来就要对这一关系进行估计。

① 具体的统计推断可以参看 Westerlund（2007）。

本章使用 Kao 和 Chiang（2000）提出的动态最小二乘法（DOLS）对电力消费与经济增长之间的长期关系进行估计。[①] 表 1-5 给出了各省以及所有省份组成的省级面板 DOLS 参数估计结果，被解释变量都是 GDP。表 1-5 的最后一行给出了面板数据回归结果，可以看到，用电量、资本和劳动力的产出弹性分别为 0.39、0.74 和 0.12。用电量和资本前面的系数为正，且在 5%的显著性水平下通过了检验，劳动力前面的系数也为正，但是没能通过显著性检验。回归结果表明，在样本期间内，用电量每增加 1%，将会导致中国的实际 GDP 增加 0.39%。

表 1-5 DOLS 估计结果

省 份	elec	k	l
北 京	1.46（8.28）**	-0.12（-0.96）	0.17（1.29）
天 津	0.62（8.72）**	0.61（11.79）**	-1.04（-15.03）**
河 北	0.43（2.42）**	0.51（4.97）**	1.03（1.95）*
山 西	1.05（15.27）**	0.16（3.55）**	-1.25（-4.70）**
内蒙古	-0.03（-0.28）	0.80（9.40）**	0.65（2.23）**
辽 宁	1.40（13.27）**	0.08（1.71）*	-0.61（-4.25）**
吉 林	1.90（15.51）**	0.08（1.84）*	-1.43（-9.50）**
黑龙江	-6.20（-2.51）**	1.37（13.12）**	-0.18（-1.27）
上 海	0.48（10.04）**	0.67（20.86）**	0.16（2.45）**
江 苏	0.30（3.94）**	0.78（12.21）**	-0.67（-3.48）**
浙 江	0.55（4.42）**	0.33（3.17）**	0.29（1.15）
安 徽	-0.17（-0.67）	0.81（6.01）**	0.27（0.44）
福 建	0.47（4.01）**	0.41（7.04）**	0.28（0.66）
江 西	0.74（2.81）**	0.31（2.55）**	0.40（0.54）
山 东	0.39（2.43）**	0.89（8.24）**	-1.02（-2.36）**
河 南	-0.24（-2.42）**	0.85（14.77）**	1.64（4.97）**
湖 北	1.64（18.18）**	-0.08（-1.77）*	-1.87（-7.82）**
湖 南	0.09（1.05）	0.75（19.77）**	0.56（1.75）*
广 东	0.28（6.00）**	0.55（12.97）**	0.76（5.25）**
广 西	0.45（2.20）**	0.43（5.61）**	0.17（0.22）
四 川	-0.62（-5.89）**	1.22（16.69）**	1.04（8.96）**
贵 州	0.24（4.76）**	0.41（14.93）**	1.01（6.74）**
云 南	0.24（1.85）*	0.54（7.80）**	1.31（2.91）**
陕 西	0.35（1.21）	0.80（4.02）**	-0.96（-2.12）**
甘 肃	1.80（10.68）**	-0.68（4.68）**	0.18（0.71）
青 海	-0.17（-3.75）**	0.51（11.85）**	3.21（14.59）**
宁 夏	0.02（0.29）	0.34（6.68）**	2.05（9.85）**
新 疆	0.42（3.40）**	0.45（3.74）**	0.24（0.39）
各省面板	0.39（8.08）**	0.74（31.80）**	0.12（1.07）

注：括号中的数值为 t 统计值，** 和 * 分别表示在 5%和 10%的显著性水平下通过显著性检验。

① 本章中的所有参数估计都在 stata12.0 软件中完成，我们采用“xtdolshm”进行 DOLS 参数估计。

对于各个省份而言，可以看到，除了内蒙古、黑龙江、安徽、河南、湖南、四川、陕西、青海和宁夏这 9 个省份之外，其余 19 个省份的用电量都对经济增长产生显著的正向影响。很明显，如果对各省份进行加总，更高的用电量会导致更高的产出。从表 1-5 还可以看到，在 28 个省份中有 25 个省份的资本存量对 GDP 产生正向影响，只有不到一半的省份的劳动力对 GDP 产生正向影响，这也就导致了加总的资本存量对 GDP 影响显著为正，而加总的劳动力对 GDP 的影响没能通过显著性检验。总体来说，各省和省级面板的协整检验结果明显表明，在中国大多数省级样本中，GDP、电力、资本和劳动力之间存在协整关系。

由于前面的研究表明 GDP、电力、资本和劳动力之间存在协整关系，接下来我们将建立基于面板数据的误差修正模型，通过该模型检验电力消费与经济增长之间的短期和长期因果关系。具体来说，就是采用格兰杰因果检验法进行检验（Engle 和 Granger，1987）。Engle 和 Granger（1987）提出的因果关系检验分成两个步骤：第一步对式（1-4）的残差项（残差项又被称为误差修正项，从此处起用 ECT 表示误差修正项）进行估计；第二步建立一个动态误差修正模型对格兰杰因果关系进行参数估计。本章建立的动态误差修正模型形式如下：

$$\Delta gdp_{it} = \alpha_1 + \beta_1 ECT_{i,t-1} + \sum_k \delta_{1ik}\Delta GDP_{i,t-k} + \sum_k \gamma_{1ik}\Delta elec_{i,t-k} + \sum\nolimits_k \theta_{1ik}\Delta l_{i,t-k} + \sum\nolimits_k \pi_{1ik}\Delta k_{i,t-k} + \mu_{1it} \tag{1-5}$$

$$\Delta elec_{it} = \alpha_2 + \beta_2 ECT_{i,t-1} + \sum_k \delta_{2ik}\Delta GDP_{i,t-k} + \sum_k \gamma_{2ik}\Delta elec_{i,t-k} + \sum\nolimits_k \theta_{2ik}\Delta l_{i,t-k} + \sum\nolimits_k \pi_{2ik}\Delta k_{i,t-k} + \mu_{2it} \tag{1-6}$$

由于滞后被解释变量与残差项之间存在相关性，我们决定采用由 Arellano 和 Bover（1995）以及 Blundell 和 Bond（1998）提出的系统广义矩（SYS-GMM）估计方法对方程（1-5）和方程（1-6）进行参数估计。通过细致的检验，我们发现当滞后 3 期后，误差项满足经典的假设条件，因此在进行 SYS-GMM 估计时，我们用滞后 3 期及以上的变量作为滞后被解释变量的工具变量。由于本章的研究关注经济增长与电力消费，劳动力方程和资本方程在这里就没有被列出来。

从方程（1-5）和方程（1-6）解释变量前面系数的显著性水平可以识别出电力消费与经济发展之间的因果关系。方程（1-5）和方程（1-6）中的因果关系分为短期因果关系和长期因果关系。方程（1-5）和方程（1-6）中，δ、γ、θ 和 π 反映的是短期的、暂时的影响；误差修正项前面的系数，即 β 反映的是调整速度。β 的显著性决定了电力消费与经济发展之间长期的协整关系，因此反映的是长期的、永久性的影响。

表 1-6 给出了 4 个变量的面板因果关系检验结果。可以看到，在经济增长方程中，电力消费对经济增长的短期影响没能通过显著性检验，但是长期影响通过了显著性检验，这一估计结果与 Lee 和 Chang（2008）估计的亚洲 16 国面板数据的估计结果是相同的。Ect 前面的系数显著为负，表明有一种驱动力使得系统走向其长远的协整路径。电力消费对 GDP 有显著的、长期的影响，这就意味着电力消费与经济增长之间的中性关系

表 1-6　面板因果检验结果

被解释变量	解释变量				
	短期影响				长期影响
	ΔGDP	Δelec	Δk	Δl	ect
ΔGDP	—	0.141 (1.56)	0.015 (2.16)**	0.115 (4.06)**	-0.148 (-2.96)**
Δelec	0.363 (3.23)**		0.121 (3.12)**	0.142 (2.11)**	-0.008 (-0.47)

注：括号中的数值为 t 统计值，** 和 * 分别表示在 5%和 10%的显著性水平下通过显著性检验。

假说在中国是不成立的。它有着重要的政策意义，那就是电力可以作为中国生产函数的一份要素投入，如果发生电力短缺，从长远来说势必给中国经济带来不利影响。在电力需求方程中，经济发展对电力需求的短期影响显著为正，长期影响没能通过显著性检验。这说明，经济发展对电力需求只有短期的影响。

二、不同区域的分析

在过去 30 多年里，中国经济高速增长的同时出现了区域经济发展不平衡的现状，概括起来就是东部发达、中部次之、西部落后。电力消费对不同区域的经济发展是否产生不同的影响呢?

表 1-7　分区域的 DOLS 估计

区域组别	elec	k	l
东部面板	0.787 (9.55)**	0.349 (5.54)**	0.123 (1.86)*
中部面板	0.367 (4.80)**	0.568 (12.87)**	0.103 (0.59)
西部面板	0.257 (2.27)**	0.602 (7.28)**	0.305 (0.95)

注：括号中的数值为 t 统计值，** 和 * 分别表示在 5%和 10%的显著性水平下通过显著性检验。

表 1-7 给出了三大区域的 DOLS 估计结果，其被解释变量与表 1-5 一样为 GDP。可以看到，无论是东部地区、中部地区还是西部地区，电力消费在 5%的显著性水平下均对 GDP 产生正向的影响。实证结论还表明电力消费对东部地区 GDP 的边际影响更大，而资本存量对西部地区 GDP 的边际影响更大。

表 1-8 给出了东、中、西部地区的面板协整检验结果。可以看到，在东、中、西三个面板数据 ΔGDP 方程中，ect 前面的系数都显著为负，说明存在着电力消费→GDP 长期因果关系；而在 Δelec 方程中，ect 前面的系数都没能通过显著性检验，说明不存在 GDP→电力消费长期因果关系，这与表 1-6 的结论是相一致的。

在短期的因果关系中，GDP 对电力消费有着正向的影响，但是这一正向影响只有西部地区通过了显著性检验。资本和劳动力对东、中、西部地区 GDP 的短期影响也是非常不同的，虽然资本对 GDP 的短期影响在三个地区均显著为正，但是在东部地区的边

表 1-8 分区域的面板因果关系检验结果

被解释变量	东部地区				
	短期影响				长期影响
	ΔGDP	Δelec	Δk	Δl	ect
ΔGDP	—	0.076 (0.30)	0.012 (2.06) **	0.407 (1.97) *	-0.163 (-2.03) **
Δelec	0.613 (1.12)		0.295 (1.90) *	0.080 (2.37) **	-0.023 (-0.05)
被解释变量	中部地区				
	短期影响				长期影响
	ΔGDP	Δelec	Δk	Δl	ect
ΔGDP	—	0.165 (3.18) **	0.024 (2.68) **	0.067 (0.29)	-0.169 (-1.94) *
Δelec	0.010 (0.02)		0.059 (2.51) **	0.065 (1.27)	-0.033 (-0.24)
被解释变量	西部地区				
	短期影响				长期影响
	ΔGDP	Δelec	Δk	Δl	ect
ΔGDP	—	0.118 (1.16)	0.020 (2.48) **	-0.278 (-0.76)	-0.193 (-2.92) **
Δelec	0.396 (2.34) **		0.429 (1.70) *	0.296 (1.48)	-0.028 (-0.23)

注：括号中的数值为 t 统计值，** 和 * 分别表示在 5%和 10%的显著性水平下通过显著性检验。

际影响明显低于中部地区和西部地区；劳动力对东部地区 GDP 的短期影响为正，对中部地区和西部地区 GDP 的短期影响都没能通过显著性检验。一个可能的解释是，由于我国东部地区资本相对比较充足，因此资本对 GDP 的边际影响相对中西部地区而言更低一些。另外，由于长期以来，东部地区的劳动力收入高于中西部地区，中国出现了中西部劳动力向东部迁移的现象，这也导致了劳动力对东部地区 GDP 的影响要高于中、西部地区。

第五节 结论及政策含义

在过去 30 年里中国经历了高速的经济增长，与此同时，中国的能源消费总量也快速增长，从 1978 年的 5.71 亿吨标准煤增加到 2011 年的 34.8 亿吨标准煤，年均增长率达到了 5.63%，而在终端能源消费中，电力消费比重一度上升，从 1980 年的 6.9%增加到 2010 年的 21.3%。电力在终端能源消费中比重的提升凸显了电力的重要性，研究电力消费与中国经济增长之间的关系因而得到了许多政策制定者、经济学者和其他学术研究者的高度关注。

尽管许多研究者论证了能源消费对中国经济增长的影响，但是先前的研究大多集中在能源消费总量对电力需求的影响上，研究电力消费对中国经济增长影响的文献并不多见。此外，现有的有关电力消费研究与中国经济发展关系研究的文献并没有得出一致的结论。本章主要基于生产侧，即在一个加总的生产函数模型基础之上，将电力消费与资本和劳动力一样作为生产要素放入生产函数中，检验电力消费与经济发展之间的协整关系和因果关系。通过收集中国各省份 1978~2011 年的面板数据，本章的实证结果表明电力消费与中国经济增长之间存在着协整关系，而且从长期来看，存在着电力消费→GDP 的单向因果关系；从短期来看，存在着 GDP→电力消费的单向因果关系。在这一点上，反映出短期内电力消费取决于经济增长的需求，而从长期来看发电能力又会成为经济进一步增长的制约因素。电力发展不仅需要考虑当前的短期需求，还要考虑为长期经济增长潜力的扩展提供支撑。特别是考虑到电力建设周期性、规模性，具有强的外部性、网络性的特点，电力基础设施的建设更需要强化公共投资性，打出“提前量”。应当说，电力高速发展促进经济高速发展，经济高速发展引领电力高速发展所创造的发展奇迹，是中国经济奇迹的一个重要组成部分。

本章的实证结果表明电力消费是 GDP 增长的原因，这就意味着如果降低电力消费增速将会导致 GDP 增速降低。另外，中国已经成为世界上第二大能源消费国，能源消费快速增长的同时带来了严重的环境问题。未来对于中国的电力增长，在看到其对于增长的促进作用的同时，需要越来越注意电力部门对于资源环境带来的压力。设定合理的经济增长目标，将有助于电力部门的平稳增长，从而为其节能减排目标的实现创造空间。从电力部门本身来说，向更为集约利用资源，降低对环境的影响转型刻不容缓。这就需要电力消费结构进行调整，强制性、规模性地采用更低负外部性的替代能源，并且考虑环境资源成本（如脱硫补贴）的电力价格机制等一系列政策的配套。

通过将中国分成东、中、西部地区，我们发现从长期来看，东、中、西部地区均存在着电力消费→GDP 的单向因果关系，而从短期来看，只有西部地区存在着 GDP→电力消费的单向因果关系，东部地区和中部地区并不存在这一关系。实证结果还表明中国资本和劳动力对中国的 GDP 均有正向的影响，与劳动力相比较而言，资本对 GDP 的影响更大。而在不同区域中，资本和劳动力对 GDP 的影响程度也不一样，资本对东部地区 GDP 的影响明显低于对西部地区的影响，而劳动力对东部地区 GDP 的影响明显高于中部地区和西部地区。从这一结果来看，西部地区的电力消费增长模式仍然是经济发展拉动型，这也与西部地区电力供给相对过剩，目前仍处于“西电东送”的基本格局是紧密相关的。未来的产业发展一方面是东部地区产业升级，另一方面能源、资本密集型产业向西部地区的转移将可以促进西部地区进一步的经济增长和电力发展。

本章的政策含义较为明显，中国要想保持经济高速增长，同时实施环保政策，就要求中国必须更多地利用清洁能源，或者调整产业结构，优先发展低能耗、高附加值且具有国际竞争力的制造业。总之，清洁新能源的开发和利用是全世界能源使用政策的方向，中国要想在国际上保持持久的竞争力，有必要在新能源的开发和利用上做出应有的贡献。

参考文献

[1] Aqeel A., Butt M. S.. The Relationship between Energy Consumption and Economic Growth in Pakistan. Asia-Pacific Development Journal, 2001 (8): 101-110.

[2] Arellano M., Bover O.. Another Look at the Instrumental Variables Estimation of Error Component Models. Journal of Econometrics, 1995 (68): 29-51.

[3] Asafu-Adjaye J.. The Relationship between Energy Consunmption, Energy Prices and Economic Growth: Time Series Evidence from Asian Developing Countries. Energy Economics, 2000 (22): 615-625.

[4] Beaudreau B. C.. Engineering and Economic Growth. Structural Change and Economics Dynamics, 2005 (16): 211-220.

[5] Blundell R., Bond S.. Initial Conditions and Moment Restrictions in Dynamic Panel Data Models. Journal of Econometrics, 1998 (87): 115-143.

[6] Cheng Y. S., Wong W. K., Woo C. K.. How Much Have Electricity Shortages Hampered China's GDP Growth? Energy Policy, 2013 (15): 369-373.

[7] Chow J.. Old and New Development Models: the Taiwan Experience. Ito & Krueger (Eds.), Growth Theories in Light of the East Asian Experience. Chicago: University of Chicago Press, 1995.

[8] Engle R., Granger C.. Cointegration and Error Correction: Representation, Estimation, and Tesing. Econometrica, 1987 (55): 257-276.

[9] Erol U., Yu E. S. H.. On the Relationship between Electricity and Income for Industrialized Countries. Journal of Electricity and Employment, 1987 (13): 113-122.

[10] Ghali K. H., El-Sakka M. I. T.. Energy Use and Output Growth in Canada: A Multivariate Cointegration Analysis. Energy Economics, 2004 (26): 225-238.

[11] Ghosh S.. Electricity Consumption and Economic Growth in India. Energy Policy, 2002 (30): 125-129.

[12] Harris R. D., Tzavalis E.. Inference for Unit Roots in Dynamic Panels where the Time Dimensionis Fixed. Journal of Econometrics, 1999 (91): 201-226.

[13] Hondroyiannis, George, Lolos, Sarantis, Papapetrou, Evangelia.. Energy Consumption and Economic Growth: Assessing the Evidence from Greece. Energy Economics, 2002 (24): 319-336.

[14] Im K.S., Pesaran M. H., Shin Y.. Testing for Unit Roots in Heterogeneous Panels. Journal of Econometrics, 2003 (115): 53-74.

[15] Jorgensen. Technology and Decision Rules in the Theory of Investment Behavior. The Quarterly Journal of Economics, 1973 (87): 523-543.

[16] Jumbe C. B. L.. Electricity Consumption and GDP: Empirical Evidence from Malawi. Energy Economics, 2004 (26): 61-68.

[17] Kao C., Chiang M. H.. Nonstationary Panel Time Series Using NPT 1.3-A User Guide. Center for Policy Research, Syracuse University, 2002.

[18] Kraft J., Kraft A.. On the Relationship between Energy and GNP. Journal of Energy and Development, 1978 (3).

[19] Kremers J. J. M., Ericsson N. R., Dolado J. J.. The Power of Cointegration Tests. Oxford Bulletin of Economics and Statistics, 1992 (54): 325-348.

[20] Lee C. C., Chang C. P.. Energy Consumption and Economic Growth in Asian Economies: A More Comprehensive Analysis Using Panel Data. Resource and Energy Economics, 2008 (30): 50-65.

[21] Levin A., Lin C. F., James Chu, C.S.. Unit Root Tests in Panel Data: Asymptotic and Finite-sample Properties. Journal of Econometrics, 2002 (108): 1-24.

[22] Maddala G. S., Wu S. A.. Comparative Study of Unit Root Tests with Panel Data and a New Simple Test. Oxford Bulletin of Economics and Statistics, 1979 (61): 631-652.

[23] Masih A. M. M., Masih R.. Electricity Consumption, Real Income and Temporal Causality: Results from a Multi-country Study Based on Cointegration and Error-correction Modeling Techiniques. Energy Economics, 1996 (18): 165-183.

[24] Morimoto K., Hope C.. Impact of Electricity Supply on Economic Growth in Sri Lanka. Energy Economics, 2004 (26): 77-85.

[25] Rong L., Xiaoqing M., Lo K. L.. Electricity Consumption-Economic Growth Nexus in China: Evidence from Provincial Panel Data. Power and Energy Society General Meeting, IEEE, 2011: 1-8.

[26] Shiu A., Lam P. L.. Electricity Consumption and Economic Growth in China. Energy Policy, 2004 (32): 47-54.

[27] Stern D. I.. Limits to Substitution and Irreversibility in Production and Consumption: a Neoclassical Interpretation of Econological Economics. Ecological Economics, 1997 (21): 197-215.

[28] Stern D. I.. A Multivariate Cointegration Analysis of the Role of Energy in the US Macroeconomy. Energy Economics, 2000 (22): 267-283.

[29] Wang S. S., Zhou D. Q., Zhou P., Wang Q. W.. CO_2 Emissions, Energy Consumption and Economic Growth in China: a Panel Data Analysis. Energy Policy, 2001 (39): 4870-4875.

[30] Westerlund J.. Testing for Error Correction in Panel Data. Oxford Bulletin of Economics and Statistics, 2007 (69): 709-748.

[31] Wu Y. R.. Is China's Economic Growth Sustainable? a Productivity Analysis. China Economic Review, 2000 (11): 278-296.

[32] Yang H.. A Note on the Causal Relationship between Energy and GDP in Taiwan. Energy Economics, 2000 (26): 69-75.

[33] Yemane W. R.. Electricity Consumption and Economic Growth: a Time Series Experience for 17 African Countries. Energy Policy, 2006 (34): 1106-1114.

[34] Yu E. S. H., Choi J. Y.. The Causal Relationship between Electricity and GDP in Taiwan. Energy Economics, 1985 (22): 309-317.

[35] Yuan J., Zhao C., Yu S., Hu Z.. Electricity Consumption and Economic Growth in China: Cointegration and Co-feature Analysis. Energy Economics, 2007 (29): 1179-1191.

[36] Yuan J., Kang J. G., Zhao C., Hu Z.. Enmergy Consumption and Econmic Growth: Evidence from China from Both Aggregated and Disaggregated Levels. Energy Economics, 2008 (30): 3077-3094.

[37] 林伯强:《结构变化、效率改进与能源需求预测》,《经济研究》,2003 年第 5 期。

作　者:刘生龙

第二章 基于动态 CGE 模型的碳税征收方案模拟分析研究

随着自然资源的急剧消耗、污染物的大量排放和生态环境的日益恶化，发展低碳经济成为世界各国的共同选择和必然趋势。自 2007 年以来，我国二氧化碳排放总量首超美国，居世界第一；2009 年我国政府第一次以约束性指标的方式宣布，到 2020 年，中国单位 GDP 二氧化碳排放将比 2005 年下降 40%~45%。然而，我国“富煤、少气、缺油”的能源现状，以及伴随工业化、城镇化、现代化建设的巨量能源需求，使得未来我国碳排放形势更加严峻。随着国际气候谈判的进展和国内减排形势压力的加大，征收碳税已经迫在眉睫。[①] 然而，碳税如何征收？征收多少？征收碳税会对我国宏观经济及相关行业产生什么影响？这都是亟待解决的问题。

第一节 文献综述

从 20 世纪 90 年代开始，国际上不少学者开始采用可计算一般均衡（CGE）模型来研究碳税问题，其中有代表性的文献主要有：Whalley 和 Wigle（1991、1992）开发了一个静态的、涉及全球贸易碳排放的多国 CGE 模型，用以分析碳税的国际影响。Burniaux 和 Martin（1992）开发的 GREEN 模型，包括 12 个区域和 11 个生产部门，动态模拟分析了能源税、碳税和排放权交易对二氧化碳减排及区域经济的影响。Floros 和 Vlachou（2005）构建了一个静态 CGE 模型，应用自下而上的描述方法解释能源需求，分析了碳税对希腊经济及其生产部门的影响。Dellinkr（2007）利用 CGE 模型分析了碳税和能源税对爱尔兰经济的影响，得出碳税会影响生产和能源消费模式的结论。Galinato 和 Yoder（2009）研究表明，碳税可以改变低、高排放的能源相对价格，同时设计了一种限制净增加税收和能源价格上涨的调节机制。总而言之，国外关于应用 CGE 模型进行碳税研究相对比较成熟。

近年来，国内关于碳税的研究也不断增加，主要有：魏涛远等（2002）利用一个静

① 国家发改委和财政部课题组的研究报告建议 2012~2013 年开征碳税，见 http：//news.xinhuanet.com/fortune/2009-09/23/content_12101528_6.htm。

态 CGE 模型定量分析了征收碳税对中国经济和温室气体排放的影响，研究表明，征收碳税将使中国经济状况恶化，但二氧化碳的排放量将有所下降。贺菊煌、沈可挺等（2002）建立了一个静态 CGE 模型分析了征收碳税对国民经济各部门的影响，其主要结论为：碳税对 GDP 影响很小；碳税对价格的影响主要表现为煤炭和石油价格的上升和产量的下降。金艳鸣（2007）建立了一个静态的资源—经济—环境综合框架下的 CGE 模型，通过系统模拟区域之间的资源配置对经济的影响，以及征收环境税（如生态补偿税、碳税）等对不同区域的影响。苏明等（2009）根据一个静态 CGE 模型分析了不同的碳税税率方案对宏观经济、二氧化碳排放以及各行业的产出及价格、进出口等的影响。朱永彬等（2010）基于一个静态 CGE 模型，通过引入碳税，假设 6 种情景对碳税政策的减排效果及其对宏观经济和各产业部门的影响进行了分析。王健（2011）构建了一个静态 CGE 模型，分析了碳税政策的“双重红利”效应。赵涛和秘翠翠（2011）构建了一个静态 CGE 模型，模拟分析了碳税征收对总产出、名义 GDP、居民总收入、企业收入、政府收入的影响变化。王灿（2005）基于 1997 年投入产出表构建了一个递归动态的 CGE 模型，并用该模型模拟分析了基准情景下二氧化碳排放总量消减 10%~60% 假设情况下对边际减排成本、经济增长和就业的影响。

从文献上看，国内相关碳税 CGE 模型大多为静态模型，应用动态 CGE 模型分析碳税的国内文献寥寥无几，由于静态 CGE 模型只能在基准年度范围内进行模拟分析，不能动态模拟碳税的长期累积效应，因此静态 CGE 模型的模拟分析功能较为有限。虽然王灿（2005）构建了一个动态 CGE 模型，然而该文的模拟假设缺乏现实意义，因为我国二氧化碳排放总量每年都在增加，在我国未完成城镇化、工业化发展阶段之前，二氧化碳总量减少的假设很难成立；国家“十二五”规划中二氧化碳减排目标也是设定为单位 GDP 二氧化碳减排，属于相对指标，并非二氧化碳绝对量的减少。因此，本章基于最新数据构建一个动态 CGE 模型，依据国家“十二五”环境规划目标，以单位 GDP 二氧化碳减排作为衡量目标，进一步把能源分为清洁能源和石化能源（石化能源进一步细分为煤炭、石油和天然气），采用多层 CES 函数嵌套方式进行组合，并且从碳税征收方式和碳税使用方式上综合模拟分析碳税及相关二氧化碳减排问题。

第二节 CGE 模型部分划分及相关技术细节

一、宏观、微观 SAM 表构造及数据来源

本章以 2007 年中国 135 部门的投入产出表为基础，合并扩展成包含 1 个第一产业部门、15 个第二产业部门和 5 个第三产业部门，行为主体分为政府、家庭、企业、投资和储蓄、国外部门的宏观社会核算矩阵（SAM）表，该表中的数据除了来源于 2007 年

投入产出表外，还来自《中国统计年鉴》(2008)、《中国金融年鉴》(2008)、《中国环境年鉴》(2008)、《国际收支平衡表》(2008)、《中国能源统计年鉴》(2008) 等统计资料。在宏观SAM基础上构建微观SAM，其中一个重要的细节内容是对电力部门和石化能源部门的拆分（即使135部门投入产出表中石油和天然气作为一个部门，电力也作为一个部门，没有细分出火电、水电、风电等），拆分方法如下：根据《中国电力统计年鉴》(2008) 电力生产量的比重，把投入产出表中的电力部门按照火电占83.06%，核电、其他电力供应占16.94%的比例进行拆分，其中煤炭、石油、天然气只对火电的生产存在中间投入，对核电、其他电力供应不存在中间投入分解；石油与天然气开采的分解根据我国2007年能源生产构成，其中石油占能源总消费量的19.70%；天然气占能源总消费量的3.50%，然后根据消费量的比例对投入产出表的数据进行拆分。宏观SAM表如表2-1所示。①

表2-1 宏观SAM表结构

单位：百亿元

	生产活动	商品	劳动力	资本	居民	企业	政府	投资储蓄	存货变动	国外	合计
生产活动		7167.69								1011.76	8179.45
商品	5519.02				965.53		351.91	1054.36	92.95		7983.77
劳动力	1100.47										1100.47
资本	1174.78										1174.78
居民			1100.47	200.53			53.87				1354.87
企业				601.69							601.69
政府	385.19	75.86			31.27	85.14					577.46
投资储蓄				372.56	358.08	516.55	171.68			−271.55	1146.32
存货变动								92.95			92.95
国外		740.21									740.21
合计	8179.46	7983.76	1100.47	1174.78	1354.87	601.69	577.46	1147.31	92.95	740.21	

二、生产函数结构设计

本章的动态CGE模型的生产结构采用五层嵌套结构，这也是目前国际学术界的主流方法之一，即中间投入的组合只包含非能源投入（列昂惕夫函数表述其关系），而将能源、资本和劳动力采用不变替代弹性（Constant Elasticity of Substitution，CES）嵌套。资本—能源—劳动力CES合成的嵌套结构中依照各种能源投入的替代程度自下而上依次组合，如图2-1所示。

① 由于微观SAM数据量较大，限于篇幅没有列出，可向笔者索要。

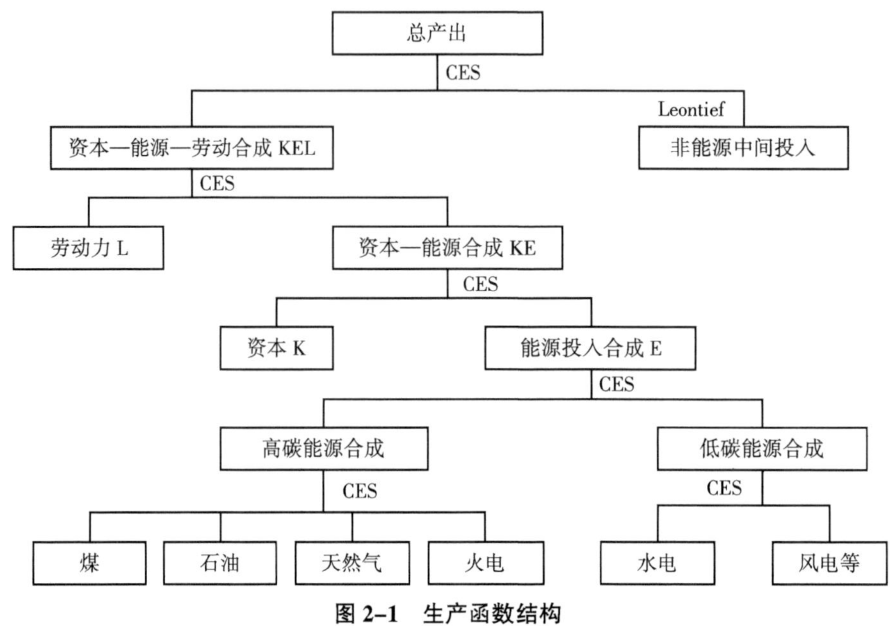

图 2-1　生产函数结构

三、二氧化碳排放系数确定

二氧化碳的排放系数的计算方法从文献上看，目前主要有：方法一，采用联合国政府间气候变化专门委员会（Intergovernmental Panel on Climate Change，IPCC）编制的《IPCC 国家温室气体减排清单指南》（能源）中化石能源的缺省碳含量、缺省氧化碳因子、计算出的有效二氧化碳排放因子，再通过能源实物消费量与实际热量的相互转换来计算。方法二，直接引用日本能源经济统计手册中的能源排放系数，其中焦煤 0.692tc/tce、焦炭 0.776tc/tce、原油 0.546tc/tce、石油制品 0.532tc/tce、天然气 0.394tc/tce（tc/tce 的含义为每释放出一吨标准煤的热量所需要排放的碳量）。方法三，利用国际能源署的《International Energy Statistics》中的统计数据，通过我国三种化石能源的二氧化碳排放量，与能源的实际消费量来计算。

由于本章 SAM 中的基础数据来自投入产出表，该表属于价值变量表；同时，关于能源消费总量的数据可以直接从《能源统计年鉴》中获得，该数据相对准确，因此本章选用方法三。二氧化碳的排放系数具体计算结果如表 2-2 所示。

表 2-2　二氧化碳的排放系数表

类　型	CO_2 排放量（百万吨）	最终需求量（亿元）	CO_2 排放系数（吨/万元）
煤　炭	5139.86	12531.91907228	41.01414931
石　油	968.63	31674.95668158	3.05803102
天然气	138.06	3391.34493569	4.07095128

注：二氧化碳排放量来自 International Energy Statistics（2008）；能源需求量来自本章的微观社会核算矩阵中的化石能源三部门的总需相对实物量。

四、动态基准情景中相关参数估计与假设

动态 CGE 模型首先需要对一些重要外生参数（如资本存量、劳动力数量、能源使用相率等）进行赋值，分别设定如下：

（一）资本存量估算

目前由于缺乏国家统计部门公布的资本存量统计数据，因此，国内不少学者对这一问题做了深入的研究，邹至庄（1993），孙琳琳和任若恩（2003），王小鲁和樊纲（2000），张军（2003、2004），徐杰（2010）等学者均估计了全国或者省际的资本存量。目前被大多数学者所接受并采用的方法是“永续盘存法”，基本公式为 $K_t = K_{t-1}(1 - d_t) + I_i$，在进行实际资本存量的计算时，主要涉及基年的资本存量、折旧率、投资价格指数、其他相关参数的估算以及缺失数据的处理等问题。

考虑到目前我国固定资产投资增长迅猛，国家经济政策以及宏观经济发展的惯性，短期之内我国资本存量的高增长率难以迅速下降；但是从中长期来看，随着我国产业结构调整的不断深化，未来我国资本存量的增长率将呈现逐步放缓的发展趋势。参考上述学者研究文献的结果以及李善同（2010）关于“十二五”时期至 2020 年我国经济增长前景展望的估计结果，本章假设我国的资本存量各个阶段的增长率如表 2-3 所示。

表 2-3 资本存量增长率

年份 类别	2008~2009	2010~2011	2012~2014	2015~2017	2018~2020
资本存量增长率（%）	11.5	10	8.5	7.5	7

（二）劳动力数量估算

人口总量及相应的年龄结构、劳动力总量变化对劳动力转移有着重要的影响，人口增长受计划生育政策、人民生活水平提高、生活方式变化等众多因素的影响，但主要受国家人口政策的影响。王德文（2007）研究表明，中国劳动年龄人口数量将在 2015 年达到高峰，2015 年之后，中国劳动年龄人口数量处于不断下降趋势，在未来 20 年内，中国的劳动力供给将出现一个转折点，劳动力的供给量将会由增长转为逐步下降。同时，根据贾一苇（2009）的研究，未来我国 15~64 岁劳动力年龄人口总量将在 2016 年达到运行高峰，然后不断下降。

因此，关于未来劳动力供给的预测，两位学者得到的结果相距不大，参照其他文献，在未来劳动力供给预测上也没有重大分歧，因此，本章借鉴上述学者的研究结论，假定劳动力增长率① 如表 2-4 所示。

① 严格意义上，使用就业增长率更为合适，但由于我国没有行业就业人数、失业率等翔实数据，因此用劳动力增长率代替。

表 2-4　我国未来劳动力增长率设定

类别 \ 年份	2008~2009	2010~2011	2012~2014	2015~2017	2018~2020
劳动力增长率（%）	0.6	0.65	0.4	0.2	-0.1

（三）能源效率估算

能源效率主要是衡量单位能源的产出量，目前主要有单要素法与多要素法。基于本章是研究我国整体能源效率的提高改进状况，且要素之间替代关系在生产函数的层次上有所体现，因此选用单因素能源效率更为合适。本章根据以 1978 年不变价格计算的国内生产总值、能源投入为当年能源投入折算的标准煤数量等相关数据计算出的 1986~2007 年我国的能源使用效率。① 根据计算结果可以得到，1986~2007 年按照不变价格计算的我国单要素能源效率年均增长率仅为 0.28%。考虑到未来我国的节能减排政策力度可能继续加强，能源供需矛盾和能源价格将进一步扩大和提高，这种内逼机制很可能迫使我国能源使用效率有所提高。因此，本章在政策模拟时，将分别设定能源使用效率增长 0%、0.5%、1%、2%四种情境假设。

第三节　碳税设计与模拟分析

一、碳税设计

（一）碳税理论

碳税（Carbon Tax）是“二氧化碳排放税”的简称，是针对化石燃料使用所引起的碳排放的外部不经济问题所征收的税。按照 PPP（Polluter-pays Principle）原则，可以根据污染造成的危害对排污者课税，将环境污染的成本加到产品的价格当中去，来消除这种私人成本与社会成本相背离的情况，以弥补二者之间的差距，这就是所谓的庇古税（Pigovian Tax）。因此，从福利经济学角度分析，碳排放引起气候变化的实质是外部不经济性问题，由此构成碳税的理论基础。

目前，碳税征收主要有两种模式，一种是按化石能源的产量向生产企业征收碳税，另一种是按照化石能源消耗量向消费环节征收碳税。至于采用哪种模式征收碳税，依然

① 1986~2007 年，我国能源使用效率增长率分别为：-0.69%、-1.85%、4.43%、4.14%、3.90%、1.64%、2.86%、8.38%、14.00%、6.40%、0.47%、2.36%、3.30%、-2.47%、-1.44%、-1.26%、-5.10%、-11.01%、-7.93%、-6.14%、-5.44%、-2.43%。

存在着一些争议：选择前者征收碳税，一般来说所面临的社会压力较小，比较容易获得消费者的认同，但是由于能源市场的不完善性，难以有效地将价格信号传递给下游能源消费者，因此碳税的刺激作用可能有所削弱；选择后者征收碳税，比较符合税收的公平目标，也有利于提高能源消费者节能减排的意识。在具体的实际操作中，大多数的国家选择了在能源消费环节征收碳税，即使日本、北欧等国家在上下游都征碳税，但实际上还是以下游消费环节为主。因此，本章选择在能源消费环节征收碳税，即对生产部门的中间能源投入和需求部门（居民、和政府）的能源消费征收碳税。

另外，征收碳税对于生产者来说，生产成本的提高，将导致企业利润下降、产品价格提高。生产者首先自身承担一部分碳税，同时还会转嫁部分税收负担，向前通过产品价格提高转嫁给消费者，向后可能通过降低劳动者报酬减少劳动者的收入水平（具体比例取决于产品市场产品的需求弹性与供给弹性、要素市场要素的需求与供给弹性），从而影响收入分配、经济发展和社会福利等，由此引发了关于碳税“双重红利”① 的研究和争论，因此，本章也将从碳税使用方式的角度模拟分析碳税的“双重红利”效应的存在与否。

（二）碳税设计

本章 CGE 模型进行的政策模拟中，计税依据为二氧化碳的排放量，并且采用国际常用的在化石能源使用环节征税方式。具体碳税设计如以下方程所示：

$$CTAX_{t,j1} = tc \cdot \sum_i E_{t,i,j} \cdot \theta_j \qquad (t = 2007，2008，\cdots 2020，j = coal、oil、gas)$$

$$CTAX_{t,j2} = tc \cdot (HD_{t,j} + GD_{t,j}) \cdot \theta_j \qquad (j = coal、oil、gas)$$

$$CTAX_{t,i} = tc \cdot \sum_j E_{t,i,j} \cdot \theta_j \qquad (j = coal、oil、gas)$$

$$TCTAX_t = \sum_j (CTAX_{t,j1} + CTAX_{t,j2}) \qquad (j = coal、oil、gas)$$

其中，$CTAX_{t,j1}$ 为第 t 年化石能源 j 中间投入部分征收的碳税税额；$CTAX_{t,j2}$ 为第 t 年化石能源 j 最终使用部分征收的碳税税额；$CTAX_{t,i}$ 为第 t 年部门 i 征收的碳税税额；$TCTAX_t$ 为第 t 年总的碳税税额；tc 为碳税，即每吨二氧化碳排放所征收的碳税税额；t_{cj} 为化石能源 j 的碳税税率。

计算出化石能源的碳税税额以后，就可以将碳税的税率转化为从价税率，即对某种化石能源征收的碳税税收与该化石能源的国内需求的价值量之比。计算公式如下式：

$$t_{cj} = \frac{CTAX_{t,j1} + CTAX_{t,j2}}{PQ_{t,j} \cdot QQ_{t,j}}$$

由此，考虑到碳税，模型方程中的化石能源的消费价格 $PQ_{t,j}$ 相应地改为 $(1 + t_{cj})PQ_{t,j}$，

① 所谓的环境税“双重红利”，第一重红利为征收碳税，有助于提高化石能源利用效率，减少环境污染，改善生态环境；第二重红利为通过征收碳税减少其他税率，或者政府对居民或企业的转移支付，能够降低所得税等扭曲性税收的超额税收负担，从而使得社会福利有所增加。

这将直接影响到生产函数第五层高碳能源投入中化石能源的使用价格，以及对化石能源的最终需求。同时政府的收入函数也将改变，政府总收入将为：

$$YGT_t = \sum_i GINDTAX_{t,i} + \sum_i GTRIFM_{t,i} + GHTAX_t + GETAX_t + TCTAX_t$$

其中，YGT_t 为政府总收入；$GINDTAX_{t,i}$ 为第 t 年第 i 部门间接税收入；$GTRIFM_{t,i}$ 为第 t 年第 i 部门进口关税收入；$GHTAX_t$ 为第 t 年居民所得税收入；$GETAX_t$ 为第 t 年企业所得税收入；$TCTAX_t$ 为第 t 年碳税收入。

二、政策模拟一：碳税征收模拟分析

首先模拟 2008~2020 年的不同碳税水平，我国二氧化碳排放强度及其边际变化率，以及部门产出和价格的变化情况。又由于碳税的征收，石化能源使用成本增加，势必会使得企业通过研发或其他途径积极提高能源使用效率，因此，本章在征收碳税的同时，假定能源使用效率也发生改变，从而综合模拟碳税征收的减排效果。

表 2-5 碳税征收方案模拟情景设定表

情景类别	具体描述
基准情景	2007~2020 年资本存量外生，如表 2-1 所示；2007~2020 年劳动力总供给外生，如表 2-2 所示，能源使用效率保持不变，不考虑征收碳税
情景 Ⅰ	在基准情景基础上，能源使用效率年增长率为 0%，并且碳税分别征收 10~200 元/吨
模拟情景 Ⅱ	在基准情景基础上，能源使用效率年增长率为 0.5%，并且碳税分别征收 10~200 元/吨
模拟情景 Ⅲ	在基准情景基础上，能源使用效率年增长率为 1%，并且碳税分别征收 10~200 元/吨
模拟情景 Ⅳ	在基准情景基础上，能源使用效率年增长率为 2%，并且碳税分别征收 10~200 元/吨

（一）能源与碳排放影响分析

从图 2-2 可以看出：①不同的碳税水平均可以使得 2020 年我国二氧化碳排放强度相对基准情景变化率呈现降低趋势，并且随着碳税水平的增加，各曲线的斜率逐渐趋缓，一方面说明征收碳税确实可以减少我国的单位 GDP 二氧化碳排放量，另一方面说明二氧化碳排放强度相对基准情景变化率的边际变化值随着碳税水平的增加而减小。②相同碳税水平下，二氧化碳排放强度相对基准情景变化率随着能源使用效率年增长率的提高而增加，这说明除了使用碳税财政政策外，提高能源使用效率也可以有效地降低我国的二氧化碳排放强度。③在情景Ⅰ、情景Ⅱ、情景Ⅲ和情景Ⅳ下，我国二氧化碳排放强度相对基准情景变化四条曲线并非相互平行，而是随着碳税水平的增加逐渐缓慢地趋近，从表 2-6 的数值中更容易看出这一点。

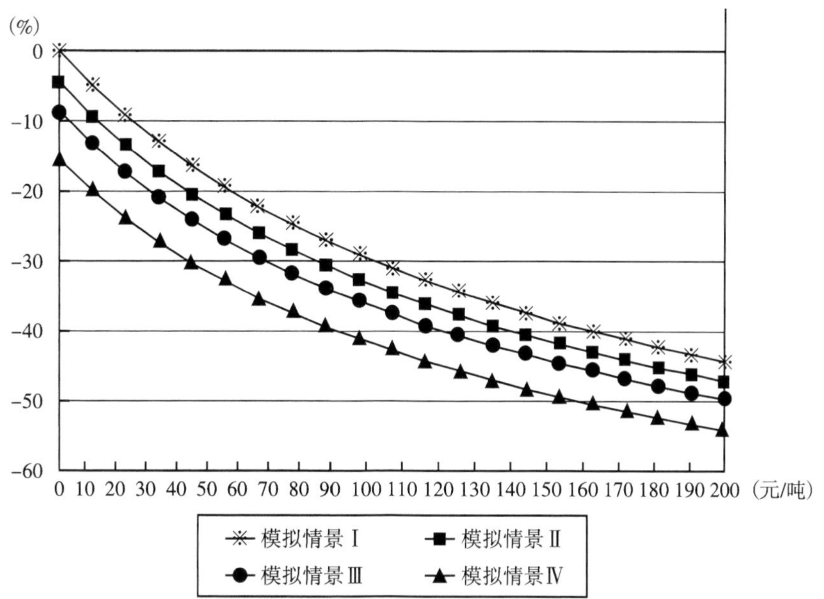

图 2-2 2020 年我国二氧化碳排放强度① 相对基准情景变化率

表 2-6 2020 年我国各情景下不同碳税水平的二氧化碳排放强度及其边际变化率

碳税（元/吨）	情景Ⅰ		情景Ⅱ		情景Ⅲ		情景Ⅳ	
	二氧化碳排放强度（%）	单位碳税的二氧化碳排放强度边际变化率（%/单位碳税）	二氧化碳排放强度（%）	单位碳税的二氧化碳排放强度边际变化率（%/单位碳税）	二氧化碳排放强度（%）	单位碳税的二氧化碳排放强度边际变化率（%/单位碳税）	二氧化碳排放强度（%）	单位碳税的二氧化碳排放强度边际变化率（%/单位碳税）
0	0.000		-4.588		-8.701		-15.561	
10	-4.957	0.000	-9.391	-0.480	-13.375	-0.467	-20.024	-0.446
20	-9.286	-0.496	-13.581	-0.419	-17.435	-0.406	-23.883	-0.386
30	-13.102	-0.433	-17.263	-0.368	-20.997	-0.356	-27.258	-0.337
40	-16.500	-0.382	-20.537	-0.327	-24.156	-0.316	-30.240	-0.298
50	-19.540	-0.340	-23.461	-0.292	-26.980	-0.282	-32.891	-0.265
60	-22.287	-0.304	-26.098	-0.264	-29.521	-0.254	-35.273	-0.238
70	-24.775	-0.275	-28.485	-0.239	-31.817	-0.230	-37.426	-0.215
80	-27.047	-0.249	-30.662	-0.218	-33.912	-0.209	-39.382	-0.196
90	-29.128	-0.227	-32.656	-0.199	-35.825	-0.191	-41.165	-0.178
100	-31.045	-0.208	-34.487	-0.183	-37.579	-0.175	-42.800	-0.163
110	-32.814	-0.192	-36.179	-0.169	-39.204	-0.163	-44.310	-0.151
120	-34.453	-0.177	-37.747	-0.157	-40.705	-0.150	-45.705	-0.140
130	-35.983	-0.164	-39.204	-0.146	-42.105	-0.140	-47.004	-0.130

① 二氧化碳排放强度定义为万元 GDP 二氧化碳排放量，下同。

续表

碳税（元/吨）	情景Ⅰ		情景Ⅱ		情景Ⅲ		情景Ⅳ	
	二氧化碳排放强度（%）	单位碳税的二氧化碳排放强度边际变化率（%/单位碳税）	二氧化碳排放强度（%）	单位碳税的二氧化碳排放强度边际变化率（%/单位碳税）	二氧化碳排放强度（%）	单位碳税的二氧化碳排放强度边际变化率（%/单位碳税）	二氧化碳排放强度（%）	单位碳税的二氧化碳排放强度边际变化率（%/单位碳税）
140	-37.407	-0.153	-40.566	-0.136	-43.404	-0.130	-48.207	-0.120
150	-38.739	-0.142	-41.836	-0.127	-44.621	-0.122	-49.334	-0.113
160	-39.990	-0.133	-43.030	-0.119	-45.762	-0.114	-50.393	-0.106
170	-41.170	-0.125	-44.151	-0.112	-46.836	-0.107	-51.385	-0.099
180	-42.277	-0.118	-45.211	-0.106	-47.848	-0.101	-52.320	-0.093
190	-43.327	-0.111	-46.208	-0.100	-48.802	-0.095	-53.202	-0.088
200	-44.319	-0.105	-47.152	-0.094	-49.703	-0.090	-54.036	-0.083

从表 2-6 可以看出：①不考虑碳税时，能源使用效率分别提高 0%、0.5%、1%、2%，可以使得 2020 年我国二氧化碳排放强度相对基准情景分别减少 0%、4.59%、8.70%和 15.56%；考虑碳税时，当能源使用效率分别提高 0%、0.5%、1%、2%，可以使得 2020 年我国二氧化碳排放强度相对基准情景分别减少 44.32%、47.15%、49.70%和 54.04%。②要实现国家“十二五”规划中“到 2020 年中国单位 GDP 二氧化碳排放将比 2005 年下降 40%~45%”的目标，在仅考虑提高能源使用效率和征收碳税两种手段的前提下，若能源使用效率年增长率为 0%，则需要征收碳税大约为 160 元/吨；若能源使用效率年增长率为 0.5%，则需要征收碳税大约为 140 元/吨；若能源使用效率年增长率为 1%，则需要征收碳税大约为 120 元/吨；若能源使用效率年增长率为 2%，则需要征收碳税大约为 80 元/吨。③四种情景下的单位碳税的二氧化碳排放强度边际变化率均呈现逐渐减小的变化趋势，相比较而言，能源使用效率越高，单位碳税的二氧化碳排放强度边际变化率越大。

如表 2-7 所示：在其他条件不变的情况下，单纯依靠碳税可以实现国家“十二五”有关二氧化碳排放强度的规划目标，但这会引起化石能源价格的大幅上升。如表 2-2 所示：2007 年，当碳税税率为 160 元/吨时，煤炭价格增长 74.05%，石油和天然气的价格分别增长 5.61%和 7.73%；2020 年，煤炭、石油和天然气价格分别上升 99.70%、8.48%和 11.46%，这必然会引起较大的物价上升压力；但若通过在实施碳税减排政策的同时，加强科技进步，提高能源使用效率（如情景Ⅳ），碳税大约为 80 元/吨，就可实现我国“十二五”规划中有关二氧化碳排放的目标，此种境况下，2007 年相应的化石能源价格分别上升 31.24%、2.35%和 3.18%，2020 年化石能源价格分别上升 47.27%、4.41%和 5.09%，物价上涨压力明显减小。倘若能源使用效率进一步提高，相应的碳税将继续减少，同时化石能源价格上涨空间必将进一步缩小。

表 2-7　2007~2020 年不同碳税水平下化石能源从价税税率表

年份	情景Ⅰ中，能源使用效率年增长率为 0%，碳税为 160 元/吨				情景Ⅳ中，能源使用效率年增长率为 2%，碳税为 80 元/吨			
	相对基准情景，单位 GDP 二氧化碳排放变化率（%）	煤炭税率（%）	石油税率（%）	天然气税率（%）	相对基准情景，单位 GDP 二氧化碳排放变化率（%）	煤炭税率（%）	石油税率（%）	天然气税率（%）
2007	–0.76	74.05	5.61	7.73	–0.51	31.24	2.35	3.18
2008	–0.78	76.91	5.87	8.12	–0.54	32.83	2.50	3.36
2009	–0.80	79.54	6.11	8.48	–0.58	34.30	2.66	3.53
2010	–0.82	81.92	6.34	8.81	–0.62	35.68	2.81	3.70
2011	–0.83	84.12	6.56	9.13	–0.64	37.00	2.96	3.85
2012	–0.85	86.15	6.78	9.43	–0.68	38.26	3.11	4.00
2013	–0.86	88.04	6.99	9.71	–0.70	39.46	3.27	4.15
2014	–0.87	89.83	7.20	9.97	–0.73	40.62	3.42	4.29
2015	–0.88	91.54	7.41	10.23	–0.75	41.74	3.58	4.43
2016	–0.89	93.19	7.61	10.48	–0.78	42.84	3.73	4.56
2017	–0.90	94.81	7.82	10.72	–0.81	43.93	3.90	4.69
2018	–0.91	96.82	8.15	11.03	–0.84	45.14	4.10	4.84
2019	–0.91	98.04	8.26	11.21	–0.86	46.13	4.23	4.96
2020	–0.92	99.70	8.48	11.46	–0.89	47.27	4.41	5.09

（二）部门影响分析

征收碳税，必将导致化石能源价格上涨，从而提高生产成本，不同部门的化石能源投入占总投入比例差别很大，并且不同部门各级生产函数、各种生产要素的替代弹性也不完全一致，再加上对不同部门产品的需求差别，将对不同部门的化石能源需求产生不一致的影响，由此，对部门的产出价格、产出量、劳动、资本使用量、二氧化碳排放量、二氧化碳排放强度等将产生不同的影响。表 2–8 分析了在情景Ⅰ中，能源使用效率年增长率为 0（相对基准情景能源使用效率保持不变），碳税为 160 元/吨时，2010 年、2015 年和 2020 年各部门的产出及其价格相对基准情景的变化影响。

表 2–8　相对基准情景的部门产出和价格影响

行　业	2010 年		2015 年		2020 年	
	产出（%）	价格（%）	产出（%）	价格（%）	产出（%）	价格（%）
农业	–2.6091	1.0311	–2.1252	0.9587	–2.0255	0.9140
煤炭采选及炼焦业	–46.8959	9.4921	–49.9630	10.2474	–51.9491	10.8880
石油开采及加工业	–12.8238	9.9966	–14.6663	10.9261	–15.7323	11.6744
天然气开采业	–9.8966	4.8505	–11.5029	5.1692	–12.5058	5.4663
食品制造与烟草加工业	–2.4061	1.4400	–2.1449	1.3496	–2.0733	1.3081
纺织业	–12.8411	3.1151	–6.5711	2.5232	–4.4799	2.2771
木材加工及家具制造业	–0.1412	3.0661	–1.8961	2.8172	–2.2335	2.6779

续表

行业	2010年		2015年		2020年	
	产出（%）	价格（%）	产出（%）	价格（%）	产出（%）	价格（%）
造纸印刷机文教用品制造业	-5.7136	3.1691	-3.9407	2.9423	-3.0653	2.8171
化学医药业	-9.9556	5.4804	-8.0918	5.5951	-7.1725	5.6948
非金属矿采选及非金属矿物制品业	5.6461	7.1517	-0.3464	7.5251	-2.2694	7.8426
金属矿采选及金属冶炼业	-4.4349	5.4498	-6.5836	5.5490	-6.7875	5.6019
机械设备制造业	0.9902	3.4386	-2.4551	3.2300	-3.2178	3.0500
电子通信、仪器办公品制造业	-27.1501	2.5954	-11.7434	1.9399	-6.9555	1.6790
其他制造业	-3.1379	1.8784	-4.1250	1.7423	-4.1351	1.6962
电力（火电）生产和供应业	-3.2686	13.3257	-3.8722	14.4043	-3.9662	15.3438
低碳能源（水电、风电及核电）生产业	0.1187	1.8877	0.2645	2.2102	0.4378	2.5479
建筑业	15.5257	4.0906	4.1320	4.0723	0.5126	4.0366
交通运输、仓储和邮政业	-1.1239	2.6693	-2.6204	2.7648	-3.0300	2.8803
批发零售和住宿餐饮业	-0.9247	0.8827	-1.4016	0.7908	-1.6400	0.7592
金融及房地产业	-0.1475	0.4505	-0.5604	0.2980	-0.8140	0.2587
科教文卫社会服务业	3.5407	1.7941	3.7424	1.6787	3.8939	1.6156

由表2-8可以看出，21个行业中，产出价格都有所上升，主要是由于征收碳税，导致企业生产成本有所提高，其中，煤炭、石油、天然气行业和消耗化石能源较大的电力（火电）、非金属矿采选及非金属矿物制品业、金属矿采选及金属冶炼业等部门价格上升幅度比较大，而且从时间上看，其价格上涨幅度在逐年增加；而消耗化石能源较低的农业、金融及房地产业、批发零售和住宿业、食品制造与烟草加工业、科教文卫社会服务业等部门的价格上升幅度明显较小，而且从时间上看，其价格上涨幅度在逐年减少。

从产出上看，21个行业中，煤炭采选及炼焦业、石油开采及加工业以及天然气开采业的产出降幅最大，而且随着时间的延长其产出降幅在进一步扩大；虽然纺织业、化学医药业、电子通信、仪器办公品制造业的产出在期初降幅较大，[①] 但与化石能源部门不同的是，其降幅随着时间的延长在逐步降低；另外，值得注意的是，低碳能源（水电、风电及核电）行业的产出在逐年增加，主要是由于化石能源价格提高后，低碳能源的替代作用开始逐步显现，社会需求有所增加，而且随着时间的延长，其替代作用逐渐加强。

三、政策模拟二：碳税使用方式模拟分析

一般说来，碳税会引起化石能源价格的上涨，从而导致企业生产成本提高、产品价格上涨，但是碳税的不同动态循环使用方式，可能导致不同的企业收益、居民收入、居民消费、政府储蓄、进出口、社会福利等社会经济变量发生改变。另外，学术界还存在

① 究其原因在于纺织业、化学医药业、电子通信、仪器办公品制造业的化石能源弹性系数相对较高的缘故。

征收碳税是否可以达到“双重红利”的争议，因此，本章以二氧化碳排放强度相对基准情景在 2020 年降低 20%为例，模拟分析不同的碳税循环使用方式对社会经济变量的影响。具体情景设定如表 2–9 和表 2–10 所示。

表 2–9 碳税使用方式模拟情景设定表

情景类别	具体描述
基准情景	2007~2020 年资本存量外生，如表 2–1 所示；2007~2020 年劳动力总供给外生，如表 2–2 所示，能源使用效率保持不变，不考虑征收碳税
情景Ⅴ	在基准情景基础上，在能源消费环节征收碳税，各种税率均保持不变
模拟情景Ⅵ	在基准情景基础上，在能源消费环节征收碳税，同时降低居民所得税税率，保持政府财政收入中性。此时，居民所得税税率变为内生变量，各年政府财政收入外生，等同于基准情景中各年的政府财政收入
模拟情景Ⅶ	在基准情景基础上，在能源消费环节征收碳税，同时降低企业所得税税率，保持政府财政收入中性。此时，企业所得税税率变为内生变量，各年政府财政收入外生，等同于基准情景中各年的政府财政收入
模拟情景Ⅷ	在基准情景基础上，在能源消费环节征收碳税，同时降低企业间接税税率，由于部门的间接税税率并不相同，增加一个平均间接税税率变量，该变量内生，从而使得部门的间接税税率变化相同的百分比；保持政府财政收入中性，此时，平均间接税税率为内生变量，各年政府财政收入外生，等同于基准情景中各年的政府财政收入

表 2–10 不同情景下的 2020 年宏观经济社会变量① 变动表

	情景Ⅴ	情景Ⅵ	情景Ⅶ	情景Ⅷ
实际 GDP（%）	–0.9381	–1.0125	–0.6769	–0.5832
社会福利（%）	–2.5150	4.7609	–2.8360	–0.5642
居民收入（%）	–0.2115	–0.4827	–0.2744	–0.2377
居民消费（%）	–0.7951	1.5051	–0.8966	–0.1784
居民储蓄（%）	–0.1202	–0.5749	–0.1395	–0.2563
企业收入（%）	–0.9983	–1.3356	–0.4747	–0.4499
企业储蓄（%）	–0.9983	–1.3356	7.1280	–0.4499
政府储蓄（%）	4.9710	0.0000	0.0000	0.0000
政府消费（%）	4.3652	–0.4545	–0.8067	–0.1235
出口（%）	–6.3556	–5.8329	–6.8351	–1.7216
进口（%）	1.4447	0.9634	2.8395	0.3572
总投资	–0.4143	–2.2675	2.9051	–1.1275
二氧化碳排放强度	–19.9856	–20.0336	–19.9856	–20.0384

根据表 2–10 的分析结果比较分析情景Ⅴ、Ⅵ、Ⅶ、Ⅷ中各宏观经济变量的变化。

情景Ⅵ中，相对于基准情景，由于征收碳税，居民的资本收入有所下降，虽然政府在征收碳税的同时降低了居民的个人所得税，但同时政府对居民的转移支付也有所下

① 实际 GDP、居民消费、政府消费、出口、进口均为数量型（Quantity）变量；名义 GDP、社会福利、居民收入、居民储蓄、企业收入、企业储蓄、政府储蓄、总投资均为价值型（Value）变量。

降，由于减少的个人所得税额低于政府转移支付额，因此导致居民的税前总收入水平比情景Ⅴ下降幅度更大，但由于降低了个人所得税税率，居民税后收入有所增加，居民的消费需求有所提高，因此居民的社会福利状况比情景Ⅴ有明显改善。政府在总税收相对基准情景保持不变的情况下，由于碳税征收导致产品价格上涨，从而引起政府的实物消费减少。对于企业来说，征收碳税导致生产成本上升，从而引起资本价格相对下降，因而企业收入和消费水平均有较大减少，同时由于国内产品价格相对国外有所上升，造成出口明显减少，进口增加。在实际 GDP 构成中，仅有居民消费相对增加，而政府消费、投资、进出口均减少，从而导致实际 GDP 有所下降。总体而言，情景Ⅵ在减少二氧化碳排放强度的同时使得社会福利水平有所增加，从而实现了碳税的“双重红利”效应。

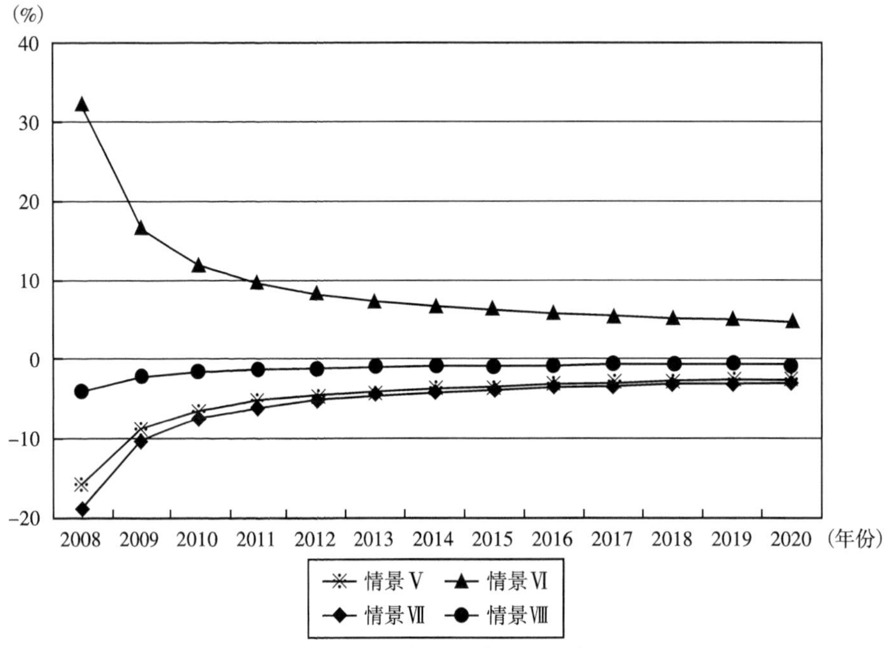

图 2-3　2008~2020 年不同情景下社会福利变化

情景Ⅶ中，相对于基准情景，对于企业而言，由于征收碳税引起资本价格下降，从而企业收入减少，但由于降低企业所得税税率，企业储蓄水平有较大幅的提高。由于居民资本收入下降、政府转移支付减少，居民总体收入下降，从而导致居民消费、居民储蓄、社会福利水平相比情景Ⅴ呈现更大幅度的下滑。政府的收入和储蓄虽然没变，但由于该情景下，产品价格上涨较大，因此，政府的实物消费降幅最大。实际 GDP 下降原因同上，但相比情景Ⅴ和情景Ⅵ，实际 GDP 的下降幅度较小。总体说来，情景Ⅶ的低企业所得税，使得企业储蓄和总投资有所提高，但也使得居民消费、社会福利水平与情景Ⅴ和情景Ⅵ相比降幅更大。这说明征收碳税的同时降低企业所得税不能实现碳税的“双重红利”效应。

情景Ⅷ中，由于降低了间接税，而间接税发生在国内生产环节，因此，企业可以将税负部分地转嫁给消费者，从而影响国内需求和出口，因此，虽然该情景下企业收入有所下降，但下降幅度小于其他三种情景。对居民而言，居民的劳动收入和资本收入下降，政府转移支付也有所减少，因此居民的总收入水平与情景Ⅴ相比略有下降，但由于降低了间接税，国内产品价格有所下降，因此，居民的消费需求、社会福利水平与情景Ⅴ和情景Ⅶ相比均有所提升。政府的收入和储蓄不变，但由于国内产品价格有所下降，因此政府的实物消费比情景Ⅵ和情景Ⅶ均有所增加。由于居民消费、政府消费、净出口改善较大，因此，实际 GDP 的降幅相比其他三种情景降幅最小。从图 2-3 可以看出，情景Ⅷ中，社会福利降幅微小，并且随着时间的推移接近于零。这说明，征收碳税的同时降低企业间接税，可以使得碳税对社会福利的影响微乎其微。

第四节　结　论

（1）征收碳税可以减少我国单位 GDP 二氧化碳排放量；随着碳税税率的增加，单位碳税的二氧化碳排放强度边际变化率均呈现逐渐减小的变化趋势，相比较而言，能源使用效率越高，单位碳税的二氧化碳排放强度边际变化率越大。

（2）从行业上看，21 个行业中，产出价格都有所上升，其中，煤炭、石油、天然气行业和消耗化石能源较大的电力（火电）、非金属矿采选及非金属矿物制品业、金属矿采选及金属冶炼业等部门价格上升幅度比较大，而且从时间上看，其价格上涨幅度在逐年增加；而消耗化石能源较低的农业、金融及房地产业、批发零售和住宿业、食品制造与烟草加工业、科教文卫社会服务业等部门的价格上升幅度明显较小，而且从时间上看，其价格上涨幅度在逐年减少。

（3）若采用在能源消费环节征收碳税，同时降低居民所得税税率，保持政府财政收入中性的税收方案，可以在减少二氧化碳排放强度的同时使得社会福利水平有所增加，从而实现了碳税的“双重红利”效应。

（4）采用在能源消费环节征收碳税，同时降低企业间接税率，保持政府财政收入中性的税收方案，比采用在能源消费环节征收碳税，同时降低企业所得税税率，保持政府财政收入中性的税收方案，更能减弱或消除因征收碳税对社会福利水平产生的负面影响。

参考文献

[1] Whalley J. and Wigle R.. Cutting CO_2 Emissions: the Effect of Alternative Policy Approaches. The Energy Journal, 1990 (12).

[2] Burniaux J.M., G. Nicoletti.. GREEN: A Global Model for Quantifying the Cost of Policies to Curb CO_2 Emission. OECD Economic Studies, 1992 (19).

[3] Floros N., Vlachou A.. Energy Demand and Energy related CO_2 Emissions in Greek Manufacturing : Assessing the Impact of a Carbon Tax. Energy Economics, 2005 (27).

[4] Dellinkr W.. AGE Analysis of the Impact of a Carbon Energy Tax on the Irish Economy. Ecological

Economics，2007，61（4）.

[5] Galinato G.，Yoder J.. An Integrated Tax Subsidy Policy for Carbon Emission Reduction. Resource and Energy Economics，2009（10）.

[6] 贺菊煌、沈可挺、徐篙龄：《碳税与二氧化碳减排的 CGE 模型》，《数量经济技术经济研究》，2002 年第 10 期。

[7] 贾一苇：《我国劳动力总量 2009~2020 年变化趋势分析》，《北方经济》，2002年第 12 期。

[8] 金艳鸣、雷明、黄涛：《环境税收对区域经济环境影响的差异性分析》，《经济科学》，2007 年第 3 期。

[9] 李善同：《“十二五”时期至 2030 年我国经济增长前景展望》，《经济研究参考》，2004 年第 43 期。

[10] 苏明、傅志华：《我国开征碳税的效果预测和影响评价》，《经济研究参考》，2009 年第 72 期。

[11] 孙琳琳、任若恩：《资本投入测量综述》，《经济学》（季刊），2005 年第 7 期。

[12] 魏涛远，格罗姆斯洛德：《征收碳税对中国经济与温室气体排放的影响》，《世界经济与政治》，2002 年第 8 期。

[13] 王德文：《人口低生育率阶段的劳动力供求变化与中国经济增长》，《中国人口科学》，2007 年第 1 期。

[14] 王健：《基于可计算的一般均衡模型的我国碳税政策“双重红利”研究》，《生态经济》，2011 年第 10 期。

[15] 王灿、陈吉宁、邹骥：《基于 CGE 模型的 CO_2 减排对中国经济的影响》，《清华大学学报》（自然科学版），2005 年第 2 期。

[16] 王小鲁、樊纲：《中国经济增长的可持续性——跨世纪的回顾与展望》，经济科学出版社，2000 年版。

[17] 张军、吴桂英、张吉鹏：《中国省际物质资本存量估算：1952~2000》，《经济研究》，2004 年第 10 期。

[18] 张军、章元：《对中国资本存量 K 的再估计》，《经济研究》，2003 年第 7期。

[19] 赵涛、秘翠翠：《碳税 CGE 模型对我国经济影响分析》，《科学技术与工程》，2011 年第 36 期。

[20] 邹至庄：《2010 年我国经济增长前景》，中国财政经济出版社，2001 年版。

[21] 朱永彬、刘晓、王铮：《碳税政策的减排效果及其对我国经济的影响分析》，《中国软科学》，2010 年第 4 期。

作　者：娄　峰

第三章　家庭人口结构对收入分配的影响与等价收入规模的测算

第一节　等价收入的定义与理论

近年来，由于受国际经济危机持续发酵及我国经济增速放缓等综合因素的影响，我国居民收入差距过大的客观严重性和主观紧迫性被极大地彰显。我国政府开始着重强调完善税收结构并加大民生领域投入。从中共十六届四中全会的“构建和谐社会”到十八大提出“使发展成果更多更公平惠及全体人民”，再到十八届三中全会要求将“促进社会公平正义、增进人民福祉”作为改革的“出发点和落脚点”，收入分配制度改革成为无法回避的头等大事。学界对于我国收入差距现状、形成原因以及初次分配领域的相关问题早在10年前就已形成共识（经典文献可参见李实，1999；陈宗胜，2001；高培勇，2002；张平，2003；胡鞍钢，2004），但对于我国收入差距与经济增长的关系，特别是再分配改革的必要性和迫切程度等却存在争议，这在很大程度上源于我们对我国收入差距的真实量值及其微观人口特征缺乏理解。中共十八届三中全会提出“推进国家治理体系和治理能力的现代化”目标，这本质上要求庞大的再分配系统绝不能处于盲目的运行状态，有必要基于我国现实国情精确量化收入分配状态，包括收入差距度量和贫困水平确定。

收入分配问题涉及一个复杂的经济学研究体系，它从公共财政、社会福利、经济增长、收入不平等和社会救助等多个领域展开研究。Parker 和 Harcourt（1969）对于个体收入的概念做出了比较全面的论述，而依据经济学观点，收入分配的基本单位是收入共有、消费共享的家庭，因此，主流经济研究通常采用居民户或家庭作为基本收入单位，以体现消费的度量和福利经济学的观点。当前经济学界大体上从三个层面来定义经济主体的收入：首先是市场收入，即在某一给定时期结束时，个体积极和消极状态（Active and Passive Positions）的所有价值（按当前市场价格计算）减去基期所有积极和消极状态的价值（按基期价格计算）加上这一时期内的消费；其次是可支配收入，它是上面定义的市场收入加上公共转移支付，减去个人税收和强制性的社会保障缴款后的净值；[①] 最后是净等价收入，它根据居民户规模来调整可支配收入，最为常见的等价收入是所谓的人均等价收入，即我们度量居民收入分配时广泛使用的居民户人均（可支配）收入。

而事实上，等价收入的界定和价值远不止于此，家庭可支配收入或者家庭人均可支配收入在经济学意义上仍不具备完备的可比性，家庭会根据其人口构成调整消费水平，当家庭成员仅包括单一个体时，等价收入就是家庭的可支配收入，而当家庭成员不止一位时，该类家庭通常至少在一定程度上共享收入和消费，由此在家庭福利层面便产生了规模经济和规模不经济的问题。从理论角度看，当我们把“收入共有”、“消费共享”、“具有规模经济”、“不同年龄个体在同等福利水平下消费（值）不同”等一系列问题作为基本假设加以认可时，每个家庭的收入和福利效用水平便不能简单地应用可支配收入或人均可支配收入进行衡量。需要以家庭人口统计属性和消费水平为基础来建立其实际的福利水平的判断基准，进而将其统计收入转化到与其福利水平相对应的量值上来，这就是所谓的等价收入。通俗地讲，一方面我们通常考虑家庭消费的规模经济，众多家庭成员往往可以共享生活基础设施和服务项目，导致消费的规模经济效应；而另一方面家庭成员增加导致的家庭消费品的购置数量的增加，使得在商品和服务的购置环节也可能存在规模经济效应，因此，人均可支配收入为 3000 元/月的 4 口之家可能远比月可支配收入为 3000 元的单身个体要享有更高级别的福利效用水平，那么，简单地应用人均可支配收入的方式在衡量居民福利水平时具有相对局限性。

在正式引入等价收入定义前，通常做出如下假设（Zimmermann，2004）：

（1）家庭收入共享。

（2）家庭消费共享，每个家庭成员享受相同的经济福利。

（3）家庭消费可以实现规模经济效应，每个家庭的福利水平比按照人均收入的计算值更高。

（4）儿童比成年人需要更少的消费。

满足或部分满足以上这些假设，才使等价收入的研究具有理论基础和现实意义。而本章随后的论述将遵循上述假设基础。这里尚需特别指出，等价收入的确定本质上是确定所谓的等价规模（equivalence scale），用居民户的对应等价规模值除以其可支配收入，就得到居民户的净等价收入。

基于对上述假设的认可，经济学家和社会学家长久以来一直关注家庭规模和人口结构对于家庭收入状态的影响。最早的研究集中于量化拥有一个未成年子女的家庭为了获取与无子女的家庭相等的福利水平，而应该获取的可支配收入，这就是所谓等价规模的雏形。而时至今日，基于未成年人抚养成本的研究仍然是等价收入研究的核心内容，这主要基于三方面的原因：其一，西方国家的家庭构成以夫妻和未成年子女为主，其规模经济问题主要基于子女抚养成本；其二，该类研究对于家庭抚养的扶植政策有较强的指导意义，能够有效强化福利保障政策的公平性和高效性；其三，对特定领域的经济问题

① 对于该种收入的综合定义可以参见 Simons（1939）。

研究具有学术价值，能够真正形成以家庭整体消费为基点的问题分析框架，如贫困的界定和恩格尔曲线的刻画等。Bradbury（2004）对儿童成本的概念定义等问题研究进行了综述，列举了估算家庭规模经济效应的理论和工具。该项研究主要集中于家庭对于儿童的直接支出，其研究结论表明并不存在绝对化的成本支出，而对于规模经济的判断也主要取决于经验数据的支持（Citro 和 Michael 等，1995；Standon，1973；Nelson，1993）。

在此基础上，西方学者开始着手对等价收入的理论进行定义。传统西方学者在估计等价收入时，通常仅仅考虑儿童抚养对于家庭规模经济的影响，Browning（1994）归纳了在处理等价收入时本质的四个问题，由这些问题最终可以拓展为相关研究的四个理论主体和建模脉络。

（1）需求问题：为了维持基本生活支出，目标家庭相对于标准家庭的需要量是多少。

（2）支出问题：家庭中抚养儿童的直接支出是多少。

（3）标准福利问题：目标家庭为了维持与标准家庭相等的福利效用水平需要多少收入。

（4）消费结构问题：未成年子女的抚养对于家庭消费结构产生了怎样的影响。

上述四个问题基本囊括了相关研究的理论脉络，例如，如果研究的概念基础是对家庭的未成年子女抚养支出进行预分，那么支出问题与之直接相关；如果研究的概念基础是实现满足未成年子女的最低消费需求，则需求问题最为相关。相关研究还将等价规模分为两类：条件的和非条件的（Pollak 和 Wales，1994）。其中，条件等价收入度量的是支出而非福利，因此忽略了家庭成员构成对家庭福利的影响，他们通过固定家庭人口结构，对家庭消费簇的偏好进行比较，实质上是基于家庭支出的比较分析过程；而非条件等价收入则根据不同的家庭人口结构和消费簇定义家庭偏好，充分考虑了家庭构成的影响，本质上是需求问题的比较分析过程。Pollak 和 Wales（1994）认为，条件等价收入适用于家庭消费需求的研究，而不适用于福利的比较。而非条件等价收入则能够满足福利比较需要。当然，更多学者论述了条件等价规模的政策适用性价值，例如，Deaton 和 Muellbauer（1986）以及 Nelson（1993）等。另外，条件等价收入在未成年子女抚养扶植计划方面更具优势，因为在此类政策的设定过程中成本标准显然比幸福指数标准更为重要。

依据上述不同的理论基础，学者们对等价尺度进行了不同的定义，其中的典型包括 Engel、Prais 和 Muellbauer 的定义。

（1）Engel 的定义：对等价收入的系统性研究，始于 Engel（1895）的经典论著，其研究成果早已纳入经济学教科书范畴，并被学界广泛引用，成为重要的经济学基础理论。该研究表明：人均收入较低的家庭在食物上的支出比例大于人均收入较高的家庭在食物上的支出比例，而对于有相同总支出水平的家庭，人口规模较大的家庭的食物支出比例大于人口规模较小家庭的食物支出比例。因此，Engel 认为，可以将食物支出占总收入的份额作为对家庭福利水平的一种间接表示，即将具有相同食物支出份额的家庭视为具有相同的福利水平，由此，可以利用家庭食物支出份额将家庭目前的货币收入转换为维持特定福利水平所需要的等价收入。这实质上是基于家庭基本生活需求的等价规模确定方式，而其最大的缺陷在于，该定义家庭构成对于消费需求的应用，没有考虑家庭人口结构和其他统计属性所导致的消费行为的异质性，而这正是等价收入形成的理论基础及其在政策评价领域的核心内容。

（2）Prais 的定义：学者们对于将家庭构成引入等价收入的工作通常采用比较分析的方式，即设定某一类特定人口结构的家庭作为标准家庭，而通过在等值的福利水平条件下，将研究的目标家庭的收入转换为标准家庭收入，由此获得等价收入。Prais（1953）的研究是这类工作的代表。他将成年男人作为标准个体，求解家庭中增加一个特定性别或年龄的个体后所对应的家庭消费水平的增量与家庭中增加一个标准个体后所对应的家庭消费水平增量的比值，以此界定为新增特定个体所对应的等价规模，并进一步计算各类家庭的等价收入。Allen（1942）则系统研究了等价规模界定过程中的参照对象，其研究认为，成年个体对于家庭的消费增量的扭曲远没有儿童的大，因此，在构造等价规模时，应选择成年夫妇为参照对象，样本观测数据则应考虑由父母和孩子组成的家庭。

（3）Muellbauer 的定义：Allen（1942）的研究更大的意义在于提出对等价规模的定义，不应忽略了家庭整体消费的背景，而也正是出于这样的原因，学者们大都高度重视孩子的抚养成本和给定家庭成本的测量，学者们开始着重考虑通过未成年人抚养成本来界定净等价收入。Muellbauer（1975）的研究是目前最为代表性的研究成果，该研究以成年夫妇组成的家庭为标准家庭，通过成本对比确定目标家庭的等价规模和等价收入。该界定方法首先给定由消费支出和家庭构成决定的家庭福利效应函数 U（·），在给定的价格水平和家庭构成条件下，求解家庭支出函数，即实现效用水平 U 所需的最小支出函数是 C(·)。而目标家庭的最小支出函数 C(·)与标准家庭的支出函数 C*(·)的比值即作为目标家庭的等价规模。该定义本质是在充分考虑家庭构成特征和消费簇的条件下，基于对家庭基本需求问题的比较分析过程。

第二节　等价规模的估计方法

如前所述，等价收入的确定本质上是确定等价规模。然而，尽管等价收入概念存在已久，但对于等价规模的一致性的定量估算一直存在争议。不同方法得出不同的结果，也就指导了不同的政策预期。回到问题的核心，等价收入的界定应该是基于不同家庭人口结构条件下的消费异质性研究过程。不同的人口属性可能引发家庭共享消费的不同，而对于这一问题的评估需要家庭成员独立的消费数据和家庭整体共享的消费数据。然而目前的统计数据显然不支持这样的研究。因此，必须使用数量模型对不同的效应加以区分。家庭共享商品和服务，使得家庭出现规模经济效应。例如，通常情况下，增加一个儿童可能引发食物消费的改变，但对于诸如家庭住房消费等问题只能引起较小的改变。联合消费发生在两个以上个体的家庭，使得共享部分的支出减少但不影响家庭（包括个体）效用。另外，在购买过程也可能存在规模经济。通过经验数据，应用数量模型对规模经济效应加以界定，并依据家庭构成估计等价规模，成为相关研究的核心内容。而1995年美国国家贫困和社会救助科学委员会在贫困度量的大量研究表明，等价收入的度量仍然处于主观任意的状况，尽管相关研究在一定程度上说明了问题，但没有度量不同类型居民的不同消费特征的标准化模型（Citro 和 Michael，1995；Deaton，2004）。另外，随着家庭消费的结构性演化，等价规模也处于不断变化的动态趋势下，对相关研究的更新具有必要性和迫切性。

尽管如此，我们仍首先给出等价规模求解的一般途径。首先给定作为参照系统的标准家庭，通常选择单身个体家庭或夫妻二人家庭，其等价规模记为 m^*（$m^*=1$），以 m 表示某类特定家庭（目标家庭）所对应的等价尺度，通常由于家庭的规模经济效应，m 小于或等于目标家庭的成员数量 h。由定义知：

$$m=m(a) \tag{3-1}$$

其中，a 为家庭人口统计结构的特征值向量，也就是说，m 仅与家庭的人口结构有关，而与家庭的收入、消费和效应等经济属性无关。如果仅仅考虑家庭人口结构在数量上的特征，则可以刻画更为具体的表示形式：

$$m=\sum m_i \cdot a_i \tag{3-2}$$

这里采用了线性加权的模式，其中，a_i 表示家庭中具有第 i 类特征人口的数量，m_i 为该类人口的规模权重。

进一步地，可以将 m 纳入家庭支出函数，得到家庭在给定商品和服务价格水平下为达到效应 U 所需的最小成本为：

$$c(u, p, a)=m(a)c(u, p) \tag{3-3}$$

其中，u 为家庭的福利效应水平，p 为家庭消费的价格向量，c（u，p）是标准家庭的支出函数，其对应的等价规模 $m^*=1$。由此目标家庭的等价规模可以通过比值计算得出：

$$m(a)=\frac{c(u, p, a)}{c(u, p)} \tag{3-4}$$

在具体求解的实证研究中，存在多种方法对等价收入进行度量，不同的方法基于不同的理论，给出了不同假设和变量，但没有哪种途径能够给出令人满意的结论和最优化的建模途径。霍鑫颖（2012）对相关文献进行了综述，指出当前等价规模的度量方法主要包括三种：①基于营养学与生理学的研究。该方法不仅便于计算，而且可以为等价规模的估计提供一个在时间和空间上的相对不变的标准，但对该方法的质疑同样显著，如 Muellbauer（1986）认为该方法基于食物支出份额来确定家庭的福利水平，这一点缺乏坚实的理论基础和详实的调查数据的支持。②通过问卷调查研究各家庭在家庭成员增加的情况下，为维持效用水平不变，而必须获得的最小收入增量（解烜和莫旋，2003）。对于该方面的质疑主要来自其较强的主观随意性。③通过对家庭消费行为的实证研究估计等价规模。该方法通常基于家庭效用理论，在对各类家庭消费行为的定量分析的基础上，通过假定目标家庭与标准家庭效用水平相等，确定前者基本消费支出与后者基本消费支出的比例，以此计算等价规模。这是当前西方学界主流的计算方式。下面对五种主要的等价规模估计模型做简要介绍。

一、Engel 模型

Engel（1895）率先提出用消费者的食物预算份额来度量不同规模和不同收入水平的家庭之间的福利效用水平。也就是说，恩格尔对等价尺度的研究是以生理学和营养学理论为基础。该方法将等价规模看作生活成本指数，可以为等价规模的估计提供一个在时间和空间上的相对不变的标准。然而，该方法只对等价尺度进行了一般性定义，没有考虑特定商品在消费时是否存在差异，仍主要属于营养学研究范畴，因此应用并不广泛。Deaton 和 Paxson（1998）对于该模型的扩展，证明了较大家庭均具有较小的食物预算份额，从而加深了学界对于该类模型的质疑。

二、Prais-Houthakker 模型

Prais-Houthakker 模型强调等价规模在微观家庭消费中的重要性，它充分考虑了特定商品之间的消费差异性，认为不同的商品应具有不同的等价规模，在此基础上进一步将家庭消费支出分解为特定商品支出和一般商品效应，并分别计算相应的特定等价规模和一般等价规模。但该模型是在商品之间不存在相互替代性的假设基础之上建立的，这样便使该理论与实际家庭消费行为存在很大偏差，同时该方法对于特定等价规模和一般等价规模的双重计算无疑增加了计算量，而两种规模的计算主要依赖于价格指数的取值，这在很大程度上引入了主观性。

三、Barten 模型

在 Prais-Houthakker 模型中，假定了商品价格相对不变，商品之间不存在相互替代性，这与实际家庭消费情况偏差甚远。Barten（1964）针对这一问题构造了全新的模型，该模型将商品之间的相互替代性引入到等价规模的计算中，由此将新增家庭成员对家庭消费需求产生的影响分解为直接效应和间接效应，通过间接效应来体现家庭消费品之间的相互替代性，使得等价尺度的研究合乎实际家庭消费行为。目前绝大多数实证研究文献都是依据 Prais-Houthakker 模型和 Barten 模型对等价规模进行估计的，由于 Barten 模型包含商品之间的相互替代性，这样不仅使等价尺度模型更加符合经济学规律，而且对其实证检验结果明显优于 Prais-Houthakker 模型。另外，该模型还适用于面板数据的研究，但也存在产生过渡替代性问题的缺陷。

四、Gorman 模型

针对 Barten 模型存在过渡替代的问题，Gorman（1975）在 Barten 成本函数的基础上

增加了一些随家庭特征变化而变化的固定成本，使得家庭构成不仅会产生价格效应也可能产生固定成本效应，从而有效地减少了 Barten 模型的过渡替代性。

五、Muellbauer 模型

在 Barten 模型的基础之上，Muellbauer（1975）进一步完善了等价尺度理论，即假定家庭中每个成员对各类商品均具有相应的特定等价规模，这样便使等价尺度的研究具体到每一个家庭成员，从而加深了等价尺度理论在微观层面上的研究。在等价规模估计中 Muellbauer 使用了 PIGL-PTGLOG 需求系统，通过将支出函数换算为商品预算份额而建立等价规模的估计模型，而由于在特定等价规模的构造中引入了非线性公式，因此模型的整体估计采用极大似然法。

如前所述，在各种等价规模的计算过程中往往涉及家庭福利效应的比较，这不可避免地引入了主观性判断因素，大大削弱了等价收入的理论基础。

目前主要应用的等价规模包括：空等价规模（以单位 1 为值，等价于户总收入）、人均等价规模（以人口数为值，等价于人均收入）、OECD 规模（根据成年与否对个体成员加权的方法）和 McClements 规模（按照年龄细分的加权方法）等。[①] 其中，最常用的等价规模是 OECD 规模，在早期的 OECD 规模中，家庭第一个成年人的权重记为 1，其他年满 14 周岁的家庭成员记为 0.7，未满 14 周岁的未成年子女记为 0.5。例如，一对夫妻和两个未成年子女组建的 4 口之家，其等价规模为 1+0.7+0.5+0.5=2.7，如果该家庭总的可支配收入为 10000 元/月，则其等价收入为 10000/2.7≈3703.7 元/月，这样大于按人均可支配收入计算的 2500 元/月，也就是说家庭具有加强的规模经济效应。而目前非官方的 OECD 规模中，家庭第一个成年人的权重仍记为 1，其他年满 14 周岁的家庭成员则记为 0.5，未满 14 周岁的未成年子女记为 0.3，规模经济效应更加凸显。

第三节 等价规模的估计模型

综合以上理论及建模方法，我们强调，等价收入的估计必须建立在家庭组成结构对消费规模的影响的定量评价的基础上，也就是说，要重点考虑家庭消费的规模经济效益和不同属性个体的消费异质性问题。考虑 Pollak 和 Wales（1994）提出的非条件等价规模的构想，这里首要的问题是基于家庭组成结构和家庭消费量构建家庭的直接效用函数。欧阳植和于维生（1995）对于消费单元规模与收入不平等性关系的研究为我们提供了建模思路，参照欧阳植和于维生（1995）的模型设置，我们尝试建立等价规模的估计模型。根据 Barten（1964）和 Muellbauer（1974）提出的家庭效用函数模型：

① 具体的以及更为细致的计算方法可以参见 McClements（1977）、Buhmann 等（1988）和 Schwarze（2000）等。

$$u = u\left(\frac{q_1}{m_1}, \frac{q_2}{m_2}, \cdots, \frac{q_n}{m_n}\right) \tag{3-5}$$

其中，q_i 是第 i 种商品的消费量，m_i 是家庭构成函数，m_i 与家庭的商品消费总量无关。

其矩阵表示形式为：

$$u = u(m, q) = u(m_d^{-1} \quad q) \tag{3-6}$$

其中，$q = (q_1, q_2, \cdots, q_n)'$，是 n 种商品消费量的列向量，$m = (m_1, m_2, \cdots, m_n)'$ 是表示家庭构成参数的列向量，是 m_d^{-1} 是主对角线元素为 $1/m_i$、其余元素为零的对角矩阵。

根据预算约束条件：

$$\nu = p'q \tag{3-7}$$

其中，ν 表示家庭总支出，$p = (p_1, p_2, \cdots, p_n)'$ 是 n 种家庭消费商品的价格向量。根据 Klein 和 Rubin（1947）提出的 Stone-Geary 型家庭消费效应函数，假设：

$$u(m_d^{-1}q) = \beta' \log[m_d^{-1}q - r] \tag{3-8}$$

其中，$\beta = (\beta_1, \beta_2, ..., \beta_n)$，分量 β_i 是商品 i 消费份额的边际预算，满足 $l'\beta = 1$，l 是单位元素构成的向量，即 $\Sigma\beta_i = 1$；$r = (r_1, r_2, \cdots, r_n)$，分量 r_i 是商品 i 的基本生存消费量，$r_i \geqslant 0$；

效用函数中 $\log[m_d^{-1}q - r]$ 为 n 维向量，其第 i 个分量是 $\log\left[\frac{q_i}{m_i} - r_i\right]$

根据拉格朗日定理，求解模型（3-8）：

$$L(q_1, q_1, \cdots, q_n) = \beta' \log[m_d^{-1}q - r] + \lambda(\nu - p'q) \tag{3-9}$$

分别对 q_i 和 λ 求偏导数：

$$L'_{q_i}(q_1, q_1, \cdots, q_n) = \beta_i \frac{1}{q_i - m_i r_i} - \lambda p_i = 0 \qquad (i = 1, 2, \cdots n)$$

$$L'_\lambda(q_1, q_1, \cdots, q_n) = \nu - p'q = 0 \tag{3-10}$$

解得：

$$\beta_i - \lambda p_i q_i + \lambda p_i m_i r_i = 0 \qquad (i = 1, 2, \cdots n) \tag{3-11}$$

将（3-11）式转化为矩阵形式：

$$\beta - \lambda P_d q + \lambda P_d m_d r = 0 \tag{3-12}$$

其中，P_d 为对角阵，对角线元素全为（$p_1, p_2, \cdots, p_n$）。

进一步可得：

$$P_d q = \beta \frac{1}{\lambda} + \lambda P_d m_d r \tag{3-13}$$

对（3-13）式两边同乘以单位向量 l，有：

$$1 - \lambda p'q + \lambda p' m_d r = 0$$

$$\frac{1}{\lambda} = \nu - p' m_d r \tag{3-14}$$

代入式（3-13），得：

$$P_d q = \beta(\nu - p' m_d r) + p_d m_d r \tag{3-15}$$

这个方程表示受家庭构成影响的消费方程组。当 m = 1，即所有家庭的结构参数均为 1 时，也就是说对于标准家庭来说，该方程即为扩展线性消费系统方程（ELES）。

尚需另一个方程才能识别：

$$\nu = \alpha x + (1-\alpha)p'm_d r \tag{3-16}$$

其中，α 是边际消费倾向，x 是家庭收入，$p'm_d r$ 是家庭基本消费需求。

线性变换式（3-15），将式（3-16）代入，得：

$$m_d^{-1}q = r + m_d^{-1}P_d^{-1}\beta[\alpha x + (1-\alpha)p'm_d r - p'm_d r] \tag{3-17}$$

代入式（3-8），得：

$$\begin{aligned} u(x,\ m) &= \beta'\log[m_d^{-1}P_d^{-1}\beta\ (\alpha x - \alpha p'm_d r)] \\ &= \log\alpha + \log(x - p'm_d r) - \beta'\log m - \beta'\log p + \beta'\log\beta \end{aligned} \tag{3-18}$$

假定标准家庭 m=1，即所有 $m_i = 1$，家庭的间接效用函数则为：

$$u(x^*) = \log\alpha + \log(x^* - p'r) - \beta'\log p + \beta'\log\beta \tag{3-19}$$

x^* 为标准家庭收入。令式（3-18）表示的目标家庭的效用函数与式（3-19）表示的标准家庭的效用函数相等，则，得：

$$\begin{aligned} &\mathrm{l}\log\alpha + \log(x - p'm_d r) - \beta'\log m - \beta'\log p + \beta'\log\beta \\ &= \log\alpha + \log(x^* - p'r) - \beta'\log p + \beta'\log\beta \end{aligned}$$

$$\log\frac{x - p'm_d r}{x^* - p'r} = \beta'\log m = \log\prod\nolimits_{i=1}^{n} m_i^{\beta_i} \tag{3-20}$$

有：

$$x - p'm_d r = \left(\prod_{i=1}^{n} m_i^{\beta_i}\right)(x^* - p'r)$$

$$x = \left(\prod\nolimits_{i=1}^{n} m_i^{\beta_i}\right)(x^* - p'r) - p'm_d r \tag{3-21}$$

或者：

$$x^* = \frac{x - p'm_d r + \left(\prod_{i=1}^{n} m_i^{\beta_i}\right)\cdot p'r}{\prod_{i=1}^{n} m_i^{\beta_i}} \tag{3-22}$$

这提供了在保持家庭效用水平不变的条件下，将目标家庭收入转换为标准家庭收入的计算公式。

另有：

$$\frac{x}{x^*} = \prod\nolimits_{i=1}^{n} m_i^{\beta_i} + \frac{1}{x^*}\left[p'm_d r - \left(\prod\nolimits_{i=1}^{n} m_i^{\beta_i}\right)(p'r)\right] \tag{3-23}$$

该式提供了目标家庭与标准家庭收入的换算关系式，是我们估计目标家庭等价收入规模的计算依据。

而在模型的具体估计时，首先需要依据具体的研究目标以及家庭成员的人口构成将已获得的微观家庭数据进行分组，第 j 组家庭的总消费记为 v_j，而第 j 组家庭第 i 种商品的消费记为 v_{ij}，则有：

$$\nu_j = \alpha_j x_j + (1-\alpha_j)\sum\nolimits_{i=1}^{n} p_i m_{ij} r_i \tag{3-24}$$

$$\nu_{ij} = p_i m_{ij} r_i + \beta_{ij}\left(\nu_j - \sum\nolimits_{i=1}^{n} p_i m_{ij} r_i\right) \tag{3-25}$$

其中，令 $a_j = \sum_{i=1}^{n} p_i m_{ij} r_i$ 表示第 j 组家庭的基本消费。m_{ij} 表示第 j 组家庭关于第 i 种商品的规模参数。

基于式（3-24）进行线性回归，可以估计出 a_j 和 a_j，再将 a_j 代入式（3-25），估计 $p_i m_{ij} r_i$ 和 β_{ij}。用 Δ_{ij} 表示非标准家庭 $p_i m_{ij} r_i$ 的估计值，Δ_i 表示标准家庭的 $p_i m_{ij} r_i$ 估计值，由于标准家庭 $m_{ij}=1$，于是非标准家庭的 m_{ij} 估计值是 Δ_{ij}/Δ_i。而将 m 和 β 估计值代入式（3-23）就能够获得目标家庭相对于标准的等价收入。

第四节　模型估计结果及结论

依据国家统计局提供的 2009 年北京、辽宁、浙江、广东、四川、陕西 6 省市城镇住户调查数据，我们基于上述模型设定对我国城镇居民收入的等价规模进行了实证测算。其中收入项以家庭期初手存现金与可支配收入的总和计算，消费以调研数据中家庭消费性支出为准，并剔除调查期内发生人员流动的家庭。进一步地，考虑到我国城镇居民家庭的实际情况我们将家庭分为 9 类，共计 4579 户：①

（1）单身家庭，共计 103 户。

（2）夫妻家庭，共计 1040 户。

（3）夫妻+1 成年人，共计 1414 户。

（4）夫妻+1 子女，共计 1590 户。

（5）夫妻+2 子女，共计 95 户。

（6）夫妻+1 老人，共计 128 户。

（7）夫妻+2 老人，共计 43 户。

（8）夫妻+1 子女+1 老人，共计 166 户。

其中成年劳动人口的定义遵循我国统计口径中对劳动人口的定义的相关年龄设定，为数据调查期年满 16 周岁未满 60 周岁的人口；未成年子女的定义为数据调查期未满 16 周岁的人口；老年人为数据调查期年满 60 周岁的人口。

消费性支出包括以下 8 大类：食品、衣着、居住、家庭设备用品及服务、医疗保健、交通和通信、娱乐教育文化服务、其他商品和服务。

基于以上数据我们按照上述模型进行了实证分析，以期获得我国居民收入等价规模的相关信息。首先是对式（3-24）和式（3-25）的回归分析，显然，两式均属于线性回归方程，而考虑到截面数据中各分类家庭回归方程的异方差性，因此采用加权最小二乘法进行线性回归。

表 3-1 的前 3 列给出了依据式（3-24）和式（3-25）式对不同类型家庭的边际消费

① 其他人口构成的家庭，或者其不具有代表性和研究必要性，如单身个体+2 个老人家庭等；或者我们获得的数据难以支持，因此加以省略，如 1 对夫妻+3 个子女的家庭只有 8 户，此类家庭回归质量难以保障。

倾向 α 和基本消费支出 $\alpha_j = \sum_{i=1}^{n} p_i m_{ij} r_i$ 的估计结果，表 3-1 后 8 列给出了关于各类家庭 8 种不同消费品的基本消费支出 $p_i m_{ij} r_i$ 和边际支出倾向 β_i。

表 3-1　消费模型的部分估计结果

	α	$\alpha_j = \sum_{i=1}^{n} p_i m_{ij} r_i$		Ⅰ	Ⅱ	Ⅲ	Ⅳ	Ⅴ	Ⅵ	Ⅶ	Ⅷ
1	0.4843	7211.3	$p_i m_{ij} r_i$	4923.07	756.81	559.13	160.01	106.01	425.11	159.68	121.48
			βi	0.2762	0.1212	0.1860	0.0565	0.0541	0.1550	0.0948	0.0563
2	0.4333	13036.5	$p_i m_{ij} r_i$	7620.40	1270.51	1669.05	601.16	527.46	946.33	169.10	232.51
			βi	0.2761	0.1210	0.0631	0.0668	0.0877	0.1614	0.1546	0.0693
3	0.4375	17800.3	$p_i m_{ij} r_i$	9651.44	1635.97	1857.63	851.41	887.00	1384.56	1004.29	527.99
			βi	0.2599	0.1258	0.0558	0.0583	0.0516	0.1801	0.2142	0.0542
4	0.3867	17012.9	$p_i m_{ij} r_i$	9249.64	987.58	2321.19	938.21	1468.68	1304.58	296.26	446.74
			βi	0.3644	0.0861	0.0489	0.0545	0.0963	0.1508	0.1578	0.0411
5	0.3609	21422.4	$p_i m_{ij} r_i$	11504.50	838.92	2640.46	1308.63	2662.37	1636.65	658.01	172.85
			βi	0.2359	0.1143	0.0447	0.1074	0.1694	0.1353	0.1296	0.0633
6	0.4860	17047.5	$p_i m_{ij} r_i$	9357.45	2123.23	1851.62	300.79	834.65	1006.53	1332.96	240.28
			βi	0.2370	0.1053	0.0565	0.0870	0.0468	0.1949	0.2126	0.0599
7	0.4998	19632.8	$p_i m_{ij} r_i$	10436.11	1093.38	3168.63	685.15	1148.10	1308.67	1449.84	342.89
			βi	0.2495	0.1313	0.0821	0.0808	0.0367	0.1522	0.2298	0.0375
8	0.5268	13902.3	$p_i m_{ij} r_i$	9497.56	1387.32	1587.64	6.96	912.85	109.28	191.55	209.15
			βi	0.2503	0.0824	0.0773	0.0932	0.0663	0.1752	0.2103	0.0449

将表 3-1 给出的估计结果分别代入式（3-22），将分别求出每个家庭参照标准家庭的等效用收入，利用式（3-23）就能够计算目标家庭与标准家庭收入的换算关系式，通过算术平均法我们给出目标类型家庭等价收入规模的期望结果，见表 3-2。

表 3-2　不同类型家庭等价规模的算术平均估计值

	1	2	3	4	5	6	7	8
x/x^*	1.000	1.893	2.968	2.794	3.161	2.537	3.644	2.760

从表 3-2 中我们可以看到，首先，家庭成员中存在规模经济效应，所有等价规模均小于家庭人口规模；其次，我国成年人口的规模经济效应并不突出，这一点由类型 2 的夫妻二人家庭和 3 个成年劳动人口组成的类型 3 家庭的等价规模系数可以清晰地得出；再次，未成年子女的抚养存在规模效应，但二胎的抚养成本显著下降，等价规模的缩减程度加大；最后，我们未对夫妻加两位老年人的第 7 类家庭等价规模相对加大找出合理的解释。

进一步地，为了确定等价规模计算中各家庭成员的具体权重，我们使用等价规模的定义式（3-2），以微观家庭数据为对象建立等价规模的一般计算式：

$$m = 1 + m_{成年人} n_{成年人} + m_{未成年人} n_{未成年人} + m_{老年人} n_{老年人} + \varepsilon$$

其中，n 代表家庭中符合统计特征的成员数量。依据调研数据全集，我们对上述模型进行了线性回归，结果如下：

$$m = 1 + m_{成年人} n_{成年人} + m_{未成年人} n_{未成年人} + m_{老年人} n_{老年人}$$

0.980099　　0.734514　　0.477123

（355.4075）　（132.3636）　（44.1506）

根据上述回归结果，得到我们提出的等价规模指标：家庭第一个成年成员的权重记为 1，其他成年成员的权重记为 0.9，未满 16 周岁的未成年子女的权重记为 0.7，年满 60 周岁的老年成员的权重记为 0.5。

本章的研究工作提出了估计等价规模和计算等价收入的方法体系和量化指标，其实证研究结果不仅有助于我们精确刻画以家庭福利为基准的收入分配状态，更因为其基于消费支出结构的计算方式，能够有效指导政府相关家庭收入扶植计划的设计和评价，另外，其对于收入差距指标的计算方式以及贫困线的划定也有着经济学指导意义。当然，本章中对于家庭效用函数的指定和线性消费系统的假设可能导致研究结果引入主观因素，而对于家庭结构类型的划分并未根据性别、年龄段、地域等人口统计结构进行细分，因此可能削弱研究的理论基础和现实指导意义，而这些都将是我们进一步改进模型方法和研究结论的重要方向。

参考文献

[1] Allen R. G. D.. Expenditure Patterns in Families of Different Sizes. Studies in Mathematical Economics and Econometrics, edited by O. Lange, F. McIntyre, Th. Yntema. Chicago University Press, 1942.

[2] Bradbury. The Price, Cost, Consumption and Value of Children. SPRC discussion Paper. The Social Policy Research Centre, University of New South Wales, 2004.

[3] Browning M.. Children and Household Economic Behavior. Journal of Economic Literature, 1994, 30 (3): 1434–1475.

[4] Buhmann B. et al.. Equivalence Scales, Well–Being, Inequality and Poverty: Sensitivity Estimates across Ten Countries Using the Luxembourg Income Study (LIS) Database. Review of Income and Wealth, 1988, 34 (2): 115–142.

[5] Citro C. F. and Michael R. T.. Measuring Poverty: A New Approach. National Academy Press, Washington D. C, 1995.

[6] Deaton A. S. and Muellbauer J.. On Measuring Child Costs: with Applications to Poor Countries. The Journal of Political Economy, 1986, 94 (4): 720–744.

[7] Deaton A. S. and Paxson C.. Economies of Scale, Household Size, and the Demand for Food J.P.E., 1998 (106): 897–930.

[8] Engel E.. Die Lebenkosten Belgischer Arbeiter–Familien Fruher und Jetzt. In ternat. Statis. Inst, 1895, 9 (1): 1–74.

[9] McClements L.. Equivalence Scales for Children. Journal of Public Economics, 1977 (8): 191–210.

[10] Muellbauer J.. Identification and Consumer Unit Scales. Econometrica, 1975, 43 (4): 807–809.

[11] Nelson.. Household Equivalence Scales: Theory versus Policy? Journal of labor economics, 1993,

11 (3): 471–493.

[12] Parker R. and Harcourt G.. Readings in the Concept and Measrment of Income. Cambridge, UK, 1969.

[13] Pollak and Wales.. Welfare Comparisons and Equivalence Scales. American economic review, 1979, 62 (2): 216–221.

[14] Prais S. J.. Non–linear Estimations of the Engel Curves. R. E. Stud. 1952: 20–87.

[15] Schwarze J.. Estimating the Equivalence Scale from Individual Welfare Function of Income? European Economic Review, 2000 (38): 1633–1659.

[16] Simons H.. Personal Income Taxation, 1939.

[17] Stanton D.. Determining the Poverty Line. Social security quarterly, spring, 1973: 18–32.

[18] 陈宗胜:《经济发展中的收入分配》, 三联书店, 1991 年版。

[19] 高培勇:《收入分配: 经济学界如是说》, 经济科学出版社, 2002 年版。

[20] 胡鞍钢:《促进公平经济增长, 分享改革发展成果》, 清华大学出版社, 2004年版。

[21] 霍鑫颖:《中国居民家庭的等价尺度及其应用研究——以天津市为例》, 天津财经大学博士论文, 2012 年。

[22] 李实、赵人伟、张平:《中国经济改革过程中的收入分配变动》, 载于赵人伟、李实、李思勤:《中国居民收入分配再研究》, 中国财政经济出版社, 1999 年版。

[23] 欧阳植、于维生:《收入分配不均等性的数量分析》, 吉林大学出版社, 1995年版。

[24] 解烜、莫旋:《等价尺度及其应用研究》,《统计与信息论坛》, 2006 年第 2期。

[25] 张平:《增长与分享: 居民收入分配理论和市政》, 社会科学文献出版社, 2003 年版。

[26] [德] 齐默尔曼:《经济学前沿问题》, 中国发展出版社, 2004 年版。

作 者: 万相昱

第四章　中国资本存量的估算

第一节　引　言

资本存量是重要的经济指标，在经济分析和各种研究中时常要用到。例如估计生产函数、测算技术进步等，都需要资本存量数据。迄今为止，国家统计部门尚未发布过权威性数据。学者们为了研究需要，往往根据已有相关统计数据，采用各种方法进行估算，有些学者已经在正规期刊上公布了中国资本存量的估算结果。到目前为止，笔者收集到的研究按时间顺序排列如下：张军扩（1991）、贺菊煌（1992）、邹至庄（1995）、张军（2003、2004）、毛军（2005）、何枫（2005）、薛俊波（2007）、单豪杰（2008）、郝枫（2009）、万东华（2009）、许鲁光（2009）、叶宗裕（2010）、徐杰（2010）、赵海荣（2011）、范巧（2012）。上面列举的估算全国资本存量的论文，都发表在期刊上，未包括发表于专著上的研究成果。此外，还有些学者在公开发表的论文中估算了省际、地方、行业等资本存量，由于与本章所讨论的内容不同，此处没有列出。

以上列出的估算结果大都采用了永续盘存法，但各位学者的理论指导思想不同，采用的方法不同，选取的数据序列不同，采用的折旧率不同，可以想象，最后的估算结果也是大不相同，有些估算结果之间的差别还真是不小。以 2000 年资本存量（1952 年价）为例（见表 4-1），其中最大的是 74195 亿元（张军），最小的是 49005 亿元（范巧），大者是小者的 1.5 倍。[①] 眼花缭乱的众多版本真有让人无所适从之感。学者们在进行估算时，都有其相应的依据，要想判断哪一个版本更为合理似颇有难度。似乎这是仁者见仁、智者见智的问题，不会有统一的评判尺度，但有没有权威性标准可用来对中国资本存量的众多版本进行评判呢？如果有的话，那么由国家统计部门公布的数据才是唯一的权威标准。

① 由于 2000 年的国内生产总值是 24323.4 亿元（1952 年价），这两个资本存量对应的资本产出比就分别是 3.05 倍和 2.01 倍。

表 4-1 各论文估算 2000 年的资本存量（1952 年价，亿元）

作者	张军（2003）	张军（2004）	单豪杰	郝枫	万东华	叶宗裕	赵海荣
资本存量	74195	51056	49983	63437	59189	50754	67473
作者	范巧	许鲁光	徐杰	毛军	何枫	薛俊波	
资本存量	49005	48499（1978 价）	51845（1978 价）	114475（1990 价）	170763（1990 价）	112409（1990 价）	

注：表 4-1 中 1978 年价资本存量乘以 0.992 就换算为 1952 年价资本存量，表 4-1 中 1990 年价资本存量除以 1.8478，再乘以 0.992 就换算成 1952 年价资本存量。理由见本章第四节。

本章认为，在这唯一权威数据公布之前，至少作为学术研究探讨，还是可以有所作为的。目前虽然无法对各家的整个资本存量序列进行评判，但至少可以就某个时段或某些年份的资本存量数据判断其合理性，办法是利用历年中国投入产出表第三象限中的固定资本折旧数。迄今为止，国家统计局已经先后公布了 10 个年份的中国投入产出表，分别是 1987 年、1990 年、1992 年、1995 年、1997 年、2000 年、2002 年、2005 年、2007 年、2010 年，每张表中都有当年价的固定资产折旧额。只要把这些年份的折旧额换算成基年价（例如 1952 年价），把众多版本中这 10 个年份的折旧额拿来做对比，就可知道各家的结果有无误差，或哪些结果误差较小。折旧额等于资本存量乘以折旧率，然而，这些学者在提供资本存量序列的同时，只有少数同时提供了折旧率，进而可计算出折旧额，多数仍无法进行评判。不过，本章并不打算对这些估算结果进行评判，而是重新估算中国的资本存量，并且同时给出相应年份的折旧率，以确保上述 10 个年份的折旧额与历年投入产出表中的折旧额数据完全一致。

从 1952 年到 2012 年，时间跨度达 60 年，在估算资本存量时，折旧率哪怕只有很微小的变动，都会通过长期的积累而影响到后面年份的估算结果。在进行具体估算之前，有必要先探讨一下折旧率与若干经济参数之间的关系。

第二节 折旧率与相关经济参数之间的关系[①]

本节用数理方法推导折旧率与相关经济参数之间的关系，以此反映折旧率与相关经济变量之间的密切联系。令第 t 年的投资（本章采用固定资本形成）为 I_t，资本存量为 K_t，产出（国内生产总值）为 Y_t。下面的 3 个假设分别对应 3 个参数。

假设 1，资本 K 由投资转化形成的固定资本 I 经逐年累积而得，但要扣除折旧，假设折旧率 δ 为常数:[②]

① 参见沈利生：《从投资比重上升看经济增长质量》，《宏观经济研究》，2011 年第 1 期。

② 参见［美］戴维·罗默：《高级宏观经济学》，商务印书馆，2001 年版，第 198 页，公式（4-2）。

$$K_t = (1-\delta)K_{t-1} + I_t = K_{t-1} + I_t - \delta K_{t-1} \tag{4-1}$$

式（4–1）即永续盘存法公式。它意味着当年的固定资本形成 I_t 在补偿折旧后，余下部分 $I_t - \delta K_{t-1}$ 成为净增资本。

假设 2，资本产出比 η（资本与产出之比）为常数，[①] 即：

$$\eta = K_t/Y_t = K_{t-1}/Y_{t-1} \tag{4-2}$$

假设 3，产出 Y 的增长率为常数 g，即：

$$Y_t = (1+g)\cdot Y_{t-1} \tag{4-3}$$

下面推导固定资本形成 I_t 与产出 Y_t 之间的关系。由式（4–1）可得：

$$I_t = K_t - (1-\delta)K_{t-1} \tag{4-4}$$

由式（4–2）可得：$K_t = \eta Y_t$，$K_{t-1} = \eta Y_{t-1}$，代入式（4–4）：

$$I_t = \eta Y_t - (1-\delta)\eta Y_{t-1} \tag{4-5}$$

由式（4–3）可得：$Y_{t-1} = \frac{1}{1+g}Y_t$，代入式（4–5）得：

$$I_t = \eta Y_t - \frac{(1-\delta)}{1+g}\eta Y_t = \eta\left(1 - \frac{1-\delta}{1+g}\right)Y_t = \eta\left(\frac{g+\delta}{1+g}\right)Y_t \tag{4-6}$$

于是有：

$$\frac{I_t}{Y_t} = \lambda = \eta\left(\frac{g+\delta}{1+g}\right) \tag{4-7}$$

式（4–7）中的 λ 是固定资本形成与 GDP 之比，称作“固定资本形成率”。在支出法 GDP 核算中，把资本形成占 GDP 的比重称为“投资率”。由于资本形成包括“固定资本形成”和“存货增加”两部分，所以，这里定义的固定资产形成率 λ 中不包含“存货增加”在 GDP 中的比重，故可视作“窄口径的投资率”。由式（4–7）可求得折旧率的表达式：

$$\delta = (1+g)\lambda/\eta - g \tag{4-8}$$

当式（4–8）中的经济增长率 g、固定资本形成率 λ、资本产出比 η 均为常数时，折旧率 δ 也是常数。式（4–8）同时还表明，当固定资本形成率 λ 较高时，折旧率也会较大。或者，当资本产出比 η 较小时，折旧率就会较大。

式（4–8）可为大致确定某一时段的平均折旧率 δ 提供依据。例如，根据 1952~1986 年实际统计数据，可得到 2 个参数的平均值，经济增长率 $g = 6.97\% = 0.0697$，固定资本形成率 $\lambda = 23.6\% = 0.236$。如果取资本产出比 $\eta = 2.1$，可得该时段的平均折旧率 δ 为：

$$\delta = (1+0.0697) \times 0.236/2.1 - 0.0697 = 0.0505 = 5.05\% \tag{4-9}$$

让资本产出比减少 1%，即 $\eta = 2.079$，可得该时段的平均折旧率 δ：

$$\delta = (1+0.0697) \times 0.236/2.079 - 0.0697 = 0.0517 = 5.17\% \tag{4-10}$$

---

① 参见［美］戴维·罗默：《高级宏观经济学》，商务印书馆，2001 年版，第 13 页，“……意味着资本—产量比 K/Y 最终将稳定下来。实际上，就较长期限来看，资本—产量比并未表现出任何明显的向上或向下的趋势。”第 33 页，“1.3 节提到的关于增长的特征事实之一是，资本—产量比随时间大体保持不变。……尽管资本—产量比在国家间有所不同，但差别不十分大。”

对比式（4-9）和式（4-10）可知，资本产出比取得小，折旧率就大；反之亦反。从数值上来看，资本产出比减少 1%，会使折旧率增加 2.38%（从 5.05%增加到 5.17%），两者的变动大致有 2.38 倍的关系。

在经济增长率 g、固定资本形成率 λ、资本产出比 η、折旧率 δ 这 4 个参数中，前 2 个参数 g 和 λ 受制于现有数据，不可能随意变动；后 2 个参数 η 和 δ 在满足式（4-8）的前提下，在彼此受到制约的同时，似乎还存在一定的随意变动空间。然而事实上，本章下面的计算过程将证明，折旧率的随意变动空间非常小。如果要同时保证初始资本存量和资本产出比处于合理区间范围，折旧率几乎不存在随意变动的空间。

第三节 本章的估算思路和计算公式

目前所见到的有关测算资本存量的过程大都遵循相同的模式：收集逐年的投资额（本章为固定资本形成额），换算成某基年不变价。然后确定起点年资本存量和各年折旧率，根据永续盘存法公式，从起点年逐年向后递推计算，直到最后一年。本章的思路有所不同，在用永续盘存法公式递推计算时，基点年并非一定要定为第 1 年，中间的任何第 t 年都可以作为基点年。本章是从中间某年开始，具体而言就是把具有第一个折旧额数据的 1987 年作为第一个校准点，由其计算得到 1986 年资本存量，并作为基准点年，再分别向前（过去）、向后（未来）递推计算。由于基准点年的折旧额被固定，排除了随意性，就保证了向前、向后递推计算时处于正确的路径上。

本章用到两个永续盘存法公式，一个是从 t 年向后递推的传统公式：

$$K_{t+1} = K_t(1-\delta_{t+1}) + I_{t+1} \tag{4-11}$$

另一个是从 t 年向前反推的递推公式，由传统公式变形而来：

$$k_{t-1} = (k_t - I_t)/(1-\delta_t) \tag{4-12}$$

不管是式（4-11）还是式（4-12），都要求首先通过某种方式或途径确认得到 t 年的资本存量 K_t。这里之所以提出把某中间年份 t 作为基点年，是因为我们可以利用投入产出表提供的数据，即固定资产折旧数据。根据折旧的定义，第 t 年的折旧额 D_t 等于 t-1 年的资本存量 K_{t-1} 乘上本年的折旧率 δ_t，$D_t = K_{t-1} \cdot \delta_t$，则有：

$$K_{t-1} = D_t/\delta_t \tag{4-13}$$

现有投入产出表最早的年份是 1987 年，该年的折旧额为 D_{1987}。只要有了该年的折旧率 δ_{1987}，就可以计算出 1986 年的资本存量 K_{1986}。

目前我们还没有 1987 年的折旧率，暂时先假设一个数。假定 $\delta_{1987} = 5\% = 0.05$，根据式（4-13）计算出 K_{1986}。由于 1986 年及以前年份没有折旧额，式（4-13）不能再用了，但是有每年的固定资本形成额 I_t。要利用式（4-12）反推，需要有以前年份的折旧率。这里假设，从 1987 年向前直至 1952 年，各年的折旧率都相同。作出这样的假设，除了便于计算外，也是因为目前我们没有这些年份真实的折旧率。假设各年有相同的折旧率，其实是平均折旧率。怎样保证假定1952~1987年的折旧率等于0.05是合理的？可以从两个方面进行验证：一是验证反推计算得到1952年的资本存量是否合理，二是验证由此得到各年的资本产出比是否合理。实证计算结果表明，由于从1987年反推到1952年之间有长达35年的时间间隔，折旧率哪怕只有很微小的变动，其累积效应都会很大，进而影响到1952年的资本存量，使其有很大的变动，相应的资本产出比也会有变动。换言之，只要倒推得到1952年的资本存量和资本产出比处于合理范围，平均折旧率的变动区间就非常小，这就保证了平均折旧率的合理性。

1987年及以后年份的资本存量计算又有所不同。1987年及以后共有10个年份有投入产出表以及相应年份的折旧额，这些年份就是校准点，这些校准点把1987年以后分成了多个时段。不同时段的折旧率有可能不同，为了保证校准点年份得到准确的折旧额，需要对每个时段分别测算折旧率。以第一个时段1987~1990年为例，说明折旧率的计算过程。

1987年的资本存量K_{1987}可直接利用式（4-11）计算得到：

$$K_{1987} = K_{1986}(1 - \delta_{1987}) + I_{1987}$$

依次写出1988年、1989年的资本存量K_{1988}、K_{1989}和校准点1990年的折旧D_{1990}如下：

$$K_{1988} = [K_{1987}(1 - \delta_{1988}) + I_{1988}] \tag{4-14}$$

$$K_{1989} = \{[K_{1988}](1 - \delta_{1989}) + I_{1989}\} \tag{4-15}$$

$$D_{1990} = K_{1989}\delta_{1990} \tag{4-16}$$

把式（4-14）、式（4-15）代入式（4-16）：

$$D_{1990} = \{[K_{1987}(1 - \delta_{1988}) + I_{1988}](1 - \delta_{1989}) + I_{1989}\}\delta_{1990} \tag{4-17}$$

式（4-17）左边的D_{1990}、右边的K_{1987}、I_{1988}、I_{1989}均为已知，只有3个δ未知，且为相乘关系，令1988年、1989年、1990年的折旧率相同，都等于δ_{1988}。这是一个关于δ_{1988}的一元三次方程，对应于1987~1990年相距3年。可以证明，1990~1992年相距2年，将对应一个一元二次方程。求解关于δ_{1988}的三次方程即可得到1988年折旧率。实际计算时无需求解一元三次方程或一元二次方程，只需利用Excel电子表格的递推计算功能。先假设δ_{1988}，然后用尝试法逐步调整δ_{1988}，使得1990年的折旧额等于1990年投入产出表中（换算成不变价的）折旧数即可。计算过程表明，利用尝试法进行调整可很快得到结果。其他各时段依此类推。

第四节　数据来源和处理

本章采用支出法GDP里资本形成中的固定资本形成作为永续盘存法公式中的I_t，而不用全社会固定资产投资，原因是，从投资到形成固定资产有一定的时滞，当年的投资未必全都在当年形成固定资产，把时滞考虑进去会搞得很复杂，甚至无从下手。而固定资本都是在当年形成的，不存在时滞问题，可直接加到资本存量上。正是由于这一原因，极大地方便了计算过程。

本章需要用到的数据有：固定资本形成总额和指数，10 个投入产出表年份的折旧额，国内生产总值和指数（见表 4-2）。数据来源：《中国国内生产总值核算历史资料 1952~2004》，2005~2011 年的数据来自《中国统计年鉴》（2012），2012 年的数据来自《中国统计摘要》（2013）、《中国投入产出表》（从国家统计局网站直接下载，[①] 或相关年份的《中国统计年鉴》）。表 4-2 中的固定资本形成平减指数（1978=1）系笔者推算得到，这里特别指出三点。其一，根据《历史核算资料》数据计算得到 2000~2004 年的固定资本平减指数，与从《中国统计年鉴》（2012）数据计算得到的固定资产投资平减指数做比较，两者重合年份的数字几乎完全一致，这样，把 2005 年以后的序列直接加上去，就得到了完整的平减指数序列。其二，在以 1978 年为 1 的平减指数序列中，1952 年为 0.9920，几乎等于 1。这意味着，固定资本形成总额的 1978 年价序列，几乎就是 1952 年价序列（严格地说，把 1978 年价序列乘以 0.992 就是 1952 年价序列）。这样，我们在计算得到 1978 年价的资本存量序列后，可以大致与其他学者得到的 1952 年价序列进行比较。其三，我们很容易把 1978 年价资本存量序列换算成其他年份价序列，只需乘以相应年份的平减指数。例如，乘以 1990 年的 1.8748 或 2000 年的 3.5236，就可以得到 1990 年价或 2000 年价的资本存量序列。道理很简单，不变价序列反映了各年数值之间固定的相对关系，乘以同一倍数不会改变各年间的相对关系；平减指数由当年价序列除以不变价序列得到，平减指数就是对不变价序列的“放大”（或缩小）倍数。把不变价序列乘以 2000 年平减指数 3.5236，2000 年的不变价数正好等于其当年价数，整个序列就是 2000 年价序列。

国家统计局从 1987 年开始，对逢 2、逢 7 年份都编制投入产出表（共 5 个），对逢 5、逢 10 的年份编有延长表（共 5 个），总共 10 个年份有投入产出表，表 4-2 列出了这些年份的折旧额数据。需要说明的是，在《中国国内生产总值核算历史资料 1952~2004》中，载有 1993~2004 年各地区收入法生产总值构成，其中包括了当年价的各省固定资产折旧。从理论上讲，把各省固定资产折旧数加起来就等于全国的固定资产折旧数（有的学者是这么做的）。本章没有采用，原因是各省加总数并不等于全国数（只要与有投入产出表年份的固定资产折旧数相比较即知），各省统计数加总不等于全国数不仅有固定资产折旧，还有各省的支出法中地区生产总值之和也不等于全国的支出法中国内生产总值。本章所用数据都是全国数，不用各省数加总得到全国数，以避免因两者不一致而带来的麻烦（两个来源的数据不一致无从判断该以哪个为准）。

① 国家统计局下载投入产出表网址：http：//www.stats.gov.cn/tjsj/qtsj/trccb/；2010 年投入产出延长表下载网址：http：//ishare.iask.sina.com.cn/f/36122898.html。

表 4–2　本章用到的数据

年份	固定资本形成总额（当年价，亿元）	固定资本形成总额指数（1978=100）	固定资本形成平减指数（1978=1）	固定资本形成总额（1978 年价，亿元）	投入产出表折旧额（当年价，亿元）	投入产出表折旧额（1978 年价，亿元）	国内生产总值（当年价，亿元）	国内生产总值指数（1978=100）	国内生产总值（1978 年价，亿元）
1952	80.7	7.6	0.9920	81.4			679.0	21.2	773.3
1953	115.3	11.0	0.9802	117.6			824.2	24.5	894.1
1954	140.9	13.5	0.9738	144.7			859.4	25.6	931.7
1955	145.5	14.5	0.9320	156.1			910.8	27.3	995.5
1956	219.6	22.0	0.9291	236.4			1029.0	31.4	1145.1
1957	187.0	19.6	0.8899	210.1			1069.3	33.0	1203.1
1958	333.0	34.7	0.8933	372.8			1308.2	40.0	1458.8
1959	435.7	41.9	0.9684	449.9			1440.4	43.5	1587.4
1960	473.0	45.6	0.9653	490.0			1457.5	43.4	1582.3
1961	227.6	22.4	0.9480	240.1			1220.9	31.5	1150.0
1962	175.1	16.0	1.0172	172.1			1151.2	29.8	1085.5
1963	215.3	18.8	1.0662	201.9			1236.4	32.8	1196.3
1964	290.3	25.9	1.0440	278.1			1455.5	38.8	1414.7
1965	350.1	32.3	1.0097	346.7			1717.2	45.4	1655.7
1966	406.8	38.3	0.9901	410.9			1873.1	50.3	1833.3
1967	323.7	30.3	0.9935	325.8			1780.3	47.4	1728.8
1968	300.2	29.1	0.9597	312.8			1730.2	45.5	1658.1
1969	406.9	40.4	0.9379	433.8			1945.8	53.2	1938.2
1970	545.9	54.2	0.9376	582.2			2261.3	63.5	2314.2
1971	603.0	59.3	0.9476	636.4			2435.3	68.0	2477.3
1972	622.1	60.4	0.9594	648.5			2530.2	70.5	2570.6
1973	664.5	64.4	0.9604	691.9			2733.4	76.1	2772.6
1974	748.1	72.4	0.9619	777.7			2803.7	77.8	2836.6
1975	880.3	84.2	0.9733	904.5			3013.1	84.6	3083.2
1976	865.1	82.2	0.9800	882.8			2961.5	83.2	3033.2
1977	911.1	85.3	0.9943	916.3			3221.1	89.5	3264.3
1978	1073.9	100.0	1.0000	1073.9			3645.2	100.0	3645.2
1979	1153.1	105.1	1.0216	1128.7			4062.6	107.6	3922.3
1980	1322.4	117.0	1.0525	1256.5			4545.6	116.0	4228.7
1981	1339.3	114.8	1.0864	1232.8			4891.6	122.1	4450.5
1982	1503.2	125.9	1.1118	1352.0			5323.4	133.1	4853.5
1983	1723.3	140.9	1.1389	1513.1			5962.7	147.6	5380.3
1984	2147.0	168.7	1.1851	1811.7			7208.1	170.0	6196.8
1985	2672.0	195.9	1.2701	2103.8			9016.0	192.9	7031.3
1986	3139.7	216.3	1.3517	2322.8			10275.2	210.0	7653.3
1987	3798.7	248.7	1.4223	2670.8	1201.5	844.8	12058.6	234.3	8539.8
1988	4701.9	271.1	1.6150	2911.3			15042.8	260.7	9503.1
1989	4419.4	234.8	1.7527	2521.5			16992.3	271.3	9889.3

续表

年份	固定资本形成总额（当年价，亿元）	固定资本形成总额指数（1978=100）	固定资本形成平减指数（1978=1）	固定资本形成总额（1978年价,亿元）	投入产出表折旧额（当年价，亿元）	投入产出表折旧额（1978年价，亿元）	国内生产总值（当年价，亿元）	国内生产总值指数（1978=100）	国内生产总值（1978年价，亿元）
1990	4827.8	243.3	1.8478	2612.8	1961.8	1061.7	18667.8	281.7	10268.9
1991	6070.3	282.0	2.0045	3028.4			21781.5	307.6	11211.5
1992	8513.7	350.0	2.2651	3758.7	3537.4	1561.7	26923.5	351.4	12808.1
1993	13309.2	437.5	2.8328	4698.3			35333.9	400.4	14596.7
1994	17312.7	515.8	3.1255	5539.2			48197.9	452.8	16506.0
1995	20885.0	587.0	3.3131	6303.8	7595.7	2292.7	60793.7	502.3	18309.3
1996	24048.1	650.4	3.4430	6984.6			71176.6	552.6	20141.8
1997	25965.0	690.7	3.5005	7417.4	10312.2	2945.9	78973.0	603.9	22014.3
1998	28569.0	759.8	3.5013	8159.5			84402.3	651.2	23738.8
1999	30527.3	815.3	3.4866	8755.5			89677.1	700.9	25547.7
2000	33844.4	894.4	3.5236	9605.0	14605.5	4145.0	99214.6	759.9	27701.7
2001	37754.5	993.7	3.5379	10671.3			109655.2	823.0	30001.0
2002	43632.1	1145.7	3.5463	12303.7	18740.6	5284.6	120332.7	897.8	32725.7
2003	53490.7	1373.7	3.6260	14752.2			135822.8	987.8	36006.6
2004	65117.7	1574.3	3.8517	16906.4			159878.3	1087.4	39637.8
2005	74232.9	1766.4	3.9133	18969.5	28010.3	7157.7	184937.4	1210.4	44120.9
2006	87954.1	2062.0	3.9720	22143.6			216314.4	1363.8	49713.9
2007	103948.6	2345.5	4.1269	25188.1	37255.5	9027.5	265810.3	1557.0	56754.6
2008	128084.4	2653.9	4.4942	28500.0			314045.4	1707.0	62222.7
2009	156679.8	3326.2	4.3863	35720.1			340902.8	1864.3	67956.0
2010	183615.2	3762.6	4.5442	40406.2	55291.9	12167.5	401512.8	2059.0	75055.4
2011	213043.1	4095.3	4.8442	43979.5			472881.6	2250.4	82031.4
2012	243151.9	4623.2	4.8974	49648.8			519322.1	2425.0	88396.5

第五节　资本存量估算结果和说明

一、1952~1987 年

利用式（4-12）反推计算 1952~1987 年的资本存量（1978 年价），同时确定折旧率。表 4-3 列出了 4 个方案，即折旧率分别为 5.0%、5.05%、5.1%、5.2%时的结果。在计算时发现，由这 4 个折旧率和 1987 年折旧额推算得到的 1987 年资本存量相差很小，对应的资本产出比也相差很小（千分之一数量级）。然而，折旧率的细微变动对倒推至 1952

年的资本存量影响甚大，即折旧率的累积效应非常大。折旧率从5.0%变动到5.1%，仅增加0.1个百分点，1952年的资本存量就从2438.0亿元下降到1229.8亿元，减少1200多亿元。把折旧率再增加到5.2%，1952年的资本存量下降为-0.5亿元，负值就不合理了。显然，折旧率的取值范围应该在5.0%~5.1%，最后取值多少，可通过比较资本产出比的大小来考虑。1952年这两个折旧率对应的资本产出比分别是3.15和1.59，前一个数值偏大，后一个数值偏小。[①] 故再计算一个中间方案，折旧率取5.05%，计算结果1952年的资本产出比为2.37，适中。由此得到1952年的资本存量是1836.5亿元（1978年价）。

表4-3　测算方案结果比较（资本存量、折旧额：1978年价，亿元）

	从1986年向前（过去）反推				从1952年向后递推	
折旧率（%）	5.0	5.05	5.1	5.2	5.0	5.1
1952年资本存量	2438.0	1836.5	1229.8	-0.5	1836.5	1836.5
1952年资本产出比	3.15	2.37	1.59	0.00		
1986年资本存量	16895.6	16728.4	16564.4	16245.8	16790.5	16666.7
1986年资本产出比	2.21	2.19	2.16	2.12		
1987年折旧额	844.8	844.8	844.8	844.8	856.3	833.3

表4-3同时列有从1952年向后递推的计算情况，假定1952年的初始资本存量都是1836.5亿元（1978年价），折旧率分别选择5.0%、5.1%，递推到1986年的资本存量分别为16790.5亿元和16666.7亿元，分别大于、小于折旧率为5.05%时的16728.4亿元（折旧率变动0.05个百分点，引起1986年资本存量变动0.37个百分点），相应得到1987年的折旧额856.3亿元、833.3亿元也是分别大于、小于投入产出表的折旧额844.8亿元（折旧率变动0.05个百分点，引起1986年的折旧额变动1.36个百分点）。这两个递推计算表明，如果确定了初始年的资本存量，为了保证校准点年的折旧额等于已知数，平均折旧率必定唯一地确定。任何一致性地偏离（偏大或偏小）平均折旧率，哪怕0.1个百分点，都会使校准年的折旧额与校准值发生偏离。确认了起点年的资本存量为合理值，同时又要保证校准年的折旧额等于既有值，平均折旧率5.05%就相当于一条中心线。这条中心线的意义就在于，在1952~1987年，如果有些年份的真实折旧率大于平均折旧率，就必定另有一些年份的真实折旧率小于平均折旧率。换言之，如果各年的真实折旧率（如果确实存在）有大有小的话，该真实折旧率序列必定是在平均折旧率的上下波动，绝不会一致性地大于或小于平均折旧率。这就充分反映了平均折旧率的重要意义。

作为参考，表4-4列出了若干学者采用的1952年初始资本存量（1952年价），由表中数字可以看出，相互之间的差别较大，最小的为342亿元（单豪杰），最大的为2174.8亿元（何枫），其他的处于这两者之间。由于1952年的GDP为679亿元，由两个极端值计算得到的资本产出比分别为0.49和3.14，前者偏小，后者偏大。

---

① 资本产出比通常取2.5。参见粟庆雄：《中国经济之快速发展与波动1980~1999年》，载于汪同三主编：《数量经济学前沿》，社会科学文献出版社，2001年版，第402页。

表 4-4 各作者估算 1952 年资本存量（1952 年价，亿元）

作者	贺菊煌	毛军	张军（2003）	邹至庄	单豪杰	叶宗裕
资本存量	946[a]（1990 价）	3778[b]（1990 价）	800	1750	342	610
作者	何枫	张军扩	张军（2004）	郝枫	万东华	范巧
资本存量	4055[c]（1990 价）	2000	807	1846	615	1036

注：1990 年价的资本存量除于 1.8646 可得到 1952 年价资本存量。表中相应数字换算后得：a = 507.4，b = 2026.2，c = 2174.8。

二、1987~2012 年

利用式（4-17）和式（4-11）可计算出 1987~2012 年的折旧率和资本存量（1978 年价），计算结果列于表 4-5。

表 4-5 中国资本存量估算结果（1978 年价）

年份	折旧率（%）	资本存量（亿元）	折旧额（亿元）	资本产出比	年份	折旧率（%）	资本存量（亿元）	折旧额（亿元）	资本产出比
1952	5.050	1836.5		2.37	1978	5.050	8663.0	403.6	2.38
1953	5.050	1861.4	92.7	2.08	1979	5.050	9354.2	437.5	2.38
1954	5.050	1912.1	94.0	2.05	1980	5.050	10138.2	472.4	2.40
1955	5.050	1971.7	96.6	1.98	1981	5.050	10859.1	512.0	2.44
1956	5.050	2108.5	99.6	1.84	1982	5.050	11662.8	548.4	2.40
1957	5.050	2212.1	106.5	1.84	1983	5.050	12586.9	589.0	2.34
1958	5.050	2473.2	111.7	1.70	1984	5.050	13762.9	635.6	2.22
1959	5.050	2798.2	124.9	1.76	1985	5.050	15171.7	695.0	2.16
1960	5.050	3146.9	141.3	1.99	1986	5.050	16728.4	766.2	2.19
1961	5.050	3228.1	158.9	2.81	1987	5.050	18554.4	844.8	2.17
1962	5.050	3237.2	163.0	2.98	1988	4.812	20528.7	892.9	2.16
1963	5.050	3275.6	163.5	2.74	1989	4.812	22062.3	987.9	2.23
1964	5.050	3388.3	165.4	2.40	1990	4.812	23613.5	1061.7	2.30
1965	5.050	3563.9	171.1	2.15	1991	6.123	25505.5	1445.8	2.27
1966	5.050	3794.8	180.0	2.07	1992	6.123	27702.5	1561.7	2.16
1967	5.050	3929.0	191.6	2.27	1993	6.707	30704.6	1857.9	2.10
1968	5.050	4043.4	198.4	2.44	1994	6.707	34184.5	2059.3	2.07
1969	5.050	4273.0	204.2	2.20	1995	6.707	38195.7	2292.7	2.09
1970	5.050	4639.4	215.8	2.00	1996	6.912	42618.6	2640.2	2.12
1971	5.050	5041.5	234.3	2.04	1997	6.912	47090.2	2945.9	2.14
1972	5.050	5435.4	254.6	2.11	1998	7.276	51994.7	3426.3	2.19
1973	5.050	5852.8	274.5	2.11	1999	7.276	56967.0	3783.2	2.23
1974	5.050	6334.9	295.6	2.23	2000	7.276	62427.0	4145.0	2.25
1975	5.050	6919.5	319.9	2.24	2001	7.708	68556.1	4812.1	2.29
1976	5.050	7452.8	349.4	2.46	2002	7.708	75575.2	5284.6	2.31
1977	5.050	7992.7	376.4	2.45	2003	7.531	84501.7	5691.5	2.35

续表

年份	折旧率（%）	资本存量（亿元）	折旧额（亿元）	资本产出比	年份	折旧率（%）	资本存量（亿元）	折旧额（亿元）	资本产出比
2004	7.531	95044.4	6363.8	2.40	2009	6.736	180633.0	10466.4	2.66
2005	7.531	106856.1	7157.7	2.42	2010	6.736	208871.7	12167.5	2.78
2006	7.464	120952.4	7975.4	2.43	2011	6.736	238781.5	14069.7	2.91
2007	7.464	137113.0	9027.5	2.42	2012	6.736	272345.9	16084.4	3.08
2008	6.736	155379.3	9236.0	2.50					

从计算结果可以看到，1987 年以后的 9 个时段中，折旧率各不相同。除了 1988~1990 年的折旧率 4.812%比前面年份 5.05%略低外，其后各时段的折旧率依次为 6.123%、6.707%、6.912%、7.276%、7.708%、7.531%、7.464%、6.736%，折旧率大致呈现出逐步上升再稍有下降的态势。这些都是相应时段上的平均折旧率。设想一下，在其中任一时段上，例如 1988~1990 年，如果有的年份的实际折旧率大于平均折旧率 4.812%，则必有别的年份的折旧率小于平均折旧率，否则就不可能保证 1990 年的折旧额等于投入产出表中的折旧数。

关于资本产出比的变动。如果资本存量的增速与 GDP 增速同步，则资本产出比保持不变；如果资本存量的增速低于（高于）GDP 的增速，则资本产出比变小（变大）。关于资本产出比的变动情况，1978~2002 年，资本产出比长期保持在 2.0~2.3（个别年份达到 2.4），2003 年以后出现了逐年上升的趋势，2012 年最高，达到了 3.08。这种变动趋势正是 2003 年以后，中国固定资产投资持续保持 20%以上的增速，固定资本形成同步快速上升，资本存量急速增大的结果。在 1978~2002 年的 24 年中，资本存量扩大 8.72 倍，年均增速 9.4%，比同期 GDP 的年均增速 9.6%略低了 0.2 个百分点，在此期间多数年份的资本产出比低于 1978 年的 2.38 倍；而在 2002~2012 年的 10 年中，资本存量扩大 3.60 倍，年均增速 13.7%，比同期 GDP 的年均增速 10.7%高了 3 个百分点，在此期间的资本产出比逐年上升。资本产出比的上升表明，单位资本的产出减少了，也即资本的使用效率下降，这就意味着经济增长的质量下降了。

第六节　本章与张军估算的资本存量结果比较

在目前已有的各家资本存量估算结果中，引用率最高的是张军（2004）的估算结果，据中文期刊全文数据库（CNKI）统计，引用次数达 920 次。笔者认为，把本章的估算结果与张军的估算结果作一比较是有意义的。张军的资本存量是 1952 年价，此处把本章计算得到的资本存量也换算成 1952 年价，图 4-1 所示是两个估算结果的时间序列。由图中可以看出，在 20 世纪 60 年代以前，本章的估算结果略高于张军的估算结果。而在 20 世纪 70 年代以后，张军的估算结果高于本章的估算结果，且有差距越来越大的趋势。这就自然引出一个问题：在这两个估算结果中，哪一个更为合理呢？

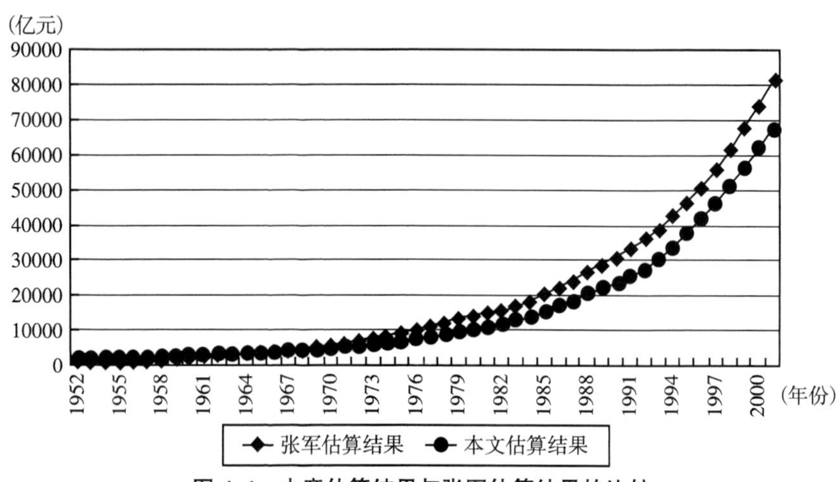

图 4-1　本章估算结果与张军估算结果的比较

笔者认为，可以从两个方面对两个估算结果进行比较：一是折旧率，二是资本产出比。张军的论文中没有给出折旧率，本章对其中几个特殊年份进行了推算。因为我们已经有了 1987 年以来多个年份投入产出表提供的折旧额，利用公式 $\delta_t = D_t/K_{t-1}$ 就可以推算出相应年份的折旧率，计算结果列于表 4-6 中。以投入产出表中的折旧额 D_t 作为依据，由于张军估算得到的资本存量数高于本章估算的资本存量数，与此相对应的就是，张军的折旧率就会低于本章的折旧率。例如，1987 年张军的折旧率为 3.78%，低于本章的 5.05%，其他各年亦是如此。有理由认为，张军的折旧率似乎偏低了，这也就是说，其资本存量可能偏高。再看资本产出比，由于统计资料已经给出了历年的产出，即国内生产总值，故可以计算出各年的资本产出比，见表 4-6。1952 年张军的资本产出比为 1.2，小于本章的 2.7；在 1959 年之前，张军的资本产出比都小于 2，似乎小了些，这说明其资本存量可能偏低。而在 1961 年以后，很多年份张军的资本产出比都高于或接近 3，高于本章的 2.5 左右。所以，张军的资本存量估计似乎又有些偏高。综合起来，笔者认为，本章的资本存量估算结果要比张军的估算结果更为合理些。

表 4-6　本章估算结果与张军估算结果的比较

年份	张军估算的资本存量（1952 年价）	本章估算的资本存量（1952 年价）	投入产出表折旧额（1952 年价）	张军估算的折旧率	本章估算的折旧率	张军估算的资本产出比	本章估算的资本产出比
1952	800.00	1821.8				1.2	2.7
1953	884.33	1846.5				1.1	2.4
1954	986.62	1896.7				1.2	2.3
1955	1088.58	1955.8				1.2	2.2
1956	1331.01	2091.5				1.3	2.1
1957	1488.89	2194.3				1.4	2.1

续表

年份	张军估算的资本存量（1952年价）	本章估算的资本存量（1952年价）	投入产出表折旧额（1952年价）	张军估算的折旧率	本章估算的折旧率	张军估算的资本产出比	本章估算的资本产出比
1958	1841.65	2453.3				1.4	1.9
1959	2396.37	2775.7				1.7	2.0
1960	2979.22	3121.6				2.1	2.2
1961	3162.98	3202.1				3.1	3.2
1962	3237.50	3211.2				3.4	3.4
1963	3373.81	3249.3				3.2	3.1
1964	3552.29	3361.0				2.9	2.7
1965	3883.79	3535.3				2.7	2.4
1966	4276.46	3764.3				2.7	2.3
1967	4592.79	3897.4				3.0	2.6
1968	4865.07	4010.9				3.3	2.8
1969	5231.78	4238.7				3.1	2.5
1970	5829.65	4602.2				2.9	2.3
1971	6548.68	5001.0				3.0	2.3
1972	7248.10	5391.7				3.2	2.4
1973	7948.98	5805.8				3.3	2.4
1974	8732.02	6284.0				3.5	2.5
1975	9617.14	6863.9				3.6	2.5
1976	10468.99	7392.9				3.9	2.8
1977	11247.56	7928.5				3.9	2.8
1978	12361.96	8593.4				3.9	2.7
1979	13416.21	9279.0				3.9	2.7
1980	14295.78	10056.8				3.9	2.7
1981	15019.03	10771.8				3.8	2.8
1982	15788.99	11569.0				3.7	2.7
1983	16852.46	12485.8				3.6	2.6
1984	18266.03	13652.4				3.4	2.5
1985	20217.79	15049.8				3.3	2.4
1986	22194.15	16593.9				3.3	2.5
1987	24339.69	18405.3	838.0	3.78	5.05	3.2	2.5
1988	26635.66	20363.8				3.2	2.4
1989	28957.89	21885.1				3.3	2.5
1990	31032.39	23423.7	1053.2	3.64	4.81	3.4	2.6
1991	33222.55	25300.6				3.4	2.6
1992	35875.46	27479.9	1549.1	4.66	6.12	3.2	2.4
1993	38976.21	30457.9				3.0	2.4
1994	42697.67	33909.9				2.9	2.3
1995	46623.37	37888.8	2274.2	5.33	6.71	2.9	2.4

续表

年份	张军估算的资本存量（1952 年价）	本章估算的资本存量（1952 年价）	投入产出表折旧额（1952 年价）	张军估算的折旧率	本章估算的折旧率	张军估算的资本产出比	本章估算的资本产出比
1996	50880.35	42276.2				2.9	2.4
1997	55732.66	46711.8	2922.2	5.74	6.91	2.9	2.4
1998	61582.13	51576.9				3.0	2.5
1999	67700.35	56509.3				3.0	2.5
2000	74195.00	61925.4	4111.7	6.07	7.28	3.1	2.5
2001	81413.15	68005.3				3.1	2.6
2002		74968.0	5242.1	6.44	7.71		2.6
2003		83822.8					2.7
2004		94280.7					2.7
2005		105997.5	7100.2		7.53		2.7
2006		119980.6					2.7
2007		136011.3	8955.0		7.46		2.7
2008		154130.9					2.8
2009		179181.6					3.0
2010		207193.5	12069.7		6.74		3.1
2011		236862.9					3.3
2012		270157.7					3.5

第七节　对几个估算结果的评述

薛俊波等（2007）可能最早提出了使用投入产出表的固定资本折旧数据（简称薛文），他们给出了测算资本存量和折旧率的方法，并对中国 17 个行业的资本存量进行了估算。薛文中的公式如下：

$K_t = I_t + (1 - \delta_t) K_{t-1}$

$K_{i,t} - K_{i,t} \times (1 - \Phi_i) = K_{i,t} \times \Phi i$

根据以上两式，可以得到其 2000 年的资本存量为：

$\{[(K_{1997} \times \Phi + I_{1997}) \times \Phi + I_{1998}] \times \Phi + I_{1999}\} \times \Phi + I_{2000} = K_{2000}$（引文结束）

从公式所表示的含义来看，1997~2000 年共 4 年，各年的 Φ（=1 − δ）都相同，这是一个关于 Φ 的四次方程，可从中解出 Φ。

笔者认为，t-1 年的折旧是 $\delta_t K_{t-1}$，（折旧率和资本存量的下标不同）。公式的正确写法是：

$[(K_{1997} \times \Phi_{1998} + I_{1998}) \times \Phi_{1999} + I_{1999}] \times \Phi_{2000} + I_{2000} = K_{2000}$

$[(K_{1998}) \times \Phi_{1999} + I_{1999}] \times \Phi_{2000} + I_{2000} = K_{2000}$

$[K_{1999}] \times \Phi_{2000} + I_{2000} = K_{2000}$

以上公式说明，1997~2000年，只有三个Φ（Φ_{1998}、Φ_{1999}、Φ_{2000}），这是关于未知数Φ的三次方程。薛文得出的却是关于未知数Φ的四次方程，这是重大的失误。薛文第一个提出利用相邻投入产出表年份中的折旧额数据，进而计算相邻投入产出表年份之间的折旧率，然而薛文中的公式有错，甚为可惜。翁宏标（2012）如法炮制，同样出错。

要证明薛文中的公式有错，还可以用更为简便的逻辑推理：如果1997~2000年有4个相同的折旧率，则2000~2002年就有3个相同的折旧率。假如前后两个时段的折旧率不同（几乎可以肯定），处于两个时段交界的2000年就有两个不同的折旧率，这显然有矛盾。一个年份只应有一个折旧率，到底用哪一个折旧率呢？

单豪杰（2008）也是采用固定资本形成额作为投资来估算资本存量（简称单文），而折旧率是通过其他途径得到的。根据其估算结果可计算出各年的折旧额，进而与投入产出表年份的折旧额（换算到1952年价）做比较，如表4-7所示。由表4-7可以看到，单文所采用的折旧率都是10%以上的两位数，一致性地高于本章估算得到的折旧率，立即可以联想到的是，其折旧额会比较大。计算结果证明了这一点。在几个特殊年份中，单文的折旧额明显大于投入产出表折旧额，例如1987年的1255.3大于838.0。其他几个校准点年也是如此，这表明，单文所采用的折旧率有可能偏高。本章认为，只要同意把投入产出表的折旧额作为校准点，与相应年份计算得到的折旧额作对比，若后者低于（高于）前者，则所采用的折旧率就可能偏高（偏低），与其相对应的就是，其估算的资本存量就可能偏低（偏高）。

表4-7　单豪杰估算结果和徐杰等估算结果

	单豪杰估算结果（1952年价，亿元）				徐杰等估算结果（1978年价，亿元）			
年份	折旧率（%）	资本存量	折旧额	投入产出表折旧额	折旧率（%）	资本存量	折旧额	投入产出表折旧额
1978	11.31	5641.1	583.7		8.87	-642.0	-167.0	
1979	10.76	6123.0	607.0		8.87	543.7	-56.9	
1980	10.48	6710.5	641.7		8.87	1751.9	48.2	
1981	10.32	7229.6	692.5		8.87	2829.3	155.4	
1982	10.37	7824.9	749.7		8.87	3930.4	251.0	
1983	10.50	8514.3	821.6		8.87	5094.9	348.6	
1984	10.76	9416.8	916.1		8.87	6454.7	451.9	
1985	10.83	10488.6	1019.8		8.87	7985.9	572.5	
1986	10.74	11655.2	1126.5		8.87	9600.4	708.3	
1987	10.77	13051.0	1255.3	838.0	8.87	11431.5	851.6	844.8
1988	10.78	14531.6	1406.9		8.87	13331.0	1014.0	
1989	10.55	15464.6	1533.1		8.87	14670.3	1182.5	
1990	10.62	16422.0	1642.3	1053.2	8.87	15990.6	1301.3	1061.7
1991	10.68	17678.6	1753.9		8.87	19285.0	1418.4	
1992	10.73	19514.4	1896.9	1549.2	8.09	21479.8	1560.2	1561.7
1993	10.70	22075.2	2088.0		8.09	24442.1	1737.7	

续表

年份	单豪杰估算结果（1952 年价，亿元）				徐杰等估算结果（1978 年价，亿元）			
	折旧率（%）	资本存量	折旧额	投入产出表折旧额	折旧率（%）	资本存量	折旧额	投入产出表折旧额
1994	10.69	25200.9	2359.8		8.09	28015.8	1977.4	
1995	10.31	28753.9	2598.2	2274.3	8.09	32064.9	2266.5	2292.7
1996	10.32	32709.4	2967.4		8.09	32246.1	2594.1	
1997	10.62	36682.7	3473.7	2922.3	9.15	36724.7	2950.5	2945.9
1998	10.51	40872.1	3855.3		9.15	41538.5	3360.3	
1999	10.56	45247.3	4316.1		9.15	46497.0	3800.8	
2000	10.59	49983.0	4791.7	4111.8	9.15	51844.5	4254.5	4145.0
2001	10.61	55264.0	5303.2		9.15	59809.3	4743.8	
2002	10.55	61592.2	5830.3	5242.2	9.15	66831.8	5472.6	5284.6
2003	10.58	69711.7	6516.5		9.15	75685.0	6115.1	
2004	10.62	79084.8	7403.4		9.15	80798.4	6925.2	
2005	10.69	90256.6	8454.2	7148.6	9.15	93422.4	7393.1	7206.4
2006	10.60	103075.8	9567.2		9.15	107870.2	8548.1	
2007				9016.0	9.15	123871.7	9870.1	9088.8

注：折旧额计算公式：$D_t = \delta_t K_{t-1}$。徐杰等估算结果中 1986 年以前数据是笔者反推所得。

徐杰、段万春、杨建龙在《中国资本存量的重估》一文（简称徐文）中采用的方法和数据与本章相同，估计了中国 1986~2007 年的资本存量（见表 4–7 中徐杰等估算结果）。

徐文中说“分别假设 1987~1992 年、1992~1997 年、1997~2002 年折旧率不变，计算出对应的折旧率分别为 8.87%、8.09%、9.15%”，但文中没有明确说明处于交界处的 1992 年、1997 年的折旧率分别是多少。笔者在表 4–6 中为其选择了相应的折旧率，使得计算出的这两年折旧额与投入产出表中的折旧数据最为接近。笔者认为，该重估结果有计算错误的嫌疑，疑点在 1986 年的资本存量。

徐文中的原文是：对于任意一个行业，可以得出 1986~2001 年的资本存量关系为：

$$K_{2001} = \{[(K_{1986} \times \Phi + I_{1987}) \times \Phi + I_{1988}] \times \Phi + \cdots\} \times \Phi + I_{2001}$$

从上式可以看出，由于投入产出表的第三象限提供了固定资产折旧数据，因此，未知量只有 Φ，解此方程可以得到 Φ，进而可以得到折旧率 $\delta = 1 - \Phi$。（引文结束）

笔者认为，上式中的 $K_{1986} \times \Phi = K_{1986} - K_{1986} \times \delta = K_{1986} - A_{1987}$。其中 A_{1987} 得自投入产出表的折旧额，为已知。该式中仍然有一个未知数 K_{1986}，如果不能事先确定其值，从该式中是解不出 Φ 来的。徐文中 1986 年的资本存量 9600.4 亿元是怎么得到的，语焉不详。该数比笔者计算得到的 16091.1 亿元小了很多。若按徐文中的折旧率向前反推（假定以前年份的折旧率与 1987 年相同），到 1978 年时资本存量成为负值（见表 4–7），明显不合理。这就不由得要对徐文的估算结果产生怀疑。此外，徐文没有利用逢 5、逢 0 年份投入产出延长表中的折旧额数据，结果是，逢 5、逢 0 年份计算得到的折旧额与投入产出表数据有较大的误差。例如 1990 年的计算结果是 1301.3 亿元，大于投入产出表的 1061.7 亿元。1995 年、2000 年、2005 年的计算结果也与投入产出表的数据有较大误差。

第八节　结　论

利用永续盘存法测算资本存量，折旧率是一个重要而又敏感的参数。本章从理论上推导了折旧率与资本产出比、固定资本形成率、经济增长率之间的关系，为合理估算折旧率奠定了基础。本章利用历年固定资本形成额数据和 10 个有投入产出表年份的折旧额数据，估算了 1952~2012 年中国的资本存量。由于实现了校准点年份的折旧额与投入产出表的数据完全一致，这就确保了本章估算结果的可靠性。实证计算表明，在 1952~1987 年的 35 年中，平均折旧率大约为 5.05%，任何一致地偏离该平均值的折旧率都会造成系统性误差。在 1987~2012 的 25 年中，由于有 10 个已知年份的折旧额作为校准点，其间 9 个时段的平均折旧率都只能取唯一值。本章通过测算得到各个时段的平均折旧率具有重要的参考意义：在采用永续盘存法估算资本存量时，只要是用固定资本形成作为投资，不管用何种方法获得或设定折旧率，不管其折旧率序列有何种波动变化，只要依据其估算出的资本存量序列进而计算出的折旧额满足 10 个校准点年份的投入产出表折旧额数据，其折旧率序列必定是围绕在本章的平均折旧率序列上下波动，其资本存量序列也必定是围绕在本章估算得到的资本存量序列上下波动。因而本章估算得到的各时段平均折旧率及其相应的资本存量序列具有一定的标杆作用。

根据 1987 年以后的 10 个校准点计算得到的平均折旧率更好地反映了改革开放以后折旧率的变动，大致呈上升趋势。折旧率的上升一方面在某种程度上反映了生产技术的进步在加快，老旧设备加快了更新改造的速度，新增固定资产的形成伴随着采用新技术、新设备和更高的生产效率，从而为改革开放以来经济的长期快速增长提供了有力的保证。但在另一方面，资本产出比的变动趋势更值得关注。2002 年以前，我国的资本产出比长期保持在 2.5 上下，这表明资本存量的增长与经济的增长大致保持同步，这是非常好的现象。但是，2002~2012 年，资本产出比出现了逐步上升的趋势，先是从 2002 年的 2.3 倍上升到 2008 年的 2.5 倍，接着是上升速度进一步加快，到 2012 年达到了 3.08 倍。究其原因，是经济的增长过分依赖于投资的增长，当投资的增长速度远大于经济的增长速度时，由此带来固定资产形成的增长速度、进而是资本存量的增长速度就大大地快于国内生产总值的增长速度，这并非是好现象。资本产出比的上升反映了资本的产出效率（资本产出比的倒数）下降。资本产出比从 2.5 倍上升到 3 倍，意味着资本产出率从 40%下降到 33.3%。出现这种情况无非是两种原因：如果所有资本都参与了生产，那一定是单位资本的产出下降了；如果参与生产的资本的产出率没有下降，那一定是有一部分已经形成的资本没有参与生产，即出现了产能过剩。不管是属于哪一种情况，都说明了资本的产出效率在下降，即经济增长的质量在下降。

值得一提的是，2007 年由美国次贷危机引发了全球性金融危机，2008 年和 2009 年全球经济出现了严重衰退。我国自 2001 年加入 WTO 以来，连年的外贸快速增长给经济的快速增长以巨大的拉动力。这种拉动力随着全球经济危机的出现而突然消失，我国经济增长面临着突然降速的危险。为了应对全球性经济危机，我国于 2008 年底推出了“四万亿投资”的刺激计划，主要用于铁（路）公（路）机（场）等基础设施建设。其积极作用是使我国降低了全球经济危机对我国的负面影响，避免了经济出现严重衰退；但其消极作用也不能忽视，过分依赖投资对经济的刺激作用，造成贷款大幅度上升，它除了拉升了通货膨胀以外，也在某种程度上对产能过剩起到了推波助澜的作用，努力消减过剩产能将是今后很长一段时间必须面对的严酷现实。

本章的估算方法同样适用于省际资本存量的估计，只要有省级的资本形成额和系列折旧额即可。

参考文献

[1] 张军扩：《“七五”期间经济效益的综合分析》，《经济研究》，1991 年第 4 期。

[2] 贺菊煌：《我国资产的估算》，《数量经济技术经济研究》，1992 年第 8 期。

[3] 邹至庄、刘满强：《中国的资本形成与经济增长》，《数量经济技术经济研究》，1995 年第 3 期。

[4] 张军、章元：《对中国资本存量 K 的再估计》，《经济研究》，2003 年第 7 期。

[5] 张军、吴桂英、张吉鹏：《中国省际物质资本存量估算：1952~2000》，《经济研究》，2004 年第 10 期。

[6] 毛军：《我国资本存量估算方法比较与重估》，《河南社会科学》，2005 年第 2期。

[7] 何枫、陈荣、何林：《我国资本存量的估算及其相关分析》，《经济学家》，2005 年第 5 期。

[8] 薛俊波、王铮：《中国 17 部门资本存量的核算研究》，《统计研究》，2007 年第7 期。

[9] 单豪杰：《中国资本存量 K 的再估算：1952~2006 年》，《数量经济技术经济研究》，2008 年第 10 期。

[10] 郝枫、郝红红、赵慧卿：《中国基准资本存量研究——基于首次经济普查修订数据》，《统计与信息论坛》，2009 年第 2 期。

[11] 万东华：《一种新的经济折旧率测算方法及其应用》，《统计研究》，2009 年第 10 期。

[12] 孙辉、支大林、李宏瑾：《对中国各省资本存量的估计及典型性事实：1978~2008》，《广东金融学院学报》，2010 年第 3 期。

[13] 叶宗裕：《中国资本存量再估算：1952~2008》，《统计与信息论坛》，2010 年第 7 期。

[14] 徐杰、段万春、杨建龙：《中国资本存量的重估》，《统计研究》，2010 年第 12 期。

[15] 许鲁光、任泽平、林甦：《关于资本存量的推算方法与实证研究》，《西南师范大学学报》，2010 年第 2 期。

[16] 赵海荣：《永续盘存法 K1 计算的改进》，《经济师》，2011 年第 5 期。

[17] 范巧：《永续盘存法细节设定与中国资本存量估算：1952~2009 年》，《云南财经大学学报》，2012 年第 3 期。

[18] 翁宏标、王斌会：《中国分行业资本存量的估计》，《统计与决策》，2012 年第12 期。

作　者：沈利生

第五章 最终消费的水资源含量估计
——基于水资源投入产出分析

审视西方的发展模式，简而言之即自由市场经济加资产阶级民主。我们是否非要亦步亦趋地学习并追随这一套？有识之士已经明白，各国因历史、文化背景不同，可能会将其变形后形成具有自己特色的发展模式。历史和现实昭示这样的事实：中国要发展，只能走与西方发达国家不同的道路。一个重要原因是，中国人多资源少、环境承载力十分有限，西方人少但控制了世界上的大部分资源。中国若想走发达国家高消费的道路，就必须打破现有格局，去控制世界上的大部分资源。然而，殖民主义已经过时，中国现在不可能重蹈列强的覆辙了；和平崛起也使得中国不能像德国、日本那样发动侵略战争；中国只能走资源节约、环境友好的发展道路。关键问题是提升经济发展能力和政治稳定，当然还要包括可持续性。当经济发展到一定水平后，一个很重要的转型是从生产型社会转向消费者社会。

改革开放以来，我国产生严重环境问题的背后，既有经济发展模式原始粗放的原因，更有经济全球化、发达国家以资本输出方式向发展中国家转移其高污染、高能耗产业的深刻背景。改变或消除环境污染，我们不能走向其他国家转移污染产业的道路，只能通过发展模式的转变，特别是消费模式的转变，从自身的资源禀赋、环境容量出发，探索一条有别于发达国家、对环境友好、高效率利用资源（能源）的新发展模式。

资本主义奉行的是"经济理性"，即追求利润最大化。人类社会的发展要具有可持续性，需要奉行"生态环境理性"，即理性的生产、更少的消费、更好的生活，而这一切都是和人们真正幸福的高质量生活相联系的（Gorz，1994）。为了定义"更好的生活"，对于超过某一标准（许多西方国家早已达到了）的生活，由于其占有资源过多、污染环境严重（尽管资源与环境问题可能发生在其他国家），有必要将其明确为"生活质量下降"（Redclift，1996）。

与企业社会责任、可持续生产方式转变相比，在可持续消费理念与方式的指导下，居民消费方式的转变具有更重要的意义；此外，政府消费的示范作用以及社会影响十分巨大。

本章利用投入产出分析工具，旨在通过讨论最终消费的水资源直接使用和总量使用（直接使用+间接使用），分别考察居民、政府、出口贸易、资本形成等最终消费分类项目对水资源使用的情况，从而分析各部门今后的水资源使用政策的进一步改善问题。

第一节　资本主义消费方式和生产方式与资源环境危机

生态环境问题首先发生在经济发达的工业化国家，造成生态环境问题的根源其实是资本主义生产方式本身。资本主义的剩余价值最大化要求生产最大化，而生产最大化必然要求消费最大化。如果不能实现消费最大化，结果必然导致经济危机。事实证明，不仅仅是资本主义生产方式，其消费方式更是导致全球生态环境危机与资源短缺的根本根源。

资本主义文明的基础既奇怪又显得如此牢固：以美国为例，罗森布拉特（2007）认为，美国消费主义的精髓，也是西方资本主义发展的动力，即“拥有还是没拥有”。人对消费品拥有的欲望成为消费体制的动力。罗森布拉特总结，美国约90%的生产力正在直接或间接地从事消费品生产或为消费者提供服务。消费品提供就业机会、提供国家收入、流入其他国家并带去类似的物质欲望。全球化的消费主义已经成为一种生活方式，维持这种生活方式越来越取决于人们的支付能力，而不再是生产或创造生活必需品的能力。一方面，人们的欲望与实际收入之间的差距越来越大；另一方面，全球化造成的商品来源、加工过程、生产过程都是分散的，使得人们不可能完整地理解消费主义生活方式对地球生物圈的影响，以及资源代价。

考察目前的消费模式，可以发现存在着若干显著特征，其一是“炫耀性消费”，即有意识地炫耀自己的消费行为，使消费成为展示个人经济实力、从而确定社会地位的一种手段（朔尔，2007）。其二是“竞争性消费”，这是指消费行为本身成为一种身份的竞争。其重点在于，消费所带来的福利或所产生的满足感，并非以消费的绝对水平为基础，而是建立在与其他人所达到的消费水平相比较的基础上。为了在这种身份竞争中占一席之地，消费品必须在用途和所有权方面具有显著性或公开性，例如：衣着、住房、汽车等，一直有着重要的身份象征意义，因为它们是有目共睹的。竞争性消费显然存在致命缺陷：这种消费强调的是比较消费而非绝对意义上的消费，因此，尽管消费水平总体增长，却并没有提高人们的福利水平。在全球范围内，消费文化使得竞争性消费变本加厉，这种消费没有限制、没有止境，成为危害全球经济、资源环境的严重问题（朔尔，2007）。

追求过度的浪费性消费被称为“异化消费”。这是因为生产的无限扩大化与资源、环境的有限承载能力之间的矛盾凸显。一些发达国家推行生态帝国主义政策，不仅掠夺发展中国家的资源，还将环境污染产业转移到发展中国家，于是，资源和环境问题超越了民族和国家，成为区域性和全球性问题（时青昊，2009）。“异化消费”表面上缓解了生产与消费之间的矛盾，延缓了资本主义经济危机，然而其造成的消费与资源环境之间的新的矛盾，实际上成为资本主义新的基本矛盾。加拿大学者阿格尔（Agger B.）将“异化消费”作为生态危机的根源是有其道理的。

在全球不同的经济体（或消费体）之间，存在着能源和食品消费的巨大差异，而这些差异实际上导致了巨大的资源占有的差异，从而形成了世界资源（能源、土地、水等）利用的极大不公平。目前全球生态环境话语和实践都是为了发达国家特别是少数核心资本主义国家的利益。

表 5-1 揭示出发达国家与发展中国家在食品、营养获取上的差异，数据来源于联合国粮农组织。由于联合国粮农组织缺少中国的数据，我们将我国的人均食品及主要工业品消费数据与世界数据进行比较，列于表 5-2。表 5-1 的数据表明，首先，发达国家的食物满足水平不仅高于世界平均水平，而且远高于发展中国家；其次，与发展中国家的情况相反，发达国家的人主要不是依靠从粮食中汲取所需的能量，而是获取更多的蛋白质等营养。这意味着，他们的食品消费和生活质量是建立在更多的资源（土地、水、能源等）占用与消耗基础之上的。在经济全球化的今天，食品的获取更多的是通过全球贸易实现的，也就是说，发达国家的人因为高营养所消耗的资源是全球性的，毫无疑问，这是造成生态环境问题的重要原因。表 5-2 的数据揭示出，不论在 20 世纪 90 年代还是在近期，中国人均食品占有都低于发达国家 20 世纪 90 年代的平均水平，特别是牛奶的近期人均消费量甚至远低于发展中国家 20 世纪 90 年代的水平；工业品除去近期的水泥人均消费量外，与食品的情况相类似。

表 5-1、表 5-2 的数据对比说明，一方面，发达国家与发展中国家的消费水平是如此的悬殊，随之而来的问题是：人类社会是否应该确定某种"基本生活标准"？不然，在资源环境有限的前提下，一部分人舒适、安全的生活，甚至是奢侈浪费，就意味着另一部分人的基本权利被剥夺。另一方面，西方发达国家的高消费水平也与更多的废弃物排放密切相关，特别是他们较高的能源消费水平，意味着更多的历史累积碳排放。

表 5-1 资源（食品）获得情况比较

地区/国家	平均食物满足指数		从粮食中获取能量率（%）		平均蛋白质满足量克/人/日	
	1990~1992	2007~2009	1990~1992	2007~2009	1990~1992	2007~2009
全世界	114	120	56	51	69	78
发达国家	131	136	34	32	99	104
发展中国家	108	116	64	56	61	72
非洲	108	115	65	62	57	64
南非	121	125	55	54	74	83
亚洲	107	115	67	57	61	73
中国	—	—	—	—	—	—
印度	104	104	66	60	55	57
韩国	124	130	55	44	81	91
日本	121	114	42	41	96	90
拉丁美洲	118	125	43	40	69	83
巴西	118	131	39	35	67	87
其他发达国家						
加拿大	123	137	26	28	96	104

续表

地区/国家	平均食物满足指数		从粮食中获取能量率（%）		平均蛋白质满足量克/人/日	
	1990~1992	2007~2009	1990~1992	2007~2009	1990~1992	2007~2009
丹麦	125	133	27	29	100	109
法国	142	142	27	29	117	112
德国	134	139	26	27	97	102
澳大利亚	126	130	25	26	106	106
新西兰	130	128	27	27	98	94
俄罗斯	—	130	—	43	—	100
英国	131	138	28	32	93	104
美国	140	147	26	25	110	115

注：“—”表示缺少数据。

资料来源：FAO，2014

表 5-2　人均消费资源中外比较

项　目	发达国家	发展中国家	中　国	
	1990	1990	1990	2012
粮食（公斤/人）	717	247	130[a] 262.08[b]	78.76[a] 164.27[b]
牛奶（公斤/人）	320	39	4.63[a] 1.10[b]	13.95[a] 5.29[b]
肉类（公斤/人）	61	11	25.16[a] 12.59[b]	35.71[a] 20.85[b]
纸张（公斤/人）	148	11	12[c]	81
化肥（公斤/人）	70	15	16.44	50
水泥（公斤/人）	451	130	183.42	1632
汽车（辆/人）	0.28	0.01	0.0007[d]	0.065

注：[a] 城镇数据；[b] 农村数据；[c] 指机制纸及纸板；[d] 指私人汽车。

资料来源：Redclift，1996，121 页；《中国统计年鉴》（2013）；www.stats.gov.cn/tjsj/ndsj；《中国统计摘要》（2010），中国统计出版社，2010 年版。

第二节　中国的水资源匮乏与发展制约

长期以来，我国水资源匮乏，尤其是北方地区。随着全球气候变化影响的进一步加剧，干旱化、荒漠化等生态环境问题连同缺水，已经成为制约区域工农业生产和影响当地人民群众生存的重要因素。表 5-3 给出了我国近年来水资源总量的变化量，表 5-4 列出了我国南北方水资源利用的结构情况。数据显示，1999~2012 年，除 4 年外，其余 10 年，我国的水资源总量均少于多年平均值（参见表 5-3），有些年份甚至较多年平均值减少 10%~15%，呈现严重的水资源短缺态势。进一步的数据显示，我国北方地区工业和生活用水量均少于南方地区（表 5-4）。据估计（刘昌明、陈志恺，2001），我国人均水资源量为 2220 立方米，北方为 747 立方米，南方为 3481 立方米；而世界平均值为 6981 立方米（Guan 和 Hubacek，2007）。据此可以得出，我国人均水资源量仅为世界平均量的 31.8%；而在北方地区，这一数字仅为 10.7%，不到 11%，我国北方地区水资源的匮乏程度已经十分严峻。

表 5-3 中国水资源总量变化（1999~2012 年）

年 份	水资源总量（亿立方米）	与多年平均值[a]相比变化[b]	
		绝对量（亿立方米）	百分比（%）
1999	28196.0	+71.6	+0.25
2000	27701.0	–423.4	–1.51
2001	26868.0	–1256.4	–4.46
2002	28255.0	+130.6	+0.46
2003	27460.0	–664.4	–2.36
2004	24130.0	–3994.4	–14.20
2005	28053.1	–71.3	–0.25
2006	25255.0	–2869.4	–10.20
2007	25330.0	–2794.4	–9.90
2008	27434.0	–690.4	–2.50
2009	24180.2	–3944.2	–14.00
2010	30906.4	+2782.0	+9.90
2011	23256.7	–4867.7	–17.30
2012	29528.8	+1404.4	+5.00

注：[a] 指水资源总量的多年平均值取为 28124.4 亿立方米（中国自然资源从书编撰委员会，1995，第 166 页）。b 标识符号：比多年平均值增加为“+”，减少为“–”。

资料来源：历年《中国水资源公报》，水利部网站，www.mwr.gov.cn。

表 5-4 中国南北方水资源利用结构变化（%）

年 份	区域	农业	工业	生活
1980[a]	南方	80.1	12.1	7.8
	北方	86.7	8.5	4.8
1993[a]	南方	68.1	22.0	9.9
	北方	79.3	12.4	8.3
1997[a]	南方	63.1	25.6	11.3
	北方	78.7	13.9	7.4
2000	南方	62.4	25.5	12.0
	北方	76.3	15.1	8.6
2001	南方	61.3	26.2	12.6
	北方	77.4	13.9	8.7

续表

年　份	区域	农业	工业	生活
2002	南方	59.4	27.5	13.2
	北方	78.0	13.0	9.0
2003	南方	56.5	28.8	13.2
	北方	74.7	13.7	10.1
2004	南方	55.8	29.5	13.3
	北方	75.8	12.9	9.8
2005	南方	54.8	30.3	13.7
	北方	74.6	13.4	9.9
2006	南方	46.7	74.2	63.9
	北方	53.3	25.8	36.1
2007	南方	47.0	75.9	64.4
	北方	53.0	24.1	35.6
2008	南方	46.5	75.6	64.1
	北方	53.5	24.4	35.9
2011[b]	南方	45.4	75.4	63.5
	北方	54.6	24.6	36.5
2012	南方	45.0	75.0	66.2
	北方	55.0	25.0	33.8

注：[a] 表示数据来源于刘昌明、陈志恺（2001）。[b] 表示缺少 2009、2010 年数据。

资料来源：作者根据历年《中国水资源公报》计算。水利部网站，www.mwr.gov.cn。

随着经济的发展及消费水平的不断提高，我国的粮食消费量会随之提高（参见表 5-1），这会对土地、水资源的需求加大（马涛、陈家宽，2006），水资源的短缺或干旱灾害，都会威胁我国的粮食安全甚至导致全球粮食安全问题。此外，水资源短缺还会直接影响工业、服务业生产以及降低人民生活质量等。

英国学者 Allan（1993、1994、1998）提出的虚拟水概念是指内含在某种产品中所使用和消耗的水。Allan（1996、2002、2003）还因其具有多年研究中东地区水问题和水资源冲突的背景，而进一步提出出口虚拟水或虚拟水贸易，以此作为解决区域性水资源匮乏和水资源争端的途径之一。据皮尔斯（2009）估计，每年全球虚拟水贸易接近 1 万亿立方米（9867 亿立方米），其中 2/3 存于农作物中，1/4 存于肉奶制品中，1/10 存于工业制品中。表 5-5 给出了全球（农产品）虚拟水进口、出口居前 5 位的国家。数据显示，以隐含在农产品中的虚拟水计，美国成为全球最大的虚拟水出口国，而日本是全球最大的虚拟水进口国。

虚拟水的概念大大拓展了人们认识水资源流动的视角：水不仅有形地流动在河流、海洋中，更无形地流动于产品的使用、交换过程中；通过消费途径，人类社会在直接、间接地使用、消耗水资源。因此，揭示最终消费水资源的使用情况，对于了解水资源的配置、提高水资源的利用效率、寻找节约水资源的关键环节，都是有现实意义的。

表 5-5　全球（农产品）虚拟水进出口前 5 位的国家（1995~1999 年）

名　次	国　家	净进口量（10 亿立方米/年）	国　家	净出口量（10 亿立方米/年）
1	日本	59	美国	152
2	荷兰	30	加拿大	55
3	韩国	23	泰国	47
4	中国	20	阿根廷	45
5	印度尼西亚	20	印度	32

资料来源：Hoekstra 和 Hung，2005。

第三节　我国最终消费的水资源含量估计

以拓展的投入产出表分析资源、环境问题，很早便有了一些经典分析框架和方法（Leontief 和 Ford，1970；Victor，1972；Miller 和 Blair，1985）。投入产出分析方法可以揭示资源的中间投入、消耗、排放等流动的部门间情况，以及最终消费及总产出的数量关系，图 5-1 显示了投入产出分析所提供的资源、环境与经济系统的基本关系框架（Wiedmann 和 Barrett，2005）。

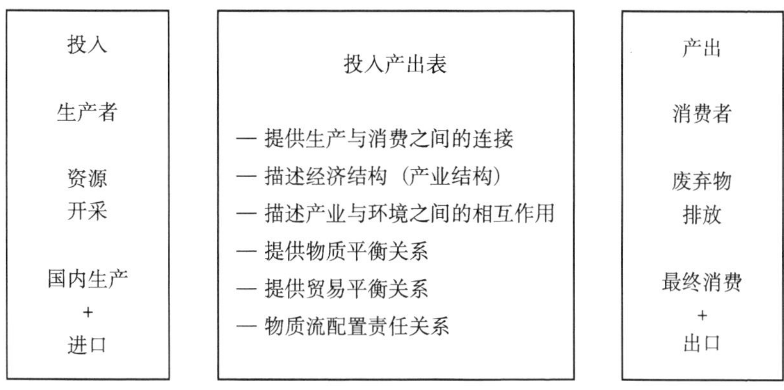

图 5-1　经济系统投入与产出之间的基本关系及投入产出表功能阐释

近年来，关于应用投入产出分析讨论资源（土地资源、水资源）及环境问题的文献越来越多。例如，从 Bicknell 等（1998，着重生态足迹（土地资源））、Lenzen 和 Murray（2001，生态足迹（土地资源））、Ferng（2002，着重能源足迹）、Wood 和 Lenzen（2003，生态足迹（土地资源））、Hubacek 和 Giljum（2003，生态足迹（土地资源））、McDonald 和 Patterson（2004，生态足迹（土地资源））到 McGregor 等（2004a、2004b，生态足迹（土地资源））的文献，在理论、方法上探讨了利用投入产出模型估计生态足迹、能源足迹及其政策设计方案的现实影响。

国内学者对此类研究亦有重要贡献，如：曹淑艳等（2007）利用基于投入产出分析的中国生态足迹模型估计了年度中国的生态足迹；赵旭等（2009）以投入产出模型讨论中国虚拟水贸易和消费问题；朱启荣等（2009）利用投入产出分析工具讨论中国对外贸易的虚拟水问题等，都为将投入产出分析领域由单纯面向宏观经济及经济结构拓展到资源环境，特别是土地、水资源等领域，做出了一系列创新性工作。

本章以拓展的水资源投入产出表为分析工具，将关注点集中于最终消费各分项目的水资源利用，即居民最终水资源消费（包括农村居民与城市居民两部分）、政府最终水资源消费、资本形成的水资源使用、出口贸易的水资源使用等。在估计各个分项目的水资源直接消费量、完全消费量（直接+间接）后，分别讨论它们各自的改善空间和相应政策与长期战略。

一、模型设计

对于标准投入产出模型式（5-1），我们定义了部门水资源消耗系数向量 w^{dir}（$n\times1$），以此代表一个部门单位产出（价值量）的直接水资源使用量（强度向量），这种设计思路源于米勒等人（Miller 和 Blair，1985）。

$$x=(I-A)^{-1}f \tag{5-1}$$

我们由部门水资源使用直接强度向量，定义部门水资源使用完全强度向量 w^{tot}（$n\times1$），计算如式（5-2），它反映的是一个部门单位产出的水资源完全（直接+间接）使用强度。

$$(w^{tot})'=(w^{dir})'\cdot(I-A)^{-1} \tag{5-2}$$

其中，$(I-A)^{-1}$（$n\times n$）为列昂惕夫逆矩阵，向量 w^{tot} 不仅反映一个部门单位产出的直接水资源使用量，还包括该部门单位产出所引起的对其他部门产品需求所产生的水资源使用量。这里，向量 w^{dir} 与 w^{tot} 均为实物量单位立方米（m^3）。

为了得到在最终消费矩阵 F（$n\times m$）的各个分项目（矩阵中各列）中水资源的配置，我们定义了最终需求水资源完全使用向量 w^F（$1\times m$），计算如式（5-3），以此表示最终消费各分项目的水资源完全使用量。

$$(w^{tot})'\cdot F=(w^F)' \tag{5-3}$$

二、数据来源

本章关注 3 个时间点（1997 年、2002 年和 2007 年，它们是中国国家统计局每 5 年公布投入产出表的基础年份，www.stats.gov.cn），使用了 3 年的中国水资源投入产出表，部门数为 17 个。水资源投入产出表即在价值表增加一行各部门水资源实物量数据。关于部门水资源使用强度，我们以 2002 年各部门实际用水数据（中国投入产出学会，2005）为基础，计算了各部门总产出的水资源强度系数。其余年份的工业部门用水数据用污水排放数据估计；农业部门用水量来源于各年度《中国水资源公报》；服务部门用水强度根据 2002 年数据调整估算。

第四节　估计结果讨论及政策含义

3 个时间点（1997 年、2002 年和 2007 年）的最终消费各部分的完全水资源使用估计结果如表 5-6 所示。在最终消费的居民消费、政府消费、资本形成、出口四大部分中，分别考察其水资源使用情况及相应讨论如下：

居民最终消费包括农村居民消费和城市居民消费两部分，表示居民对于最终产品与服务的支出水平。由《中国水资源公报》可得到三个时间点的生活用水数据（如表 5-7），表 5-7 的数据显示，1997~2007 年，城市居民统计用水呈现快速增长趋势。考察表 5-6 的数据，城市居民最终消费所使用的总水资源量增长趋势则更为显著，2007 年比 1997 年几乎翻了一番（见表 5-6 第 3 列）；与之相反的是，农村居民最终消费所使用的水资源量呈现下降趋势，这与统计情况相一致。

表 5-6　最终消费的完全水资源使用估计（亿立方米）

最终消费分类 / 年份	居民消费		政府消费	资本形成		出口	合计
	农村居民消费	城市居民消费		固定资本形成	存货增加		
1997	1999.9	1527.1	217.3	753.9	247.2	760.1	5505.6
2002	1273.2	2077.2	380.4	1403.7	113.0	1041.0	6288.6
2007	1370.0	3039.4	649.4	2252.5	284.7	2640.6	10236.6

资料来源：作者估计。

表 5-7　生活用水统计

年份	生活用水量（亿吨）	城市生活用水占比（%）
1997	525.2	47.0
2002	615.7	51.8
2007	709.9	74.0

资料来源：《中国水资源公报》，www.mwr.gov.cn

我们认为，城市居民最终消费所使用的水资源增长及农村居民的下降，可能是中国近年来不断加速的城镇化使然：人口不断地由农村往城市迁移；此外，水资源使用的城市不断递增与农村不断递减趋势，也是我国巨大的城乡差异在生活用水方面的突出反映。

政府最终消费的水资源完全使用量虽然绝对数字并不高（相对于居民消费），增长却呈现出迅猛态势：2007 年是 1997 年的 3 倍以上。这折射出一个强烈的信号：值此为应对中国的水资源短缺、全国上下力争节约水资源之际，政府最终消费所使用的总水资源量却飞速上涨，甚至超过了居民用水的增长幅度，说明政府消费行为在节约水资源方面还有很大的改善空间，还有许多工作可做。

在资本形成中的水资源完全使用量方面，有迅猛增长的是固定资本形成的水资源使用总量，2007 年是 1997 年的近 3 倍。资本形成是指基础设施、机器设备、交通设施、建筑物等设施、设备等固定资产。由于中国经济的快速增长在很大程度上依赖投资，所以，在经济高速增长的过程中使用较多的水资源并不奇怪。

我国出口贸易中的水资源完全使用量从 1997 年的 760 亿立方米增长到 2007 年的 2641 亿立方米，2007 年是 1997 年的 3.5 倍。值得注意的是，出口贸易的水资源使用总量的增速，超过了出口占 GDP 份额的增速（2007 年是 1997 年的近 2 倍，参见表 5-8）。如本章第二部分所述，中国是严重缺水的国家，然而，多年以来，我们的出口贸易却付出了巨大的水资源代价。

表 5-8　我国对外贸易及宏观经济数据

年　份	贸易出口额（亿元）	GDP（亿元）	出口/GDP（%）
1997	15160.7	78973.0	19.20
2002	26947.9	120332.7	22.39
2007	93455.6	249529.9	37.45

资料来源：《中国统计年鉴》（2008），www.stats.gov.cn/tjsj/ndsj

以我国长期缺水的水资源禀赋，在自由贸易框架下，应该考虑更有效地充分利用世界水资源的贸易战略，而不是继续有形或无形地出口水资源。显而易见，无论以看得见的形式还是以看不见的形式，中国开发、消费和出口水资源成本都较高。因而，除了在国内坚决地落实节约水资源的政策之外，中国的对外贸易政策也需要充分考虑水资源的约束。在我国对外贸易模式改革方面，应该本着充分利用双边、多边资源（包括水资源）优势互补的国际贸易基本原则，调整既往的贸易结构和规模，以有利于中国对外贸易的可持续发展（张晓，2010），这不仅仅有利于中国，也有利于世界贸易的公平原则和全球可持续发展。

参考文献

[1] 曹淑艳、谢高地：《基于投入产出分析的中国生态足迹模型》，《生态学报》，2007 年第 27 期。

[2] 刘昌明、陈志恺：《中国水资源现状评价和供需发展趋势分析》，中国水利水电出版社，2001 年版。

[3] [美] 比尔·麦吉本等：《消费的欲望》，朱琳译，中国社会科学出版社，2007 年版。

[4] 马涛、陈家宽：《虚拟水贸易在解决中国和全球水危机中的作用》，《生态经济》，2006 年第 11 期。

[5] [英] 弗雷德·皮尔斯：《当江河枯竭的时候：21 世纪全球水危机》，张新明，郑刚、刘世平校译，知识产权出版社，2009 年版。

[6] 时青昊：《20 世纪 90 年代以后的生态社会主义》，世纪出版集团、上海人民出版社，2009 年版。

[7] 张晓：《中国对外贸易的虚拟水资源含量及其政策含义》，载于《中国环境与发展评论（第四卷）——全球化背景下的中国环境与发展》，中国社会科学出版社，2010 年版。

[8] 赵旭、杨志峰、陈彬：《基于投入产出分析技术的中国虚拟水贸易及消费研究》，《自然资源学报》，2009 年第 24 期。

[9] 中国投入产出学会：《2002 年中国水资源投入产出表》，内部交流资料。

[10] 朱丽叶·朔尔：《消费社会到底怎么了——竞争性消费和“新消费主义”》，转自 [美] 比尔·麦吉本等著：《消费的欲望》，朱琳译，中国社会科学出版社，2007 年版。

[11] Gorz A.. Capitalism, Socialism, Ecology. Verso, London and New York, 1994.

[12] Guan D., Klaus Hubacek.. A New and Integrated Hydro-economic Accounting and Analytical Framework for Water Resource: A Case Study for North China. Journal of Environmental Management, 2008, 88 (4): 1300–1313.

[13] Redclift, Michael.. Wasted: Counting the Costs of Global Consumption. Earthscan Publications Ltd, London, 1996.

[14] Bicknell K. B., Ball R. J., Cullen R., Bigsby H. R.. New Methodology for the Ecological Footprint with an Application to the New Zealand Economy. Ecological Economics, 1998, 27 (2): 149–160.

[15] Ferng J. J.. Toward a Scenario Analysis Framework for Energy Footprints. Ecological Economics, 2002, 40 (1): 53–69.

[16] Hubacek K. and Giljum S.. Applying Physical Input-output Analysis to Estimate Land Appropriation (Ecological Footprints) of International Trade Activities. Ecological Economics, 2003, 44 (2): 137–151.

[17] Lenzen M. and Murray S. A.. A Modified Ecological Footprint Method and Its Application to Australia. Ecological Economics, 2001, 37 (3): 229–255.

[18] Leontief W. and Ford D.. Environmental Repercussions and the Economic Structure: an Input-output Approach. The Review of Economics and Statistics, 1970, 52 (3): 262–271.

[19] McDonald G. W. and Patterson M. G.. Ecological Footprints and Interdependencies of New Zealand Regions. Ecological Economics, 2004, 50 (1–2): 49–67.

[20] McGregor P. G., Swales J. K., and Turner K. R.. An Input-Output Based Alternative to “Ecological Footprints” for Tracking Pollution Generation in a Small Open Economy. Strathclyde Discussion Papers in Economics. Glasgow, University of Strathclyde, 2004.

[21] McGregor P. G., Swales J. K., and Turner K. R.. The Impact of Scottish Consumption on the Local Environment: an Alternative to the Ecological Footprint. Fraser of Allander Institute, University of Strathclyde. Quarterly Economic Commentary-Economic Perspectives, 2004, 29 (1): 29–34.

[22] Miller R. E. and Blair P. D.. Input-Output Analysis: Foundations and Extension. Prentice-Hall, Englewood Cliffs, New Jersey, USA, 1985.

[23] Department of National Accounts in National Bureau of Statistics of China. 2002 Input-Output Tables of China (in Chinese). China Statistics Press, Beijing, China, 2006.

[24] Victor P. A.. Pollution, Economy and Environment. George Allen and Unwin Ltd, London, UK, 1972.

[25] Wiedmann T. and Barrett J.. Report No 2: The Use of Input-output Analysis in REAP to Allocate Ecological Footprints and Material Flows to Final Consumption Categories, Stockholm Environment Institute-York, University of York, Heslington, http: //www.regionalsustainability.org, 2005.

[26] Wiedmann T., Minx J., Barrett J. and Wackernagel M.. Allocating Ecological Footprints to Final Consumption Categories with Input-output Analysis. Ecological Economics, 2006, 56 (1): 28–48.

[27] Wood R. and Lenzen M.. An Application of a Modified Ecological Footprint Method and Structural Path Analysis in a Comparative Institutional Study. Local Environment, 2003 (8): 365–386.

作 者：张 晓

第六章　我国科技创新转化效率研究

知识产权制度是鼓励技术创新和科技研发的重要制度因素。专利权作为一类典型的知识产权，为企业垄断性地生产某种产品提供了权利保证。科研单位或企业投入研发经费和科研人才，进行科技研发获得技术专利，并在一定时期内排他性地生产新产品或提供技术服务，获得相关经济收益，在宏观上就实现了国民经济的增长。因此，在创新投入到经济产出的完整过程中，创新者拥有的技术专利是创新投入的中间产出，是联结科技研发和技术市场的桥梁，对提高我国创新投入—产出效率有着重要作用。

以往对知识产权与经济增长关系的研究集中在以下几个方面：①知识产权对经济增长方式的影响，由全要素生产率反映经济增长方式、实证检验技术专利数量（赵彦云和刘思明，2011）和专利保护程度（阳立高等，2013；Maskus K. E.，2000）等对经济增长方式的影响。②专利数量与经济增长相关关系研究，包括因果关系检验和回归分析（鞠树成，2005），协整关系研究（张优智和党兴华，2013；李达，2009）和将专利数量纳入生产函数研究专利对经济增长的贡献（张英，2013）。③知识产权与技术创新关系的研究，包括创新水平（彭福扬等，2012；包海波等，2005）和创新效率（顾群和翟淑萍，2013；杨晨，2007；申小刚，2010）两个方面。以上研究都肯定了知识产权对经济增长的作用，认为知识产权并不直接作用于经济增长，而是通过鼓励创新促进经济产出的增加。本章将从创新价值链的视角入手，研究技术专利对创新投入转化为经济产出的效率的影响，为增强技术专利对经济增长的支撑作用提供实证研究基础。

第一节　我国的创新投入与产出现状

为充分发挥科技进步和创新对加快转变经济发展方式和支撑经济增长的重要作用，近年来，我国不断增加科技创新资本和人力的投入。1997~2012 年，我国研发经费支出以年均 16.06%的速度增长。2012 年，经费支出总额达 6708 亿元，比 1997 年增加 6 倍左右。研发经费占 GDP 比重由 1997 年的 0.64%增长到 2012 年的 1.98%，接近“国家‘十二五’科学和技术发展规划”对研发投入强度提高到 2.2%的要求。同一时期，研发人员全时当量年均增长率达到 2.08%，并于 2012 年达到 324.7 万人/年。

与创新投入相应，我国整体科技创新能力加速提升。我国专利申请授权量由 1997

年的 4.57 万件增长到 2012 年的 116.32 万件，年均增加 26.02%。其中，发明专利占 28%，年均增长 30.67%。同期，国外主要检索工具收录我国科技论文数增加 10 倍以上，世界位次由第 10 名上升到第 2 名。专利等科技成果转化带来了巨大的经济收益。2012 年，我国规模以上工业企业的新产品销售收入达到 11.05 万亿元，是 1997 年的 30 倍。技术交易额达到 6437 亿元，是 1997 年技术交易额的 18 倍以上。

虽然全国整体创新投入与产出高速增加，但各省份情况差异较大，有比较明显的两极分化现象。

首先，我国创新资源的投入呈现比较明显的地域特点。2012 年，研发经费支出和研发活动人员最多的五个省份分别为江苏、广东、北京、山东和浙江，均为东部经济、科技较发达的省份，而创新投入最少的五个省份为西藏、青海、海南、宁夏、新疆，均位于西部地区，经济发展略滞后于其他省份。其中，江苏省的研发经费支出达 1287.86 亿元，是全国创新资金投入最多的省份。西藏自治区的研发经费支出仅为 1.78 亿元，是江苏省支出经费的 1/700。全国各省平均研发经费支出为 332.2 亿元，仅有 10 个省份在平均水平以上。研发人员投入最多的广东省，2012 年折合的研发活动人员全时当量为 49.23 万人/年，是西藏自治区研发人员的 410 倍。全国平均研发活动人员全时当量为 10.47 万人/年，仅有 9 个省份超过全国平均水平（见图 6-1）。

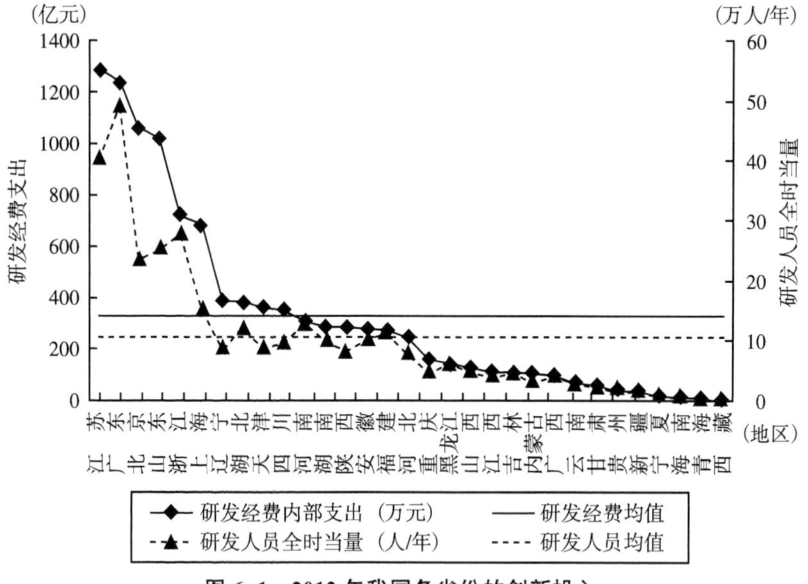

图 6-1　2012 年我国各省份的创新投入

其次，各省份拥有的专利申请授权量两极分化严重。2012 年，江苏省拥有 269944 件专利申请授权，占当年全国专利总授权量的 21.51%，而专利授权量最少的西藏自治区仅有 133 件，仅为全国总量的 0.01%。同年，全国各省份平均拥有专利授权量 3.69 万件，而超过全国均值的省份仅有 8 个，分别为江苏省、浙江省、广东省、山东省、上海市、北京市、安徽省和四川省，剩余 23 个省份均未达到平均线（见图 6-2）。

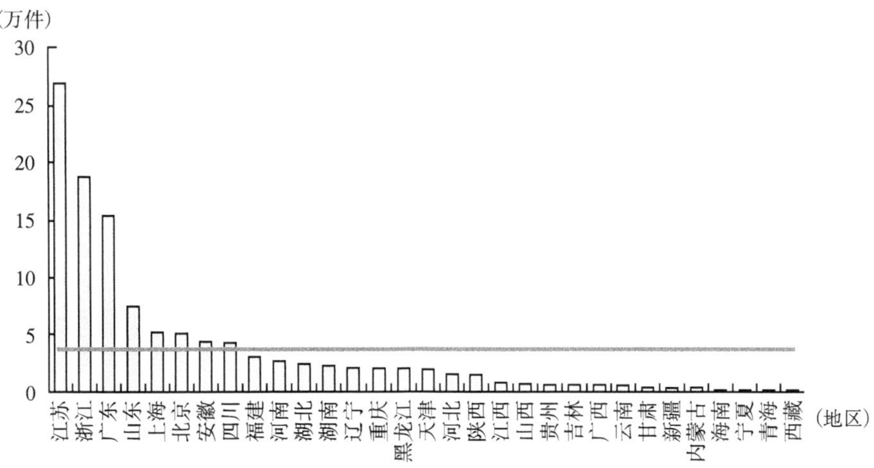

图 6-2　2012 年各省份拥有专利申请授权量

最后，仅有少数省份的创新成果转化为相应的经济收益。2012 年，北京市的技术交易额达到 2458.5 亿元，占全国技术交易总额的 38.19%，远高于当年各省均值（194.7 亿元）。而海南省的技术交易额仅为 0.57 亿元，不足各省均值的百分之一。利用技术专利，江苏省、广东省、山东省和浙江省规模以上工业企业的新产品销售收入超过 1 万亿元，而各省均值仅为 3565.48 亿元，12 个省份不足 1000 亿元（见图 6-3）。

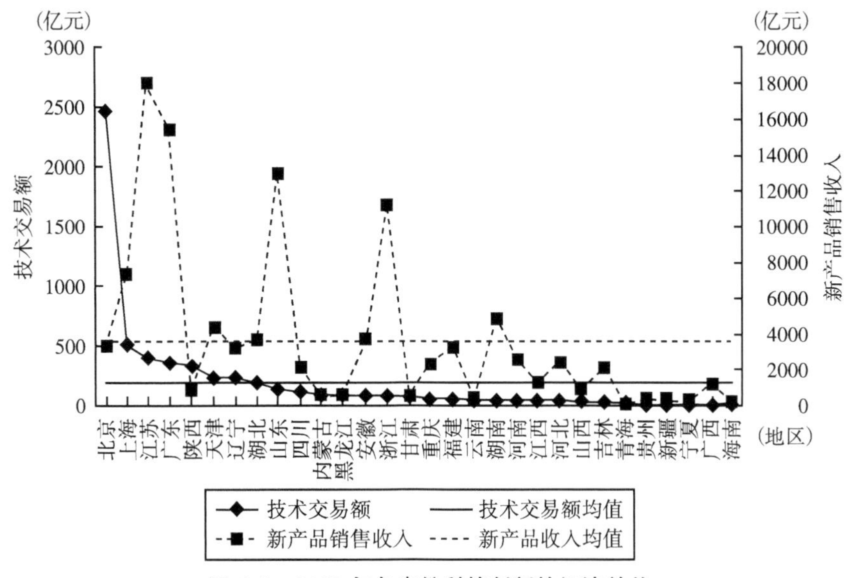

图 6-3　2012 年各省份科技创新的经济效益

上述创新投入、产出各方面的指标统计描述，都反映出目前我国省际创新水平极值间差距过大，仅有少数省份位于全国各省份平均水平线以上。这说明我国创新投入、产出总量的高速增长并不意味着全国范围内创新水平的提高，有可能仅归结为少数省份较高的创新活力。因此，本章将各省份的科技创新活动作为研究对象，研究各省份创新投入向经济产出转化的效率情况。

第二节 知识产权在创新投入和经济产出间的转换效率

知识产权并不能直接影响经济增长，而是通过技术创新间接作用于经济。技术创新对经济增长具有积极的推动作用，技术创新能够创造或发现新的中间产品和原材料，优化生产要素组合，提高设备和原材料的利用率，从而在宏观上实现经济增长。保护知识产权在这个过程中起到了保障创新者权益、激励创新活动和提高创新效率的作用。首先创新者利用创新投入，进行科技研发获得受法律保护的技术专利；其次凭借该技术专利在一定期限内独占市场，排他地将技术成果转化为经济收益。收益的一部分用于弥补之前创新投入的成本，另一部分投入新一轮的创新，从而进入鼓励创新的良性循环。因此，受到法律保护的知识产权，特别是技术专利，将创新促进经济增长的过程划分为科技研发获得专利和专利成果转化获得经济收益两个阶段，并在两个阶段中起到联结和转化的作用。本章通过测算各省两阶段的转化效率，分析我国各地区科研和转化效率情况，并将转化效率分解，研究造成省际效率差距的原因。

一、模型描述

目前测算生产效率的方法主要分为两大类：参数方法和非参数方法。参数方法以随机前沿分析（SFA）为代表，沿袭了传统的生产函数估计思想，首先根据需要确定或构造具体的生产函数形式，然后采用适当的方法估计位于生产前沿上函数的参数，进而完成效率测算工作（Aigner D. J.和 Chu D. S.，1968；William H. Greene，1982）。由于参数方法的函数形式需要事先假定，其合理性和有效性均需要检验，以数据包络分析（DEA）方法为代表的非参数估计方法摒弃了具体的函数形式，通过所观测的大量实际生产点数据，基于一定的生产有效性标准找出位于生产前沿包络面上的相对有效点（Charnes A.、Cooper W. W.和 Rhodes E.，1978）。

随着理论与方法研究的逐步深入，效率测算的参数和非参数方法在我国创新效率实证领域得到了广泛的应用。高琦和苏涛永（2012）利用随机前沿生产函数考察了 2004~2007 年华东地区 6 省 1 市高校知识产权的转化效率，发现上海和江苏两地的高校知识产权转化效率涨幅居首，但总体效率不高，需要提高知识转化效率。张明喜（2013）采用数据包络分析方法测算了 2010 年我国 30 个省份的科技成果转化效率，认为西部地区综合转化效率低于东部和中部地区，建议结合各地区实际情况制定科技成果转化政策。陈伟等（2011）构建了基于 DEA 和 TOPSIS 的评价模型，对我国 30 个省份高技术产业知识产权运营效率进行了实证分析，发现我国高技术产业知识产权运营效率偏低，区域知识产权运营效率与地区经济情况不成绝对正比关系。顾群（2013）应用数据包络的方法，估计了我国 30 个省份高技术产业的创新效率，认为知识产权保护与创新效率之间呈倒“U”型关系，通过加强知识产权保护可以提高创新效率，如果力度已经足够，再继续加强知识产权保护会减弱对创新效率产生的积极影响。在上述研究中，创新投入到经济产出的过程均为单一的环节，技术专利或者作为初始投入或者作为最终产出影响创新效率，都会存在高估或低估创新效率的问题。因此，一些学者在单一创新环节研究的基础上，将创新过程分解为两到三个阶段，分别测算效率。郭淡泊等（2012）运用 DEA-Tobit 两步法测度了全球 39 个国家和地区 1995~2008 年的创新技术效率和经济效率，认为发达国家创新体系的效率高于发展中国家，我国创新体系的经济效率低于技术效率。官建成和何颖（2009）运用 DEA 方法测算我国和 20 个 OECD 国家在创新三阶段的效率差距，发现中国的研发效率正在赶超 OECD 国家，而转化效率远远低于 OECD 国家的平均水平。余永泽等（2010）利用松弛变量的 DEA 模型测算了高技术产业 13 个细分行业的创新效率，发现医药行业技术效率相对较高，电子元件和化学药品制造业技术效率相对较低；相反，电子设备制造业成果转化效率较高，医药行业的转化效率较低。借鉴已有的研究成果，本章以技术专利的取得为节点，将创新投入到经济产出的过程划分为科研创新和成果转化两个阶段，采用两阶段的数据包络分析方法，测算全国各省份的科技研发效率和成果转化效率，比较各省份两阶段的转化效率差距。

DEA 模型是基于一系列实际的生产投入—产出数据，在效率测量值（投入/产出比）必须小于或等于 1 的约束条件下，用线性规划方法求解使得生产者效率最大化地投入、产出权重，具体形式如下：

$$\max_{u,v} = (u' \cdot q_i / v' \cdot x_i)$$

$$\text{s.t.}\begin{cases} v' \cdot x_i = 1 \\ u' \cdot q_i - v' \cdot x_i \leqslant 0 \qquad (i = 1,\ 2,\ \cdots,\ l) \\ u,\ v \geqslant 0 \end{cases} \tag{6-1}$$

其中，列向量 x_i 和 q_i 分别表示生产的投入与产出，u 和 v 分别表示产出和投入的权属向量，在线性规划中施加约束条件 $v' \cdot x_i = 1$ 是为了获得唯一的可行解。本文利用线性规划的对偶性，采用如下等价包络模型求解第 i 个省份的创新效率值：

$$\min_{q} \lambda\theta$$

$$\text{s.t.}\begin{cases} -q_i + Q\lambda \geqslant 0 \\ \theta x_i - X\lambda \geqslant 0 \\ \lambda \geqslant 0 \end{cases} \tag{6-2}$$

其中，Q 和 X 分别表示所有 I 个省份的产出矩阵和投入矩阵。θ 为标量，是第 i 个省份创新的效率值，满足 $\theta \leqslant 1$ 的条件，反映该省份的投入—产出效率与其他观测省份之间的相对水平。如果某个体测算的效率为 1，并不说明该个体的全部投入都转化为了产出，而是说明该省份位于所有观测个体的前沿面上，创新效率相对较高。测算的效率值越高，说明个体的转化效率相对越高。

进一步，模型在规模收益可变（VRS）假设下，将各阶段的转化效率分解为规模效率（SE）和纯技术效率（VRS TE）。规模收益可变假设由 Fare，Grosskopf 和 Logan

（1983）在规模收益不变 DEA 模型的基础上提出，放松了个体在最优规模下运营的前提，认为创新效率的提高来自规模优化和纯技术进步两个途径。三种效率在数值上存在以下关系：

$$TE_{CRS} = TE_{VRS} \times SE \tag{6-3}$$

二、阶段划分

在科技创新的价值链中，技术专利将创新投入到经济产出的过程划分为科技创新获得技术专利和专利成果转化两个阶段。第一阶段为科技研发阶段，科研机构、高等学校和工业企业为科技创新投入人力和财力，进行科技研发，得到以技术专利为代表的科技成果，即第一阶段的产出；第二阶段为科技成果的转化阶段，各类结构拥有的专利技术等科技成果作为转化阶段的投入要素，经过孵化和市场化过程转化为经济收益，具体的转化形式可以包括利用专利技术生产新产品获得更大的市场份额，通过技术转让获取经济收益和进行相关技术咨询获得服务费用等（见图 6-4）。

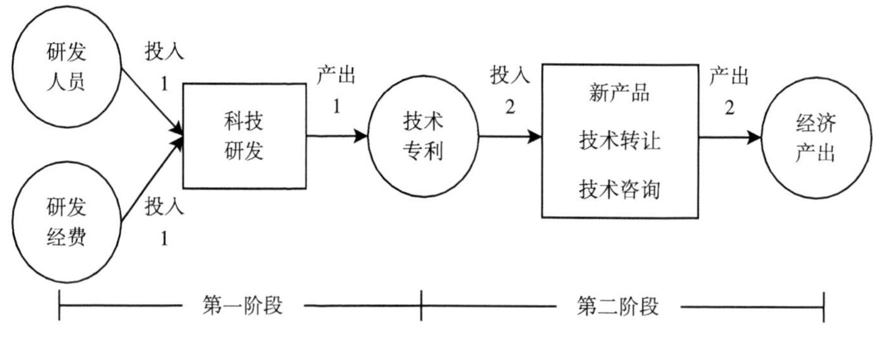

图 6-4 创新投入转化为经济产出的两个阶段

创新投入转化为经济产出的两个阶段有不同的投入和产出内涵，效率的表现形式也不同。第一阶段的效率是各省份组织技术创新从研发人员和经费投入到技术专利的研发效率，反映了地区利用资源进行创新的能力；第二阶段的效率指各省技术专利和其他科研成果从“实验室”走向市场获得经济收益的效率，反映各省专利成果实现社会经济价值的能力。参考余永泽等（2010）的研究成果，本章构建了各省份“科技研发—成果转化”效率矩阵如图 6-5 所示，并根据效率水平在两个维度的高低，将效率矩阵划分为四个区域，以四种效率组合命名，代表各省创新投入—经济产出两阶段过程中的效率状态。

三、指标选择与数据来源

科技研发阶段，研发资源是其主要投入，在创新过程中起着关键作用。一般地，投入的研发资源包括两个方面，即投入的财力和人力。本节选取“研发经费支出”反映创新的财力投入，该经费是为满足规模以上工业企业、高等学校和科研机构，在基础研

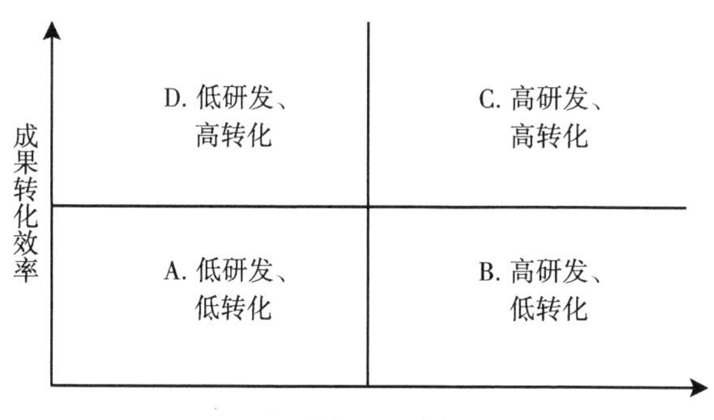

图 6-5　科技研发—成果转化效率矩阵

究、应用研究和试验发展过程中的劳务报酬、原材料补给和设备、厂房等固定资产购置需要而产生的支出；选取“研发活动人员全时当量”反映创新的人力投入，与科技从业人员指标不同，研发人员全时当量反映了研发人员参与科研工作的实际人力工作量，刨去了可能出现的行政工作量，更能反映实际投入水平。

科技研发阶段的主要产出，是以技术专利和发表论文数为代表的各类研发成果。其中，技术专利是衡量一国或地区技术创新活动产出的重要工具。地区在一定时期内通过技术创新在发明、外观和实用等方面获得了突破，经专利审定部门审查，赋予各项技术创新成果受法律保护的权力，即获得技术专利。技术专利数较多，反映该地区获得的创新成果越多，技术创新阶段的产出也越多。本节选择各省份“专利申请授权量”，作为衡量该省拥有的有效技术专利数的指标。另外，为了反映科技创新中的基础研究成果，这里还选取了“国外主要检索工具收录我国科技论文数”指标作为科技创新的另一项产出。

成果转化阶段的投入是上一阶段的产出，体现了科技创新过程的连续性。经过孵化和市场化，技术成果转化为能够直接获得经济收益的新产品和服务。这里选择一系列新产品和服务的销售收入作为成果转化阶段的产出。我们选择“技术交易额”反映专利拥有者转让技术专利获得的收益，选择规模以上工业企业的“新产品销售收入”反映工业企业利用技术专利生产新产品获得的经济收入。

表 6-1　两阶段创新效率测算指标体系

科技研发阶段投入	科技研发阶段产出/技术成果转化阶段投入	技术成果转化阶段产出
研发经费支出	专利申请授权量	技术交易额
研发活动人员全时当量	国外主要检索工具收录我国科技论文数	规模以上工业企业新产品销售收入

以上指标涉及的数据均来自《中国科技统计年鉴》和《中国统计年鉴》中的各省份相关数据表。由于西藏自治区的部分数据缺失，本次仅测算除西藏、我国香港地区和澳门地区以外的全国其他 30 个省份在 1997 年、2001 年、2006 年、2011 年和 2012 年的两阶段效率水平。

四、测算结果与分析

（一）全国各省的创新两阶段转化效率

运用 DEAP2.1 软件包，本章测算了各省科技研发效率和成果转化效率。根据两阶段效率绘制的散点图落在图 6-6 所示的矩阵图中。根据图 6-5 的描述，坐标横轴和纵轴效率值为 0.5 的网格线将坐标划分为 4 个区域，分别代表科技研发效率和成果转化效率高低的不同组合。

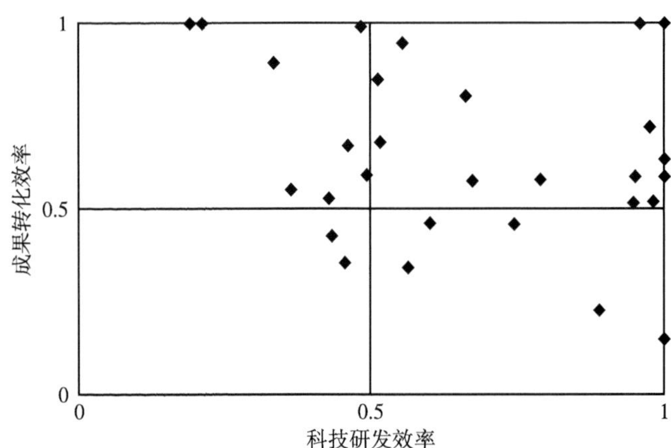

图 6-6　2012 年我国各省科技研发—成果转化效率矩阵

矩阵左下区域为（低研发，低转化）区，2012 年，仅有河南和新疆两省份的研发效率和转化效率均未达到 0.5，落在该区域中；矩阵右下方区域为（高研发，低转化）区，落在该区域的黑龙江省、安徽省、四川省、贵州省和云南省虽然科技研发效率高于 0.5，但成果转化效率较低，尤其是黑龙江省，其研发效率为 1，位于全国生产前沿，但成果转化效率仅为 0.146，落在该区域的右侧边界上；矩阵左上方区域为（低研发，高转化）区域，共有 9 个省份落在该区域中，这些省份的转化效率较高，内蒙古、广东、青海和宁夏达到或接近了全国生产前沿水平，但研发效率均不足 0.5。除上述省份外，全国一半的省份落在右上方的（高研发，高转化）区域，说明 2012 年全国有一半省份的创新投入能比较有效地转化为技术专利等成果，技术成果也能比较有效地市场化获得经济收益。值得注意的是，虽然这些省份的两阶段效率超过了 0.5，但大多集中在 0.6~0.7 的水平，仅有北京市和吉林省的研发和转化效率均达到或接近 1，与其他省份相比更为有效地实现了创新投入到经济产出的转化。

1997 年、2001 年、2006 年和 2011 年各省份的创新两阶段效率结果显示，我国的科技创新经历了由“重研发、轻转化”到“研发、转化并重”的演进。1997 年大部分省份的效率点聚集在矩阵的中心位置，分布在中心偏下，说明大部分省份的科技研发效率和转化效率集中在 0.5 左右，且成果转化效率更低。

随着时间推移，各省份散点向矩阵的右侧移动。由图 6-7 可以看出，1997 年有 17 个省份落在右半矩阵，2001 年增加到 20 个，2006 年达到 23 个，2011 年为 22 个，说明 1997 年以来，我国大部分省份的科技研发能力都在提高，这与以往研究的结论相符。20 世纪 90 年代末以来，我国各省份创新资源投入力度不断加大，特别是 2006 年出台《国家中长期科学和技术发展规划纲要 2006~2020》总体部署后，国家创新体系建设成为新时期科技体制改革的目标，技术创新、知识创新、国防科技创新、区域创新、科技中介服务等相互促进、充满活力。2008 年国务院颁布了《国家知识产权战略纲要》，以完善确认技术成果归属的产权制度为重点，调动了市场主体和全社会的创新热情。这些都促使全国各省高效利用创新资源进行科技创新，积极申请技术专利以期在未来市场竞争中占据优势。

与科技研发效率提高的进程相比，技术成果的转化效率提高相对滞后。1997~2006 年的矩阵图中（如图 6-7 所示），各省份散点分布的重心几乎没有向上移动。1997 年成果转化效率高于 0.5 的省份有 13 个，2001 年为 16 个，2006 年为 15 个，直到 2011 年才开始有 25 个省份进入效率矩阵的上半区域，说明我国各省份都经历了科技研发优先而成果转化相对落后的阶段。出现这一问题的原因主要归结为两个方面：一是科研体制因素，我国高等院校和科研院所的科研活动仍以传统模式为主，即通过申请、立项和拨款后进行研究，容易过度追求技术领域前沿而忽视成果应用，这使得科研成果与企业和市场的需求距离较大，难以真正实现转化。另外，高校教师和科研人员以论文和纵向成果

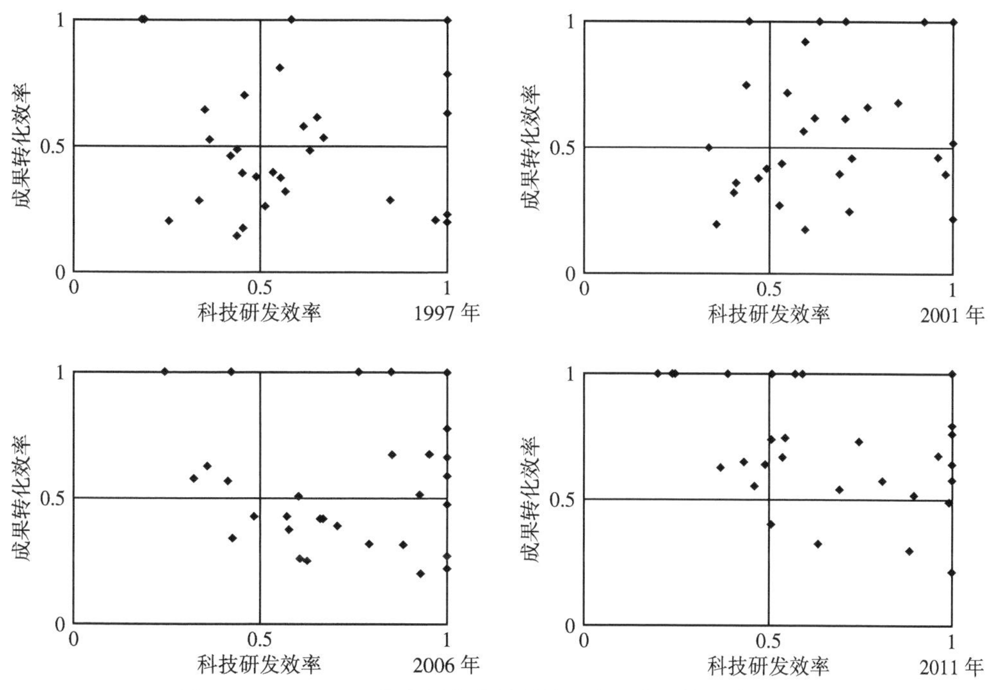

图 6-7　1997~2011 年我国各省份科技研发—成果转化效率矩阵

作为考核评价体系，科技奖励也主要以论文和专利获得作为标准，研究人员缺乏进行科研成果转化的动力。二是资本因素，科技成果的转化具有高收益、高风险的特点，需要大量资金支持科技成果从孵化到进入市场再到实现产业化的过程。虽然转化成功后投资者会获得高额回报，但一旦失败，之前的投资业将全部损失，普通银行一般不愿向这类高风险项目贷款。在我国风险资本市场未发展完善的时期，科技成果的转化难以获得大量资金支持，不少技术专利止步于实验室，无法进入市场，造成了科研成果的“浪费”。随着我国近几年科技体制改革的不断深入和金融体系的逐渐完善，这一现象逐渐得到改善，各省份科技成果转化效率均有所提高，尤其是内蒙古和广东，其转化效率由 1997 年的 0.39 和 0.19 逐步提高到 2011 年和 2012 年的 1，成为全国成果转化前沿面。

各省份科技研发和成果转化效率差距较大。一方面，这种差距体现在不同省份在同一创新阶段的效率水平上。如图 6-8 所示，自 1997 年以来，北京市的科技研发效率和成果转化效率均一直为 1，其研发和成果转化均位于全国的前沿水平；吉林和浙江的科技研发效率一直为 1，位于全国研发阶段前沿位置；天津市的科技成果转化效率一直为 1，位于全国科技成果转化前沿位置。青海和宁夏的科技研发效率一直在 0.2 左右，几乎没有提高；辽宁、黑龙江和新疆的科技成果转化效率也几乎一直低于 0.5。同一创新阶段中，不同省份间较大的效率差距，反映了我国目前的创新过程仍存在比较明显的地域差异，高校和研究机构较多、科技人才聚集的地区科研水平明显高于其他省份，技术交易市场和高技术产业较发达的地区成果转化水平也较高。可以认为创新资源的地区性集聚是造成我国目前创新效率地区差异显著的原因，而成果交易市场的发达与否又进一步扩大了这种差距。

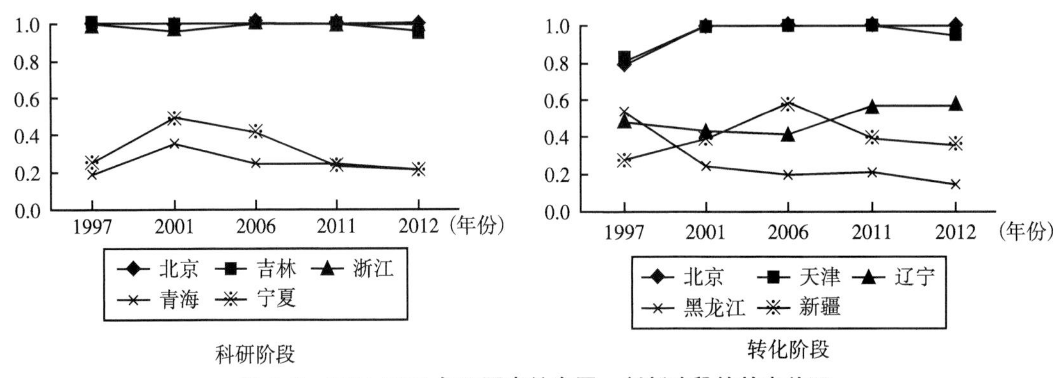

图 6-8 1997~2012 年不同省份在同一创新阶段的效率差距

另一方面，这种效率差距体现在同一省份的不同创新阶段。①两阶段效率差距随时间推移逐渐扩大。例如，内蒙古和宁夏在 1997 年的科研效率和成果转化效率差距不大，均在 0.5 以下的较低水平，随着时间的推移两区转化效率逐渐提高而研发效率不变甚至降低，到 2012 年，成果转化效率达到 1 而科研效率仅为不到 0.2，两阶段效率差达到 0.8 以上；黑龙江在 1997 年两阶段效率差距不到 0.1，之后该省科研效率逐渐提高而成果转化效率逐渐降低，到 2012 年，科研效率达到 1 而成果转化效率不足 0.15，两阶段效率差距扩大到 0.85（如图 6-9（a）所示）。②两阶段效率差距随时间推移有所减小。浙江省科研效率一直较高，而成果转化效率由 1997 年的 0.23 逐渐提高到 2012 年的 0.63，两阶段的效率差距减少为 0.4；广东省 1997 年的科研效率较高而成果转化效率较低，两者差距达 0.8 以上，之后该省科研效率逐渐降低到 0.48，而转化效率提高到 1，两者之间的差距缩小到 0.5；重庆市 1997 年的科研效率较低而转化效率较高，两阶段效率差达 0.82，之后重庆市逐渐注重科研创新能力的提高，到 2012 年科研效率达到 1 而成果转化效率下降到 0.52，两者差异缩小到 0.48（如图 6-9（b）所示）。随着时间的推移，无论两阶段的效率差距是扩大还是缩小，都反映出该省份的创新发展的不均衡。研发效率较高而成果转化效率低下，意味着技术专利等成果无法转化为经济收益，是创新成果的浪费，创新投入向经济产出的转化效率会被较弱的成果转化能力拉低；成果转化效率较高而研发效率低下，意味着创新活力和动力的不足，创新整体过程的效率会因为无法高效获得技术专利等成果而逐渐降低。

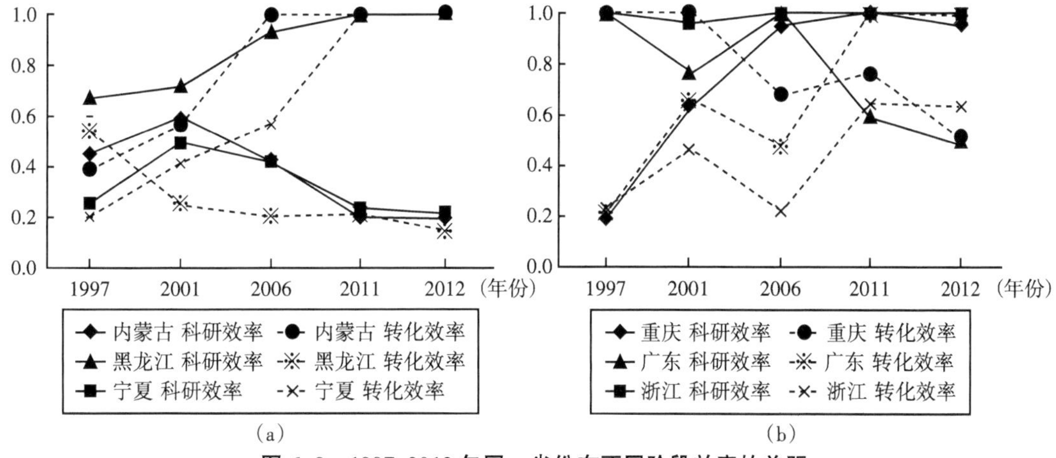

图 6-9 1997~2012 年同一省份在不同阶段效率的差距

根据以上分析，在创新的两个阶段我国各省间效率差异较大，在同一省份的不同创新阶段效率差异也较大，具体的原因需要对各省份、各创新阶段效率进行进一步的分解和分析。

（二）各省份科技研发阶段的效率分解

本章进一步将效率（CRS TE）分解为纯技术效率（VRS TE）和规模效率（SE），研究科技研发阶段各省份的效率差异性应归因于研发的纯技术因素还是规模因素。

如图 6-10 所示，2012 年，北京、吉林、上海、江苏、浙江等 9 个省份的科研阶段效率接近或达到 1。在效率较低的省份中，仅有海南、青海和宁夏的规模效率低于纯技术效率且不足 0.5，其他大部分省份的规模效率都超过 0.8。说明只有个别省份是因为现有科研规模与最优规模差距较大影响了创新阶段获取技术专利等成果的效率，而大部分省份的研发效率较低则归因于纯技术因素。提高科技研发能力，是大部分省份在既定创新投入水平下提高效率获得更多技术成果的关键。另外，知识产权制度中的缺陷也是导致科研效率较低的纯技术因素。以我国专利的时效性为例，在我国现行法律中，从专利申请到批复一般至少需要一年的时间，而申报发明专利的时间则可能长达四五年。高技术产品的生命周期短、更新速度快，市场机会稍纵即逝，企业往往一边申请专利一边组织生产甚至投入市场，由于没有专利的保护，企业的创新产品很容易被仿造。

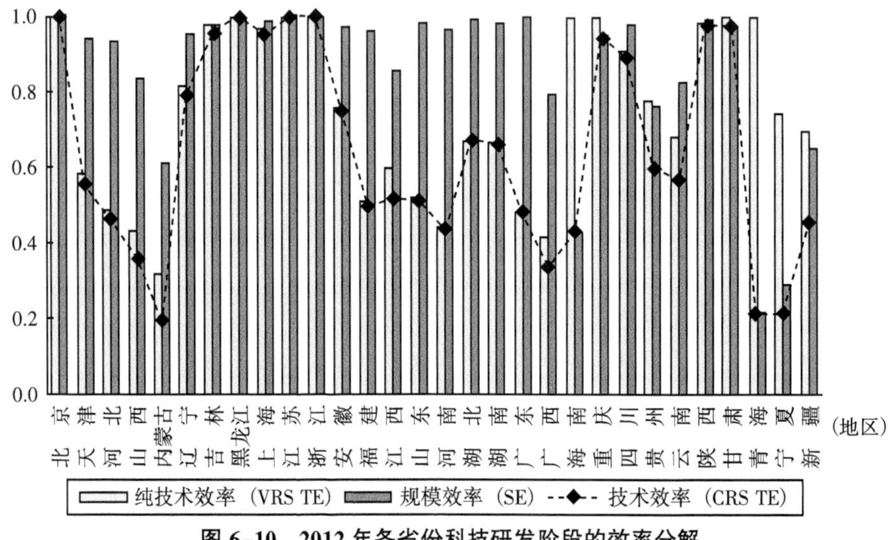

图 6-10　2012 年各省份科技研发阶段的效率分解

1997 年以来各省研发效率较低的主导因素一直都是研发的纯技术水平。如图 6-11

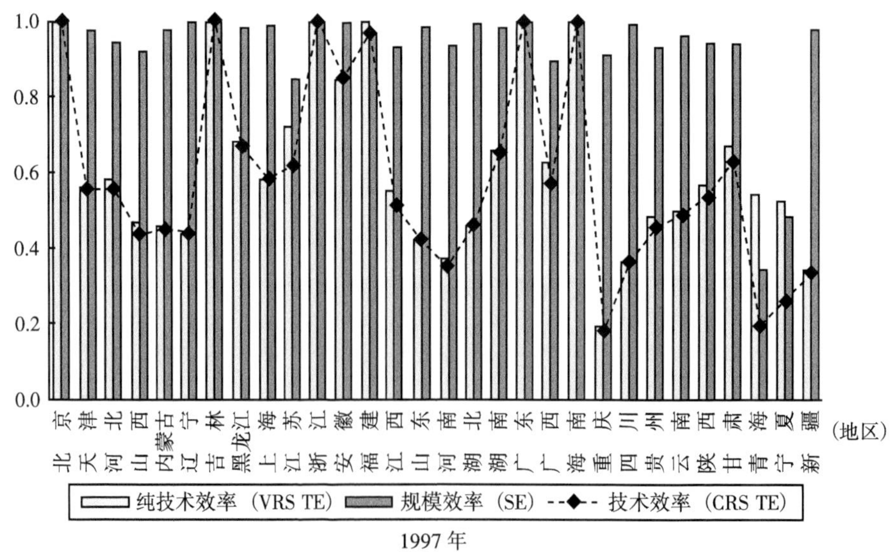

图 6-11　1997~2011 年各省份研发效率分解

所示，除个别省份外，各省的研发规模效率一直较高，且不断接近最优规模，研发效率被纯技术效率水平拉低。

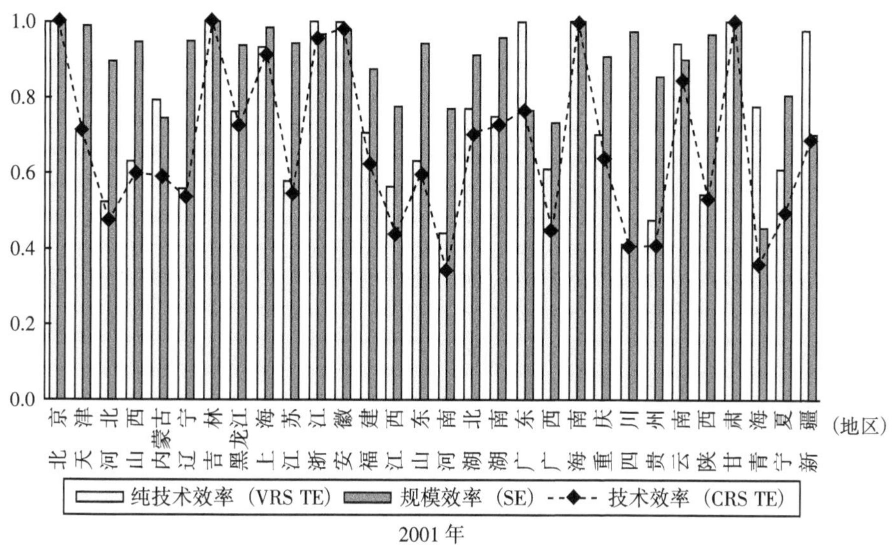

图 6-11　1997~2011 年各省份研发效率分解（续图）

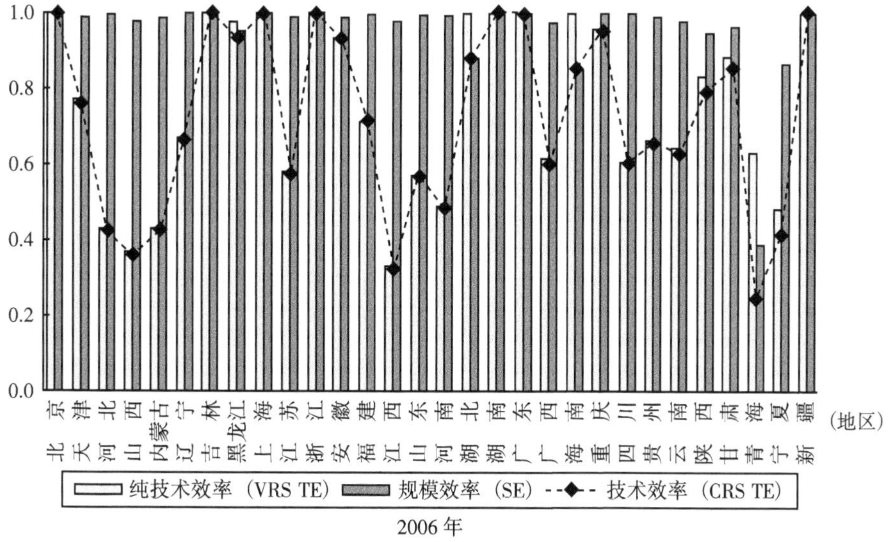

图 6-11　1997~2011 年各省份研发效率分解（续图）

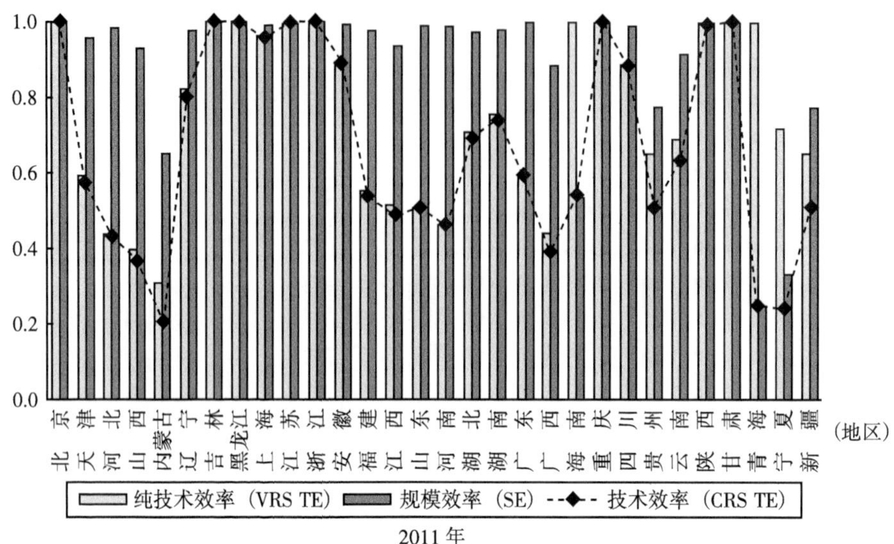

图 6-11　1997~2011 年各省份研发效率分解（续图）

（三）各省份成果转化阶段的效率分解

与科技研发阶段类似，各省份成果转化效率差距的主要原因也是纯技术因素。如图6-12 所示，2012 年，北京、内蒙古、吉林、青海和宁夏五省份的转化效率为 1。在转化效率较低的省份中，大部分省份的规模效率远高于纯技术效率，以黑龙江为例，其成果转化的规模效率为 0.996，接近最优规模水平，而纯技术效率只有 0.147，大幅拉低了技术成果转化为经济收益的效率。这说明，突破技术成果转化的体制机制障碍，为技术专利等成果转化提供良好的市场环境和资金支持，提高高校和科研机构的成果孵化能力是这些省份提高成果转化效率的必要条件。值得注意的是，2012 年上海和江苏的科技成

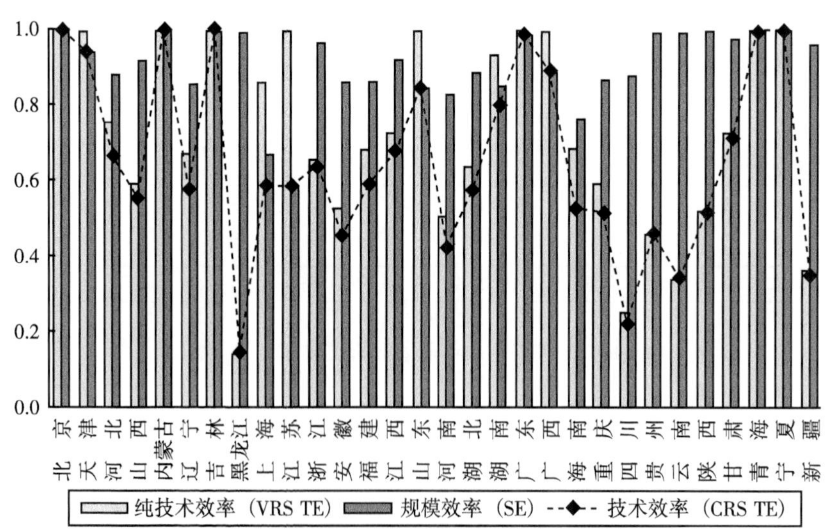

图 6-12　2012 年各省份技术成果转化效率分解

果转化效率较低并不能归因于纯技术效率，而是由于实际转化规模离最优规模差距较大，且二者均处于规模报酬递减阶段。对于上海和江苏等创新氛围浓厚、科技和经济水平发达的省市来说，科技成果转化为市场能够接受的经济产出并不受技术水平的约束，比较发达的风险资本市场和强有力的政府资金支持也为技术成果孵化提供了较好的外部环境。其成果转化效率仅为全国平均水平，而无法达到转化前沿的主要原因是科技成果转化的规模过大，超过最优规模，进入了规模报酬递减的阶段，有相当一部分成果转化的投入无法获得应有的经济收益，导致了转化效率的降低。

因此，在全国范围内提高技术专利等创新成果转化能力，需要考虑地区的异质性。对于由纯技术效率引起的转化效率较低，应着力于提高转化技术、优化成果转化的管理和组织环境；对于由规模引起的转化效率降低，应从缩小或扩大成果转化规模着手，提高规模报酬，从而达到较高的成果转化水平。

随时间的推移，规模因素对各省创新成果转化效率差异的影响逐渐减弱，纯技术因素成为主导因素。如图 6-13 所示，1997 年，很多省份因为规模效率较低而拉低了成果转化效率，江苏、辽宁、山东、广东、宁夏等省份的成果转化纯技术效率较高甚至达到 1，而规模效率低于 0.5，最终导致综合转化效率较低。在这些规模效率较低的省份中，只有宁夏是因为成果转化规模较小，仍处于规模报酬递增阶段，需要继续扩大规模从而接近最优转化规模，其他省份的转化规模均超过最优规模，进入了规模报酬递减阶段。这说明 20 世纪 90 年代就存在科技成果转化规模过大，导致转化效率低下的问题，而且在经济较发达、创新较活跃的地区尤其突出。由于创新成果难以得到转化，创新者的研发动力减弱，转化阶段的成果投入自然减少，再加上管理部门的调节，很多省份的转化规模逐渐缩小到最优规模，规模效率随之提高，受规模因素影响的省份越来越少。到 2011 年和 2012 年，只有江苏省和上海市的转化效率受规模因素影响较大。与规模因素

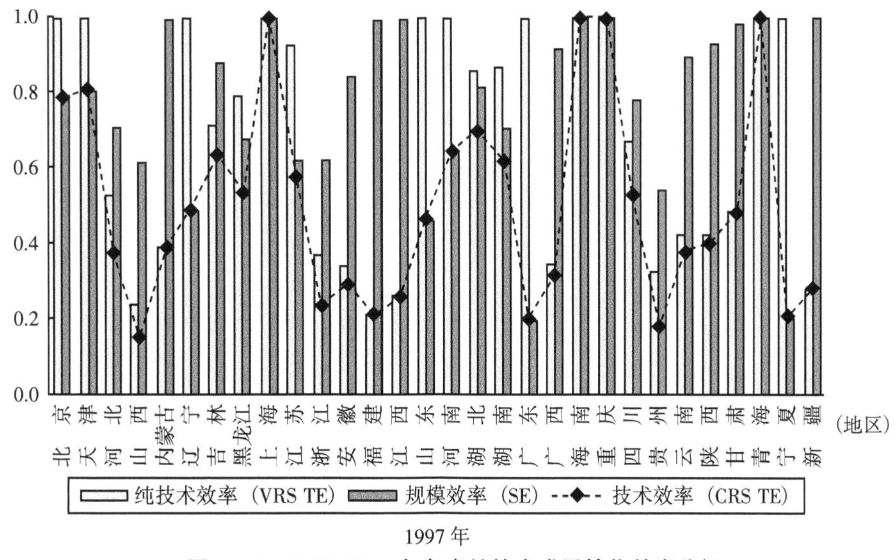

图 6-13　1997~2011 年各省份技术成果转化效率分解

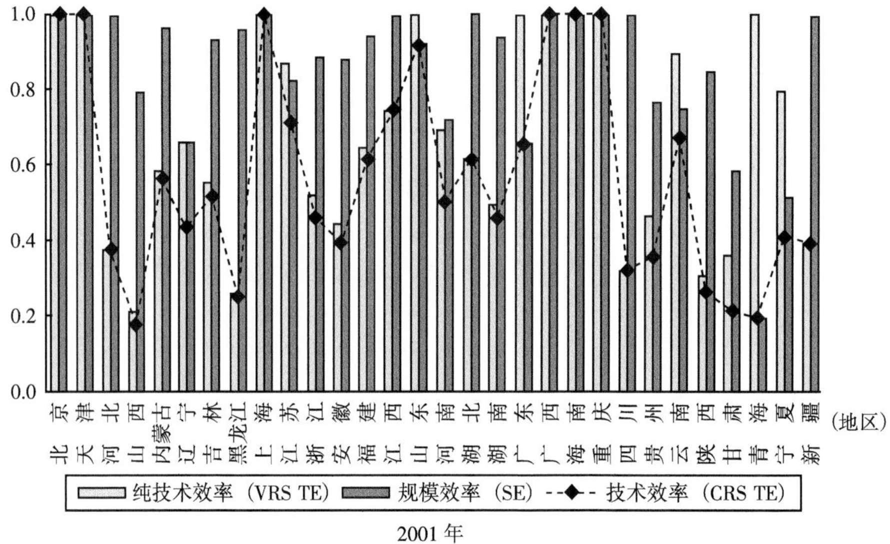

2001 年

图 6-13　1997~2011 年各省份技术成果转化效率分解（续图）

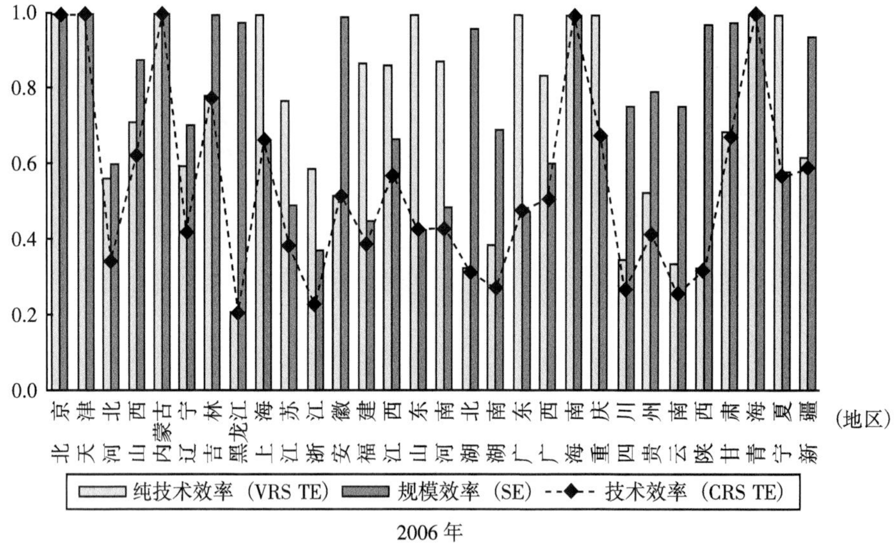

2006 年

图 6-13　1997~2011 年各省份技术成果转化效率分解（续图）

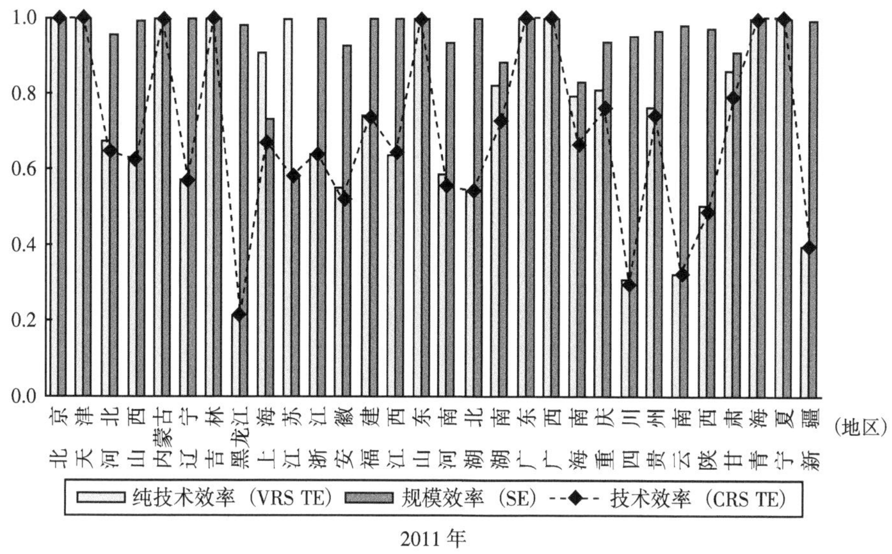

图 6-13　1997~2011 年各省份技术成果转化效率分解（续图）

不同，纯技术因素多年来一直是很多省份成果转化效率低下的主要原因。以黑龙江、四川、陕西等省份为例，自 2001 年开始，其规模效率一直较高甚至接近全国前沿水平，但因为纯技术效率一直徘徊在 0.2 左右，导致成果转化阶段的总和效率一直低于 0.5。这从一个侧面说明，变革阻碍创新成果转化的体制和机制、解决成果孵化需要的资金问题等纯技术因素比调整成果转化规模要艰难得多，需要付出更多的努力和时间。

第三节　结论和政策建议

经过以上分阶段、分类型和分时期的效率测度，我们发现近几年我国各省份创新投入向经济产出转化的效率差异较大。各省份在同一创新阶段较大的效率差距，反映出创新资源和科研成果在地区分布上的集聚性和不平衡性，特定省/市/区在不同创新阶段的效率差距，反映了各省份科研创新过程的不均衡。为分析两阶段创新效率存在差距的原因，本章分别分解了两阶段的创新效率，发现纯技术因素和规模因素都曾经或正在影响当地创新投入转化为经济产出的效率提高。相比而言，纯技术因素是目前创新两阶段效率不高的主导原因。在创新研发阶段，纯技术因素反映了科研过程中的组织管理水平和技术研发水平；在技术成果转化阶段，纯技术因素除了包括成果孵化过程中的技术水平，还包括支持成果市场化的体制机制因素和外部资金支持因素。这些因素应该是未来提高创新效率的改革抓手和重点领域。值得注意的是，在一些经济较发达、科技创新活力较高的省份存在创新规模过大、规模报酬下降的问题。在全国创新资源既定的前提下，资源配置的地区集聚和流动性差也是目前省份际创新效率两极分化的重要原因。基于以上分析，我们提出以下政策建议：

（1）发挥科技创新强省份对其他省份的辐射带动作用。北京、上海、江苏是全国高校和科研机构较多的省份，其科技创新能力和经济发展水平也较高。应充分发挥这些省份的创新溢出作用，通过加强省份际的产学研合作，形成知识和技术良好沟通的渠道，带动其他省份提高科技创新能力，从而提高科研创新阶段的效率。

（2）充分认识各地区创新效率差异的原因，结合本地的经济基础和产业特点，提高各阶段的创新效率。对于经济基础较好的地区，改革的重点应在知识产权项目审批的机制和专利的激励机制上。通过提高专利审批的时效性等措施，激励企业进行创新、把握市场机会、实现经济效益，在宏观上提高创新效率。对于中西部地区，应重点关注创新资源投入不足的问题，逐步树立和增强知识产权战略意识，结合本地的产业特色集中资源进行创新，从而提高创新效率。

（3）加快形成多层次多渠道的资本市场体系，突出政策性银行和政府出资的风险投资机构的作用，引导资金进入科技创新领域，为科研成果的转化提供资金支持。

参考文献

[1] Aigner D. J., Chu D. S.. On Estimating the Industry Production Function. American Economic Review, 1968 (58).

[2] William H., Greene. Maximum Likelihood Estimation of Stochastic Frontier Production Model. Journal of Econometrics, 1982, 18.

[3] Charnes A., Cooper W. W., Rhodes E.. Measuring the Efficiency of Decision Making Units. European Journal of Operational Research, 1978 (2).

[4] Fare R., Grosskopf S., Logan J.. The Relative Efficiency of Illinois Electric Utilities. Resource and Energy, 1983 (5): 349-367.

[5] Timothy J., Coelli D. S.. Prasada Rao, Christopher J. O'Donnel, George E. Battese. An Introduction to Efficiency and Productivity Analysis, 2002: 173-175.

[6] Maskus K. E.. Intellectual Property Rights and Economic Development, Case Western Reserve Journal of International Law. Special Supplement, 2000, 32 (2): 471-506.

[7] 赵彦云、刘思明：《中国专利对经济增长方式影响的实证研究：1988~2008》，《数量经济与技术经济研究》，2011 年第 4 期。

[8] 阳立高、贺正楚、柒江艺、韩峰：《发展中国家知识产权保护、人力资本与经济增长》，《中国软科学》，2013 年第 11 期。

[9] 鞠树成：《中国专利产出与经济增长关系的实证研究》，《科学管理研究》，2005 年第 10 期。

[10] 张优智、党兴华：《专利产出与经济增长的协整关系研究》，《科学管理研究》，2013 年第 11 期。

[11] 李达：《基于专利产出的知识产权与经济增长关系的实证研究》，天津大学硕士毕业论文，2009 年。

[12] 张英：《专利与经济增长：基于中国省际面板的实证研究》，山东大学博士毕业论文，2013 年。

[13] 彭福扬、彭民安、李丽纯：《知识产权保护、技术创新与经济增长方式转变》，《科技进步与对策》，2012 年第 12 期。

[14] 包海波、徐竹青：《专利与技术创新、经济增长的互动关系——浙江专利战略的围观机制研

究》，《中共浙江党校学报》，2005 年第 5 期。

[15] 顾群、翟淑萍：《高技术产业知识产权保护、金融发展与创新效率——基于省级面板数据的研究》，《软科学》，2013 年第 7 期。

[16] 杨晨、张涛：《基于价值的企业知识产权创新研究》，《科学管理研究》，2007 年第 2 期。

[17] 申小刚：《企业技术创新效率和知识产权保护关系研究》，《Scientific Research》，2010 年。

[18] 高琦、苏涛永：《基于 SFA 的高校知识产权转化效率测度》，《Scientific Research》，2012 年。

[19] 张明喜、郭戎：《从科技成果转化率到转化效率——指标体系设计与实证分析》，《软科学》，2013 年第 12 期。

[20] 陈伟、康鑫、冯志军：《区域高技术产业知识产权运营效率研究——基于 DEA 和 TOPSIS 模型的实证分析》，《科学学与科学技术管理》，2011 年第 11 期。

[21] 郭淡泊、雷家骕、张俊芳、彭勃：《国家创新体系效率及影响因素研究——基于 DEA-Tobit 两步法的分析》，《清华大学学报》（哲学社会科学版），2012 年第 2 期。

[22] 官建成、何颖：《科学—技术—经济的联结与创新绩效的国际比较研究》，《管理科学学报》，2009 年第 5 期。

[23] 余永泽、武鹏、林建兵：《价值链视角下的我国高技术产业细分行业研发效率研究》，《科学学与科学技术管理》，2010 年第 5 期。

作 者：王宏伟 李 平 张 静

第七章 中国政府推动高技术产业化投资效果的实证研究

第一节 引 言

改革开放以来，中国科技事业取得了巨大成就，以载人航天、杂交水稻、绕月工程等为标志的一大批重大科技成就，极大地增强了中国的综合国力。但是，与发达国家相比，中国科学技术总体水平还较低，科技与经济脱节的问题十分突出，主要表现为：技术产业化率不高，高校、科研院所与企业缺乏对接，大量科技成果束之高阁，不仅未能及时有效地转化为社会生产力，而且造成了严重的科技资源浪费。据统计，中国高校、科研院所的科技成果转化率大约在20%~30%，真正实现产业化的成果不足5%，与发达国家70%~80%的转化率和20%~30%的产业化率相去甚远（钱锋，2011）。因此，高技术产业化越来越成为制约中国经济发展方式转变和由经济大国向经济强国转变的主要“瓶颈”。

高技术产业化是指从高技术产品或工艺的研究与开发（以下简称R&D）到通过技术创新实现商业化应用，通过技术扩散实现规模化生产的全过程（綦良群，2005）。高技术产业化从R&D到最终成果商业化需要较长时间，同时投资巨大，企业需要承担很高的风险，因此，高技术产业化成为困扰各国政府的普遍性难题（Svensson，2007）。为了克服这一难题，世界各国采取了不同战略（Botazzi等，2004；Braunerhjelm，1998）。从发达国家经验来看，高技术产业化大致有两种典型模式：一种是自下而上的模式（Bottom-up Approach），也被称为美国模式，即将知识产权的所有权从公共资助部门转移到高校科研院所、企业或发明者，同时，凭借国家成熟的金融体系，尤其是风险投资基金来推动高技术产业化（Gompers和Lerner，2001）；另一种是自上而下的模式（Top-down Approach），也称为瑞典模式，即主要依靠国家财政支持或贷款给高校科研院所或高技术企业来推动高技术产业化（Goldfarb和Henrekson，2003），多数欧洲国家采取这种模式。作为发展中国家，中国与发达国家在要素禀赋结构和金融市场成熟程度方面存在较大差距，因此，更需要国家出面利用其高信用，以少量的资金来引导大量的民间资本投向高技术产业化，这也为中国高技术产业化赋予了政府推动的特征。[①]

"九五"末期，为推动社会生产力跨越式发展，国家发展和改革委员会（以下简称"国家发改委"）开始组织高技术产业化工作，积极探索符合中国国情的高技术产业化模式。"十五"时期是中国高技术产业化全面推进的五年，按照中央、国务院关于加强技术创新，发展高技术，实现产业化的总体部署，国家发改委一共组织实施了 30 个重大产业化专项，1544 项高技术产业化示范工程项目，涵盖信息、生物、新材料、航空航天等九大领域，累计完成项目总投资 1210 亿元，其中国家安排引导资金 110 亿元。那么，究竟中国这种由政府推动的高技术产业化专项投资对企业 R&D 环节产生了怎样的影响呢？专项投资是否真正促进了科研成果商业化和规模化，是否通过实现高技术产业化最终提升了企业技术水平和竞争力？这些问题的答案，对于中国"十二五"时期有效实施高技术产业化工作，促进战略性新兴产业发展，乃至建设创新型国家都具有非常重要的政策含义。

目前已有文献实证研究了中国政府资助 R&D 的效果（Hu，2001；朱平芳等，2003；解维敏等，2009），但是还未发现政府资助高技术产业化效果的实证文献。仅有一些文献就政府在高技术产业化中的作用进行了初步探讨，观点并不一致。鉴于目前中国高技术产业发展所面临的宏观环境，以及高技术产业化过程中存在着信息不对称、风险性和外部性等问题，中国科学院院士何祚庥主张高技术产业化应由政府主导（黄霞，2012）。然而，钱锋（2011）认为科技管理制度不健全是影响高技术产业化的深层次原因，推动高技术产业化必须以市场为导向，不断深化科技体制改革。另外，也有文献对高技术产业化专项工作实施情况进行了较为全面的总结（中国国际工程咨询公司，2008），但并未进行详细且严谨的实证分析，因此，现有文献难以评估政府推动高技术产业化投资效果。有鉴于此，本章首次利用"十五"期间高技术产业化专项企业调查数据，综合考察政府推动高技术产业化专项的投资效果，并提出政府进一步推动高技术产业化的政策建议，以作为政府及相关决策部门的决策参考。

本章结构安排如下：第二节对现有文献进行综述，并提出本文的研究假设。第三节介绍"十五"期间中国政府实施高技术产业化专项背景，设定计量模型，并进行数据说明。第四节实证分析了专项投资对企业 R&D、科研成果商业化和规模化以及企业技术水平和竞争力的影响。第五节进一步分析高技术产业化投资来源和去向的影响。第六节是结论和政策建议。

---

① 中国政府不仅资助企业从技术研发到规模化生产的整个过程，而且资助从国内外引进技术或者扩大再生产的部分产业化过程。因此，中国高技术产业化与其他发达国家的高技术产业化模式有所不同。

第二节 文献综述

企业 R&D 活动及其商业化应用的“市场失灵”为政府推动高技术产业化提供了理论支持。由于资本市场的不完备和研发活动所具有的公共品特征，如果完全交给市场，为技术或信息的生产和应用而投入的资源就会表现不足，从而低于社会最佳水平，因此，政府有必要借助各种政策工具来支持技术研发活动及其商业化应用（Nelson，1959；Arrow，1962；Klette 等，2000；Hausmann 和 Rodrik，2005）。政府矫正 R&D 活动的“市场失灵”手段主要包括直接资助和间接资助两种，本章所关注的高技术专项投资即属于直接资助的一种形式。① 由于高技术产业化主要包括 R&D、科研成果商业化与规模化三个环节，因此我们主要关注政府资助与企业 R&D、科研成果商业化和规模化以及企业技术水平和竞争力关系三方面的文献。

一、政府推动高技术产业化投资能否有效促进企业 R&D 投入和努力

政府资助是鼓励了企业 R&D 投资（互补效应），还是挤出了企业 R&D 投资（替代效应），这成为了学术界关注的焦点。一类学者认为，政府资助促进了企业 R&D 投入。基于不同国家的数据，许多学者证实，公共 R&D 资助降低了企业的 R&D 成本和风险，促进了私人 R&D 投资（Mamuneas 和 Nadiri，1996；Klette 和 Moen；Czarnitzki 和 Fier，2001；Czarnitzki 和 Hussinger，2004；Duguet，2003；Koga，2005；Gonzalez 和 Pazo，2008；Guellec 和 Pottelsberghe，2000；Hall 和 Maffioli，2008）。另外，Hu（2001）、朱平芳等（2003）、许治等（2005）、解维敏等（2009）、肖丁丁等（2011）和杨德伟等（2011）利用中国数据也发现政府 R&D 资助促进了企业更大的 R&D 支出。熊维勤（2011）利用中国 14 个高技术行业 1995~2008 年的面板数据实证研究发现政府 R&D 补贴虽无助于提高 R&D 活动效率，但可以提高 R&D 投入规模。然而，另一类学者指出，政府的直接资助在一些国家或某些产业（行业）内部对企业 R&D 投入产生了挤出效应。例如，Nadiri（1980）、Levy（1990）、Wallsten（2000）等指出政府 R&D 投入对企业 R&D 投入在产业（行业）内部产生了挤出效应，削弱了企业的 R&D 能力。Garcia-Quevedo（2004）对 74 篇相关文献的列表法（Vote-counting）统计表明，51.35%的研究

① 政府对企业研发活动的支持方式可以分为直接与间接资助两种。直接资助主要包括政府专项投资、政府采购、研发补贴和政府高技术 R&D 机构向企业转让高技术 R&D 成果；间接资助主要为税收政策，包括税收减免、延期纳税和加速折旧等。在政府直接资助方面，除以上所述的常见形式外，在中国还有一种重要的扶持企业创新的渠道，即激励企业参与国家科技计划，其中包括本章所关注的高技术专项投资项目。

结论支持互补效应，仅有 22.97%的研究结论支持替代效应。综合而言，现有研究就政府资助的政策效应还未达成共识（David 等，2000；Garcia-Quevedo，2004；Hsu 等，2009）。

在中国政府推动的高科技产业化过程中，这种挤出效应是否存在呢？我们认为，考察这一问题必须通盘考虑以下两点：①政府专项资助可能促使企业 R&D 投入增加。在高技术产业化专项中，企业在获得政府资助金的同时，也吸引了大量银行贷款和其他社会资助金，使得企业能够腾出更充裕的资金来加大 R&D 投入。②政府专项资助也有可能削弱企业的 R&D 努力程度。政府获得高技术产业化专项资助后可能使得企业更倾向于外部购买技术，而不是通过自身努力投入 R&D，否则反而降低了企业的 R&D 投入努力程度，不仅如此，如果政府资助了本可以由企业自身资金实施和完成的 R&D 项目，那么这些企业很可能用政府的投资替代自身的投资。

鉴于此，我们提出假设 1：高技术产业化专项投资显著可能提高企业的 R&D 投入，但可能对企业 R&D 投入努力程度产生消极影响。

二、政府推动高技术产业化投资与企业科研成果商业化和规模化效果之间的关系

一些文献研究了政府资助科研成果商业化对企业经济效益或效率的影响。一方面，有学者认为政府资助促进了科研成果商业化和规模化效果。由于企业在评估市场机会和新技术潜力方面的不确定性，政府的资助不仅加速了企业的商业化进度，还可以为企业开辟新市场，提高企业劳动生产率（Griliches 和 Regev，2001；Jacobsson 和 Bergek，2004；Caerteling 等，2008）。Bérubé 和 Mohnen（2009）还发现，相对于只获得税收减免的企业，既获得政府资助又获得税收激励的企业获益更大、创新能力越强、创新的商业化方面更为成功。另外，Irwin 和 Klenow（1996）及 Lerner（1998）发现美国政府财政资助的高技术产业比非资助的企业销售增长更加迅速。Branstetter 和 Sakakibara（1998）及 Griliches 和 Regev（1998）也分别发现受日本和以色列政府资助的高技术企业劳动生产率和利润率更高。

然而，另一方面，有些文献认为政府资助难以取得理想的科研成果商业化效果。由于政府在选择投资项目时，与受资助企业之间存在着信息不对称，而且对外部投资者而言，发现高质量项目和评估其技术和商业潜力的搜寻成本和交易成本较高（Kaplan 和 Stromberg，2001）。当项目存在不确定性时，在 R&D 阶段评估其商业应用潜力尤为困难，因此，创新项目的融资市场很可能不完备。此外，由于政府和研发企业目标的不一致（代理问题）和信息不对称的存在，由此引出了道德风险问题（Bhattacharya 和 Ritter，1985；Koga，2005；Peneder，2008），而且政府资助还存在软约束，企业获得资助后即便不成功也不用返还（Kaivanto 和 Stoneman，2007），因此，政府资助科研成果商业化的效果可能并不理想（Levy，1990）。Svensson（2007）及 Klette 和 Moen（1999）对瑞典和挪威政府资助科研成果商业化的实证研究也发现，由于信息不对称、商业和技术

市场上的不确定性，政府资助难以选择商业化前景好的项目，并且存在软约束和道德风险问题，使得政府资助效果并不理想。

我们认为，作为后发国家，中国政府推动的高技术产业化专项投资，首先也同样存在信息不对称和市场不确定性问题，这些问题可能会弱化科研成果商业化和规模化的效果，但同时，高技术产业化专项投资可以直接缓解后发国家高技术企业科研成果商业化和规模化的资金“瓶颈”，并减少商业化的风险，从而促进企业科研成果商业化和规模化；其次，由于企业获得政府资助的信誉，使得企业在高技术产业化过程中更能吸引银行贷款和社会资金投入，进而促进了科研成果商业化和规模化；最后，受资助的企业还可以享受政府资助的技术转让、产品采购或销售等诸多好处，部分化解了企业创新风险，并且受资助行为本身也可能成为企业发射产品质量、企业声誉的一种信号，同样也会促进科研成果商业化和规模化。

为此，我们提出假设 2：政府推动高技术产业化专项投资确实能改善企业科研成果商业化和规模化效果。

三、政府推动高技术产业化投资对企业技术水平和竞争力的影响

政府推动的高技术产业化专项投资通过影响企业 R&D 和科研成果转化环节，最终会对企业技术水平和国内、国际竞争力产生影响。目前关于这一领域的文献主要集中在以下两个方面：①政府资助 R&D 环节对企业技术水平和竞争力的影响。Cohen 和 Levinthal（1989）认为通过 R&D 活动可以增强企业的技术吸收和创新能力。Lee（2011）进一步实证研究发现，政府 R&D 资助会降低企业研发单位成本，并最终提高企业技术水平。另外，政府资助 R&D 活动更可能为企业提供独特的竞争优势（Kindleberger，1969；Liu，1996；赵玉川，2001）。不仅如此，R&D 投资具有规模效益递增的效应，随着 R&D 投资的增长，企业盈利能力和竞争力也会增长，因此，政府资助可以为后发国家的高技术企业参与国际竞争创造动态的竞争优势（Grossman 和 Helpman，1991）。②政府资助科研成果商业化提升了企业竞争力。政府资助科研成果商业化，可以缩短技术创新转化为产品（商业化）的时间，为企业在市场上抢得先机，从而战胜对手（Kerin 等，1992；Jolly，1997；Cooper，2001）。另外，政府资助也可以帮助企业降低科研成果的商业化风险，扭转中小企业商业化资本不足的不利局面，最终提升企业竞争力。

我们认为，中国政府推动高技术产业化专项投资既可以克服后发国家高新技术企业所面临的融资约束难题，又可以化解企业 R&D 和科研成果商业化风险，为科研成果商业化赢得市场先机。而且，企业通过实现高技术的产业化不仅形成了其他企业难以具备的核心技术专长，也增强了竞争优势。

因此，我们提出假设 3：政府推动高技术产业化投资最终会提升企业技术水平和国际、国内竞争力。

基于上面的文献回顾，结合我们现有的数据和中国政府推动高技术产业化的实际情况，本章将聚焦于政府推动高技术产业化投资效果的考察，并检验上述 3 个研究假设。

第三节 项目简介与描述性统计

一、项目简介

“十五”时期，高技术企业可根据国家发改委高技术专项公告条件自主申请高技术产业化专项资助金，并由地方和主管部门把专项项目资金申请报告和有关附件、[①] 项目简介等材料报送国家发改委。国家发改委组织专家择优支持具有产业化前景的项目，项目批复后，中央政府将项目资金划拨到地方政府，然后由地方政府组织项目实施并负责监管。在这一时期高技术产业化专项涉及全国 37 个省份和计划单列市以及 63 个行业主管部门和中央直属企业，涵盖信息、生物、新材料、航空航天等九大领域（政府资助高技术产业化专项数量在不同行业的分布见图 7–1），项目覆盖了产业化领域指南 130 个方向中的 101 个，覆盖面近 80%。为了更加细致全面地了解“十五”高技术产业化工作的实施情况和具体成效，2007 年国家发改委高技术产业司会同有关地方、部门，对“十五”

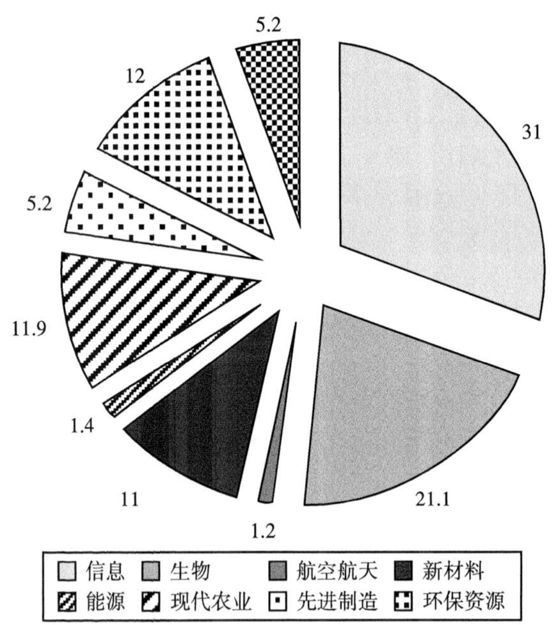

图 7–1 不同行业高技术产业化专项资助数量占比（%）

① 资金申请报告附件主要包括投资来源（银行承贷、地方、部门配套资金及其他资金来源）证明、项目法人近三年的经营状况（包括损益表、资产负债表、现金流量表）和项目法人自筹资金保证落实文件等证明材料。

期间实施的产业化项目进行了问卷调查，调查对象是“十五”时期国家发改委批复的全部高技术产业化项目。本次调查共计发放调查问卷1544份，回收调查问卷1251份。问卷中调查指标包括产业化投资来源、受专项资助企业个体的创新、财务指标，以及企业所在行业和区域等信息，为本章研究政府推动高技术产业化专项投资的效果提供了宝贵的信息。

调查结果初步显示：在高技术产业化专项中，99%以上的项目已开工建设，其中，建成投产的有947项，占76%，尚未建成投产的有292项，占23%，项目实施总体上比较顺利。高技术产业化项目实际执行总投资488.4亿元，其中，投资来源包括中央政府资助（12.8%）、地方配套资金（3.6%）、企业自筹（60.3%）、银行贷款（21.7%）和其他社会资金（1.6%），中央资助金起到了将近10倍的投资带动作用；高技术产业化专项资金主要投向了中小型企业，其中，中型企业比重为55%，小型企业比重为30%，大型企业的比重仅为16%；产业化专项投向的企业性质中，国有及控股企业的比重为32%，民营企业的比重为47%，中国港澳台地区及外商投资企业的比重为4%，其他企业的比重为16%。截至2006年，调查的样本中平均每个企业每年的R&D资金投入超过500万元，是项目实施前的167%；引进国外技术的支出由项目实施前的14亿元上升至近20亿元，增长了40%，而购买国内技术的支出由项目实施前的近6亿元上升至16亿元，增长了170%。从表7-1调查样本的问答统计可以看出，高技术产业化工作明显提高了企业技术创新能力，扩大了生产能力，创新产品满足了市场需求。

表7-1　高技术产业化项目实施效果调查问答的统计

技术效果	样本数（个）	占比（%）
实现技术突破	1020	81.5
满足市场需求	891	71.2
填补市场空白	591	47.2
扩大生产能力	578	46.2
提高生产效率	552	44.1
改进生产工艺	543	43.4
改进产品性能	475	38.0
改进品种质量	367	29.3
生产替代产品	275	22.0

二、数据描述

本章的数据主要来源于“十五”高技术产业化专项调查问卷数据库，包括了高技术产业化专项实施前后的2000年和2006年企业调查数据，共有1251家在“十五”期间获得政府高技术产业化专项资助的企业样本。这些企业样本分别来自全国31个省、直辖市和自治区的九大战略新兴产业领域。我们在数据处理过程中，对无效样本进行了剔除。在本章中使用的主要变量说明如下（变量统计性描述见表7-2）。

表 7-2　变量统计性描述

变量	样本	均值	标准差	最小值	最大值	变量描述
R&D 投入						
Ldifrdinv	728	6.02	1.88	-2.81	11.51	专项实施前后 R&D 投入的增加值
Difrdincome	716	-4.71	159.72	-4114	597	专项实施前后 R&D 投入占销售收入比增加值
科研成果商业化和规模化效果						
Ldifsale	785	8.23	2.03	0.90	15.86	专项实施前后销售及营业收入的增加值
Ldifprofit	676	6.28	1.91	-0.34	13.18	专项实施前后利润总额的增加值
Ldifprodvity	544	2.06	1.79	-4.26	10.36	专项实施前后劳动生产率的增加值
企业技术水平和竞争力						
Fcomp	960	3.74	0.95	1	7	专项实施前后企业国内国际竞争力变化
Mtech	946	5.78	0.96	1	9	专项实施前后企业主要工艺设备技术水平变化
Ptech	963	5.74	0.94	1	9	专项实施前后企业产品技术水平变化
核心变量						
Lprinvest	1121	8.58	0.68	5.09	11.77	专项实际执行总投资
Cenpop	1007	0.128	0.185	0	0.873	中央政府资助比例
Localpop	1007	0.036	0.076	0	0.829	地方配套资金比例
Firmpop	1007	0.603	0.318	0	0.935	企业自筹比例
Loanpop	1007	0.217	0.254	0	1.000	银行贷款比例
Otherpop	1007	0.016	0.105	0	0.850	其他社会资金比例
Pyear	1099	2.453	1.297	1	7	项目执行年限
企业层面控制变量						
Size1	1104	0.16	0.36	0	1	大型企业为 1，其他为 0
Size2	1104	0.55	0.50	0	1	中型企业为 1，其他为 0
Size3	1104	0.30	0.46	0	1	小型企业为 1，其他为 0
Ownship1	1122	0.32	0.47	0	1	国有及控股企业为 1，其他为 0
Ownship2	1122	0.47	0.50	0	1	民营企业为 1，其他为 0
Ownship3	1122	0.04	0.20	0	1	中国港澳台及外商投资为 1，其他为 0
Ownship4	1122	0.16	0.37	0	1	其余企业为 1，其他为 0
Lfirmage	1108	2.00	0.70	0	4.33	企业年龄

（一）衡量政府推动高技术产业化专项投资前后绩效变化的变量

本章主要从三个角度来综合考察中国“十五”期间政府推动高技术产业化专项投资效果：一是高技术产业化专项投资对企业 R&D 环节的影响，衡量变量包括 R&D 投入增加值（Ldifrdinv，单位：万元，取对数）和 R&D 投入占销售收入比例的增加值

(Difrdincome，单位：%)，① 其中，R&D 投入使用了《中国统计年鉴》中的工业品出厂价格指数与固定资产价格指数的平均数进行平减；二是高技术产业化专项投资对研发成果商业化和规模化的影响，主要利用科研成果商业化和规模化后所产生的经济效益和效率来衡量，衡量变量包括销售及营业收入增加值（Ldifsale）、利润总额增加值（Ldifprofit）和劳动生产率增加值（Ldifprodvity），这三个指标的原始数据分别利用《中国统计年鉴》中的工业品出厂价格指数和物价指数（CPI）进行平减；三是高技术产业化专项投资最终对企业技术水平和国内、国际竞争力的影响，其中，企业技术水平包括主要工艺设备技术水平（Mtech，分为 1~9 个档次，档次越高水平越高）和企业产品技术水平（Ptech，分为 1~9 个档次，档次越高水平越高），企业竞争力主要由企业在国内、国际的竞争力（Fcomp，分为 1~7 个档次，档次越高竞争力越强）来衡量。

（二）核心变量

本章利用高技术产业化专项实际执行投资总额（Lprinvest）来衡量政府推动的高技术产业化专项投资，由于专项投资由中央政府资助金、地方政府配套资金、企业自筹、银行贷款和其他社会资金组成，那么，不同的投资来源是否发挥不同的效果？尤其是来自政府资助金是否发挥出理想的效果？本章将进一步比较中央政府资助、地方配套资金、企业自筹、银行贷款和其他社会资金的投资效果，分别利用中央资助资金比例（Cenpop）、地方政府配套资助比例（Localpop）、企业自筹比例（Firmpop）、银行贷款比例（Loanpop）和其他社会资金比例（Otherpop）来衡量高技术产业化专项投资的不同资金来源。另外，由于高技术企业获得政府资助后，不仅专项投资自身会对企业绩效产生影响，企业获得资助这一信息或信号也会提高企业经营自信心和声誉，专项实施越长可能这种外部性就越强，因此，本章利用项目执行年限来衡量企业实施产业化专项的时间趋势。

（三）其他变量

本章的主要控制变量包括企业所属省份（Prov1-Prov31）、企业所属行业（Indus1-Indus9）、企业规模（Size1-Size4）、所有制形式（Ownship1-Ownship4）和企业年龄（Lfirmage）。对于以上变量的详细统计描述请见表 7-2。

① 由于本章所使用数据仅为“十五”前后的企业统计数据，多数企业实施高技术产业化专项时间较短（平均 3~4 年），从 R&D 投入到专利产出需要更长时间，因此，本章利用创新投入和努力来衡量专项投资对企业 R&D 环节的影响。

第四节　实证模型与结果分析

一、实证模型和内生性解决

为验证第二部分所提出来的研究假设，本章使用以下的实证模型，考察由政府推动的高技术产业化专项投资效果：

模型（1）：$Ldifperf_i(Difperf_i) = \alpha + \beta_1 Lprinvest_i + \beta_2 Pyear_i + \beta_3 Lfirmage_i + \sum \eta_k Size_{ik} + \sum \rho_j Ownship_{ij} + \sum \phi_m Indus_{im} + \sum \varphi_n Prov_{in} + \varepsilon_i$①

上式中，ldifperf 或 Difperf 变量表示企业在实施专项工作前后的绩效变化，用来衡量政府推动高技术产业化专项投资的效果。它主要涵盖三大类绩效指标，分别是 R&D 投入绩效、科研成果商业化和规模化绩效，以及企业技术水平与竞争力。Lprinvest 为核心变量，代表政府高技术产业化专项投资，主要衡量指标包括企业在申请到高技术产业化专项后所实际执行的项目投资总额。Pyear 为项目执行年限，指从项目开工至 2006 年的时间长度，用来衡量高技术产业化专项投资实施的时间趋势。由于在一定时期或一定经济发展阶段内，政府资助的政策效应可能会依地区、行业（Shrieves，1978；Nadiri，1980；Mmuneas 和 Nadiri，1996）、企业规模（Lach，2002；程华和赵祥，2008）等因素的不同而不同。因此，其余控制变量包括企业所属省份（Prov）、企业所属行业（Indus）、企业所有制类型（Ownship）、企业规模（Size）和企业年龄（Lfirmage）。

在模型（1）中，可能存在内生性问题使得本章研究结果并不可靠，需要寻找合适的工具变量。由于政府在推进高技术产业化工作中，倾向于选择企业绩效较好的企业实施产业化专项，因此，我们无法不怀疑企业在实施产业化专项前后所获得的绩效变化，政府高技术产业化项目投资可能并未发挥作用，而可能是来自政府选择了具有良好绩效的高技术企业，这将带来内生性问题。我们在“十五”高技术产业化专项问卷调查数据中，有趣地发现在数据库中给出了企业申报高技术产业化专项之前的项目主要产品销售额和在全国市场的市场占有率及其预期值，为我们解决内生性问题提供了工具变量。因此，为克服政府在选择上所产生的内生性问题，我们利用专项实施前项目主要产品销售额和在全国市场的市场占有率及其申报预期值，作为高技术产业化专项投资总额的工具变量。因为在企业高技术产业化项目申请书中，专项实施前项目主要产品销售额和市场占有率及其预期值是政府决定是否审批企业专项投资和投资额度的重要因素，所以申请书中高技术产业化项目主要产品销售额和市场占有率及其预期值与高技术产业化专项投

① 在绩效变量中，部分指标不需要取自然对数，因此，本章利用 Ldifperf（Difperf）来表示高技术产业化绩效指标。

资总额之间存在相关关系。此外，由于高技术企业申请书中的专项实施前项目主要产品销售额和市场占有率是企业在“十五”之前项目自身产生的，而且，项目主要产品销售额和市场占有率预期值是在产业化专项审批前提出来的，是企业对项目自身可能产出和产品竞争力的预测，而与“十五”期间整体企业绩效变化并不存在直接的关系。[①] 因此，使用该工具变量可以增强实证结果的稳健性。

二、实证结果分析

本章利用“十五”高技术产业化专项调查问卷数据，分别应用模型（1）验证了第二节中所提出的研究假设，即考察高技术产业化专项投资对企业 R&D 投入绩效、科研成果商业化和规模化绩效以及企业技术水平和竞争力三方面的影响。另外，为增强实证结果的稳健性，我们也考虑了专项投资的内生性问题。模型（1）和工具变量估计结果分别列于表 7-3 和 7-4 中，根据表中结果，我们将逐一进行分析。

表 7-3　政府推动高技术产业化专项投资对企业 R&D 投入和努力程度的影响

解释变量	(1)	(2)	(3)	(4)
	Ldifrdinv	Difrdincome	Ldifrdinv	Difrdincome
	OLS	OLS	OLS+IV	OLS+IV
Lprinvest	0.801***	-17.700	2.197***	-19.300
	(0.108)	(12.990)	(0.447)	(13.780)
Pryear	0.085*	-6.591	-0.0004	2.868
	(0.048)	(5.978)	(0.078)	(2.263)
Size1	2.110***	19.250	1.516***	11.250
	(0.202)	(24.730)	(0.358)	(10.600)
Size2	0.519***	1.643	0.154	12.84*
	(0.142)	(17.510)	(0.250)	(7.763)
Ownship1	-0.053	-30.680	-0.204	-3.166
	(0.171)	(21.360)	(0.271)	(7.615)
Ownship2	-0.116	-15.250	-0.011	-8.146
	(0.158)	(19.950)	(0.245)	(6.734)
Ownship3	0.613*	-15.210	0.710	-14.730
	(0.329)	(41.820)	(0.535)	(15.400)
Lfirmage	0.316***	4.354	0.344**	-2.943
	(0.094)	(11.780)	(0.141)	(3.820)
Hausman P	—	—	0.549	0.462
观察值	651	637	287	288
R 平方	0.446	0.045	0.367	0.005

注：括号内数值为标准差； *** $p < 0.01$，** $p < 0.05$，* $p < 0.1$；在模型回归中还控制了企业所属地区 （省份）和行业的影响，为节省空间并未报告，另外常数项也未报告。

① “十五”期间，衡量企业实施高技术产业化专项投资效果模型中□$_i$变化与申请书中“十五”前项目主要产品销售额和市场占有率及其预期值无关，但申请书中的这些值是政府判断是否投资和决定投资多少的依据，因此与高技术产业化专项投资额相关。

表 7-4 政府推动高技术产业化专项投资对企业销售收入、利润和劳动生产率的影响

解释变量	(1)	(2)	(3)	(4)	(5)	(6)
	Ldifsale	Ldifprofit	Ldifprodvity	Ldifsale	Ldifprofit	Ldifprodvity
	OLS	OLS	OLS	OLS + IV	OLS + IV	OLS + IV
Lprinvest	0.906***	0.602***	0.246	2.471***	2.613***	0.530
	(0.112)	(0.127)	(0.151)	(0.494)	(0.577)	(0.431)
Pryear	0.084*	0.075	0.200***	0.015	0.063	0.175**
	(0.050)	(0.056)	(0.066)	(0.092)	(0.116)	(0.086)
Size1	2.601***	2.385***	−0.010	1.806***	1.120**	0.072
	(0.213)	(0.240)	(0.292)	(0.387)	(0.488)	(0.414)
Size2	0.599***	0.872***	−0.189	−0.247	0.224	−0.205
	(0.143)	(0.163)	(0.193)	(0.287)	(0.335)	(0.281)
Ownship1	0.136	−0.389*	−0.324	−0.360	−0.938**	−0.584*
	(0.187)	(0.218)	(0.257)	(0.294)	(0.402)	(0.335)
Ownship2	0.076	−0.232	−0.091	−0.193	−0.384	−0.181
	(0.169)	(0.195)	(0.228)	(0.264)	(0.353)	(0.300)
Ownship3	0.290	0.150	0.173	0.243	0.382	0.854
	(0.341)	(0.395)	(0.575)	(0.632)	(0.752)	(0.818)
Lfirmage	0.367***	0.163	−0.153	0.189	−0.006	−0.336*
	(0.096)	(0.110)	(0.130)	(0.155)	(0.190)	(0.174)
HausmanP	—	—	—	0.000	0.058	0.000
观察值	707	604	489	277	251	199
R 平方	0.432	0.324	0.154	0.306	0.047	0.362

注：Standard errors in parentheses; *** $p < 0.01$，** $p < 0.05$，* $p < 0.1$；在模型回归中还控制了企业所属地区（省份）和行业的影响，为节省空间并未报告。

（一）政府推动高技术产业化专项投资对企业 R&D 环节的影响

政府推动高技术产业化专项投资效果的好坏，首先应该考虑的是投资是否提高了企业 R&D 环节的绩效，这也是当前中国倡导建设创新型国家非常关心的重要命题。根据表 7-2 中的结果，我们可以得到如下结论：

首先，政府推动的高技术产业化专项投资显著提高了企业 R&D 投入。在表 7-2 中的第（1）栏和第（3）栏中，虽然 Hausman 检验并未通过内生性检验，但是最小二乘法（OLS）和工具变量（IV）结果都显示，政府所推动的高技术产业化专项投资与企业 R&D 投入在 1%的显著水平下呈现出显著的正相关，此结果说明，高技术企业在获得专项投资资助后，直接带动了企业 R&D 投入的增加，并支持了研究假设。[①] 另外，对调查数据初步分析也可以支持该结论，截至 2006 年，调查企业 R&D 资金投入是项目实施前

① 豪斯曼内生性检验不通过，说明政府在确定投资去向时，并不看重企业的研发投入状况。

的 167%，增加幅度很大。而且，我们还发现在时间趋势上专项投资实施越早，那么企业 R&D 投入力度越大，表 7-2 中第（1）栏结果显示，尽管不如专项投资的效果那么显著，但在 10%显著水平下，高技术产业化执行年限与企业 R&D 投入显著正相关。

其次，政府推动的高技术产业化专项投资并未提高企业 R&D 投入努力程度，甚至还会产生消极影响。在表 7-2 中的第（2）栏和第（4）栏中，虽然专项投资对企业 R&D 投入努力程度影响不显著，但是 Lprinvest 系数为负，这说明高技术产业化专项投资对企业 R&D 投入努力产生了消极影响，政府推动的高技术产业化专项投资提高了企业 R&D 投入后，企业并没有随着销售收入的增加相应加大 R&D 投入强度。可能的解释在于以下几个方面：一是企业获得高技术产业化专项投资后，更倾向于外部购买专利或技术进行产业化，获得短期销售收入最大化，而不是企业自身增加 R&D 投入；二是专项投资挤出了企业自身的 R&D 投入，如果政府资助了由企业自身资金就可以实施和完成的研发项目，那么这些企业很可能用政府的投资替代自己的投资，这个结论与以往文献（Nadiri，1980；Levy，1990；Wallsten，2000 等）有关政府资助企业 R&D 的研究结论是基本一致的。另外，我们从表 7-2 可以看出，虽然企业专项执行期对 R&D 投入努力程度影响并不显著，但也与 R&D 投入努力程度呈现出负相关关系，即专项投资实施越长，企业 R&D 投入努力程度越低。

最后，对于控制变量，规模越大的企业越愿意增加 R&D 投入，而且 R&D 投入努力程度也要高于小规模企业；不同所有制企业在 R&D 投入上由高到低分别为：中国港澳台及外商投资企业、其他企业、民营企业、国有及控股企业；不同所有制企业 R&D 投入努力程度排序为：中国港澳台及外商投资企业、其他企业、国有及控股企业、民营企业。这个结果说明在实施高技术产业化专项的企业中，外资企业 R&D 投入和努力程度最高，而民营和国有企业处于较低水平；从企业年龄上看，企业年龄越大 R&D 投入越高，但是对 R&D 投入努力程度影响并不显著。

（二）政府推动高技术产业化专项投资对科研成果商业化和规模化环节的影响

高技术产业化过程不仅包括 R&D 环节，也包括科研成果商业化和规模化过程，因此，政府推动高技术产业化专项投资，不光要激励企业 R&D 投入，还要引导企业将高技术成果进行商业化和规模化，并对企业的经济效益和效率（销售及营业收入、利润和劳动生产率）产生影响，从而促进战略性新兴产业发展。表 7-4 显示，Hausman 内生性检验结果拒绝了高技术产业化专项投资的外生性假设，说明存在内生性，因此，第（4）、第（5）、第（6）栏的估计结果更为可靠。通过估计结果主要得到以下两个主要结论：

一方面，政府推动的高技术产业化专项投资显著提高了企业销售及营业收入和利润总额。表 7-4 显示，无论是 OLS 还是工具变量估计方法，ltrinvest 系数都为正，高技术产业化专项投资在 1%的显著水平上对销售及营业收入和利润总额具有正向作用，并支持了研究假设 2。这个结果说明，政府推动高技术产业化专项投资确实在研发成果商业化和规模化阶段提高了企业销售及营业收入和利润总额。由于高技术产业化具有资金密集、风险高、投资回报期长、附加值高的特征，作为发展中国家，总体上说，中国不但在 R&D 环节落后于发达国家，而且在高技术成果商业化和规模化环节上与发达国家的差距更大。然而，随着近年来中国经济快速发展，产业结构不断升级，战略性新兴产业与发达国家的差距逐渐缩小，不仅逐步获得了高技术产业化发展的比较优势，而且高技术企业通过自主研发成果，或者外部购买专利、引进技术实现商业化和规模化的能力逐渐增强。因此，从“十五”期间投资效果上来看，政府以产业化专项方式补贴资金从外部支持企业高技术产业化，弥补了高技术产业化上的技术落后、资金不足等相对弱势，降低了高技术成果商业化风险，促进了生物医药、新材料、新能源等新兴产业的快速发展，为中国战略性新兴产业加快做大、继续做强奠定了基础。另外，高技术产业化专项执行越长，企业销售及营业收入越高，企业利润也越高，但是其影响并不显著。①

另一方面，政府推动的高技术产业化专项投资对企业劳动生产率影响并不显著。表 7-4 显示，高技术产业化专项投资与企业劳动生产率呈现出正效应，但影响并不显著，这个结果说明，专项投资促进了高技术成果的商业化和规模化，但并没有显著提高企业劳动生产率。可能的解释是，企业获得高技术专项资助后，更注重的是通过高技术成果商业化和规模化取得经济效益，而企业经济效率的改善比较缓慢。然而，我们从时间趋势上看，企业在专项执行期劳动生产率还是获得了较快增长。

（三）政府推动高技术产业化专项投资对企业最终技术水平和竞争力的影响

前面主要考察高技术产业化对企业 R&D 和科研成果商业化与规模化环节的影响，此处将考察企业通过实施高技术产业化专项投资，企业最终在国内和国际市场上的技术水平和竞争力的变化。估计结果列于表 7-5 中。根据估算结果，我们得到如下结论：

一方面，政府推动的高技术产业化专项投资显著提高了企业技术水平和国内国际竞争力。表 7-5 显示，Lprinvest 回归系数显著为正，说明专项实施改善了企业主要工艺设备和产品技术水平，提升了企业在国内甚至国际的竞争力。“十五”期间高技术产业化专项坚持“有所为、有所不为”的方针，充分发挥政府在国家技术创新中的引导作用，统筹规划、突出重点、集中力量在以下关键领域取得突破性进展：一是具有突破性带动作用的产业或重大项目，如神舟系列载人飞船、生物工程、新材料等领域；二是制约当前经济社会发展的技术瓶颈，如大型超临界发电机组技术、核能等；三是奠定社会协调发展基础的项目，如基因工程技术、下一代互联网、第三代移动通信等；四是解决中长期资源环境问题的重大技术系统，如海洋开发技术、替代能源和节能技术、循环利用技术等；五是具有明显相对竞争优势的产业或技术领域，如中医药产业等（中国国际工程咨询公司，2008）。因此，通过这些产业化专项投资的实施，弥补了企业在 R&D、商业化和规模化生产中的资金不足和高风险问题，使得整个高技术产业化过程得以顺利完成，

① 表 7-3 中，Hausman 检验拒绝了内生性假设，说明 OLS+IV 结果更可靠。

最终不断提升了这些企业的技术水平和竞争力。

表 7-5　政府推动高技术产业化专项投资对企业竞争力、工艺设备水平和产品技术水平的影响

解释变量	(1)	(2)	(3)	(4)	(5)	(6)
	Fcomp	Mtech	Ptech	Fcomp	Mtech	Ptech
	Ordered Probit	Ordered Probit	Ordered Probit	Ordered Probit+IV	Ordered Probit+IV	Ordered Probit+IV
Lprinvest	0.335***	0.326***	0.205*	0.174***	0.167**	0.100
	(0.115)	(0.117)	(0.115)	(0.066)	(0.067)	(0.066)
Pyear	0.112**	0.184***	0.172***	0.050**	0.081***	0.084***
	(0.050)	(0.051)	(0.051)	(0.028)	(0.029)	(0.029)
Size1	−0.577**	0.349	0.532**	−0.331**	0.213	0.255**
	(0.226)	(0.227)	(0.225)	(0.128)	(0.130)	(0.129)
Size2	0.152	0.471***	0.404***	0.071	0.279***	0.213**
	(0.151)	(0.155)	(0.155)	(0.087)	(0.089)	(0.089)
Ownship1	0.335	−0.328	−0.424**	0.197	−0.157	−0.218*
	(0.205)	(0.202)	(0.201)	(0.115)	(0.116)	(0.114)
Ownship2	0.295	−0.202	−0.310*	0.165	−0.110	−0.162
	(0.190)	(0.189)	(0.186)	(0.107)	(0.108)	(0.106)
ownship3	0.234	−0.637*	−0.430	0.238	−0.325	−0.206
	(0.355)	(0.370)	(0.349)	(0.203)	(0.209)	(0.204)
Lfirmage	0.0537	0.140	0.228**	0.174	0.084	0.135**
	(0.101)	(0.101)	(0.101)	(0.126)	(0.058)	(0.058)
观察值	912	895	912	912	895	912
Pseudo R 平方	0.03	0.05	0.04	0.03	0.04	0.04

注：Standard errors in parentheses；*** $p<0.01$，** $p<0.05$，* $p<0.1$；Ordered probit 工具变量法采用 Roodman（2009）中的方法测算；在模型回归中还控制了企业所属地区（省份）和行业的影响，为节省空间并未报告。

另一方面，高技术专项执行越早，企业技术水平和竞争力提升越大。从表 7-5 中可以看出，高技术专项执行期与企业工艺设备技术水平、产品技术水平、企业国内外竞争力呈现出显著的正向效应。这个结果说明，高技术企业在获得政府资助后，不仅由于专项投资后产生良好的产业化效果，而且企业得到专项支持后对企业技术水平和竞争力也产生了外部效应，即获得政府资助的企业在行业中具有更好的声誉，无形中提高了企业的竞争力。另外，在专项实施中积累的技术经验，也为非专项领域的生产提供了技术外溢，带动了企业整体技术水平和竞争力的提升。

此外，从规模上看，中型和小型企业国内国际竞争力要比大型企业提高更显著，而大中型企业比小型企业在技术水平上提高更为显著；企业所有制性质对企业技术水平和竞争力影响并不太明显；企业年龄显著提高了企业的产品技术水平。

第五节 进一步研究：投资来源与投资去向的效果

一、区分专项投资来源的高技术产业化效果分析

从第四节的分析可以看出，政府推动的高技术产业化专项投资取得了较好效果，但是政府更关心的是政府资助金使用效果如何。在高技术产业化专项投资方案中，投资来源包括中央政府资助、地方配套资金、企业自筹、银行贷款和其他社会资金。由于政府与投资企业之间存在着信息不对称，企业获取政府资助的过程中，可能存在套取和滥用政府资金行为，因此，考察政府资助部分的使用效果是改进高技术产业化专项工作的关键之处。本章试图通过不同投资来源的对比，考察政府资助金的使用效果，为政府下一步开展高技术产业化专项投资工作提供相应的政策指导。为此，我们在模型（1）基础上，设计如下实证模型：

模型（2）：$Ldifperf_i(Difperf_i) = \alpha + \beta_1 Lprinvest_i + \beta_2 Cenpop_i + \beta_3 Localpop_i + \beta_4 Firmpop_i + \beta_5 Loanpop_i + \beta_6 Pyear_i + \beta_7 Lfirmage_i + \sum \eta_k Size_{ik} + \sum \rho_j Ownship_{ij} + \sum \phi_m Indus_{im} + \sum \varphi_n Prov_{in} + \varepsilon_i$

其中，Cenpop、Localpop、Firmpop 和 Loanpop 分别代表中央政府资助比例、地方配套资金比例、企业自筹比例和银行贷款比例，将其他投资比例（Otherpop）作为基准变量，其余被解释变量和控制变量与模型（1）保持一致，具体变量说明见表 7-1。根据模型（2）的回归结果列于表 7-6 中。由估计结果可以得到以下结论：

（1）中央政府资助金产业化效果最差，对企业 R&D 投入产生消极影响，甚至高技术企业还存在着通过虚增资产套取额外资助金的现象。表 7-6 显示，中央资助金比例不仅与企业 R&D 投入努力程度、劳动生产率、企业技术水平和竞争力呈负相关，而且这些指标中除了劳动生产率负相关程度低于地方配套资金效果外，其余指标都比其他四种资金使用效果差。不仅如此，中央资助金还与企业 R&D 投入呈现出显著的负相关。这个结果说明，相对于其他几种投资来源，中央资助金使用效果是最差的。虽然中央资助金比例与企业销售收入正相关，但是与其他投资来源相比，这一影响不仅不显著，而且低于银行贷款投资的效果。然而令人略为惊讶的是，表 7-6 的结果中却显示中央资助金比重与企业利润显著正相关，大大高于其他投资来源所产生的利润总额。那么，在其他绩效指标表现较差，以及销售收入增加相对不显著的情况下，企业利润反而显著增加，这不难推断出高技术企业在申请产业化专项中，可能存在着套取资助金后转化为利润的嫌疑。可能的解释是，由于高技术企业吃透了产业化专项政策，即中央政府资助金一般按照项目总投资 10%左右的比例配置，因此，企业为更多地获得国家资金的支持，在申请书中通过多种方式加大投资，主要表现为：建筑面积过大；设备仪器和软件数量偏

多，重复配置且单价过高，大量选择国外设备和仪器；已有投入与新增投入未划分，统一计入产业化项目新增投入；将有些与项目无关的建设内容列入方案中。据估计，如果将上述虚增投资进行适当压减，项目投资普遍减少 20%~50%（中国国际工程咨询公司，2008）。[①] 因此，这种虚增资产手段套取了额外资助金，显著增加了企业利润，与企业调查结果相符。

表 7-6 区分不同高技术专项资金来源的投资效果分析

解释变量	(1)	(2)	(3)	(4)	(5)	(6)	(7)	(8)
	Ldifrdinv	Difrdincome	Ldifsale	Ldifprofit	Ldifprodvity	Fcomp	Mtech	Ptech
	OLS	OLS	OLS	OLS	OLS	Ordered Probit	Ordered Probit	Ordered Probit
Lprinvest	0.695***	−27.49*	0.867***	0.750***	0.213	0.295**	0.316**	0.151
	(0.120)	(14.720)	(0.128)	(0.143)	(0.167)	(0.128)	(0.129)	(0.128)
Cenpop	−1.362**	−42.460	0.150	0.951**	−0.138	−0.282	−0.224	−0.402
	(0.596)	(43.560)	(0.403)	(0.409)	(1.009)	(0.410)	(0.425)	(0.434)
Localpop	1.263	−20.200	−1.288	−0.579	−1.866*	0.597	1.270	−0.115
	(0.785)	(99.750)	(0.879)	(1.110)	(1.053)	(0.984)	(0.941)	(0.964)
Firmpop	0.474***	−15.570	−0.045	0.042	0.304	−0.077	0.176	0.090
	(0.176)	(34.030)	(0.299)	(0.314)	(0.429)	(0.170)	(0.182)	(0.170)
Loanpop	0.457*	33.32	0.316	−0.182	0.355	0.039	0.301	0.280
	(0.258)	(40.110)	(0.352)	(0.378)	(0.504)	(0.294)	(0.314)	(0.299)

注：Standard errors in parentheses; *** $p < 0.01$，** $p < 0.05$，* $p < 0.1$；为节省空间其余控制变量和常数项并未报告。

（2）地方政府作为高技术产业化专项的管理者，其配套资金在促进科研成果商业化和规模化环节的效果最差。在表 7-6 中，地方政府配套资金比例与企业销售收入、利润呈负相关，甚至与劳动生产率显著负相关。因此，相对其他类型投资，配套资金在促进科研成果商业化和规模化环节最差，其原因可能包含多方面因素：一是在高技术项目申报过程中，高技术企业只有得到地方政府配套资金证明，才有资格申报，由于地方企业与政府关系比较紧密，可能存在地方政府与企业勾结以次充好，让一些低效率的企业获得了配套资格；二是在项目执行过程中，存在着一些地方政府配套资金不能及时到位的问题，增加了企业资金压力，错过了产业化市场机会，而且，我们在课题访谈中，也经常会听到企业诸如此类的抱怨；三是在专项资金实施效果上，地方政府评估机制跟踪不够，也会造成资金使用效果不佳；四是高技术产业化工作在支持的领域方面存在着“重国家目标、轻地方目标”的现象；[②] 五是国家支持的部分专项，由于体制和组织方式等方面原因又不能及时引起地方的积极反应，导致一些迫切需要扶持的产业领域错过了获得

① 数据来源于“十五”高技术产业化工作总结。

② 即在特定时期国家重点支持的领域与地方需要支持的领域不尽一致，形成“错位”。部分地区作为培育重点的、具有相对优势和产业基础的高技术产业领域，可能并不在国家高技术产业化专项范围之内。

国家支持的良好机遇，有的延缓了发展势头，影响了地方政府高技术产业化工作积极性的充分发挥。①

（3）银行贷款投资改善了高技术产业化绩效，其效果最好。表 7-6 显示，除了企业利润与银行贷款呈现负相关之外，其他指标都与银行贷款呈现出正相关，与政府补助资金相比较，银行贷款部分却发挥了较好的效果。可能的解释是，由于银行贷款部分对企业而言在规定期限内必须要还贷，并不像政府资助金那样存在着软约束，企业唯有高效使用这部分资金才能实现其利润最大化目标，这种硬化约束导致了银行贷款的积极效果。这个结果也说明，建立科学的高技术产业化金融支持体系，放宽对企业高技术产业化贷款条件，对于促进高技术产业化更有重要作用。

二、投向不同类型企业的产业化效果分析

在“十五”期间的高技术产业化专项投资去向中，包含了不同规模和所有制企业，从调查数据来看，高技术产业化投资大部分支持了中小企业和非国有企业，并没有出现偏袒大型或国有企业的状况。② 那么，究竟政府投向不同类型企业的效果如何？政府到底应该投向大型企业还是中小型企业？应该投向国有企业还是非国有企业？还是更应该倾向于大型国有企业？为回答这些问题，我们分别设计以下实证模型：

模型（3）：$Ldifperf_i(Difperf_i) = \alpha + \beta_1 Lprinvest_i + \beta_2 Size_{i1} + \beta_3 Lprinvest_i \times Size_{i1} + \beta_4 Pyear_i + \beta_5 Lfirmage_i + \sum \rho_j Ownship_{ij} + \sum \phi_m Indus_{im} + \sum \varphi_n Prov_{in} + \varepsilon_i$

模型（4）：$Ldifperf_i(Difperf_i) = \alpha + \beta_1 Lprinvest_i + \beta_2 Ownship_{i1} + \beta_3 Lprinvest_i \times Ownship_{i1} + \beta_4 Pyear_i + \beta_5 Lfirmage_i + \sum \eta_k Size_{ik} + \sum \phi_m Indus_{im} + \sum \varphi_n Prov_{in} + \varepsilon_i$

模型（5）：$Ldifperf_i(Difperf_i) = \alpha + \beta_1 Lprinvest_i + \beta_2 Size_{i1} + \beta_3 Ownship_{i1} + \beta_4 Lprinvest_i \times Size_{i1} \times Ownship_{i1} + \beta_5 Pyear_i + \beta_6 Lfirmage_i + \sum \phi_m Indus_{im} + \sum \varphi_n Prov_{in} + \varepsilon_i$

其中，$Size_{i1}$ 为企业规模虚拟变量，大型企业赋值为“1”，中小型企业赋值为“0”；$Ownship_{i1}$ 为企业所有制虚拟变量，国有及控股企业赋值为“1”，非国有企业赋值为“0”，$Lprinvest_i \times Size_{i1}$、$Lprinvest_i \times Ownship_{i1}$ 和 $Lprinvest_i \times Size_{i1} \times Ownship_{i1}$ 分别为专项投资与大型企业、国有及控股企业以及大型国有企业及控股企业的交互项。模型（3）、模型（4）和模型（5）的回归结果见表 7-7。根据表 7-7 结果可以得到以下结论：

① 如四川是中国核工业技术能力比较集中的省份，但由于种种原因，“十五”期间核技术应用专项支持的 20 多个项目没有 1 个安排在四川省。

② “十五”期间，国家高技术产业化项目中对大型企业尤其是对中央大型企业支持的力度明显不足。由于过去高技术产业化项目主要依托于地方政府组织实施，而大企业和地方政府联系不紧密，缺乏申报高技术产业化项目的渠道，国家支持大型企业的项目数量和资金比重都较低。

（1）投向大型企业比投向中小型企业的 R&D 和科研成果商业化和规模化效果好，但是企业竞争力提高显著慢于中小型企业。表 7-7 显示，在 1%显著水平上，专项投资和大型企业交互项与企业 R&D 投入、企业销售收入和利润显著呈正相关，而与企业竞争力呈负相关。这个结果说明，专项投资投向大型企业与投向中小型企业相比，大型企业更倾向于进行 R&D 投入，而且，科研成果转化给企业带来了较好的销售收入和利润。但相对而言，小型企业的国内国际竞争力更容易提升。

（2）从所有制形式上看，无论投向国有还是投向非国有企业产业化效果差别并不明显，但国有及控股企业的产业化效果稍差一些。在表 7-7 中，专项投资和国有及国有控股企业的交互项与企业销售收入、国内国外竞争力呈正相关，但与多数指标（企业 R&D 投入及努力程度、利润、劳动生产率、工艺设备水平和产品技术水平）呈负相关。

（3）投向大型国有企业投资效果更有利于 R&D 投入以及科研成果商业化和规模化，但企业工艺设备水平和竞争力提高较慢。表 7-7 显示，在 1%显著水平上，专项投资、大型企业和国有企业三者交互项与企业 R&D 投入、销售收入和利润显著呈正相关，但是在 5%显著水平上，与企业工艺设备水平和国内国际竞争力显著呈负相关。这个结果进一步支持了大型企业更倾向于进行 R&D 投入，并且能够取得较好的科研成果商业化和规模化效果，对于大型国有企业也一样。不过，由于原有技术的沉淀成本、资产专用性及技术转换的高机会成本，大型国有企业会延滞对新思想新技术或新设备的采用（Brezis 等，1993），因而在工艺设备更新或技术改造方面比较落后。综合以上结论表明，无论是国有还是非国有企业，受专项资助的大型企业更愿意进行 R&D 投入，而且科研成果商业化和规模化效果会更好。

表 7-7　高技术产业化专项投向不同规模和所有制企业的效果

解释变量	(1)	(2)	(3)	(4)	(5)	(6)	(7)	(8)
	Ldifrdinv	Difrdincome	Ldifsale	Ldifprofit	Ldifprodvity	Fcomp	Mtech	Ptech
	OLS	OLS	OLS	OLS	OLS	Ordered Probit	Ordered Probit	Ordered Probit
$Lprinvest\ Size_{il}$ 模型（3）	0.189*** (0.020)	2.090 (2.343)	0.239*** (0.021)	0.193*** (0.024)	0.015 (0.029)	−0.0858*** (0.023)	−0.014 (0.023)	0.017 (0.022)
$Lprinvest\ Ownship_{il}$ 模型（4）	−0.0003 (0.015)	−2.525 (1.861)	0.008 (0.016)	−0.026 (0.019)	−0.032 (0.023)	0.011 (0.017)	−0.024 (0.018)	−0.029 (0.017)
$Lprinvest\ Size_{il}$ $Ownship_{il}$ （模型 5）	0.168*** (0.024)	1.223 (2.701)	0.269*** (0.026)	0.162*** (0.029)	−0.0014 (0.032)	−0.0648** (0.027)	−0.0551** (0.027)	−0.0311 (0.026)
观察值	651	637	707	604	489	849	834	851

注：Standard errors in parentheses；***p<0.01，**p<0.05，*p<0.1；为节省空间其余控制变量和常数项并未报告。

第六节　结论和政策建议

“十五”期间，中国政府为贯彻“科教兴国”战略，紧紧围绕国民经济和社会发展的重大战略需求，大力推进高技术产业化专项投资，解决科技与经济脱节问题。那么，究竟高技术产业化专项投资的效果如何？本章首次利用这期间高技术产业化专项企业调查数据库样本，估算了政府推动下的高技术产业化投资效果，主要研究发现：①专项投资不仅促进了企业R&D投入增加和科研成果商业化与规模化，而且提升了企业的技术水平和国内、国际竞争力，但难以提高企业R&D投入努力程度和劳动生产率。②银行贷款的使用效果最佳，中央政府资助和地方配套资金使用效果较差，主要表现为：中央资助金比重越高企业创新投入越低，且企业存在通过虚增资产套取额外资助金现象，地方配套资金比重越高，企业劳动生产率越低。③投向大型企业有利于R&D投入提高以及科研成果商业化和规模化，投向中小企业有利于企业技术水平和竞争力提升。因此，政府推动高技术产业化投资，起到了很好的引导作用，对加快培育和发展战略性新兴产业发挥了较大作用，但是在激励企业创新努力以及提高受资助企业效率上具有较大改进空间，另外，还亟须改善专项资金的配置和监管方式。

本章的研究结论对于当前中国政府继续推进高技术产业化专项工作，解决当前科技与经济脱节问题，以及培育战略性新兴产业具有重要的政策含义。

（1）现阶段仍要发挥政府在高技术产业化专项工作中的引导作用，加快培育战略性新兴产业，促进中国产业结构调整。“十五”期间，政府推动高技术产业化投资在培育和促进中国高技术产业发展方面取得了显著成绩，企业R&D投入、商业化和规模化效果以及企业技术水平和竞争力都得到较大提高，高技术产业化已成为推动经济增长和结构调整的重要力量。在“十二五”期间，中国应以进一步实施高技术产业化专项为契机，突出关键技术领域和符合国家战略需求的重要技术方向，培育形成一批战略性新兴产业。另外，要发挥高技术的渗透作用，加快高技术产业化在推动传统产业转型升级中的重要作用。

（2）应强化企业创新主体地位，增强企业自主创新愿望。自主创新是提高科技水平和国家竞争力的关键，也是发展高技术产业、调整产业结构、转变经济增长方式的中心环节。然而，从我们的研究结论却发现高技术产业化专项工作难以提高企业在R&D投入上的努力程度，企业在自主创新投入上的意愿不足。可能的原因一方面是企业自身创新基础设施不足、创新能力薄弱、创新机制不完善，而且R&D投入具有资金密集和高风险等特征，使得企业不愿意在R&D上投入过多资金；另一方面可能是政府在产业化专项工作审批和监督过程中，对于企业R&D投入努力这一指标并不重视，导致多数高技术企业并不愿意增加在R&D上的投入，但是这种局面并不利于战略性新兴产业自主创新能力的提高。因此，在政府进一步支撑高技术产业化专项工作中，应当将企业R&D

投入占销售收入比重这一指标作为重要审批依据，纳入监督考核指标，重点支持自主研发能力强的企业获得高技术产业化专项投资。

（3）政府资助金的投资效果亟待改进：调整政府高技术产业化专项配置方式，加强中央与地方合理分工协调。目前政府资助金完全按照投资进行配置的项目管理方式亟待改变，这种方式诱致企业套用过多投资，从而引起重复配置、建筑造价过高、列入与项目无关投资等现象，导致了政府补助投资部分的低效率。在此建议，未来的政府高技术专项的国家资助金不宜完全按照投资进行配置，而要依照项目实施的难易程度、项目的重要性划分层次进行支持。而且，要尽快建立项目申报、审批和执行全过程相关信息的数据库，实行项目定期报告制度，及时跟踪项目执行情况，以准确掌握产业化项目的全面情况。中央与地方应合理分工协调，形成定期沟通机制，地方可以根据本省的区域特色高技术产业，提出本省发展的重点，中央可根据总体战略，在充分考虑地方特色的情况下，强化对地方工作的分类指导，有针对性地下达专项，鼓励地方发展具有区域特色的高技术产业，以避免中央与地方在发展战略思路上的错位。同时，地方政府部门应结合本地优势和发展重点，坚持高标准、严要求，做好项目的储备和初选工作。另外，中央政府应该对地方政府组织实施高技术专项工作进行有效监管，实施年度考核制度。

（4）政府在推动高技术产业化工作的同时，更应注重高技术产业化投融资体系和制度环境建设。在高技术产业化存在市场失灵，或战略性新兴产业与发达国家相比并无比较优势时，发挥政府的引导作用也是各国科技政策中的普遍做法。“十五”时期，高技术产业化专项政策形成了以项目为载体、以政府资金为引导、以企业投入为主体、以银行贷款和其他资金广泛参与的多渠道、多层次投融资体系，对中国战略性新兴产业培育发挥了积极作用。但是，从本章的实证结果可以看出，由于中央、地方和企业之间存在着信息不对称和政府资金的软预算约束，与银行贷款、其他社会资金以及企业自身资金相比，专项投资中政府资助金的使用效果并不理想。因此，从长期来看，政府更应该注重高技术产业化投融资体系和制度环境的建设，强调市场机制在高技术产业化中的主导地位。

参考文献

[1] Arrow，Kenneth. Economic Welfare and the Allocation of Resources for Invention，in the Rate and Direction of Inventive Activity. NBER，Princeton University Press，1962.

[2] BéRubé，Charles，Pierre Mohnen. Are Firms that Received R&D Subsidies More Innovative? Canadian Journal of Economics，2009（42）：206-225.

[3] Bhattacharya S.，Ritter J.. Innovation and Communication：Signalling with Partial Disclosure. Review of Economic Studies，1985（50）：331-346.

[4] Bottazzi L.，Darin M.，Hellmann T.. The Changing Face of the European Venture Capital Industry：Facts and Analysis. Journal of Private Equity，2004，7（2）：26-53.

[5] Branstetter L.，Sakakibara M.. Japanese Research Consortia：A Microeconometric Analysis of Industrial Policy. Journal of Industrial Economics，1998，46（2）：207-233.

[6] Braunerhjelm P..Venture Capital，Mångfald Och Tillväxt. Ekonomisk Debatt，1999，27，213-222.

[7] Brezis, Paul Krugman, Tsiddon. Leap-frogging in International Competition: A Theory of Cycles in National Technological Leadership. American Economic Review, 1993, 83 (5): 1211-1219.

[8] Caerteling, Jasper S., Johannes I. M., Halman, André G., Doré E.. Technology Commercialization in Road Infrastructure: How Government Affects the Variation and Appropriability of Technology. The Journal of Product Innovation Management, 2008 (25): 143-161.

[9] Cooper R.. Winning at New Products-Accelerating the Process from Idea to Launch. Perseus Publishing, Cambridge, 2001.

[10] Czarnitzki D., Fier A.. Do R&D Subsidies Matter? Evidence for the German Service Sector. ZEW Discussion Paper, 2001: 1-19.

[11] Czarnitzki D., Hussinger K.. The Link Between R&D Subsidies, R&D Spending and Technological Performance. ZEW Discussion Paper, 2004: 4-56.

[12] David, Paul A., Bronwyn H. Hall, Andrew A.. Toole. Is Public R&D a Complement or Substitute for Private R&D? A Review of the Econometric Evidence. Research Policy, 2000, 29 (4-5): 497-529.

[13] Duguet E.. Are Subsidies a Substitute or a Complement to Privately Funded R&D? Evidence from France Using Propensity Score Methods for Non-Experiment Data. Working Paper, University De Pair I, 2003: 75.

[14] Garcia-Quevedo J.. 200bsidies Complement Business R&D? Meta-Analysis of the Econometric Evidence. Kyklos, 2004, 57 (1): 87-102.

[15] Goldfarb B., Henrekson M.. Bottom-up Versus Top-down Policies Towards the Commercialisation of University Intellectual Property. Research Policy, 2003, 32 (4), 639-658.

[16] Gompers P., Lerner J.. The Venture Capital Revolution. Journal of Economic Perspectives, 2001 (2): 145-168.

[17] Gonzalez X., Pazo C.. Do Public Subsidies Stimulate Private R&D Spending? Research Policy, 2008, 37 (3): 371-389.

[18] Griliches Z., Regev H.. An Econometric Evaluation of High-tech Policy in Israel. Paper Presented at ATP-Conference in Washington, DC, 1998.

[19] Griliches, Zvi, Haim Regev.. R&D, Government Support and Firm Productivity in Israeli Industry. In Spivack R. N. (ed.) Papers and Proceedings of the Advanced Technology Program's International Conference on the Economic Evaluation of Technological Change. NIST Special Publication (SP952), 2001.

[20] Grossman, Helpman. Innovation and Growth in the Global Economy. Cambridge, MA: MIT Press, 1991.

[21] Guellec D., Pottelsberghe B.. The Effect of Public Expenditure to Business R&D. OECDSTI Working Paper, 2000.

[22] Guellec D., Van Pottelsberghe De La Potterie B.. The Impact of Public R&D Expenditure on Business R&D. Economics of Innovation and New Technology, 2003, 12 (3): 225-243.

[23] Hall Bronwyn, Alessandro Maffioli.. Evaluating the Impact of Technology Development Funds in Emerging Economies: Evidence from Latin America. European Journal of Development Research, Taylor and Francis Journals, 2008, 20 (2): 172-198.

[24] Hausmann R., Rodrik D., Velasco A.. Growth Diagnostics. Mimeo, 2005.

[25] Hsu F., Horng D., Hsueh C.. The Effect of Government-sponsored R&D Programs on Additionality in Recipient Firms in Taiwan. Technovation, 2009, 29, 204-217.

[26] Hu A. G.. Ownership, Private R&D, Government R&D, and Productivity in Chinese Industry. Journal of Comparative Economics, 2001 (29): 136–157.

[27] Irwin D., Klenow P.. High–tech R&D Subsidies–Estimating the Effects of Sematech. Journal of International Economics, 1996 (40): 323–344.

[28] Jacobsson, Staffan, Bergek, Anna.. Transforming the Energy Sector: The Evolution of Technological Systems in Renewable Energy Technology. Industrial and Corporate Change, 2004, 13 (5): 815–849.

[29] Jolly V. K.. Commercializing New Technologies: Getting from Mind to Market. Harvard Business School Press, Boston, 1997.

[30] Kaivanto K., Stoneman P.. Public Provision of Sales Contingent Claims Backed Finance on Smes: A Policy Alternative. Research Policy, 2007, 36, 637–651.

[31] Kaplan S. N., Stromberg P.. Venture Capitals as Principals: Contracting, Screening, and Monitoring. American Economic Review, 2001 (91): 426–430.

[32] Kerin R. A., Varadarajan P. R., Peterson R. A.. First–mover Advantage: A Synthesis, Conceptual Framework, and Research Propositions. Journal of Marketing, 1992, 56 (4): 33–52.

[33] Kindleberger C. P.. American Business Abroad: Six Lectures on Direct Investment. New Haven, Yale University Press, 1969.

[34] Klette T., Moen J.. From Growth Theory to Technology Policy: Coordination Problems in Theory and Practice. Nordic Journal of Political Economy, 1999 (25): 53–47.

[35] Klette T., Moen J., Griliches Z.. Do Subsidies to Commercial R&D Reduce Market Failures? Microeconometric Evaluation Studies. Research Policy, 2000 (29): 471–495.

[36] Koga T.. R&D Subsidy and Self–financed R&D: the Case of Japanese High–technology Start–ups. Small Business Economics, 2005 (24), 53–62.

[37] Lee, Chang–Yang.. The Differential Effects of Public R&D Support on Firm R&D: Theory and Evidence from Multicountry Data.Technovation, 2011 (31), 256–269.

[38] Lerner J.. The Government as Venture Capitalist: the Long–Run Impact of the SBIR Program. Mimeo, Harvard University, 1998.

[39] Levy D. P.. Estimating the Impact of Government R&D. Economic Letters, 1990, 32 (2): 169–173.

[40] Lichtenberg F. R.. R&D Investment and International Productivity Differences. In Siebert H. (Ed.), Economic Growth in the World Economy, Mohr, Tubingen, 1993: 89–110.

[41] Liu C. H.. Impact of Industrial Innovation Policy on the Competence of Taiwan's Petroleum Industry, Graduate Institute of Management of Technology. National Chiao Tung University, Unpublished MBA Thesis, 1996.

[42] Mamuneas, T., Nadiri I.. Public R&D Policies and Cost Behavior of the US Manufacturing Industries. Journal of Public Economics, 1996, 63 (1): 57–81.

[43] Nadiri.. Contributions and Determinants of Research and Development Expenditures in the US Manufacturing Industries. In Von Furstenberg G. (ed.), Capital, Efficiency and Growth, Ballinger Publishing Company, Cambridge, 1980: 361–392.

[44] Nelson R.. The Simple Economics of Basic Scientific Research. Journal of Political Economy, 1959 (49): 297–306.

[45] Peneder M.. The Problem of Private Under–investment Innovation: A Policy Mind Map. Technova–

tion, 2008 (28): 518-530.

[46] Roodman D.. Estimating Fully Observed Recursive Mixed-process Models with Cmp. Working Paper 168, Center for Global Development, 2009.

[47] Shrieves R. E.. Market Structure and Innovation: A New Perspective. The Journal of Industrial Economics, 1978 (26): 329-347.

[48] Svensson, Roger. Commercialization of Patents and External Financing Duringthe the R&D Phase. Research Policy, 2007 (36): 1052-1069.

[49] Wallsten S.. The Effects of Government-industry R&D Programs on Private R&D: The Case of the Small Business Innovation Research Program. RAND Journal of Economics, 2000, 31 (1), 82-100.

[50] 程华、赵祥：《政府科技资助对企业 R&D 产出的影响》，《科学学研究》，2008 年第 6 期。

[51] 黄霞：《何祚庥：高技术产业化发展建议——专访中国科学院院士何祚庥》，《中国科技投资》，2012 年第 1 期。

[52] 解维敏、唐清泉、陆姗姗：《政府 R&D 资助企业 R&D 支出与自主创新——来自中国上市公司的经验证据》，《金融研究》，2009 年第 6 期。

[53] 綦良群：《高新技术产业及其产业化系统的特征分析》，《工业技术经济》，2005 年第 2 期。

[54] 钱锋：《关于健全科技成果转化制度推进高技术产业化的提案》，《中国科技产业》，2011 年第 4 期。

[55] 王娅莉、杨宏进：《高技术产业化的技术获取与竞争力》，《科研管理》，2002 年第 1 期。

[56] 肖丁丁、朱桂龙等：《R&D 投入与产学研绩效关系的实证研究》，《管理学报》，2011 年第 5 期。

[57] 熊维勤：《税收和补贴政策对 R&D 效率和规模的影响——理论与实证研究》，《科学学研究》，2011 年第 5 期。

[58] 许治、师萍：《政府科技投入对企业 R&D 支出影响的实证分析》，《研究与发展管理》，2005 年第 3 期。

[59] 杨德伟、汤湘希：《政府研发资助强度对民营企业技术创新的影响——基于内生性视角的实证研究》，《当代财经》，2011 年第 12 期。

[60] 赵玉川：《高技术发展的理论探讨》，《科研管理》，2001 年第 1 期。

[61] 中国国际工程咨询公司：《"十五"高技术产业化工作总结总报告》，http: //www.news-chtf.com/gjh_10/zlfd/gjh10bjzl/200810/P020081007602603630579.doc，2008 年。

[62] 朱平芳、徐伟民：《政府的科技激励政策对大中型工业企业 R&D 投入及其专利产出的影响——上海市的实证研究》，《经济研究》，2003 年第 6 期。

作　者： 郑世林

第八章　结构调整、产业关联与低碳经济
——基于我国投入产出表的实证研究

“低碳经济”自2003年首次提出已有10年多的历史，在此期间，诸多学者对低碳经济进行了研究，对低碳经济的概念、内涵、特征等进行了论述。“低碳社会”、“低碳产业”、“低碳城市”和“低碳生活”等逐渐被人们熟知和认可。为了降低碳排放，各国纷纷响应，提出减排目标。中国政府也提出在2005年的基础上到2020年单位GDP碳排放降低40%~50%，是发展中国家中承诺减排力度最大的国家。中国正处于工业化的中期，工业发展迅速，能源消耗量巨大，中国已是世界上碳排放总量最大的国家，实现减排目标，任重道远。

经济发展阶段的不同，发展低碳经济的要求也不同。处于后工业化阶段的发达国家，碳排放主要来自消费领域，而我国处于工业化的中期阶段，碳排放主要来自生产领域，尤其是工业生产领域。因此，发达国家的低碳经济主要是降低消费领域的碳排放，我国的低碳经济则关键在于产业的低碳发展。2010年，我国生产领域排放二氧化碳占总排放量的89%，降低生产领域的碳排放是重中之重。

为了避免碳排放总量的过度增长，降低碳排放强度，提高碳生产力不可避免。降低碳排放强度的途径包括技术进步和结构调整。技术进步是广义的技术进步，包括能源利用效率的提高、管理水平的提高等，结构调整包括能源结构调整、产业结构调整，由于中国的能源种类禀赋，煤炭一直占据能源消费总量的66%以上，而清洁能源低于10%，因此产业结构调整是主要方面。

1996~2011年，中国碳排放总量的增长速度是7%，低于经济增长速度（在此期间经济增长率是10.1%），说明中国的碳生产率在不断提高。即使如此，中国也已成为世界碳排放第一大国。为了实现碳减排的目标，提高碳生产率，调整产业结构迫在眉睫。

第一节　碳排放研究文献综述

进入21世纪以来，我国学者对碳排放的研究较多。是通过技术进步还是产业结构调整降低碳排放，不同的学者得出了不同的结论。

李健、吴成霞和张吉辉（2012）采用因素分解法将碳排放强度分解为结构份额和效

率份额，分析了 1995~2009 年三次产业的结构份额和效率份额，解析三次产业、生活消费碳排放量与碳排放总量的关联度。结果表明技术效率是碳排放强度下降的主要因素，结构调整的作用较小，第二、第三产业依旧是影响碳排放总量的两大主要因素。

李艳梅、张雷和程晓凌（2010）通过构建因素分解分析模型，以 1980~2007 年为样本期，计量经济总量增长、产业结构演进和碳排放强度变化所产生的碳减排效应，研究结果表明：造成碳排放增加的因素是经济总量增长和产业结构变化，而产生碳减排效应的因素唯有碳排放强度降低。未来降低碳排放的主要途径是调整产业结构和降低各产业的碳排放强度，而后者的实现需要借助于能源效率的提高和能源结构的改善。

许广月（2011）利用 1990~2007 年 27 个省、直辖市、自治区的面板数据，估算了碳排放影响因素，结果表明我国碳排放的主要影响因素是产出规模、产业结构以及能源消费结构，而清洁技术水平是低效率的，没有发挥碳减排效应。同时，不同区域中影响碳减排因素的效果是有差异的。郭朝先（2012）用 LMDI 分解方法，对中国 1996~2009 年的碳排放进行分解，定量分析产业结构变动对碳排放变动的影响。研究结果认为未来产业结构变动将有助于减少碳排放。

郑长德和刘帅（2011）采用我国 30 个省份 2000~2008 年的相关数据，使用面板数据的分析方法对我国各省份的产业结构与碳排放的关系进行了实证分析，分析结果表明：总体上，经济增长是导致我国碳排放增加的主要因素，具体到各产业而言，第二产业对碳排放的影响最大，第一、第三产业的影响较小；此外，第二产业的发展结构也不合理，“三高”和对能源依赖较高的企业居多，应大力发展高新技术产业和低碳产业；各省份三次产业的发展结构也不尽合理，应鼓励发展第三产业，保持第一产业，改造第二产业。

施美霞（2010）从三次产业角度出发，研究中国排放与三次产业比重、产值之间的关系。研究将样本区间 1952~2004 年划分为 1952~1984 年和 1985~2004 年这两个阶段，采用聚类分析方法用以区分在不同历史时期不同产业政策下的排放规律，并定性分析三次产业比重对单位排放量的影响趋势，用回归分析方法具体阐述了排放量与三次产业产值之间的关系。结论显示，在不同时期不同国家政策和经济发展模式下，我国 CO_2 排放量与三次产业之间不具备始终如一的关系。三次产业中，第二产业比重越小，而第一、第三产业比重越大，单位 GDP 的 CO_2 排放量和 CO_2 排放总量越小。对于减排作用，第一阶段是第一产业比第三产业强，第二阶段则反之。从整体上看，第二阶段的 CO_2 排放量水平远高于第一阶段，但第二阶段各产业单位产值对 CO_2 排放量变化的影响则比第一阶段小。

刘再起和陈春（2010）选择全球具有代表性的 7 个国家（美、日、德、法、英、俄、中）的面板数据，运用与似乎不相关回归方法（SUR）类似的方法对各国产业结构调整对二氧化碳排放量影响的变系数不变截距模型进行实证分析，结果表明：各国产业结构的变化对碳排放量的影响程度不一，而且几乎所有产业的发展均会增加二氧化碳排放量，但第一、第二、第三产业的影响度逐次递减。从各国影响系数看，第三产业普遍小于第二产业，第二产业又小于第一产业，其逻辑推论是，低碳经济的发展模式要求有合理的产业结构，既可以维持经济增长又能保证低碳排放甚至零排放。因此要发展低碳经济，必须视国情合理选择主导产业，加快产业结构调整。

徐大丰（2011）从碳生产率的角度，运用中国 2007 年投入产出数据，计算各产业的影响力系数和碳排放的影响力系数，综合考虑各产业对国民经济的影响力和碳排放的影响力，提出了降低碳排放和经济稳定发展的产业结构调整方向和策略。

这些研究表明产业结构能影响碳排放，同时也说明经济发展阶段不同、产业结构不同对碳排放的影响程度不同。发展低碳经济需要关注产业结构的变化。但产业结构如何调整才能降低碳排放？是否仅仅调整产业结构就能有效地降低碳排放？

事实上，经济系统内部各产业之间存在复杂的关系，一个产业的变化必将引起其他产业的变化，因此，对产业结构的调整将产生连锁反应和波及效应，对整个经济系统产生的冲击将不可避免，在考虑碳减排，调整我国产业结构时，要充分考虑产业之间的关联特征。

第二节　碳排放和行业分布

一、碳排放的计算方法

在估算碳排放总量时，主要能源的消费数据可以从统计数据中直接获得，不同的学者或机构对这些能源的碳排放系数采取了不同的测算方法，得到的系数也是不同的。国际能源机构（IEA）的测算结果表明，煤炭、石油和天然气的碳排放系数分别为：0.702、0.478 和 0.389；全球气候变化基金会（GEF）测算的系数是：0.748、0.583 和 0.444；亚洲开发银行的测算结果是：0.726、0.583 和 0.409；日本能源经济研究所对这些系数的测算结果为：0.756、0.586 和 0.449；中国工程院测算的结果为：0.68、0.54 和 0.41；中国科委气候变化项目课题组测算的结果为：0.726、0.583 和 0.409；学者徐国泉测算的结果则为 0.7476、0.5825 和 0.4435。有的学者以这些数值的平均值为系数进行测算。可见，各类能源的二氧化碳排放系数的测算结果在学界还没有达成共识。事实上，能源的种类不同，碳排放系数虽然差异不大，但是当消费的能源达到千万吨甚至亿吨时，因系数不同而计算碳排放的差异数也是相当可观的。

为了准确计算各行业的碳排放量，本章采取政府间气候变化专门委员会/经济合作与发展组织（Intergovernmental Panel on Climate Change/Organization for Economic Co-operation and Development，IPCC/OECD）的研究结果，来计算 CO_2 的排放量。

$$
CO_2\text{排放量} = (\text{燃料表观消费量} \times \text{潜在碳排放因子} - \text{固碳量}) \\ \times \text{燃料燃烧过程中的碳氧化率}
$$

具体步骤如下：

（1）按燃料类型估计各种燃料消耗。

燃料表观消费量=生产量+进口量-出口量-国际航线加油-库存变化

在已有燃料表观消费量（实物量）的情况下，按折标准煤系数折算成按标准煤计的燃料消费量。各能源品种的折标准煤系数如表 8-1 所示。

（2）将燃料数据单位统一为通用能源单位 TJ。

燃料表观消费量（热量单位）=燃料表观消费量×换算系数（燃料热值）

每吨标准煤的燃料热值为 29307.6 兆焦耳，用通用能源单位 TJ（太焦耳）计的燃料热值转换系数则为 293.076TJ/10000tce（吨标煤）。

（3）为各种燃料类型选择潜在碳排放因子，估算燃料中的含碳量。

潜在碳排放因子是指燃料的单位热值含碳量。各燃料品种的潜在碳排放因子如表 8-1 所示。

燃料含碳量=燃料消费量（热量单位）×潜在碳排放因子（燃料的单位热值含碳量）

（4）估计产品中碳储藏量（在较长时期内储藏）。

化石燃料作为非能源目的，即用作原料或材料时，它内部的碳不会像燃料燃烧一样基本上以 CO_2 的形式排入空气中，有一部分会固定在产品中。固碳率即固定在产品中的碳占原料中总碳量的百分数。各燃料品种的固碳率如表 8-1 所示。

固碳量=用作原料、材料的燃料消耗量×含碳量×固碳率

（5）估算燃料的净碳排放量。

净碳排放量是指假定用于燃烧的化石燃料完全燃烧而排放的碳量。

净碳排放量=燃料总的含碳量-固碳量

（6）估算燃料的实际碳排放量。

不同的燃料，其燃烧过程中碳的氧化率不同。通常情况下，气体的碳氧化率高于液体的碳氧化率，液体的碳氧化率则高于固体氧化率。各燃料品种的系数如表 8-1 所示。

实际碳排放量=净碳排放量×燃料燃烧过程中的碳氧化率

表 8-1 各能源品种的有关参数

能源品种	原煤	洗精煤	其他洗煤	型煤	焦炭	焦炉煤气	其他煤气	原油	汽油
①	0.7143	0.9	0.5253	0.6068	0.9714	6.1417	2.8758	1.4286	1.4714
②	27.3	25.8	25.8	25.8	29.5	29.5	29.5	20	18.9
③	0.3	0.3	0.3	0.3	0.3	0.3	0.3	0.8	0.8
④	0.98	0.98	0.98	0.98	0.98	0.995	0.995	0.99	0.99
能源品种	煤油	柴油	燃料油	液化石油气	炼厂干气	天然气	其他石油制品	其他焦化产品	其他能源
①	1.4714	1.4571	1.4286	1.7143	1.5714	1.33	1.3107	1.154	
②	19.6	20.2	21.1	17.2	20	15.3	20	25.8	25
③	0.75	0.8	0.5	0.8	0.5	0.33	0.8	0.3	0.5
④	0.99	0.99	0.99	0.99	0.995	0.995	0.99	0.98	

注：表中①代表折标准煤系数，单位分别为，非气体：千克标准煤/千克；气体：千克标准煤/立方米。②代表潜在碳排放因子，单位为：t/TJ。③代表固碳率。④代表碳氧化率。

资料来源：施美霞（2010）。

(7) 把碳排放量转换成 CO_2 排放量。

实际 CO_2 排放量 = 实际碳排放量 × 44/12

基于各产业部门各种能源实际消耗量数据，根据上述方法和步骤可计算其实际 CO_2 排放量。

如果已知各产业部门折算成标准煤的能源实际消耗量（不包括作为原材料投入的能源消费量），也可以采取简化计算，直接用标准煤的潜在碳排放因子计算各产业部门能源消耗的碳排放量，再进一步转换为 CO_2 排放量。

二、数据来源和处理

本章利用中国投入产出表、投入产出延长表的数据和各行业能源消费的数据，计算各行业的碳排放数据，以此为根据计算各行业的产业影响力系数和碳排放影响力系数，为了满足碳减排的目标选择产业。

为了得到更全面准确的测算结果，本章各产业的能源消费包括所有种类化石能源，数据来自 2009 年和 2012 年《中国能源统计年鉴》，包括原煤、洗精煤、其他洗煤、型煤、焦炭、焦炉煤气、其他煤气、其他焦化产品、原油、汽油、煤油、柴油、燃料油、液化石油气、炼厂干气、其他石油制品、天然气 17 种。

增加值指标取自中国国家统计局公布的 2005 年和 2010 年投入产出延长表、2007 年投入产出表，并按照价格指数平减为 2005 年不变价。但是能源统计年鉴中的行业数与投入产出表中的行业数目、行业分类不完全相同，为此，根据内容相近的原则，综合能源统计与投入产出表的行业分类，将投入产出表和能源统计年鉴合并为 29 个行业，具体行业见表 8-2。

表 8-2 29 个行业名称

行业名称	行业名称	行业名称
农业	石油加工、炼焦及核燃料加工业	其他制造业
煤炭开采和洗选业	化学工业	废品废料
石油和天然气开采业	非金属矿物制品业	电力、热力的生产和供应业
金属矿采选业	金属冶炼及压延加工业	燃气生产和供应业
非金属矿采选业	金属制品业	水的生产和供应业
食品制造及烟草加工业	通用、专用设备制造业	建筑业
纺织业	交通运输设备制造业	交通运输、仓储和邮政业
服装皮革羽绒及其制品业	电气、机械及器材制造业	批发、零售业和住宿、餐饮业
木材加工及家具制造业	通信设备、计算机及其他电子设备制造业	其他行业
造纸印刷及文教用品制造业	仪器仪表及文化办公用机械制造业	

三、分行业碳排放情况

低碳发展涉及生产生活各个方面，与之相应的经济模式就是指以能源高效利用和清洁开发为基础，以低能耗、低污染、低排放为基本特征的发展模式。随着经济发展的低碳化和低碳生活方式深入人心，发达国家在能源消耗强度和二氧化碳排放强度逐步减小的同时，其在生产环节中的占比日趋降低，甚至在某些低碳化发展程度较高的国家，企业与居民的碳排放量之比是 3∶7，即 30%的碳是企业排放的，而 70%的碳是居民排放的。

对于我国这样的发展中国家来说，目前的能源消费和二氧化碳的排放则主要是企业，生活领域能源消费和碳排放相对较低。从 2005 年到 2010 年的数据分析也说明，中国在一个相当长的时期里，降低能耗，减少二氧化碳排放的主要压力在生产领域，大幅度降低产出中能源消耗和二氧化碳排放是中国目前实现低碳发展、减缓碳排放的核心任务。

对比表 8–3 和 8–4 可知，2010 年比 2007 年总能源消耗量增加了约 88943 万吨，同比增长 37.7%，其中生产能源增加 79690 万吨，同比增长 37.8%。二氧化碳排放量增加了 76632 万吨，同比增长 23.8%，其中生产领域排放增加了 76241 万吨，同比增长了 25.3%，说明生产领域的能源消费和碳排放增长速度均高于国民经济总的能源消费和碳排放增长速度，再次强调了降低能源消费和碳排放的重点在生产领域。

表 8–3　2005~2010 年中国能源消耗概况

年份	总能源消耗（万吨标准煤）	生活消费（万吨标准煤）	生产消费（万吨标准煤）	生活消费占比（%）	生产消费占比（%）
2005	235996.65	25305.43	210691.2	10.72	89.28
2007	280507.94	30813.90	249694.0	10.99	89.01
2010	324939.15	34557.94	290381.2	10.64	89.36

资料来源：根据《中国能源统计年鉴》（2009、2011）整理计算。

表 8–4　2005~2010 年中国二氧化碳排放概况

年份	总排放量（吨）	生活性排放（吨）	生产性排放（吨）	生活性排放占比（%）	生产性排放占比（%）
2005	3224688982	289042000.6	2935646981	8.96	91.04
2007	3369061715	309983433.4	3059078281	9.20	90.80
2010	3991008730	312953759.1	3678054971	7.84	92.16

资料来源：根据《中国能源统计年鉴》（2009、2011）整理计算。

当前中国的能源消耗和二氧化碳的排放主要发生在生产领域，为此，本着优化产业结构，提高能源效率，促进低碳发展的总体目标，需要进一步对中国各个行业的能源消耗、二氧化碳排放的总体状况及分布做出总体分析和评估。

从各产业能源消费看（参见表 8–5），从纵向看，2005 年、2007 年和 2010 年能源消费量最大的前三个行业依次为金属冶炼及压延加工业、化学工业和非金属矿物制品业。

前三个行业几乎占生产领域的能源消费的半壁江山。显然，降低我国能源消费总量，应着眼于前三个行业，尤其是金属冶炼及压延加工业，其能源消费占整个生产领域能源消费总量的 1/4。

表 8–5　我国 2005~2010 年分行业能源消费及占比

产　业	能源消费（万吨）			能源消费百分比（%）		
	2005	2007	2010	2005	2007	2010
农、林、牧、渔业	6071.06	6228.40	6477.30	2.88	2.49	2.23
煤炭开采和洗选业	7522.45	8269.88	10574.43	3.57	3.31	3.64
石油和天然气开采业	3710.92	3651.26	4057.55	1.76	1.46	1.40
金属矿采选业	1651.79	2159.21	2527.51	0.78	0.86	0.87
非金属矿及其他矿采选业	1029.52	1160.39	1239.90	0.49	0.46	0.43
食品制造及烟草加工业	4738.16	5334.07	5512.10	2.25	2.14	1.90
纺织业	5281.32	6528.30	6204.53	2.51	2.61	2.14
纺织服装、鞋、帽制造业	901.13	1099.11	1140.61	0.43	0.44	0.39
木材加工及家具制造业	887.89	1046.53	1245.28	0.42	0.42	0.43
造纸印刷及文教体育用品制造业	4053.98	4180.53	4563.73	1.92	1.67	1.57
石油加工、炼焦及核燃料加工业	11923.57	13445.30	16582.66	5.66	5.38	5.71
化学工业	29058.49	34415.24	36116.20	13.79	13.78	12.44
非金属矿物制品业	21310.46	23111.66	27683.25	10.11	9.26	9.53
金属冶炼及压延加工业	46948.06	61054.14	70375.16	22.28	24.45	24.24
金属制品业	2271.08	2852.64	3627.75	1.08	1.14	1.25
通用、专用设备制造业	3464.42	4228.67	5122.01	1.64	1.69	1.76
交通运输设备制造业	2043.13	2467.64	3748.85	0.97	0.99	1.29
电气机械及器材制造业	1213.20	1557.01	2121.53	0.58	0.62	0.73
通信设备、计算机及其他电子设备制造业	1482.64	1994.99	2525.15	0.70	0.80	0.87
仪器仪表及文化、办公用机械制造业	197.45	260.90	346.47	0.09	0.10	0.12
工艺品及工艺品及其他制造业	1330.45	1323.74	1505.08	0.63	0.53	0.52
废品废料	34.98	50.64	77.49	0.02	0.02	0.03
电力、热力的生产和供应业	16326.50	18892.27	22584.11	7.75	7.57	7.78
燃气生产和供应业	643.19	650.79	650.11	0.31	0.26	0.22
水的生产和供应业	698.76	796.48	970.36	0.33	0.32	0.33
建筑业	3403.31	4127.52	6226.30	1.62	1.65	2.14
交通运输、仓储和邮政业	18391.01	21959.18	26068.47	8.73	8.79	8.98
其他服务业	4847.75	5689.38	6826.82	2.30	2.28	2.35

资料来源：根据《中国能源统计年鉴》（2009、2011）整理计算。

从各产业二氧化碳的排放情况看（参见表 8–6），2005 年、2007 年和 2010 年排放量最大的前三个行业依次为金属冶炼及压延加工业、非金属矿物制品业和交通运输及仓储业。前三个行业几乎占生产领域的二氧化碳的排放量的 60%。显然，降低我国二氧化碳的生产性排放，应着眼于前三个行业，尤其是金属冶炼及压延加工业，其排放的二氧化碳占整个生产领域排放总量的 1/3。

表 8–6 我国 2005~2010 年分行业二氧化碳排放及占比

产 业	CO_2 排放量（万吨）			CO_2 排放百分比（%）		
	2005	2007	2010	2005	2007	2010
农、林、牧、渔业	7803	7634	7931	2.66	2.27	2.16
煤炭开采和洗选业	11382	13537	14422	3.88	4.02	3.92
石油和天然气开采业	2927	3222	2978	1.00	0.96	0.81
金属矿采选业	1007	1135	1406	0.34	0.34	0.38
非金属矿及其他矿采选业	1208	1336	1222	0.41	0.40	0.33
食品制造及烟草加工业	6540	6986	6906	2.23	2.07	1.88
纺织业	4435	4858	3834	1.51	1.44	1.04
纺织服装、鞋、帽制造业	908	964	864	0.31	0.29	0.23
木材加工及家具制造业	1053	1083	1090	0.36	0.32	0.30
造纸印刷及文教体育用品制造业	4669	4755	5086	1.59	1.41	1.38
石油加工、炼焦及核燃料加工业	17960	19437	21721	6.12	5.77	5.91
化学工业	27368	31820	30701	9.32	9.44	8.35
非金属矿物制品业	41999	44593	52964	14.31	13.24	14.40
金属冶炼及压延加工业	92250	112542	123152	31.42	33.40	33.48
金属制品业	1210	1309	1287	0.41	0.39	0.35
通用、专用设备制造业	3991	4819	5158	1.36	1.43	1.40
交通运输设备制造业	2072	2215	2530	0.71	0.66	0.69
电气机械及器材制造业	720	772	897	0.25	0.23	0.24
通信设备、计算机及其他电子设备制造业	539	554	651	0.18	0.16	0.18
仪器仪表及文化、办公用机械制造业	101	109	142	0.03	0.03	0.04
工艺品及工艺品及其他制造业	766	778	624	0.26	0.23	0.17
废品废料	30	33	80	0.01	0.01	0.02
电力、热力的生产和供应业	7182	7336	6896	2.45	2.18	1.87
燃气生产和供应业	720	766	437	0.25	0.23	0.12
水的生产和供应业	94	97	85	0.03	0.03	0.02
建筑业	5655	6596	10215	1.93	1.96	2.78
交通运输、仓储和邮政业	34485	41110	47029	11.75	12.20	12.79
其他服务业	4911	5525	5574	1.67	1.64	1.52

资料来源：根据《中国能源统计年鉴》（2009、2011）整理计算。

四、碳生产率的测算及行业差异

行业的碳生产率可以用各行业的增加值与二氧化碳排放总量的比值来表示，这一指标反映了为获取一定的产量所要付出的环境（碳排放）成本。利用上文提到的数据和方法计算各行业的碳生产率，见表 8-7。

表 8-7　我国各行业的碳生产率

单位：万元/吨，2005 年价

产　业	2005	2007	2010	产　业	2005	2007	2010
农业	2.957	3.292	4.098	通用、专用设备制造业	1.503	1.853	2.557
煤炭开采和洗选业	0.281	0.300	0.409	交通运输设备制造业	1.827	2.911	4.374
石油和天然气开采业	1.354	1.421	1.688	电气、机械及器材制造业	4.760	5.384	7.381
金属矿采选业	1.093	1.551	2.034	通信设备、计算机及其他电子设备制造业	8.193	13.037	15.34
非金属矿采选业	0.573	1.070	1.220	仪器仪表及文化办公用机械制造业	8.025	9.654	10.88
食品制造及烟草加工业	1.111	1.388	1.789	工艺品及其他制造业	1.295	1.855	2.518
纺织业	0.746	0.983	1.574	废品废料	40.733	97.843	49.04
服装皮革羽绒及其制品业	3.362	4.074	5.071	电力、热力的生产和供应业	0.874	1.143	1.423
木材加工及家具制造业	1.322	2.322	2.438	燃气生产和供应业	0.259	0.259	0.866
造纸印刷及文教用品制造业	0.573	0.736	0.798	水的生产和供应业	4.628	5.086	7.254
石油加工、炼焦及核燃料加工业	0.130	0.156	0.172	建筑业	1.792	2.092	1.301
化学工业	0.322	0.380	0.538	交通运输、仓储和邮政业	0.452	0.467	0.399
非金属矿物制品业	0.102	0.137	0.147	批发、零售业和住宿、餐饮业	3.610	4.284	3.745
金属冶炼及压延加工业	0.070	0.087	0.097	其他行业	4.185	5.203	4.503
金属制品业	1.920	2.718	3.270	行业平均	0.630	0.746	0.780

资料来源：作者自己计算。

表 8-7 表明，从纵向看，碳生产率在各个行业之间差异较大。2005 年，低于行业碳生产率平均数的行业包括煤炭开采和洗选业、非金属矿采选业、造纸印刷及文教用品制造业、石油加工、炼焦及核燃料加工业、化学工业、非金属矿物制品业、金属冶炼及压延加工业、燃气生产和供应业、交通运输、仓储和邮政业。2007 年，煤炭开采和洗选业、造纸印刷及文教用品制造业、石油加工、炼焦及核燃料加工业、化学工业、非金属矿物制品业、金属冶炼及压延加工业、燃气生产和供应业、交通运输、仓储和邮政业共 8 个行业的碳生产率低于行业平均碳生产率。2010 年，只有 6 个行业的碳生产率低于行业平均碳生产率：煤炭开采和洗选业、石油加工、炼焦及核燃料加工业、化学工业、非金属矿物制品业、金属冶炼及压延加工业、交通运输、仓储和邮政业。相比较而言，在这 3 个年度中，电气机械及器材制造业、通信设备、计算机及其他电子设备制造业、仪器仪表及文化办公用机械制造业的碳生产率较高。

从横向看，29 个行业中有 27 个行业的碳生产率有不同程度的提高，只有建筑业和交通运输、仓储和邮政业的碳生产率在下降，原因在于这两个行业的增加值增长速度低于能源消费的增长速度。2010 年与 2005 年相比，建筑业能源消费年均增长 12.8%，增加值年均增长只有 5.6%，交通运输、仓储和邮政业能源消费年均增长 7.2%，增加值年均增长只有 3.8%，能源效率的下降使得碳生产率也在下降。

从碳生产率的角度看，碳生产率低的行业似乎应该成为产业结构调整的对象；而通信设备、计算机及其他电子设备制造业等碳排放低、高增加值的行业应该成为低碳经济发展中大力促进的行业。然而，由于产业之间存在复杂的关联关系，在进行产业结构调整时，既要考虑降低碳排放，促进低碳经济发展的需要，又要考虑经济增长稳定性的要求，需要考察各行业对国民经济的影响力和各行业对国民经济碳排放的影响力。

第三节　产业结构变动与碳排放

一、产业结构变动

利用 2002 年、2005 年、2007 年和 2010 年中国的投入产出表相关数据，分析和评估 2002 年以来我国产业发展及其结构相对变动的关系，呈现如下的趋势和特征（参见表 8-8）：

（1）无论从总产出还是从最终产出来看，中国农业在产出中的比重逐年下降（2002 年农业在总产出和最终产出中的比重分别由 9.12%和 8.24%下降到 2010 年的 5.53%和 3.448%）。说明我国工业发展迅速，农业在国民经济中的地位迅速下降。

（2）传统工业中石油和天然气开采业、非金属矿开采业、纺织业、服装皮革羽绒及其制品业、木材加工及家具制造业、造纸印刷及文教用品制造业自 2002 年以来在总产出中的比重较小，并且呈现下降趋势。说明我国改造传统工业大力发展现代制造业已初见成效。

（3）石油加工、炼焦及核燃料加工业，化学工业，非金属矿物制品业，金属冶炼及压延加工业，金属制品业 5 个行业在 2002 年占总产出的比重之和是 17.49%，2010 年是 21.56%，说明我国仍然处于工业中期阶段，经济建设需要大量能源、钢材和建材。

（4）通用、专用设备制造业，交通运输设备制造业，电气、机械及器材制造业，通信设备、计算机及其他电子设备制造业，仪器仪表及文化办公用机械制造业等现代制造业在总产出中的比重较大，总计超过 10%，也呈现不断增长的趋势，基本符合中国大力发展现代制造业的目标。

（5）交通运输及仓储业、邮政业呈现稳中有升趋势，说明我国现代化物流体系已初见成效，国际物流、市域物流、城市物流配送一体化物流体系逐步形成，我国地域宽广，大力发展现代物流成为提升现代服务业的一大目标。

（6）批发和零售、住宿和餐饮业和其他服务业的总产出比重不断下降，一是说明我国传统服务业的发展有待提升，二是现代服务业（比如金融保险业、房地产业、租赁和商务服务业、旅游业、科学研究事业，这 5 个行业的产出比重虽然有所提高，但仍不足 10%）在国民经济中的地位还较低，发展高端商务和各类专业化商务服务，推进自主创新，改善公共技术支撑和服务支撑等方面还有较大差距，成果不显著。

（7）建筑业虽然呈现下降趋势，但其在国民经济中所占比重按最终产出衡量在 28 个行业（其他服务业包括服务业 11 个行业，不具有可比性）中仍然是最大的。随着中国经济社会稳定持续发展，建筑业在经济社会和产业发展中所具有的举足轻重的地位在可预见的将来还是不可动摇的。为此，从促进低碳发展、降低能源和资源消耗角度，促进建筑业技术进步，提高建筑业能源和资源利用效率，优化建筑业能源消费结构应成为中国建筑业未来发展的主要方向。

表 8-8　2005~2010 年我国产业结构相对比重

产　业	总产出结构向量				最终使用结构向量			
	2002	2005	2007	2010	2002	2005	2007	2010
农业	0.0912	0.0727	0.0597	0.0553	0.0824	0.0535	0.0420	0.0344
煤炭开采和洗选业	0.0128	0.0134	0.0118	0.0161	0.0036	-0.0044	0.0012	0.0010
石油和天然气开采业	0.0104	0.0105	0.0116	0.0093	0.0012	0.0005	0.0007	0.0006
金属矿采选业	0.0046	0.0060	0.0075	0.0091	0.0003	0.0047	0.0006	0.0014
非金属矿采选业	0.0051	0.0042	0.0047	0.0043	0.0012	0.0004	0.0005	0.0004
食品制造及烟草加工业	0.0462	0.0483	0.0510	0.0538	0.0563	0.0605	0.0578	0.0624
纺织业	0.0287	0.0291	0.0308	0.0260	0.0241	0.0239	0.0260	0.0193
服装皮革羽绒及其制品业	0.0212	0.0225	0.0221	0.0193	0.0349	0.0387	0.0339	0.0291
木材加工及家具制造业	0.0126	0.0110	0.0134	0.0120	0.0080	0.0080	0.0124	0.0095
造纸印刷及文教用品制造业	0.0225	0.0200	0.0182	0.0166	0.0102	0.0103	0.0082	0.0066
石油加工、炼焦及核燃料加工业	0.0194	0.0229	0.0257	0.0241	0.0024	0.0081	0.0043	0.0043
化学工业	0.0688	0.0743	0.0757	0.0744	0.0261	0.0217	0.0298	0.0278
非金属矿物制品业	0.0185	0.0293	0.0278	0.0320	0.0056	0.0066	0.0054	0.0053
金属冶炼及压延加工业	0.0490	0.0579	0.0746	0.0655	0.0032	0.0076	0.0171	0.0093
金属制品业	0.0191	0.0194	0.0216	0.0196	0.0119	0.0113	0.0150	0.0091
通用、专用设备制造业	0.0415	0.0461	0.0482	0.0529	0.0524	0.0705	0.0650	0.0665
交通运输设备制造业	0.0308	0.0325	0.0403	0.0469	0.0292	0.0367	0.0473	0.0655
电气、机械及器材制造业	0.0227	0.0303	0.0332	0.0366	0.0244	0.0329	0.0403	0.0459
通信设备、计算机及其他电子设备制造业	0.0414	0.0519	0.0503	0.0452	0.0619	0.0854	0.0821	0.0678
仪器仪表及文化办公用机械制造业	0.0054	0.0069	0.0060	0.0057	0.0124	0.0231	0.0135	0.0112
工艺品及其他制造业	0.0065	0.0069	0.0076	0.0067	0.0075	0.0085	0.0106	0.0117
废品废料	0.0027	0.0023	0.0053	0.0042	0.0000	0.0000	0.0001	0.0001
电力、热力的生产和供应业	0.0252	0.0374	0.0385	0.0349	0.0080	0.0060	0.0071	0.0057
燃气生产和供应业	0.0012	0.0013	0.0014	0.0018	0.0011	0.0014	0.0010	0.0020
水的生产和供应业	0.0018	0.0018	0.0014	0.0014	0.0010	0.0007	0.0010	0.0018
建筑业	0.0898	0.0736	0.0766	0.0817	0.1847	0.1613	0.1780	0.1961
交通运输、仓储和邮政业	0.0466	0.0646	0.0396	0.0528	0.0254	0.0502	0.0247	0.0339

续表

产　业	总产出结构向量				最终使用结构向量			
	2002	2005	2007	2010	2002	2005	2007	2010
批发、零售业和住宿、餐饮业	0.0775	0.0563	0.0533	0.0516	0.0692	0.0612	0.0598	0.0534
其他服务业	0.1767	0.1463	0.1420	0.1401	0.2515	0.2108	0.2147	0.2181

资料来源：根据投入产出表数据整理得出。

二、各产业对国民经济的影响力及对碳排放的影响力分析

根据我国投入产出表的数据，计算各产业的影响力系数。采取类似于投入产出产业影响力系数计算的方法，设计各产业对我国碳排放的影响力系数的算法，综合各产业对国民经济的影响力系数及对碳排放的影响力系数，分析促进低碳经济发展的产业结构调整方向。

（一）产业影响力系数的计算

影响力系数也称为带动度系数，是指某部门增加产出满足社会需求，每增加一个单位最终需求时，对国民经济各部门产生的增加产出的影响。它是衡量产业与处于产业链上游环节的联系即后向联系广度和深度的指标，也称为后向关联系数。计算公式是：

$$F_j = \frac{\bar{b}_j}{\frac{1}{n}\sum_{j=1}^{n}(\bar{b}_j)} \tag{8-1}$$

其中，分子为列昂惕夫逆矩阵的第 j 列之和；分母为列昂惕夫逆矩阵列和的平均值。

影响力系数大于 1 时，表示第 j 部门的生产对其他部门所产生的波及影响程度超过社会平均影响水平（各部门所产生的波及影响的平均值）；影响力系数等于 1 时，表示第 j 部门的生产对其他部门所产生的波及影响程度等于社会平均的影响力水平；影响力系数小于 1 时，表示第 j 部门的生产对其他部门所产生的波及影响程度低于社会平均影响力水平。显然，影响力系数越大，第 j 部门对其他部门的拉动作用越大。

（二）碳排放影响力系数的计算

按照碳排放影响力概念的要求，碳排放的影响力系数应该反映某行业增加一个单位的最终使用时，对国民经济碳排放的影响程度。这一概念的作用与产业影响力系数的作用有相通之处。仿照产业影响力系数的算法设计产业碳排放的影响力系数。

当一个行业增加一个单位的最终使用时，会引发对其他行业产品的需求，在需求的作用下，其他行业会进行生产，在生产的过程中会进行碳排放。因此，某行业增加一个单位最终使用时，所引起的碳排放总量应该是所有行业为满足这一单位最终需求而进行生产时碳排放的总和。记 C 为由各行业的碳生产率组成的对角矩阵，即：

$$C=\begin{bmatrix} C1 & 0 & 0 & 0 & 0 \\ 0 & C2 & 0 & 0 & 0 \\ 0 & 0 & C3 & 0 & 0 \\ 0 & 0 & 0 & C4 & 0 \\ 0 & 0 & 0 & 0 & Cn \end{bmatrix}_{n\times n}$$

其中，C_j 是第 j 行业的碳生产率，记 $\bar{B}_c=C^{-1}\bar{B}$ 则第 j 行业增加一个单位最终使用所引起的社会碳排放总和为矩阵的第 j 列的和。碳排放影响力系数如下：

$$CF_j=\frac{c\bar{b}_j}{\frac{1}{n}\sum_{j=1}^{n}(c\bar{b}_j)} \tag{8-2}$$

其中，分子为矩阵第 j 列的行和，表示行业 j 的碳排放产业影响力系数，反映了相对于国民经济总体而言，在考虑到产业关联时，行业 j 碳排放的影响力。

（三）计算结果和分析

根据 2007 年投入产出表、2005 年和 2010 年投入产出延长表的数据，以及各行业的碳生产率，计算 2005 年、2007 年和 2010 年的产业影响力系数和碳排放影响力系数，见表 8-9。

表 8-9　产业影响力系数和碳排放影响力系数

行　业	产业影响力系数			碳排放影响力系数		
	2005	2007	2010	2005	2007	2010
农业	0.698	0.680	0.677	0.309	0.296	0.303
煤炭开采和洗选业	0.891	0.848	0.825	1.177	1.137	0.947
石油和天然气开采业	0.638	0.734	0.730	0.499	0.679	0.610
金属矿采选业	0.992	0.973	0.975	1.083	1.071	0.748
非金属矿采选业	1.029	0.921	0.986	0.979	0.855	0.876
食品制造及烟草加工业	0.923	0.927	0.947	0.403	0.410	0.478
纺织业	1.115	1.140	1.096	0.665	0.699	0.662
服装皮革羽绒及其制品业	1.105	1.137	1.147	0.514	0.556	0.582
木材加工及家具制造业	1.091	1.072	1.127	0.689	0.647	0.780
造纸印刷及文教用品制造业	1.092	1.082	1.106	0.802	0.802	1.005
石油加工、炼焦及核燃料加工业	0.954	0.975	0.944	3.014	2.838	1.353
化学工业	1.142	1.145	1.139	1.184	1.266	1.211
非金属矿物制品业	1.069	1.033	1.090	1.430	1.326	2.331
金属冶炼及压延加工业	1.131	1.134	1.140	2.032	1.778	3.170
金属制品业	1.170	1.179	1.197	1.263	1.186	1.687
通用、专用设备制造业	1.156	1.164	1.177	1.065	0.976	1.425
交通运输设备制造业	1.211	1.242	1.232	0.953	0.858	1.165
电气、机械及器材制造业	1.200	1.248	1.248	1.050	1.048	1.537

续表

行业	产业影响力系数			碳排放影响力系数		
	2005	2007	2010	2005	2007	2010
通信设备、计算机及其他电子设备制造业	1.372	1.337	1.318	0.784	0.696	0.871
仪器仪表及文化办公用机械制造业	1.237	1.249	1.229	0.839	0.734	0.930
工艺品及其他制造业	1.058	1.079	1.089	0.763	0.775	0.679
废品废料	0.331	0.442	0.441	0.001	0.100	0.736
电力、热力的生产和供应业	1.004	1.033	1.041	2.462	3.221	0.797
燃气生产和供应业	1.005	0.967	0.952	1.733	1.499	0.753
水的生产和供应业	0.884	0.838	0.851	0.861	0.915	0.467
建筑业	1.080	1.114	1.083	0.875	0.986	1.391
交通运输、仓储和邮政业	0.886	0.832	0.849	0.831	0.947	0.887
批发、零售业和住宿、餐饮业	0.711	0.732	0.661	0.309	0.331	0.262
其他服务业	0.824	0.744	0.705	0.430	0.370	0.360

资料来源：根据投入产出表数据和能源统计年鉴数据计算得出。

从产业影响力系数和碳排放影响力系数的变化趋势看，二者基本一致。也就是说，若某一行业产业影响力系数增大，碳排放影响力系数也增大；反之亦然。

（1）根据计算结果，综观 2005 年、2007 年和 2010 年的产业影响力系数，发现只有非金属矿及其他矿采选业及燃气生产和供应业的产业影响力系数从大于 1 降为小于 1，由主导产业变化为非主导产业，即从对国民经济有影响的行业变为有较小影响的行业，在国民经济中的地位大大下降。其他行业的产业影响力系数虽然有所变化，但不影响其在国民经济中的地位。

（2）综观 2005 年、2007 年和 2010 年的碳排放影响力系数，发现碳排放影响力系数大于 1 的行业基本是重化工业，比如石油加工、炼焦及核燃料加工业，化学工业，非金属矿物制品业，金属冶炼及压延加工业，金属制品业等行业。服务业的碳排放影响力系数都小于 1。

（3）碳排放影响力系数有根本变化的行业包括煤炭开采和洗选业，金属矿采选业，造纸印刷及文教用品制造业，交通运输设备制造业，电力、热力的生产和供应业，燃气生产和供应业，建筑业。其中，造纸印刷及文教用品制造业、交通运输设备制造业和建筑业的碳排放影响力系数从小于 1 升为大于 1，对整个国民经济碳排放影响变大。煤炭开采和洗选业，金属矿采选业，电力、热力的生产和供应业，燃气生产和供应业的碳排放影响力系数从大于 1 降到小于 1，对整个国民经济碳排放影响变小。

（4）值得注意的是，化学工业，非金属矿物制品业，金属冶炼及压延加工业，金属制品业，通用、专用设备制造业，交通运输设备制造业，电气、机械及器材制造业等行业的碳排放影响力系数较大，而且不断提高。尤其是非金属矿物制品业和金属冶炼及压延加工业的碳排放影响力系数在 2010 年都大于 2，对整个国民经济的影响力也较大，产业影响力系数都大于 1。这些行业排放的碳占全部行业碳排放的比重，2005 年是 57.78%，2007 年是 58.79%，2010 年是 58.91%，而这些行业的最终使用占最终使用总量的比重，2005 年是 18.7%，2007 是 21.99%，2010 年是 22.9%。这些行业单位最终使用的增加，对我国国民经济的碳排放的影响力巨大，如果仅从降低碳排放的角度来看，这些行业是理所当然的调整对象。

（5）碳排放影响力系数的变化与影响力系数的变化大部分一致，只有化学工业，通信设备、计算机及其他电子设备制造业，仪器仪表及文化办公用机械制造业，工艺品及其他制造业，电力、热力的生产和供应业，交通运输、仓储和邮政业 6 个行业不一致。

（四）影响力系数矩阵

根据影响力系数的大小生成影响力系数矩阵见表 8-10、表 8-11 和表 8-12。对碳排放影响力系数较大的这些行业进行限产或转型是非常有必要的，从长期来看，通过技术进步，促使这些行业转型，利用技术降低碳排放无疑是实现低碳经济的根本途径。

产业影响力和碳排放的影响力系数都小于 1 的行业，表明此行业对国民经济的影响力较小，碳排放的影响力系数也较小，对这些行业进行产业结构的调整虽然不会对经济增长产生过大的影响，但是对降低碳排放的作用也比较有限。产业影响力系数大于 1，碳排放影响力系数小于 1 的行业，表明此行业对国民经济的影响力较大，但是碳排放的影响力系数较小，这些行业的大力发展将促进国民经济增长，同时也不会对碳排放造成较大的压力。产业影响力系数大于 1，碳排放的影响力系数都大于 1 的行业，表明这些行业对国民经济的影响力较大，但同时对碳排放的影响力系数也较大，这些行业的大力发展将促进经济增长，同时也会带来碳排放造成的较大压力。产业影响力系数小于 1，碳排放的影响力系数大于 1 的行业，表明此行业对国民经济的影响力较小，但是碳排放的影响力系数较大，这些行业的发展对促进经济增长的作用有限，对碳排放造成较大的压力。

根据上文的分析，表 8-10、表 8-11 和表 8-12 中的列Ⅱ是大力发展的行业，2010 年与 2005 年和 2007 年相比，少了非金属矿采选业、交通运输设备制造业和建筑业，说明我国产业结构的变动对发展低碳经济并非有利。

列Ⅲ的行业是进行产业结构调整时应该重点关注的行业。因为这些行业对国民经济影响大，同时碳排放也造成了较大的压力，如何在保证经济持续增长的情况下，避免碳排放的过度增长是关键所在。2010 年与 2005 年相比，增加的行业有造纸印刷及文教用品制造业、交通运输设备制造业、建筑业，减少的行业包括电力、热力的生产和供应业及燃气生产和供应业。这些行业的产业影响高于国民经济平均水平，同时碳排放的影响力也高于平均水平，若大力发展，在经济增长的同时，碳排放的压力也较大。从降低碳排放的角度讲，应该有计划地限制这些行业的发展或者是转型，或者提高碳生产率，以降低碳排放总量。

列Ⅳ的行业从影响力系数看，是应该大力限制的行业，比较 2005 年、2007 年和 2010 年，发现均是资源开采和加工行业，并且 2010 年只有石油加工、炼焦及核燃料加工业一个产业，并且其碳生产率极低，提高能源效率，降低碳排放是重中之重。

通过以上分析，在节能减排实施低碳经济的过程中，进行产业结构调整需充分考虑产业间的关联，将碳排放影响力系数与产业影响力系数结合起来分析，以得出合理的方案。例如，建筑业的碳生产率在 29 个行业中不是最低的，但是此行业碳排放的影响力系数很大，在考虑产业关联后，此行业却应该纳入产业结构调整的范围。

表 8-10　我国 2005 年影响力系数矩阵

产业影响力系数 < 1，碳排放影响力系数 < 1 Ⅰ	产业影响力系数 > 1，碳排放影响力系数 < 1 Ⅱ	产业影响力系数 > 1，碳排放影响力系数 > 1 Ⅲ	产业影响力系数 < 1，碳排放影响力系数 > 1 Ⅳ
农业，石油和天然气开采业，食品制造及烟草加工业，废品废料，水的生产和供应业，交通运输，仓储和邮政业，批发，零售业和住宿，餐饮业，其他服务业	非金属矿采选业，纺织业，服装皮革羽绒及其制品业，木材加工及家具制造业，造纸印刷及文教用品制造业，交通运输设备制造业，通信设备，计算机及其他电子设备制造业，仪器仪表及文化办公用机械制造业，工艺品及其他制造业，建筑业	化学工业，非金属矿物制品业，金属冶炼及压延加工业，金属制品业，通用，专用设备制造业，电气，机械及器材制造业，电力，热力的生产和供应业，燃气生产和供应业	煤炭开采和洗选业，金属矿采选业，石油加工，炼焦及核燃料加工业

表 8-11　我国 2007 年影响力系数矩阵

产业影响力系数 < 1，碳排放影响力系数 < 1 Ⅰ	产业影响力系数 > 1，碳排放影响力系数 < 1 Ⅱ	产业影响力系数 > 1，碳排放影响力系数 > 1 Ⅲ	产业影响力系数 < 1，碳排放影响力系数 > 1 Ⅳ
农业，石油和天然气开采业，食品制造及烟草加工业，废品废料，水的生产和供应业，交通运输，仓储和邮政业，批发，零售业和住宿，餐饮业，其他服务业，燃气生产和供应业	非金属矿采选业，纺织业，服装皮革羽绒及其制品业，木材加工及家具制造业，造纸印刷及文教用品制造业，通用，专用设备制造业，交通运输设备制造业，通信设备，计算机及其他电子设备制造业，仪器仪表及文化办公用机械制造业，工艺品及其他制造业，建筑业	化学工业，非金属矿物制品业，金属冶炼及压延加工业，金属制品业，电气，机械及器材制造业，电力，热力的生产和供应业	煤炭开采和洗选业，金属矿采选业，石油加工，炼焦及核燃料加工业

表 8-12　我国 2010 年影响力系数矩阵

产业影响力系数<1，碳排放影响力系数<1 Ⅰ	产业影响力系数>1，碳排放影响力系数<1 Ⅱ	产业影响力系数>1，碳排放影响力系数>1 Ⅲ	产业影响力系数<1，碳排放影响力系数>1 Ⅳ
农业，煤炭开采和洗选业，石油和天然气开采业，金属矿采选业，非金属矿采选业，食品制造及烟草加工业，废品废料，燃气生产和供应业，水的生产和供应业，交通运输、仓储和邮政业，批发，零售业和住宿，餐饮业，其他服务业	纺织业，服装皮革羽绒及其制品业，木材加工及家具制造业，通信设备，计算机及其他电子设备制造业，仪器仪表及文化办公用机械制造业，工艺品及其他制造业，电力，热力的生产和供应业	造纸印刷及文教用品制造业，化学工业，非金属矿物制品业，金属冶炼及压延加工业，金属制品业，通用，专用设备制造业，交通运输设备制造业，电气，机械及器材制造业，建筑业	石油加工，炼焦及核燃料加工业

第四节　研究结论和政策建议

一、研究结论

（一）只考虑降低碳排放情况下的产业结构调整方向的选择

表 8-7 显示，石油加工、炼焦及核燃料加工业，化学工业，非金属矿物制品业，金属冶炼及压延加工业等碳生产率较低的行业，碳排放的影响力系数较高。这些行业单位最终使用的增加，对我国国民经济的碳排放的影响力巨大。如果仅从降低碳排放的角度来看，这些行业是理所当然的调整对象。食品制造及烟草加工业，纺织业，服装皮革羽绒及其制品业，木材加工及家具制造业，通信设备、计算机及其他电子设备制造业，仪器仪表及文化办公用机械制造业，工艺品及工艺品及其他制造业，水的生产和供应业，批发、零售业和住宿、餐饮业，其他服务业的碳生产率较高，碳排放的影响力系数也较小，这些行业是发展低碳经济的过程中应该大力发展的行业。

上述的分析可以看出，在进行产业结构调整时，要充分考虑国民经济各部门之间的相互联系，把行业的碳生产率与行业的碳排放影响力系数结合起来分析，研究行业对发展低碳经济的影响。

（二）经济稳定发展和低碳发展下的产业结构调整

从经济发展和降低碳排放总量的角度讲，我国应该发展的行业包括纺织业，服装皮革羽绒及其制品业，木材加工及家具制造业，通信设备、计算机及其他电子设备制造业，仪器仪表及文化办公用机械制造业，工艺品及其他制造业，电力、热力的生产和供应业。

为了降低碳排放总量，又要保持经济发展的平稳，我国有计划地发展和转型的行业包括造纸印刷及文教用品制造业，化学工业，非金属矿物制品业，金属冶炼及压延加工业，金属制品业，通用、专用设备制造业，交通运输设备制造业，电气、机械及器材制造业，建筑业。

值得一提的是，由于服务业细分行业的能源数据缺乏，其他服务业包括了很多细分行业，这些细分行业的地位并不同等重要，有些服务业的碳排放也相当高，对国民经济的影响也较小，这些行业在产业结构调整中同样需要区别对待，也因此不能对服务业合理发展提出合适建议。

二、政策建议

（1）国民经济各部门是相互关联的，经济活动是复杂多变的，在发展低碳经济的过程中，仅关注行业本身的碳排放是不够的，必须考虑产业关联对碳排放的连锁反应。在实际经济活动中，某一行业的碳排放较少，但是如果此行业对高碳排放行业产品的需求较强，那么这个行业也必须是产业结构调整的对象。相反，如果一个行业虽然本身的能耗较大，但是此行业的下游行业的碳排放较小，那么，此行业并不应该成为产业结构调整的主要对象。

（2）由于产品之间的差异性和不可补偿性，有些行业的产品是不可代替的，而这些行业的碳排放影响力系数较高，限制这些行业的发展是不可能，只有通过产业升级、技术进步的方式来降低碳排放。这也从另外一个角度给发展低碳经济方式在行业层面的选择提供了一定的启示：在全社会资源一定的条件下，对那些碳排放很高，但是其产品是社会生产必须的，社会产品不具有可替代性的行业，应该大力发展低碳技术，通过技术进步促进低碳经济的发展；而那些碳排放的影响力系数很高、产业的影响力系数较低、其产品具有可替代性的行业，产业结构调整将可以有效降低碳排放。

（3）在发展低碳经济的过程中，在不违背产业演变规律的前提下，既要保持经济发展的平稳，又要降低各产业的碳排放总量，需要全面考虑产业影响力系数和碳排放影响力系数，不能厚此薄彼，否则，不仅影响经济的发展，碳排放也会受到影响。

参考文献

[1] 李健、吴成霞、张吉辉：《产业结构和效率份额对碳排放的影响及关联分析》，《中国科技论坛》，2012 年第 6 期。

[2] 李凯杰、曲如晓：《技术进步对碳排放的影响》，《北京师范大学学报》（社会科学版），2012 年第 5 期。

[3] 李艳梅、张雷、程晓凌：《中国碳排放变化的因素分解与减排途径分析》，《资源科学》，2010 年第 32 期。

[4] 许广月：《我国碳排放影响因素及其区域比较研究——基于省域面板数据》，《财经论丛》，2011 年第 2 期。

[5] 郭朝先：《产业结构变动对中国碳排放的影响》，《中国人口·资源与环境》，2012 年第 22 期。

[6] 施美霞：《中国碳排放与经济发展的关联研究》，浙江大学硕士学位论文，2010 年。

[7] 李健、周慧：《中国碳排放强度与产业结构的关联分析》，《中国人口·资源与环境》，2012 年第 22 期。

[8] 郑长德、刘帅：《产业结构与碳排放：基于中国省际面板数据的实证分析》，《开发研究》，2011 年第 2 期。

[9] 徐大丰：《碳生产率、产业关联与低碳经济结构调整——基于我国投入产出表的实证分析》，《软科学》，2011 年第 25 期。

[10] 廖明球：《投入产出及其扩展分析》，北京：首都经济贸易大学出版社，2009 年版。

[11] 孟彦菊、成蓉华、黑韶敏：《碳排放的结构影响与效应分解》，《统计研究》，2013 年第

30期。

[12] 徐国泉、刘则渊、姜照华:《中国碳排放的因素分解模型及实证分析》,《中国人口·资源与环境》,2006年。

作 者: 刘建翠

第九章 面向经济复杂性的建模计算及政策模拟应用

自亚当·斯密的《国富论》算起，经济学已有200多年的发展历史，与各个时期人类经济活动主题和实践需求紧密相连、相互推进，有鲜明的时代特征并逐步汇聚成理论主线贯穿的脉络体系。新古典学派主导的现代主流经济学，与市场经济的兴起和发展共生相伴，重点研究资源配置效率及相关问题，理性与均衡是其核心元素，已形成相对自恰、严整的理论体系及相应的方法论，在经济发展实践中发挥着重要作用。然而，当今经济异象频现、行为方式异化、复杂特征凸显，屡屡对经典理论和方法造成了强烈的冲击与挑战，迫使和触发了人们对经济学研究的全面反思、重新聚焦及走向定位，探究经济复杂之谜。

第一节 现实经济日趋复杂的表象与成因

一、经济复杂现象凸显及趋势

经济活动与人类历史一样久远，经济一词来源于希腊文，它最初被狭义地界定为对家庭事务的管理，特别是指家庭收入的供应和管理，其中家庭并非是我们现代意义的家庭，而是包括生产、消费、研究的整个经济过程（李茂生，2006）。随着时代的发展，经济的含义越来越丰富、越来越复杂，使得相应的研究逐渐成为一门独立的学科，即经济学。以市场经济为主要研究对象的现代经济学在行为基石上研究人类面对稀缺资源时的选择问题，其本质是对人类行为选择的研究（并未排斥心理因素），在理性行为假设的基础上建立了一般均衡体系。20世纪80年代复杂性科学的兴起，为经济研究带来了有益启示和强烈冲击，使得一般均衡理论遭到质疑，经济系统的非线性、开放式、多层次、动态性等显著的非均衡特征在被主流经济学忽略了许久之后，重新回到了研究人员的视野，经济复杂性受到了广泛而又深入的关注（Arthur，1994、1999、2014；Kirman，2011；王国成，2014a）。人类社会发展至今，生产方式及生活水平表现出由无到有、由简单到复杂、由低级到高级的动态趋势，使经济系统也日益复杂化，由最初的原始社会中简单的生产、消费、分配和交换形式，伴随着社会生产力及生产关系的不断发展变化而表现出不同的形态，并且将继续发生深刻变革。人类社会对自然界由简单索取到对各种资源的开发利用，经历了漫长的历史时期，并在与自然的交互过程中，产生了更适宜生产力发展的生产关系。社会生产关系的演变进化，也进一步催生了经济的新概念以及社会实践的发展，生产关系中劳动工具的不断改良、生产方式的社会化、组织形态的演变、社会制度的更迭、技术水平的逐步提高及人类文明的不断进化，都显示出人类社会与自然之间的关系日益密切，而与此相关的经济活动也逐渐频繁，经济系统更加复杂，并不断呈现新的特点和形态。人类对于自然界的理解、对于社会发展的认识，也伴随着经济现象的不断涌现而走向深入。

仅就过去的一百年而言，世界从不同类型的经济/金融危机中蹒跚走过，不同形态和性质的危机此起彼伏：从 20 世纪初美国的经济大萧条，历经两次石油危机、拉美债务危机、墨西哥和东南亚金融危机，再到 21 世纪的美国次贷危机和欧洲主权债务危机等，危机表现形式、诱发原因和传导扩散机制逐渐复杂化，市场受强势利益集团的操纵、价

表 9–1 历次经济/金融危机对比[①]

历次危机	发生年份	国家/地区	表现、成因和传导机制
经济大萧条	1929~1933	美国	紧缩货币政策 股市暴跌 ⇔ 生产过程 ⇒ 经济萧条 有效需求不足
石油危机	1973~1978	以美、日为主的石油消费国	布雷顿货币体系 ⇒ 美元过剩 ⇒ 经济减速 中东战争 ⇒ 石油禁运
东南亚金融危机	1997	东南亚	外资涌入 ⇓；经济增速放缓 ⇓ 开放国内资本市场 ⇒ 房地产泡沫 ⇒ 房价下跌 ⇒ 殃及东盟 高利率 ⇒ 国内信贷 ⇑；泰铢遭遇做空 ⇑
次贷危机	2007~2008	美国	银行次级贷款违约量，本金受损 ⇓ 利率上升、房价泡沫破裂、房价下跌 } 银行次贷危机 ⇒ 银行出售资产 流动性紧张 ⇒ 股市下挫 经济下滑 ⇓ 保险公司遭遇巨额赔付 ⇓ 投行等次贷产品持有人巨额亏损
欧债危机	2010~2011	欧洲	次贷危机影响 ⇒ 银行业受损经济减损 高福利 ⇒ 高失业率 高负债 ⇒ 债务集中到期 } 由希腊引发殃及欧洲诸国 评级公司调低评级 ⇓

① 参照周晖、周华：《历次国际金融危机比较与中国对策研究》，此处略做改动，选列出部分有代表性的危机以相对集中地显示其主要特征。

格与价值的偏离使得危机愈演愈烈，使理论与现实之间的沟壑日益加深扩宽。

从表 9–1 的概况中可以看出，危机的成因与传导机制越来越复杂，使得理论界在危机面前表现得迷茫纠结和摇摆不定。对于政府与市场的关系，从新古典经济学的反对干预，到凯恩斯主义的干预有效论，再到新古典综合和新凯恩斯主义的政府适度干预，呈现出反复争论的过程，在解决了相对简单问题的同时，更加复杂的问题又接踵而来。这是人类活动和意识形态逐渐向高级演变、全球一体化与利益多元化并存，相互依赖和相互促进的必然结果。基于传统经济理论的政策调控不仅无法准确地预测危机，甚至还会起反作用。如 20 世纪的美国经济大萧条，胡佛政府面对刚开始的股市崩盘，采取提高关税、平衡财政收支预算、提高税收、缩减开支等举措，助推和加剧了大萧条。此外，还有东南亚金融危机，泰国政府对汇率制度的一再错误坚持、马来西亚政府的内部安全法令弄巧成拙、印尼政府的紧缩性政策使得原本低迷的经济陷入深渊等，缺失了对微观基础的客观认知或认识过于简单化，实践与理论会背道而驰，政策的效果会适得其反，使得经济复杂性的面纱愈加神秘。为什么在社会财富日益丰富、市场运行趋稳且活、制度规则逐步健全、行为能力日趋成熟和经验积淀不断增厚的情景下危机异象却愈演愈烈，如何揭示开这层神的面纱，这些迫使我们去探究经济复杂性的根源——人类行为。

二、经济复杂性的行为根源

经济活动就是人类在与自然界的交互中获取物质财富，以有利于自身的生存发展（王国成，2014b），人的逐利行为是原始和恒久的根本性驱动力，是一切经济过程和结果的源头与最终决定性因素，由于人的逐利行为的不对称、不可逆和加速性等所导致的行为极化，对资源配置和条件性因素影响的过度偏倚不容忽略；再者是价值取向多元化、行为方式多样化、交互渠道网络化、组织结构的聚变演化等，因而认知经济复杂之奥秘自然要在行为根源和主体性因素上切入与寻求，进而探讨条件性因素与交互关系。

任何形态的经济，都可看成是由多个相互关联的部分组成的复杂巨系统，不仅包括消费者、公司、银行、投资者以及政府等各类主体，还包括买卖、贸易、生产、服务、投资、竞争、学习、创新等各种活动过程，这些个体及行为相互作用构筑了经济整体，而经济整体反过来又影响个体的行为，形成了如此往复的循环过程，而正是在这样的反复循环过程孕育了复杂性。20 世纪 80 年代兴起的复杂性科学就是侧重研究系统中异质性主体如何交互运动创造出整体的运行模式和涌现形态，以及反过来整体态势和条件变化又如何使交互性的异质主体行为发生改变或可能产生的适应性。考察经济系统的复杂性时可主要沿结构复杂性（静态）与演化复杂性（动态）两条线索展开：所谓结构复杂性是指经济系统在某个时间点上的构成具有复杂特征；而演化复杂性是指经济系统随时间演化日趋复杂。现如今虚拟经济与实体经济的发展齐头并进，使得经济系统的组成部分加速变化，由个量生成总量的机理更加复杂。与此同时，经济系统构成部分的异质性与交互性明显显现，错综复杂的个体与群体的行为关系使得经济系统的结构复杂性日趋增强。经济更加开放互联、主体间的交互更为频繁、多变的行为选择加剧了经济系统的复杂性。经济系统中的这些异质性主体并非具有新古典经济学所假设的完全理性，而是有限理性且在不断演化；其所掌握的信息也并非是完全的和清晰的，而是局部的和模糊的。各类主体通过不断的学习、适应、创新，从微观层面上孕育、集聚生成宏观层面上的进化，是由于异质性主体根据所获取的局部信息（宏观现象和条件变化）与其他主体进行交互，经过在不同层级上不断的分化组合、修正调适，最终使宏观经济呈现出某种现象。对于类似的复杂特征的研究，关键是理解微观主体的活动如何对宏观经济产生影响，相应地就有了“自下而上”的建模，也可称为“基于规则或过程”的建模。这种方法就是通过深化对微观主体的行为分析，将行为建模与宏观总量关系连接起来构建一体化模型作为实验平台，进而揭示复杂经济之谜（王国成，2011）。

随着经济活动日趋复杂，经济计量模型和 CGE 类模型等传统的宏观经济分析工具在解决现实复杂问题时的局限和弊端不断显露出来。这些模型方法在处理复杂经济现象时，往往忽略或掩盖了对微观主体的行为分析，直接在某种假设上为整个市场建立宏观模型；或者对典型的代表性个体进行分析，淡化或抹杀主体的异质性以及主体之间的交互性，如此建立的模型天然具有固存的片面性，无法体现真实经济系统中由于主体的不同行为特征及变化导致的系统整体的涌现及演变，以及它们之间的联动效应。基于新古典经济理论的传统建模方法，假设个体具有完全理性、拥有完备信息及一系列苛刻的前提假定，据此建立描述经济现象的数学模型，遵循演绎逻辑对模型求解进而得到某种结论。这种方法虽然在一定时期内成为分析经济问题的主流方法，但是随着金融海啸爆发、各类经济危机此起彼伏等一系列“非常态”现象的发生，人们认识到这种过于理想化的理论假设不足以解决复杂现实问题（王国成，2014a），为基于主体行为的经济复杂性研究创造了发展良机。与此同时，以高性能计算（HPC）和网络技术为代表的计算机科学的迅速发展为复杂性科学的研究提供了强大的支持工具，使有关人类行为的巨量计算、交互性主体之间的行为模拟等有了实现的可行性途径。

第二节　深化微观行为分析与 ABM 的兴起

ABM（Agent-Based Modeling）是对基于代理的建模和模拟的技术与方法的总称，主要是研究主体间以及主体与环境间的交互关系的可计算模型（Gilbert，2008），在经济学领域中表现为计算经济学/金融学（ACE/ACF）。ABM 技术与深化行为分析有着天然的联系：从行为角度深入揭示复杂经济问题，必然需要适宜的支持技术；而 ABM 技术的有效利用，也必然需要有与之相应的理论基础；如此能清楚地看到深化行为分析的必要性、优势和实施路径，ABM 技术的强大功能以及两者结合的美好前景。

一、传统理论的困惑与变革

现实经济的异常表现一次次地印证了经济复杂性，金融危机、能源危机、欧洲主权债务危机等实难消停的各类经济危机，以及日益尖锐的地区冲突，引起了人们的深刻反思。理性经济人、利益最大化等不再是解释经济问题的金科玉律，与理论相悖的突发事实让崇尚传统经济学理论的经济学家们措手不及。如欧洲主权债务危机，从冰岛开始迅速蔓延至整个欧洲，希腊、葡萄牙、意大利、西班牙等国家的主权债务危机愈演愈烈。致使欧元区出现危机的主要原因是货币政策与财政政策的不对称。欧元区有统一的货币政策，促进了金融市场一体化，创造了良好的金融市场，但是由于财政政策的不统一，财政赤字的负面影响不需要各国自己承担，因此各国都存在扩大赤字的内在动力。从博弈行为角度来看，欧洲各国都面临道德风险问题，多国博弈的结果使传统的 IS-LM 宏观经济分析模型失效，经不住财政赤字诱惑的各国的利己行为最终引发了欧洲主权债务危机。此类现象对传统宏观经济模型方法产生了巨大的冲击，使人们比任何时候都更清楚地认识到缺少主体行为基础的宏观建模在深入分析现实经济问题时的窘况，无法深刻揭示和解释复杂经济现象，使传统理论方法陷入前所未有的困境。

纵观经济学的发展史，每一次经济理论和经济政策的根本变革都是在受到了巨大的现实冲击之后产生的。凯恩斯主义的诞生是在 20 世纪 30 年代的大萧条之后，当时普遍流行的萨伊定律认为供给自动创造需求，否认了经济危机和失业的可能性，因其无法解释 20 世纪 30 年代发生的大萧条，相应的理论受到了人们的质疑，凯恩斯主义应运而生；新古典经济学的鼎盛是在 20 世纪 70 年代的滞胀之后，由于菲利普斯曲线所描述的通货膨胀与失业的交替关系，无法合理地解释滞胀现象，因此逐渐出现了新古典综合、合理预期、真实商业周期等学派，最后汇聚形成了新古典学派主导的现代主流经济学。进入 21 世纪以来，经济危机所表现的异常现象使得新古典经济学受到了严峻挑战，主流经济学家在面对次贷危机和政府的失当干预活动时提不出有效的解决办法。经济学的第三次变革悄然到来，宏观经济学开始寻找微观基础，微观经济学也正在试图从微观个体的行为推演出总量上的含义（高建国，2010）。

经济学家意识到完美的理性假设对现实的偏离无法真正解决复杂经济问题，因此必须从复杂的角度重新审视经济现实。对复杂经济的研究与传统的均衡分析主要有三点不同：①在传统的均衡理论中，通常假设微观主体是同质的、完全理性的，生产者寻求利润最大化，消费者寻求效用最大化，经济系统是线性的，市场是完全竞争的，通过动态调整经济系统最终会达到唯一的均衡；而复杂经济观从非均衡出发，认为微观主体具有异质性，是有限理性的，整个经济系统是一个非线性系统。②传统的均衡理论关注负反馈机制和系统中的线性因素，复杂经济分析更关注正反馈机制对系统演化的作用，如投资不可分性、规模效应、微观主体的预期等都可能引起正反馈机制，其中微观主体的预期对经济演化的正反馈作用更强，而预期是微观主体对信息的反应，由于微观主体的异质性，其对信息反应差距较大，异质性预期对市场总体特征的影响是不同的，因此分析预期对经济的影响必须从微观主体出发。③与完全理性相应，传统的均衡理论对预期的处理以完美预期为基础，认为微观主体可以准确、完全地预测或掌握经济信息，并以此为依据进行经济决策（实际上，任何人都不可能掌握完备的信息，因此基于完美预期所建立的模型是严重偏离现实的）；而从复杂经济角度进行研究，通常把预期看作是适应性的，认为微观经济主体具有有限理性，不可能准确无误地预测到市场走向，其预期主要是来源于逻辑推理和对历史经验的总结，并随着经济的发展和周围环境的变化而不断变化。经济的微观主体不断地调整其预期和行为表现来应对经济变化，其预期是一个动态的变化过程，由此反衬出传统的均衡理论在用合理预期模型解释现实时的力不从心。

从复杂经济分析与传统均衡理论的对比中可看出，前者的观点更贴近经济现实，而其中最核心的基础是对微观主体行为的分析。经济学的本质也是研究人的行为的科学，从人类发展史来看，人的生产、生活所面临的一个严峻事实就是稀缺，生产资料的稀缺无法满足人类的一切需要。资源的稀缺性和需求的无限性，使得人类一直在探索如何有效地利用资源问题，因此产生了经济学——研究资源配置的全过程及决定和影响资源配置的全部因素的科学（魏杰，1995）。而支配资源分配的是人的行为，影响资源配置的因素也是由人的行为所决定的，因此，行为分析是经济学研究的首要任务和主线，新古典经济学的纠结就在于其将人的行为高度简化为理性，忽略了对人行为的深入研究，对人行为的研究是经济学研究的根本出发点，对行为假设是否正确的研究决定了经济理论对现实经济的解释能力和适应能力。为了正确分析经济问题，对人的行为的假设必须符合人类行为本身的规律，而单一不变的行为假设和薄弱的行为研究必然导致理论偏离和滞后于现实且日益严重。随着人类需求的升级以及行为多样化的凸显，经济异常现象不断冲击现有理论，迫使人们寻求更贴近现实的研究方法，寻求个体理性与集体理性的一致条件，探寻经济运行与主体行为之间的关系，打开行为黑箱、放松经典假设，本章就试图以微观主体的行为为根本出发点，深入分析真实的关键行为特征，提出和构建适于分析微观主体行为的经济模型，探索解决复杂经济的有效途径。

二、微观主体行为的深化分析

人的经济行为无疑是受利益驱动的，但这并不意味着就有充足的理由单纯假定人是自利理性的，其行为表现未必一定要遵从线性规则。为有利于揭示现实复杂性和承继经济研究的传统，有必要进一步对主体行为做全面、深化的分析。

（一）单个微观主体行为的基本分析

微观主体行为是主体在面对现实决策时所做出的符合心理学事实的选择。对于微观主体的行为表现，有其理性和非理性的多面性。

所谓理性行为是人选择和自我调节之后的行为表现，理性行为是主体达到目的、建立价值体系、做出判断和取舍的手段。理性行为主体可以完整阐述行为的理由，并具有依此进行行动的能力（杨春学，1998）。理性行为是人特有的能力，人的大脑具有思维功能，能把主体通过感官与外界接触得来的有关事物的感觉材料，经过分析、整理、思考，达到对事物的本质以及对事物之间的内在必然联系的认识（高建国，2010）。因此，主体可以根据大脑的反应指导和规范自己的行为。理性可以分为完全理性、有限理性和演化理性。完全理性是现实中少见的理想状态，即主体在做出具体的行为前，完全掌握有关的信息、结果、选择范围，并做出最有利的行为选择。有限理性强调理性行为的局限性，认为人不可能像完全理性所假定的那样可以掌握完全的信息，做出最优的选择。但是主体可以准确地接收、储存、传递、处理有限的信息，并根据所掌握的有限信息做出行为选择。有限理性的假设前提是主体的理性能力是受限的，并且主体所处环境是复杂不确定的。它与完全理性的根本区别就在于有限理性是利用不完全的信息做出决策的。演化理性实际上是介于完全理性和有限理性之间的，主体通过对不完全信息进行加工，通过学习、适应、认知等使其逐渐接近完全理性，但是永远不可能等于完全理性。非理性是一种个别性的心理因素反映，强调主体的内在状况，如本能、信念、欲望等。非理性行为通常指不假思索，瞬间通过直觉或灵感所做出的行为，具有突发性和偶然性。

通过对主体的个体理性的分析，考虑经济环境的复杂性和不确定性，有限理性和演化理性比完全理性更接近于现实，完全理性所描述和界定的行为属性无法解决现实的经济复杂性；而主体行为也呈现混合态势，在有限理性和演化理性之间转换，有时也会表现出非理性。因此，深化微观主体的行为分析要有包络性，不设单一假设，允许主体行为的复杂性变换，直面经济复杂性本质（王国成，2012；2014b）。

（二）主体间行为的深化分析

主体的行为本身具有复杂性。一是由于主体的需求具有多样性，随着主体的自身发展和环境的变化，需求层次不断改变，表现为主体行为的异质性。二是由于同一时期主体间的需求和动机相互影响，使得主体的行为不断变化，表现为主体行为的交互性。因此，微观主体的行为不仅受到单个主体的理性与非理性影响，也受到其他主体的影响。由于主体的异质性需要彼此交互，又在交互中显现和协调异质性，主体与主体间的行为关系通常表现为竞争关系、合作关系以及博弈关系等。

竞争关系发生在主体间存在矛盾、无共同利益关系时，竞争关系是经济系统中普遍存在的关系，主体间为了争夺稀缺的资源常发生竞争。合作关系产生于不同主体属于同一利益体中或者具有共同的利益时，在经济体系中，各个主体为了实现自身的利益最大化，彼此之间相互合作，产生双赢。博弈关系通常发生在主体间既有利益依赖又存在矛盾时，主体为实现自身利益最大化而进行各种策略选择，在证券市场上，各主体之间的行为关系更多地表现为这种博弈关系。无论主体间的关系属于哪一种，都会直接影响各主体的行为决策。这三种关系时刻存在并且相互作用的结果不同，因此简单地将主体间的行为同质化的建模方法必然会产生对现实的偏离。

图 9-1 描述了经济系统内部的主体间交互行为，从图中可以看出微观主体之间以一种错综复杂的形式交互运动，彼此间的影响是循环进行的，与此同时，由多个主体所组成的群体与群体之间也进行着交互行为。群体虽然是由多个主体构成的，但是群体行为

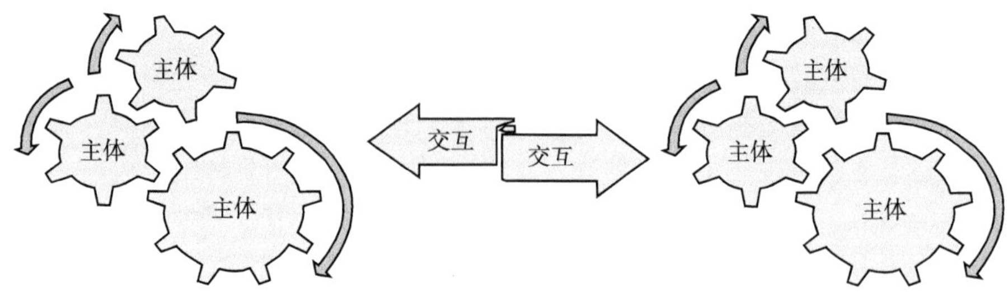

图 9-1　经济系统内部的主体间交互行为

并非是单个主体行为的简单加总。主体通过交互过程相互影响，甚至是经过多轮交互，通过不断地反馈与互动，共享信息与知识，对个体行为进行不断的调整，最后形成群体行为。虽然主体行为是有限理性、演化理性甚至是非理性的，但是经过这一系列复杂的动态调整过程，可能会导致群体行为的理性。在这个过程中，交互选择、知识转移以及观点集合起到了至关重要的作用，它们既是微观主体行为产生的依据，又是微观主体行为复杂性的表现。因此，针对这种复杂的行为关系我们必须寻求一种能够体现主体间行为特征、实现主体行为建模计算的有效方法。

（三）ABM 的兴起

如果说西蒙的“有限理性”假设奠定了行为经济学的理论基础，那么基于 Agent 的建模方法无疑为行为经济学的研究提供了直接、便捷的途径。从哈耶克的“真个人主义”主张到弗农·史密斯对神经元经济学的实验研究，人们对微观主体行为的研究不断深入，又与博弈论、心理学、社会学、神经科学以及计算机技术等结合为经济学进一步夯实了微观基础。如何将各学科所描述的主体行为体现在模型中并加以分析计算，基于 Agent 建模无疑是最佳选择。

ABM 技术为微观个体行为与宏观经济动态相结合提供了新的建模思路。在 ABM 模型中，每一个 Agent 都遵循一定的行为规则，都具有对环境的认知能力，可以接收其他 Agent 的信息，并且根据当前状况做出行为选择，向其他 Agent 发送信息。该模型可以很容易地创造出与真实的主体相对应的虚拟主体，用计算机程序代表真实世界中的过程，从而模拟出某种环境下的主体的行为结果。ABM 模型最关键的一个特点就是主体间可以交互，即彼此间可以互相传递信息，并且主体可以根据所获得的信息决定自己的行为。主体间可交互是 ABM 模型区别于其他计算模型的最重要的一点。Agent 理论原本是人工智能领域的前沿理论，但是由于它可以仿真模拟复杂性问题，并且具有自主性、社会性、反应性和能动性等特征，Agent 理论受到了不同领域专家的关注，尤其是经济学领域。针对经济的复杂性以及主体行为的异质性、交互性特点，基于 ABM 建模可以根据所研究问题的需要，分别对不同主体，在不同部分、不同层次、不同方面对不同条件变化的不同反应建立相应的行为方程和模型，再将它们连接起来，构建既能反映微观特点又能呈现整体关系的一体化模型，是利用计算机仿真等现代科技手段探索解决复杂问题的中心环节和基础平台（王国成，2011）。ABM 模型采用“自下而上”的一体化建模方式，在建模时将引起宏观经济现象的微观因素考虑在内，系统定义微观主体的行为属性，进而从微观主体的行为涌现中探索宏观经济现象。基于 ABM 的复杂经济计算的诞生和发展不是偶然，是经济学家、数学家、心理学家、生物学家以及计算机科学家们共同努力研究的结果，之所以在经济学界引起广泛关注，一方面是因为 ABM 为理论提供了技术手段，ABM 的设计可以描述真实世界的复杂性；另一方面是因为 ABM 是描述现实世界的可行性方法，它用模型工具来满足现实问题的需要，而不是用现实问题来满足模型工具。尤其是主体的异质行为对经济政策制定、机制和制度设计的效应是不同的，这些在传统经济分析中又难以精确量化，ABM 则可以异军突起，抓住要害、全面推进。

第三节 ABM 的研究进展

基于 Agent 建模的方法（ABM）经过近 30 年的发展，已经成为经济分析的一个重要工具手段，虽然目前其尚未成为研究主流，但是给经济学的思维方式及方法论带来了重大的变革。国内外的相关研究学者在 ABM 领域做出了大量的成就，并在继续努力、加速推进。

一、关于 ABM 理论基础的研究进展

前人对于 ABM 的研究多数都集中于对 ABM 的理论方法探索，并为 ABM 的发展奠定了坚实的基础。Leigh Tesfatsion 在基于主体建模方面做了大量的研究工作，其研究指出，经济系统是一个包含众多微观行为、交互模式和全球规划的复杂系统。对经济系统的研究无论是考察部分还是总体，都必须考虑如何处理真实世界的各个方面，例如非对称信息、不完全竞争、交互行为、集体学习等。尤其是在考虑主体的适应性和突现性时，更适合采用基于 Agent 建模方法（Macal 和 North，2010），该模型最大的优点是不依靠理性选择理论（Tubaro，2009），而是通过对异质性主体建模，从交互的微观主体行为出发解释宏观现象（Page，2012），是洞察市场结构和规章的重要手段，是对现有经济工具的有益补充。

ABM 建模分析是宏观经济研究的有效方法之一，Borrill 和 Tesfatsion（2010）以及 Richiardi（2012）在其研究报告中从方法论的角度指出真实世界系统不仅可以用 ABM 进行模拟，也可以基于 ABM 原理进行有力的设计和构建。模拟的方法可以更接近过去被传统经济学所忽略的地方，因此可以将模拟的方法看作对传统经济学研究方法的扩展和补充（Fontana，2005）。但是若要促进社会科学模拟方法更加成功，必须在三个方面取得进展：方法论的进展、标准化的进展以及制度建设的进展（Axelrod，2003）。为促进 ABM 建模在方法论上的进展，学者们纷纷从不同的角度就基于 Agent 的经济建模方法进行了研究，Shu-Heng Chen（2011）沿着 ACE 的四个起源路径，探讨建立 ACE 模型的不

同设计理念；Richiardi（2012）探讨了设定 ACE 模型的结构参数的方法；Arifovic 和 Ledyard（2012）描述了基于单个主体与其他主体交互的人口进化学习模型，被称为 IEL 模型。通过对比 IEL 模型和经济研究中常用的两个模型 RL 和 EWA 发现：EWA 需要使用假设计算来迅速评估所有策略，RL 通常只评估已经实施的策略，IEL 与 RL 和 EWA 的不同在于其策略是确定和更新的方式。王健（2012）基于 Agent 进行系统仿真，建立有学习能力和适应性的微观个体之间的模型，对囚徒困境进行系统仿真，通过模型发现，引入惩罚机制可以提高群体的合作程度和福利水平，但是惩罚也会降低惩罚者的利益，从而使惩罚机制的实施产生困难，因此需要政府的正确引导和支持。

随着对 ABM 模型在经济领域研究的深入，基于 Agent 的计算经济学（ACE）成功地避开了新古典经济学均衡和理性的强假定条件（Fagiolo 和 Roventini，2012），为研究动态主体的交互行为提供了可行的方法。Leigh Tesfatsion（2003）将 ACE 的研究分为八个领域：学习和思维的体现；行为模式的进化；自底向上的市场模型；经济网络的形成；组织模型；自主市场的可计算主体设计；真实主体和可计算主体的平行经验以及 ACE 模型的程序设计工具。其中对于 ACE 的应用主要有金融市场建模（Chen，2012）以及政策分析，包括工业政策和市场设计，财政政策，增长政策和社会交互（Fagiolo 和 Roventini，2012）。

二、关于 ABM 技术路径的研究进展

如何实现模型是采用 ABM 进行经济建模计算的难点，基于 Agent 的软件是解决复杂真实世界问题的关键（Jennings，1999）。随着计算机技术的发展，ABM 建模方法已有多条技术实现路径。应用较为广泛的早期的 ABM 建模工具是 Swarm 平台，它是美国 Santa Fe 研究所开发的模拟工具，虽然现在已经被其他工具替代，但是它产生的影响是不可替代的。Repast 和 Mason 就是在 Swarm 的影响下开发出来的基于 Java 语言的软件平台。Repast 有两个库，一个是 Java，一个是微软的.NET，二者的功能是一样的，使用者可以选择自己较为熟悉的语言。郝成民等（2007）就基于 Agent 建模的仿真平台 Repast，详细地介绍了设计和实现过程及其优点。而 Mason 可以提供标准化的库和 3-D 可视库，使用者可以记录模拟运行的影片。目前最流行的基于 Agent 模拟平台是 Netlogo，该软件的学习和使用都是免费的，适用于多种操作系统。除了以上四种较为流行的软件之外，研究人员在此基础上开发了 Relogo、StarLogo 等软件平台。Steven L. Lytinen 和 Steven F. Railsback 对基于 Agent 模拟的两个工具 Netlogo 和 ReLogo 进行了对比。NetLogo 是进行基于 Agent 模拟的有效工具，ReLogo 来源于 Netlogo 和 Repast，兼具二者的特点，但是使用 ReLogo 需要学习 Groovy 和 Eclipse，并且要熟悉 Repast 的复杂组织，其学习资料要远少于 Netlogo，也没有 Netlogo 成熟。我国学者游文霞（2006）也对多 Agent 建模仿真软件 StarLogo 的性能进行了分析，通过“生命游戏”的例子介绍了其实现过程，并与 Swarm 相比较，发现 StarLogo 在进行复杂系统建模与仿真时更为简单、快捷、形象。

基于 Agent 的软件平台在不断更新的同时也促进了模型算法的不断改进，鲜于波、

梅林（2008）结合基于 Agent 的建模技术和行为博弈的 EWA 算法，研究负责网络下主体异质性对竞争中的标准扩散的影响，研究结果表明网络效应异质性、预期强度和预期调整因子大小对标准扩散有正面促进作用。Agent 的异质性预期可以克服先发优势，有利于实现新旧技术转移。Anufriev（2011）在建立主体学习机制时，在遗传算法的基础上引入了个体进化算法，使模型更符合现实表现。董向荣等（2012）讨论了主观信任的算法，并利用客观信任、主观信任的建模证明了客观信任具有等价关系，主观信任只具备有条件的对称性和传递性。周从华等（2012）提出了可用于描述和验证多 Agent 系统性质的概率实时认知逻辑 PTCTLK 和界限模型检测算法，通过在有限的局部可达空间中逐步搜索属性成立的证据，从而达到约简状态空间的目的。虽然模型算法在不断改进，但是如果模型中采用大范围的个体数据的解法，则计算结果的精度仍处于较低水平（Wouter，2012），因此，研究人员在进行建模分析时可以适当选择多种算法，从而得到更精确、更有说服力的结果。

三、关于 ABM 应用的研究进展

随着 ABM 理论的发展，研究人员开始将 ABM 理论渗透到各个应用领域，如金融、劳动力市场、企业管理等，并且在该领域取得了深远的影响。

（一）在金融领域的研究

对金融市场的研究一直是经济学界关注的热点。对 ABM 的应用研究也首先聚焦在金融领域。在金融领域的研究最负盛名的是 Santa Fe 的人工股票市场（ASM），ASM 对从微观主体到宏观整体的特征分析为后续的研究带来了很大的启发，并取得了丰硕的成果。Huang（2010）采用异质性主体模型模拟金融危机，进而发现利益最大化的投资主体行为使市场产生价格波动，严重时会引起金融危机，进而提出了引起经济危机的潜在因素。Mauro（2011）通过建立市场模型分析“羊群效应”。Arthur 等利用人工股票市场研究内生预期的股票市场资产定价，通过研究发现，当主体对其预期的修改速度减慢时，整个市场的价格波动可以反映价值的变化，但是当主体对其预期的修改速度增快时，金融市场将呈现出复杂的状态，短期泡沫将会出现。Joshi 等也利用人工股票市场研究股票市场的博弈问题。LeBaron 通过研究人工股票市场时间序列的性质，发现不同 Agent 的行为转换速率可以影响金融市场的状态。Shu-Heng Chen（2012）从经济学视角回顾了 ACE 模型的发展，并指出了应用 ACE 模型对金融市场进行建模时的三个阶段：①构建 ACE 模型的经济基础。②丰富实验内容。③基于 Agent 的经济建模要转变传统建模的过程。Chen 在其研究的基础上提出了基于主体的金融计算模型（ACF）。

国内的学者对基于主体模型在金融领域的应用也做出了很多的贡献。刘大海（2004）采用 Agent 系统理论和计算机仿真相结合，构建符合现实的仿真股票市场，通过具有适应性的主体行为的交互以及主体与外部环境的交互，提出来新的股票价格的研究思路。陶倩（2008）以复杂适应性系统理论为基础，提出了基于 Agent 的计算金融学建模方法的理论框架，将金融市场看作由系统中多个 Agent 主体相互作用，层层构建出的动态机制，并将此模型应用到股票市场的建模与仿真中，为金融市场的复杂适应性系统建模提供了指导方向。尤晨和宋学锋基于股票市场 Agent 数量变动建立流动性动力学模型，探讨股市运行规律，并指出主体的心理和行为是研究中不可忽略的因素，基于 Agent 建模在一定程度上反映了交易主体的心理状态和行为模式，是一种研究股市的新视角。

（二）在企业管理领域的研究

Eric（2006）摒弃了传统的经济理论，建立了一个开放的适应性系统，反映了技术创新、社会发展和商业实践之间的相互联系。Michael 和 Charles（2007）指出基于主体的模型和模拟方法，为企业模型的发展提供了创新的思维，并且明确指出了谁需要 ABM，为什么需要，ABM 可以应用到哪些企业问题之中，怎么样去建立有效的基于主体的模型。William 和 Roland（2011）认为基于主体模型可以阐明单个主体决策所引起的复杂市场现象，可以解释传统的分析方法无法解释的复杂市场现象，进一步说明了基于主体建模在市场研究中的价值。

曹庆仁等从复杂性科学的角度出发，将企业看作一个复杂动力系统，系统中各个 Agent 的行为相互作用产生的凸显结果即是企业的创新，创新离不开各主体的学习过程，因此根据复杂性科学对企业、主体及其创新的洞察，得出企业创新管理的关键是如何使企业在创新空间里运行，如何凸显创新的结果。范如国和黄本笑（2004）通过对企业制度系统的复杂性特征研究，揭示了企业制度系统中存在的混沌现象，并建立了混沌模型，根据复杂性特征重新安排企业制度创新。郑毅和杨韬（2011）介绍了管理决策过程中基于 Agent 建模与仿真的方法、建模流程以及模型的检验，从而说明了基于 Agent 建模在管理决策中应用的可能性以及可能路径。

（三）在劳动力市场领域中的研究

Richard（1998）提出了更适合分析劳动力市场的新理论和方法，建立了社会模拟的人工主体模型。Truman Bewley（1999）通过对美国东北部的 300 个企业雇员、劳动力领导、失业者的心理咨询师以及企业顾问的调查研究，发现企业应该被看作社会团体，而不是简单的利益最大化主体，充分考虑员工的信任感、工作热情和责任心可以使公司运作得更好，因此在对劳动力市场进行建模分析时要充分考虑到个体的行为。Leigh Tesfatsion（2003）在文章中主要讨论了基于主体的经济计算在探索劳动力市场敏感现象时的有效性。Fagiolo，Dosi 和 Gabriele（2004）利用基于主体的计算模型，研究由劳动力和产品组成的分散市场经济中的职位匹配、工资和价格、需求和供给信息，旨在提供一个可行的“自底向上”的微观模型来解释宏观经济规律。Christopher A. Pissarides（2009）提出了非均衡状态下的分析交互性市场的理论框架。在劳动力供给和劳动力价格等信息不完全的情况下，考察劳动力市场和商品市场中公司和家庭的行为。

（四）在其他领域中的研究

迟妍等深入分析了国内外基于多 Agent 建模在研究军事系统中的凸显行为、自组织行为等复杂现象所取得的进展，并指出了今后的研究方向，为战争研究提供了新思路。

刘聪（2012）采用 Agent 的建模方法，基于 Agent 构建了房地产市场的模型，并对模型进行了仿真分析，通过分析得出土地供应不足、投资行为、利率过高以及通货膨胀是导致房价持续走高的因素，较好地反映了现实的房地产情况。余雷、段晨东（2011）针对目前城市交通存在的问题，采用基于 Agent 技术的智能交通系统结构，建立多 Agent 的交叉路口智能信号控制模型，实现交通信号的动态控制功能，提高交叉路口的通过能力。黄健青、王雪娟（2012）在现有的 RUGG 旅行效用模型的基础上，建立基于 Agent 的模型，通过旅游产品价值、旅行价格等 5 个因素衡量旅行效用，探讨了不同 Agent 采用电子化旅游产品的旅行效用，以及不同 Agent 在选择电子化旅行产品时所呈现的微观机理和宏观“涌现性”。

邱枫等（2011）基于 ABM 模型对公共政策分析框架进行梳理，并指出基于 ABM 方法在政策分析中的结构性优势。金淳（2013）根据 Agent 建模理论，基于移动商务环境中消费者与服务的交互行为建立 Agent 模型，并对模型进行仿真，结果表明该模型对分析和预测服务推荐和顾客决策的涌现现象具有很好的效果，根据此模型可以有效地推断顾客总体的消费趋势。王国成（2005）基于消费主体行为对公共品的有效供给进行分析，进而探讨民间的自发行为与效果，以及公共品管理的有关制度，为从根本上解决公共品问题提供了有效途径，并指出该方法可推广用于分析和解决文化教育、科技发展、环境保护、维护市场秩序、基础设施和公用事业的兴建以及反腐败、知识产权保护等问题中。

虽然专家学者对 ABM 的理论、技术和应用方面做了大量的工作，但是随着我们对行为属性的深入挖掘，以及经济系统的复杂适应性特征清晰显露，现有的理论和模型在对微观主体行为深入分析方面的缺陷，使其在建立微观与宏观之间的联系时显得有些牵强。因此，我们在深入分析微观主体行为的基础之上，试图将行为属性内生参数化，连通行为动态路径，建立微观与宏观之间的软连接，以期更好地用微观主体行为去解释宏观经济复杂现象，实现微观与宏观的无缝对接。

第四节　基于 ABM 的经济复杂性计算

从亚当·斯密（1759）的《道德情操论》，明确提出和论述了个体决策中的自利性与社会性融合的行为两面性原理，到当今的行为与实验经济学等前沿分支，从心理学角度用实验方法对行为根基的全方位考察，表明行为分析是经济理论研究的逻辑起点、基础内容和贯穿始终的主线。但这因无法用规范模型及建模规则来刻画而未能真正进入科学研究的范畴，使得最重要的关于行为起点的问题一直被人们以外生假设的方式来简化处置。但是人的主观性、社会性、依赖性、交互性以及禀赋效应、学习行为、适应性行为、心理因素等造就了行为差异化，而这些行为差异性常常又是不容忽略的。如：资本市场有效性假设和科斯定理等，都隐含了人的行为选择与参照点无关；受个人的偏好顺序、资源禀赋、价值取向、收入水平、商品特性以及接收信息的顺序等影响，消费行为的异质性也是显著的；等等。正是多成因的差异行为构成和导致了宏观经济复杂现象的过程结构与结果涌现，因此从行为根源出发分析经济复杂性才有可能真正揭示其本质。ABM 建模方法凭借能对主体行为属性以及主体间（也包括与环境间）的交互性进行深入全面而又灵活的刻画，使得基于行为的建模成为可能。行为建模的关键是要通过人的行为特点、数据和规则，即异质性和交互性等，在抽象的、可计算的模型中体现出人文精神或人文灵魂。因此将主体行为的多元属性反映到 ABM 中，在深化行为分析的基础上改进和推广 ABM 建模，将会在诸多应用领域中取得重要突破，也有望成为经济复杂性分析有效的、甚至可能是唯一的途径。

一、ABM 中的主体行为分析

深刻剖析主体行为和复杂经济现象之间的关系不难发现：经济社会网络结构是由形形色色的异质性利益主体纵横交错、联结互动所衍化而成的；反之，经济社会网络作为主体行为的外部环境，又制约和影响着主体的行为以及主体间的行为关系。主体行为的异质性以及行为与现象之间的关联和差异，是导致经济复杂性的根本所在。

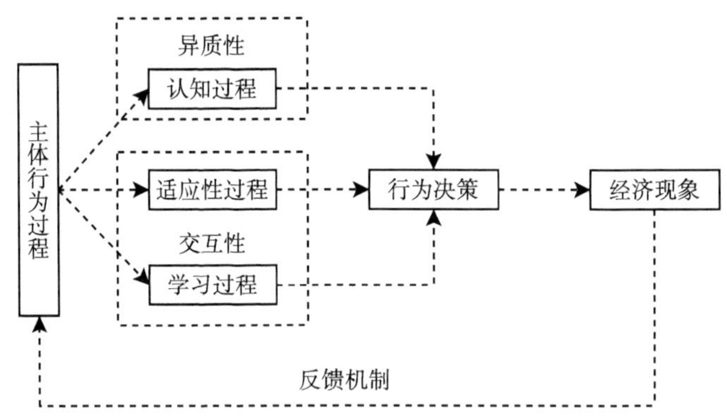

图 9-2 主体行为对经济的影响

基于主体行为的 ABM 建模就是要将对主体行为的认识反映到模型中，在模型中系统直观地刻画主体行为以及主体行为之间的相互关系。该模型要具有两个特性：①模型系统中要包含众多交互性的主体。②模型要具有突发性特征，能够动态地分析由主体行为异质性导致的偶然性。在以交互性为主要特点的 ABM 模型基础之上，深化行为分析，解决主体行为内生参数化的问题，便可以建立反映经济复杂性、贴近真实经济社会的模型。

所谓行为内生参数化，就是将主体行为看作内生变量，通过对主体行为的参数化，动态地反映主体行为以及主体与环境的交互，改变传统经济研究中将行为属性看作外生常数的做法。由于现实世界中信息的不完全以及主体对信息处理能力的禀赋差异，主体对信息的处理结果是异质的。因此主体的行为表现是异质性的、内生的。将经济学的研究视角转向基于人类行为的分析，如何对异质化行为属性进行描述、如何刻画关键行为特征及临界变化状态、如何对内生的行为进行参数化，是基于主体建模的难点，也是将模型与经济现实结合、用以分析解决实际经济问题的突破口。

主体行为内生参数化的处理可以分层级进行。首先，对主体的初始行为设置行为分类器，对每一个行为分类器设定一个反应参数。当然，同一行为分类器内的主体也是异质的，其行为表现不同，因此对于不同的主体，参数的取值也应不同。其次，考虑主体间的交互和主体学习的能动性，设定行动集和行动路径，主体可以按照规则在与其他主体交互之后或是能动的学习之后，重新选择自己所属的行为分类器。主体的每一次行为选择最终形成一个决策集，进而考察不同情形下个量如何生成总量、微观个体行为选择如何影响宏观经济现象。其建模的基本流程如图 9-3 所示。

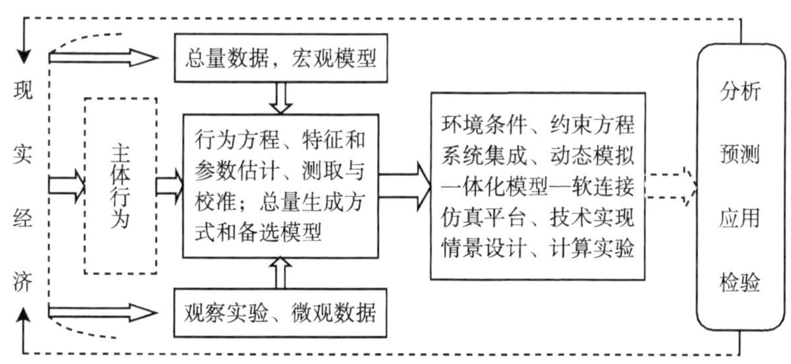

图 9-3　ABM 流程图

从复杂性的角度来看主体行为对经济的影响，经济系统是一个非线性、非均衡的系统，主体行为与经济现象之间的正反馈机制对经济的演化起着重要作用。由于信息的不完备性以及预期的适应性，微观主体对市场走向的预期来源于其自身的认知和对历史经验的总结，并随着经济的发展和周围环境的变化不断地变化。因此，行为对经济的影响是一个动态的演化过程。对经济的研究要从对人的行为分析入手，对主体行为内生的异质性和交互性的刻画程度，决定了经济理论对现实经济的解释能力和适应能力。

基于主体行为的建模计算得益于大数据时代大量的微观行为数据的可获得性，以及高性能计算技术的发展，这使得基于行为的建模计算成为可行、经济复杂性是可认知的，动态地体现了主体行为的异质性和内生性。参数的合理设定和不断增加，数据量的不断增大，使得模型对现实的解释能力越来越强。该研究涉及多个学科领域的交叉，如数量经济学、复杂性科学、应用数学、计算机模拟及分支等，单一学科无法将行为实验向纵深发展，但是多学科的交叉有望促进行为计算的深层次发展。

二、ABM 在行为建模中的特点

以 ABM 建模为基础，通过对主体行为的深刻分析，设定行为参数，建立主体行为模型，并通过计算机仿真平台实现复杂性计算，进而解释微观主体行为和宏观经济现象之间的联系，具有传统模型方法在进行复杂行为分析时所无法比拟的优势。

（1）ABM 可以直接描述和创建异质化主体。一般来说，无论是经济理论还是组织行为学，都尽可能地通过假设来使问题简化，如假设主体是同质的，或者是完全理性的，等等。但事实上，不同的主体有不同的偏好，有各自不同的情况，主体的行为所遵循的规则不同，每个主体都有自己的行为准则，因此针对这种异质性的主体，在分析和解决问题时都会面临极大的困难。而采用 ABM 建模的方法，可以有效地减少或避免异质性主体所带来的困难。在基于 Agent 的模型中，不同的主体可以按照自己的偏好或行为准则去行动，而不需要过多地设定某些限制主体行为的假定。

（2）ABM 允许主体间的交互行为。基于 Agent 的模型可以模拟主体间的交互行为，这种交互行为由一个主体传递给另一主体的信息组成，而另一个主体可以在模拟的环境中接收这些信息。这种信息是由某种语言来表达的，一个主体在发出某种信息之后，另一个主体要按照自己的理解去接收信息，有时接收方主体所理解的信息含义可能会与表达方主体所表示的信息含义不同。而基于 Agent 建模的最大优点就是不仅允许主体间交互行为的存在，还允许这种偏差存在。

（3）ABM 中主体不限于完全理性。现有的宏观计量模型都假定模型中的个体是完全理性，因此个体的行为表现要遵循效用最大化或者福利最大化等原则。而事实上，个体的行为很多时候是随机的、随意的或非理性的，除了效用最大化之外，个体行为还会受到某种信念或者感觉的影响。例如，现在很多成功的企业家，都会将自己的部分财产捐赠出去做慈善事业，这种行为就无法用效用最大化原则来解释。现实社会中，人文复杂性的存在使得基于完全理性假设的模型无法有效解释经济中的异常现象，但是缺少了完全理性的假设，这些模型又无法构建。而基于 Agent 的模型可以很好地将这些方面结合起来。

（4）ABM 模型对环境的真实响应。基于 Agent 的模型可以有效地体现出主体所处的环境。主体所处的环境在模型中的地位是非常重要的，尤其是针对一些资源消耗型企业建模时，主体所处的地理位置、拥挤和资源有限等因素对于模型的运算结果会产生直接的影响。因此，基于 Agent 建模的优点就在于它可以在模型中充分考虑环境因素的影响。

（5）ABM 中虚拟主体与真实主体具有一致性。借助可控制、可重复的人类主体实验，在基于 Agent 的模型中可计算的虚拟主体与真实主体具有一一对应性，因此模型的设计不仅直观简单，也易于解释模型的结果。

（6）ABM 中主体具有学习能动性。在多数模型中无法体现主体的学习能动性，通常模型在处理主体的学习能动性时，都将其看作主体对现在或过去所掌握的知识、所了解的环境的一种记忆，将其看作一个静态的过程。而实际上，主体的学习不仅是对知识的储存，他还会根据学习的结果调整自己的行为。目前，专家学者们在知识学习对主体行为的影响方面做了大量的工作，Holtham（2000）指出知识学习本身就是一种沟通的过程；Argote（2000）认为知识学习是个体受其他个体知识背景影响的过程；Inkpen（2005）指出知识学习是知识在群体网络中由知识势能高的主体向知识势能低的主体进行传播的过程。因此主体的学习与主体间的交互有着密切的关系，在模型中应将主体的动态学习过程考虑进去。主体的学习有三种方式：一是个体学习，即主体通过自身的经验进行学习；二是演化学习，即更好的主体代替其他主体的过程，其结果是主体的整体水平的提升；三是社会学习，在这个过程中一些主体模仿另一些主体，或者学习其他主体的经验等。一个充分考虑主体学习能动性的模型应该可以体现这三种学习方式，而基于 Agent 的模型能够在个体和群体两个层次上模拟各种学习过程，这是其他模型所不具有的优势。

（7）ABM 采用模拟数据与复合数据。为了解释经济的复杂性，建模分析需要采用精确的数据，但是数据的获取问题给模型分析带来了极大的困难。传统的模型分析方法所需要的数据通常来源于文件资料、统计数据或者是样本调查。基于定性数据的分析虽然比较准确，但是如果要充分地考虑经济社会的复杂性，调查数据就存在很大的限制。调查数据通常将主体看作单个个体，忽略主体间的相互影响，结果显示基于定性数据的分析在解释经济社会中存在的交互性时是不准确的。采用定性数据的另一个问题是数据自身的问题，数据是特指某一时间点或某一时间范围内的数据，但是在分析过程中主体行为的改变以及改变所带来的影响无法体现。由于在实验过程中无法及时获取最新数据，因此针对当前情况的重新分析也是不可能的。传统模型的分析在很大程度上受到数据的限制，但是基于 Agent 的模型所采用的数据是与现实经济社会所对应的模拟数据。相对于先收集数据再建立模型的方法，基于 Agent 建模采用演化的视角，一旦模型被建立，它可以校准一切可获取的数据，然后演化数据间的关系。因此基于 Agent 建模的优势就在于它对数据的要求不高，但是可以有效地反映真实经济社会的复杂性。

（8）行为的内生化和模型的一体化。行为内生化是为宏观经济分析建立微观基础的关键，基于 ABM 建模打破传统模型行为外生假定的局限，模拟真实主体的行为，建立虚拟实验平台分析宏观与微观之间的联系。为使内生行为表现有效参数化，可以将 ABM 模型和人类主体实验（HS）相结合，建立一体化模型。通过 HS 提取主体行为和总体涌现的确切参数，以此为基础构建 ABM 模型。一体化建模方法的优势之一是模型更具针对性，模拟更具有效性，因为模拟的参数设定均来源于人类真实行为；优势之二是可以通过虚拟的平台，模拟各种真实情景，如证券市场行为、企业员工薪酬激励、公共政策效力等，进而寻求宏观表现与微观主体之间的内在规律。

正因为 ABM 规避了传统模型在复杂行为分析时的弊端，具有传统模型不可比拟的优势，因此更适于进行行为建模、分析复杂经济问题。它从微观的视角出发，为研究经济理论和经济现实提供了新的途径。但是由于其起步较晚，发展得尚不成熟，尽管 ABM 在解决基于行为的复杂经济计算时具有很多的优势，我们也必须清楚地认识到基于行为的 ABM 建模所存在的一些障碍。

首先，ABM 模型需要建立动态的、相对完整的基准经济模型，因此需要设立一些初始条件，模型必须允许和支持主体的交互行为，模型设计者对主体间的交互不可以更多地干预，这就要求所设定的初始条件必须详细。如果主体交互能够产生明确的信息反馈，那么对初始条件的细微改变将从根本上影响模型的结果。而对模型结果的解释又缺少有力的数学理论，因此，在模型模拟结果的比较分析方面仍然存在困难。

其次，目前对 ABM 的应用研究仍在实验室中进行，实验中所采用的微观数据主要是模拟数据。模拟数据虽然可以有效地控制实验结果，避免数据获取上的困难，但是采用模拟数据的一个难点就是如何证实模型模拟的结果是符合经验数据的。基于 ABM 的经济实验所产生的结果为理论经济体系提供了明确清晰的微观基础，但是实验的结果可能会产生多个均衡，而不是在严格假设条件下的单一均衡。真实的经济系统并非是单一的时间序列，即使 ABM 模型可以准确地表示出真实的经济进程，也不可能用标准的统计程序去证实这种准确性。所以要想使 ABM 建模获得更大的发展空间，对微观数据的真实性、可靠性和准确性等方面都要提高要求。

最后，由于复杂系统的研究工作起步较晚，理论体系尚不成熟，因此基于行为的 ABM 建模缺少完整的理论体系支持，仍处于不断摸索前进的阶段，但是它的前景却是乐观的。经济异常现象的不断冲击，ABM 对复杂性问题解释力度的不断增强，使得学术界越来越多的人认识到了该方法的重要性，纷纷从不同的角度促进 ABM 的发展。

三、基于主体行为的经济复杂性计算特点

新古典经济学在理性假设、一般均衡的基础上取得了很大的成就，成为经济模型的主流，同时也因为过于苛刻的假设条件禁锢了其长远的发展。基于行为的经济计算方法突破了传统经济学的禁锢，以更贴近现实的方式分析和聚焦解决复杂经济问题。它不同于传统的宏观经济模型和计量模型，不需要设定严格的假设条件；也不同于行为经济学，只侧重于定性分析，是真正集众学科的优势为一体的建模方法。基于行为的经济复杂性计算有三个关键环节：深化行为分析、一体化建模和计算实验（模拟）。

首先，基于行为的经济计算最大的特点在于模型通过行为选择的异质性来尽可能地全面突出主体的异质性。以往的经济学研究为了套用模型工具，将社会中的个体同质化，对于外部环境的改变，简单地认为个体都会做出相同的行为选择。虽然这种处理方法满足了一般经济模型的假设前提，但是严重地偏离了现实，致使经济模型的分析结果无法完全解释经济现象，甚至在极端经济面前表现出无能为力。对主体的行为特征进行异质化处理是经济学研究的一大突破，经济主体的异质性表现包括主体初始状况的差异、主体行为的差异以及主体学习演化的差异。基于行为实验的建模方法可以通过赋予主体初始禀赋、分层级、设置演化路径等方式，在模型中深化主体异质性表现。

其次，基于行为实验建模计算采用人类真实主体（HS）与计算虚拟主体（CA）相结合的方式。虽然越来越多的经济学家认识到基于主体行为建模的重要性，但是由于现有技术条件的限制，完全精确地刻画主体行为仍存在很大困难。因此，探索 HS 与 CA

结合的行为实验的建模方法（王国成，2011、2013），可以在真实主体行为基础上，通过模拟仿真技术建立虚拟的计算主体，既可以达到扩大样本容量的目的，又可以提高实验的真实性和有效性。

再次，基于行为实验建模计算对算法和参数的要求越来越高。基于主体行为的经济计算模型并不是采用数学的逻辑进行分析，而是采用计算机模拟的手段通过不同的智能算法来实现，因此对算法有很高的要求。而对于参数的选择，在很大程度上取决于建模者的主观判断，辅助以矩阵（整体）校准和贝叶斯估计，致使模型的可靠性和准确性一直是模型发展中备受争议的一点。为了提高模型的准确性，在对参数进行选取时要有严格的要求、可靠的依据，并且参数的数量要适量。

虽然经济学对行为的研究是一贯的，尤其是现阶段的行为经济学领域已做出很多焦点清晰的贡献，但是从行为实验的建模计算角度对经济复杂现象进行定量分析仍处于起步阶段，要想其成为主流、规范的方法还有很长的路要走。

四、ABM 应用示例

基于 Agent 的建模方法的应用范围迅速拓展，其中在金融领域的成功应用颇具代表性。接下来将介绍 Blake LeBaron（2012）利用 ABM 方法进行计算实验金融的最新进展，它有助于了解其基本原理和关键环节。

金融市场模型作为大量异质性动态的适应性主体的总和，为人们提供了洞察资产价格背后潜在行为的有效方法。始于 2007 年的金融危机加深了人们对动态宏观经济模型（DSGE）有效性的怀疑，许多政策的制定者感到基于市场出清和有效信息理论的金融工具具有很大的局限性，而基于具有学习适应性的异质性主体的模型在金融领域的应用解决了这一问题。Blake LeBaron 提出了一个带有学习机制的新的市场模型，不仅简单、易于分析和理解，同时也足以解决实验中的进化和异质性问题，为理解金融市场动态的基础结构提供了不同的视角。基于异质性主体的模型在金融领域的应用已经有了很多的尝试，目前，对于 ABM 模型的建立存在两个极端：一个是使用尽可能少的模型，这种简单的结构通常能产生简单直观的结果，但是并不能完全展示现实；另一个是使用尽可能多的模型，这种情况下策略空间是比较广的，但是需要超强的计算能力。随着高性能计算的发展，计算本身已经不是模型发展的障碍了，但是研究人员对实验结果的解释能力却是有限的。Blake LeBaron 的实验目的是在两种极端之间找到一个中间点，使得模型既足以表现金融价格和交易量的动态性，又便于分析。

（一）实验说明

Blake LeBaron 建立了具有学习能力的有限理性主体模型。在建模中直接考虑动态市场中大收益的不稳定影响因素，或者是交易主体在股市动态中的短期记忆。其中收益是学习模型的主要参数，它决定主体赋予近期数据的权重，大收益主体要比小收益主体赋予近期数据的权重更大。学习是一个常数，固定收益参数决定主体如何看待过去数据。

随时间演变的财富是股市中的另一个重要因素，在一个策略中表现较好的被动学习形式通常需要更多的财富。

股市中有两种不同的学习形式。一个是被动学习形式，这种策略在价格决定中起着重要作用。所有的模拟实验都将模拟这种被动的学习形式，它是模型和财富动态的基础。另一个是主动学习形式，即主体间断性地调整他们的行为以提高预期的有效性。市场预期来自两个预期族：适应性预期和基础预期。适应性预期的交易者，其预期是根据近期收益的加权和来预期他们未来的收益。基础预期交易者，其预期是根据价格和分红的比率来预期他们未来的收益。主体的证券投资组合选择与对相对风险规避偏好有关。主体对证券投资组合的选择，取决于主体对条件预期收益和未来股票收益方差的预期。

实验模型的经济结构接近于标准简化的金融模型。实验设计中股市被看作真实价格序列的非线性波动；市场出清程序允许将价格包括在未来收益预期之中，均衡的价格水平是暂时的均衡。

（二）实验参数设定

股息分红序列是带有漂移项的随机游走序列，漂移水平和年标准误差采用 Shiller 的年度数据中的真实股息分红序列。真实增长率为每年 2%，风险厌恶水平 γ 固定在 3.5，学习模型的收益范围设置为 1 至 50 年，所有的交易由 I=16000 个主体和 J=4000 个预测规则组成。消费与财富比率的值为 λ，它等于 P/D 的比值。所有的模拟运行 200000 个星期，大约 4000 年。

表 9-2　参数设定

Parameter	Value
d_g	0.0126
σ_d	0.12
rf	0
γ	3.5
λ	0.0007
I	16000
J	4000
g_j	[1，2.5，7，18，50] years
g_L	50 years
g_u	[1，2.5，7，18，50] years
p_σ	0.5
L	5 percent/year
$[\alpha_L, \alpha_H]$	[0.05，0.95]
σ_ϵ	0.02
M_{PD}	52 weeks
M_{AR}	3
h_j	[0.05，0.15]

（三）实验过程及结果

具体做法：首先，为了观测不同收益水平上的学习算法彼此间的相互作用，利用表9-2的参数值获得基础模拟数据。通过对模拟数据、1926年到2009年带分红的CRSP加权指数中的复合收益序列的连续周数据，以及1926年到2009年12月的个人持有IBM股票的收益序列的统计分析，发现收益序列表现为集群波动，与高斯的厚尾现象偏离。1926年到2009年带分红的CRSP加权指数中的复合收益序列的连续周数据和基础模拟数据都表现出一些极端的波动，波动的增加是大部分金融时间序列的共同特征，二者的峰度与标准高斯分布相近，值接近于0，在尾部聚集了许多观测点。模拟数据的收益水平在市场指数的收益之上，但是低于IBM的收益。从模拟数据的统计量分析来看，模拟的周标准差是3.54，高于CRSP指数，但是接近IBM收益序列的波动水平，偏度为负，峰度是三者之中最大的，这与直观上看到的结果相一致。尾指数取值范围在2~4之间，处于合理的范围内，但是使用模拟数据比使用实际数据产生了更极端的尾部特征。

其次，通过对不同主体的财富分布特征进行比较，分析不同的策略主体与财富分配之间的关系。对时间长度为200000的财富模拟结果显示，囤仓策略主体在市场中占主导地位，它占据了大约50%的财富。动态策略主体虽然只占市场的30%，却有足够的财富去影响价格。就所持有的财富而言，适应性策略主体位居第二，紧随其后的是基础策略主体，短期AR交易只占一小部分，这个排序相对稳定。预期的财富分布和波动率预期同样重要，高收益预期对近期的价格变动非常敏感，微小的价格变化会引起预期的较大变化。收益参数也是波动率预期的一部分，通过对收益参数的密度分布分析发现，较大收益波动模型与基本预测类型及短期AR预测类型之间存在偏倚。因为风险是投资组合选择的一个重要问题，分布是观测市场不稳定性存在原因的一个关键依据，这些证据表明大量的财富集中的策略是在估计风险时使用大量权重在近期波动上的策略。交易主体对波动的敏感度与其所持有的预期有关，低收益预期对近期波动变化不敏感，而高收益预期对近期波动非常敏感，在股市剧烈波动时，高收益预期主体会减少他所持有的风险资产。

最后，对股市的稳健性进行检验。对股市中财富和策略组合的分析表明高收益学习算法的存在是股市不稳定的主要原因。这些学习者是非理性的，因为他们的预期依赖于相对短期的时间序列。为了进一步分析股市中只有高收益学习主体时的表现，采用1~5年的数据，针对五个不同的收益水平再次实验，结果表明股市仍然表现出明显的不稳定性。

（四）结论

Blake LeBaron的实验建立了新的基于主体的金融市场建模，在计算实验金融中起着重要的有效基准作用，它建立了多参数、多类型的复杂模型和少参数、少类型的简单模型之间的联系。该实验有效地解决了资产收益和交易额给模型带来的困难。

实验结果给出了关于金融市场主体的几个特征：①囤仓策略者控制着大部分财富，

却不是影响真实价格的关键者。②适应性和基础预期策略主体基本属于高收益学习者，他们使用近期数据更新他们的预期。适应性策略将根据近期的趋势调整，基础预期在分红/价格比率的回归中赋予近期事件较大的权重。就波动估计而言，所有的策略都赋予近期较大的权重，这种策略选择很可能会引起股市价格的大跌。

基于主体的人工股票市场（ASM）为探索金融中的进化和理性的推测提供了重要的技术，通过计算实验揭示了异质性学习主体间的潜在行为，通过实验理解市场动态，对分析真实市场行为和政策选择是十分有必要的。

第五节　政策模拟应用及展望

虽然现有的关于 ABM 和政策模拟的应用案例大都处于起步阶段，但相应的工作体会是独到和有价值的，探索总结出来的方法是可推广的，对未来发展的前瞻是有依据的。

一、案例：异质薪酬激励与企业绩效

现行的企业分配政策和薪酬制度，都是在单一行为假定的基础上展开的，忽略了员工的异质性。事实上，员工对货币、职位、名誉、地位以及其他福利的偏好各不相同，单一行为假设无法使得对员工的激励达到最大化。在考察异质性员工激励与企业绩效之间的关系时，我们尝试从异质性薪酬激励出发，通过建立基于异质性员工行为的主体模型，发现员工异质性行为特征与差别化薪酬激励的对应关系，寻求有效的激励手段达到以最小薪酬成本、最大限度地调动员工积极性的薪酬激励方案，实现企业的最优绩效和组织的高效率。

实验设计：为考虑现实应用的可行性和便利性，该实验主要考察企业的共性和一般特征，假设其组织形式为三层结构：企业总部层的若干高管；部门及中层管理人员；生产一线具有个性差异的基层员工。异质性员工的行为特征及相应的激励方式采用分类描述和量化的方式将其参数化，技术展开遵从 IOS（Individual-Organization-Society）路径，进行自下而上与自上而下相结合的建模分析。

首先考虑员工在货币偏好（金钱观）上的异质性，假设企业内存在三类职工，依据他们对货币激励的看重程度划分为自觉人、自利人和自私人。其中自觉人是指对薪酬激励效果不敏感，每个工作日都能自觉地保证投入基本的劳动时间；自利人即普通人，薪酬激励效果明显，其所投入的工作时间与工资收入水平呈稳定的正相关关系；自私人是指一心只想自己的货币收益，薪酬激励效果非常明显。三类人在企业各部门的占比为随机分布或根据实际情况测定。

薪酬激励效果用有效工作时间（在给定的劳动生产率下替代产出）衡量，企业的总有效工作时间越长，表明薪酬激励效果越强；反之，则薪酬激励效果不佳。薪酬分配原则和机制主要分为以下几种常见形式：

（1）平均分配，即实践中的级别工资等。

（2）按劳分配，计件或计时工资制。

（3）结构化工资：基本固定工资+按劳分配/绩效工资（辅助、间接）。

（4）菜单（自助）式薪酬：基本工资+绩效奖励+自主选择付酬方式。

在此基础上，基于异质员工行为（属性）特点和表现（对金钱与企业文化偏好的权重不同）、不同的部门的职能实行不完全相同的分配方式，可以是以上几种分配混合的多元化绩效奖励方式。

实验过程中根据不同类型的员工行为特征设置行为参数，外生给定制度环境、企业成长类型、绩效增长率以及企业组织行为等因素，沿着自底向上与自顶向下两个方向展开实验（王国成，2014a）。

二、应用展望

当人类从自然界获取越来越多的财富的同时，需求欲望的增加会越来越快，必然会使人与自然的关系越来越复杂，对事物变化特点和规律的认知的要求越来越高，而面向复杂性的经济计算等相关研究顺应了这一大趋势，这是人类文明进步的必要内容，必然需要，也必然会有更加坚实的人类社会自我认知的理论基础和更有力的方法技术支持。由此催生的行为建模与计算实验，乃至更广泛意义上的计算社会科学（社会模拟）等，必然会越来越受到重视，孕育和创造新的学科体系与理论知识，开拓更为宽阔的应用领域，提升人文社会科学的研究观念和方法，可以说正在发生根本性转变。前面介绍的相关理论方法和初步应用等，是对其未来美好发展前景的特定展示和预见。

宏观现象与微观行为之间存在密切、微妙的互动联系，建立在高度简化的微观基础之上的宏观经济模型和分析方法的局限性日益凸显，面对当今频频发生的经济异象，越来越多的经济学家开始对完美的行为假设所得出的理论结论产生越来越深的质疑，因而探索宏观经济的微观基础是解决复杂经济问题的必由之路，以分布式计算为核心技术的ABM为此提供了有效的技术实现途径。基于ABM的经济计算采用“自下而上”的建模方法，通过人类主体与计算机虚拟主体结合的观察、实验和设定（外生禀赋），将关键行为特征参数化，深化对微观行为的分析，与传统的“自上而下”的计量分析方法相结合，建立宏观总量关系与微观行为分析连接的一体化模型，促进现实世界与虚拟世界交互渗透、互为印证，深入分析人类主体的复杂行为对经济系统的影响。随着人们对经济复杂机理认知的加深和ABM技术的逐步完善，相应的理论和方法必将为宏观经济的分析、政策的制定等提供更加科学有力的决策依据。

参考文献

[1] Ahrweiler P., Gilbert N.. Computer Simulations in Science and Technology Studies. Berlin: Springer, 1998.

[2] Arthur B.. Bounded Rationality and Inductive Behavior (The El Farol Problem). American Economic Review, 1994 (84): 406-411.

[3] Arthur B.. Complexity and the Economy. Science, 1999 (284): 107-109.

[4] Arthur B.. Complexity Economics: A New Framework for Economic Thought. To Appear in the Book Complexity Economics, Arthur W. B., Ed., Oxford Univ Press, 2014.

[5] Chan N., Lebaron B., Lo A., Poggio T.. Agent-Based Models of Financial Markets: A Comparison with Experimental Markets. MIT Artificial Markets Project, Paper No, 1999: 124.

[6] Christopher A. Pissarides. Labour Market Adjustment: Microeconomic Foundations of Short-run Neo-classical and Keynesian Dynamics. Cambridge University Press, 2009.

[7] Macal C. M., North M. J.. Tutorial on Agent-based Modellingand Simulation. Journal of Simulation, 2010: 151-162.

[8] Epstein J. M., Axtell R.. Growing Artificial Societies: Social Science from the Bottom up. Washington DC: Brookings Institution Press, 1996.

[9] Engelbrecht A. P.. Computational Intelligence: An Introduction. Chichester, UK: Wiley, 2002.

[10] Eiben A. E., Smith J. E.. Introduction to Evolutionary Computing. New York: Springer, 2003.

[11] Eric D. Beinhocker. Origin of Wealth: Evolution, Complexity, and the Radical Remaking of Economics. Harvard Business School Press, 2006.

[12] Epstein J. M.. Generative Social Science: Studies in Agent-based Computational Modeling. Princeton, NJ: Princeton University Press, 2007.

[13] Fagiolo G., Windrum P., Monet A.. Empirical Validation of Agent-based Models: A Critical Survey. Pisa, Italy: Sant'Anna School of Advanced Studies, Laboratory of Economics and Management, 2006.

[14] Gaylord R. J., Andria D. L.. Simulating Society: A Mathematical Toolkit for Modeling Socioeconomic Behavior. New York: Telos/Springer Verlag, 1998.

[15] Giorgio Fagiolo, Giovanni Dosi, Roberto Gabriele. Towards an Evolutionary Intepretation of Aggregate Labor Market Regularities. Working Paper, Sant'Anna School of Advanced Studies, Pisa, Italy, 2004.

[16] Izquierdo S. S., Izquierdo L. R.. The Impact on Market Efficiency of Quality Uncertainty with Asymmetric Information. Agent-based Models of Consumer Behaviour and Market Dynamics, Guildford, UK, 2006.

[17] Jennings Nicholas R.. On Agent-based Software Engineering. Artificial Intelligence, 1999.

[18] Johnson P. E.. Agent-based Modeling: What I Learned from the Artificial Stock Market. Social Science Computer Review, 2002 (20): 174-186.

[19] Kahneman D.. Maps of Bounded Rationality: Psychology for Behavioral Economics. American Economic Review, 2003, 93 (5): 1449-1475.

[20] Kirman A.. Complex Economics: Individual and Collective Rationality (The Graz Schumpeter Lectures). London: Routledge, 2011.

[21] Koesrindartoto D., Sun J., Tesfatsion L. S.. An Agent-based Computational Laboratory for Testing the Economic Reliability of Wholesale Power Market Designs. Energy, Environment, and Economics in a New Era Conference, San Francisco, 2005.

[22] Lebaron, Blake.. Heterogeneous Gain Learning and the Dynamics of Asset Prices. Journal of Economic Behavior & Organization, Elsevier, 2012, 83 (3): 424-445.

[23] Liebrand B. G., Nowak A., Hegselmann R.. Computer Modeling of Social Processes. London:

Sage, 1998.

[24] Leigh Tesfatsion. Labor Institutions and Market Performance: An Agent-based Computational Economics Approach.

[25] Leigh Tesfatsion. Agent-based Computational Economics: A Constructive Approach to Economic Theory. Economics Department, Iowa State University, Ames, 2005.

[26] Mitton L., Sutherland H., Weeks M. J.. Microsimulation Modeling for Policy Analysis: Challenges and Innovations. Cambridge, UK: Cambridge University Press, 2000.

[27] Macy M., Willer R.. From Factors to Actors: Computational Sociology and Agent-based Modeling. Annual Review of Sociology, 2002 (28): 143-166.

[28] Macal. Managing Business Complexity: Discovering Strategic Solutions with Agent-based Modeling And Simulation. Oxford University Press, 2007: 328.

[29] North M. J.. Multi-agent Social and Organizational Modeling of Electric Power and Natural Gas Markets. Computational and Mathematical Organization Theory, 2001 (7): 331-337.

[30] Nigel Gilbert. Agent-based Models. Sage, Publications, 2008.

[31] Orcutt G., Merz J., Quinke H.. Microanalytic Simulation Models to Support Social and Financial Policy. Amsterdam: North-holland, 1986.

[32] Richard B.. Freeman. War of the Models: Which Labour Market Institutions for the 21st Century? Labour Economics, 1998 (1), 1-24.

[33] Raney B., Cetin N., Vollmy A., Nagel K.. Large Scale Multi-agent Transportation Simulations. Proceedings of the Annual Congress of the European Regional Science Association (ERSA), Dortmund, Germany, 2002.

[34] Robert Axelrod. Advancing the Art of Simulation in the Social Sciences. Japanese Journal for Management Information System, 2003.

[35] Railsback S. F., Lytinen S. L., Jackson S. K.. Agent-based Simulation Platforms: Review and Development Recommendations. Simulation: Transactions of the Society for Modeling and Simulation International, 2006, 82 (9): 609-623.

[36] Schweitzer F.. Brownian Agents and Active Particles. New York: Springer-verlag, 2003.

[37] Truman Bewley. Why Don't Wages Fall During A Recession? Harvard University Press, Cambridge, Ma, 1999.

[38] Shu-heng Chen. Varieties of Agent Sinagent-based Computational Economics: A Historical and an Interdisciplinary Perspective. Journal of Economic Dynamics & Control, 2011.

[39] Wooldridge M., Jennings N. R.. Intelligent Agents: Theory and Practice. Knowledge Engineering Review, 1995, 10 (2): 115-152.

[40] William Rand, Roland T.. Rust. Agent-based Modeling in Marketing: Guidelines for Rigor. International Journal of Research in Marketing, 2011: 28.

[41] 魏杰:《经济学》，北京：高等教育出版社，1995 年版。

[42] 陈禹:《复杂性研究的新动向》，《系统辩证学学报》，2003 年第 1 期。

[43] 刘大海、王治宝等:《基于 Agent 的股票价格行为仿真》，《计算机工程》，2004 年第 10 期。

[44] 昝廷全:《系统经济学探索》，北京：科学出版社，2004 年版。

[45] 游文霞:《Starlogo 在基于 Agent 复杂系统建模与仿真中的应用》，《武汉大学学报》，2006 年第 6 期。

［46］郝成民：《Repast：基于 Agent 建模仿真的可扩展平台》，《计算机仿真》，2007 年第 11 期。

［47］陶倩：《基于 Agent 的计算金融学建模方法研究》，《系统仿真学报》，2008 年第 6 期。

［48］张大勇、冯晋：《多 Agent 的股票市场建模中的技术问题分析》，《哈尔滨工业大学学报》，2008 年第 11 期。

［49］高建国：《系统分析经济学引论》，北京：中国经济出版社，2010 年版。

［50］王国成、李群：《公共品有效供给：策略型消费行为的影响分析》，《经济与管理研究》，2005 年第 9 期。

［51］王国成：《从微观行为视角科学地揭示复杂经济之谜》，《科学中国人》，2010 年第 9 期。

［52］王国成：《从微观行为视角探索经济金融的复杂性——数量经济学一个新的学科生长点》，《数量经济研究》，2011 年第 2 期。

［53］王国成：《深化微观行为分析，探索复杂经济问题——HS 与 CA 结合的实现技术》，《江苏社会科学》，2013 年第 3 期。

［54］王国成：《复杂现实与经典假设的碰撞：当代经济理论的行为聚焦及走向》，《天津社会科学》，2014 年第 1 期。

［55］王国成：《人与自然交互的经济学视野》，《徐州工程学院学报》（社会科学版），2014 年第 1 期。

［56］余雷、段晨东：《基于 Agent 的交叉路口交通控制研究》，《微计算机信息》，2011 年第 9 期。

［57］杨雷、左文宜：《动态群体决策——个体交互、知识学习和观点演化》，北京：科学出版社，2011 年版。

［58］王健：《囚徒困境的破解——基于 Agent 的复杂适应性系统仿真》，《生产力研究》，2012 年第 4 期。

［59］刘聪：《基于 Agent 的房价仿真研究》，《计算机应用与软件》，2012 年第 9 期。

［60］周从华等：《多智体系统中约简状态空间的限界模型检测算法》，《软件学报》，2012 年第 11 期。

［61］董向荣、张伟、龙宇：《Agent 主观信任的传递性》，《软件学报》，2012 年第 11 期。

［62］黄健青、王雪娟：《旅游区电子化旅游产品效用研究——基于 Agent 建模中的简单规则》，《电子商务》，2012 年第 12 期。

［63］金淳、张一平：《基于 Agent 的顾客行为及个性化推荐仿真模型》，《系统工程理论与实践》，2013 年第 2 期。

［64］邱枫等：《基于主体建模仿真的公共政策分析框架》，《东北农业大学学报》，2013 年第 4 期。

［65］杰拉尔德·格林伯格、罗伯特·A.巴伦：《组织行为学》，北京：中国人民大学出版社，2011 年版。

作　者：王国成　王一涵

第十章 金融发展对经济增长的长期和短期影响——基于中国省区域的实证分析

第一节 引 言

金融发展是一个随着金融机构的扩张、金融工具的丰富、金融市场的发展以及金融制度的完善而不断发展与演化的动态概念。Goldsmith R. W.（1969）将金融发展界定为金融机构和金融工具的形式、性质与相对规模的变化。而 Merton（1992）、Levine（1997、2005）、Merton 和 Bodie（2004）基于金融体系的实际功能给出了一个更广泛的定义，并认为金融发展是信息获取与处理、经理人员监督与公司控制、促进交易与风险管理、动员与汇集储蓄以及交易便利化这五个金融系统功能在质上的改进程度。

金融发展与经济增长之间的相互关系一直是经济学家争论的一个议题，金融发展水平能否预测经济体的长期增长率，并存在金融发展导致经济增长还是经济增长促进金融发展或两者相互促进的争论。另外，在人力资本、物质资本、技术创新与制度创新等诸多影响经济增长的关键变量中，金融变量并没有得到重视（Lucas，1988）。而 Tobin（1965）第一次将货币金融变量作为关键变量引入到经济增长模型中，这是一项重要突破，是对货币经济理论的重大贡献。此外，Gurley J. G.和 Shaw E. S.（1955、1960）认为经济增长是金融发展的前提和基础，而金融发展则是推动经济增长的动力与手段。最新的文献表明（Levine，2005；Demirgüç-Kunt 和 Levine，2008；Martin Čihák、Asli Demirgüč-Kunt、Erik Feyen、Ross Levine，2013）金融发展与经济增长之间存在正的相互作用关系，并且高效运行的金融系统有利于经济体的长期增长，而且具有发达金融体系的经济体长期来说趋向于增长的更快。因此，金融发展水平预示着未来资本积累、技术进步和经济持续增长的潜力。

本章的研究目标是对金融发展与经济增长之间相互作用关系的争论提供一个新的基于空间分析的研究视角，并提供中国的实证证据。本章应用中国各省的数据集和空间经济计量的方法论探讨了空间距离对于信贷市场的重要性，描述了信贷市场中不同地理区域的空间联系与相互作用规律，并对经济增长的长期与短期影响的金融因素进行了实证分析，以此深化理解金融发展影响经济增长的机制。

另外，在本章的研究中，应用信贷规模和金融效率等金融变量分析了金融发展对经济增长的长期与短期影响。特别是，短期信贷的激增可能预示着金融危机爆发和经济增长停滞的信号，因此，同时研究金融发展对经济增长的长期与短期效应是重要的（Loayza 和 Ranciere，2002）。对于信贷配置资源的短期效应来说，行业增长与整体经济增长的潜力密切相关，而发达的金融体制允许企业通过信贷配置资源并充分利用这些增长潜力。也就是说，对具有较高金融发展水平的区域来说，行业的短期增长是增长潜力的一个函数。对于信贷配置资源的长期效应来说，对金融依赖性强的行业在金融较发达的区域具有比较优势，由此可以获得相对于金融发展水平较低区域的企业较大的生产份额。也就是说，具有较高金融发展水平的区域特别适宜于在金融依赖性强的行业发展。在金融发展水平较高的区域，金融依赖性强的行业具有较高的生产份额。因此，金融发展对经济增长的影响存在短期效应与长期效应差异的重要特征，同时，信贷配置资源对不同金融发展水平的地理区域所导致的增长效应也不同。

这项研究的主要贡献在于对金融发展与经济增长之间作用关系的研究领域提供了空间分析的新视角，通过对区域内与区域外变量的选取与空间模型的构建，说明了金融发展对经济增长的短期与长期影响，并基于金融发展在中国各省区域所呈现的空间效应，描述了区域金融发展所具有的空间邻近性、空间变异性、空间异质性特征，探讨了地理空间禀赋对金融发展演化与深化及促进经济增长的影响。因此，本章的研究深化了对金融发展在经济增长中作用机制的研究，同时，对 2008 年实施的应对金融危机的“四万亿投资计划”结合实证分析进行了总结与说明，促进了对金融发展影响金融资源配置以及对经济增长影响机制的理解。

本章共包括 6 节，第一节为引言，说明了本章的研究方法和研究视角；第二节对相关文献和研究进展进行了说明；第三节对研究中所涉及的变量和数据进行了说明；第四节对实证分析中应用的空间模型的构造进行了说明；第五节通过对实证模型的实际运算所获取的结果进行了描述；第六节对研究的结论进行了概括。

第二节　金融发展与经济增长关系的文献调查

金融发展与经济增长之间的因果关系长期以来一直是经济学家争议的议题，是金融发展推动了经济增长，还是经济增长促进了金融发展，目前还没有一致的证据。特别是，自从 Goldsmith R. W.（1969）出版了《金融结构与发展》（Financial Structure and Development）这本开创性的专著以来，在有关金融发展与经济增长之间作用关系的研究领域出现了诸多理论，例如，金融结构论、金融抑制论、金融深化论、金融约束论、金融可持续发展理论以及保护投资者的法律制度和政治权力对金融活动与资源配置的影响等不同的理论解释。

金融结构论（Financial Structure）（Goldsmith R. W.，1969）认为金融发展与经济增

长之间存在着密切的联系，金融机构的存在可以增加储蓄与投资的总量，并通过信贷将资金分配给具有潜在高收益的投资项目，从而提高投资效率并进而对经济增长产生正的影响。金融抑制论（Financial Repression）（McKinnon R. I.，1973）则认为中央银行对金融机构设置及其资金运营的管制，特别是对利率与汇率的管制扭曲了利率与汇率的真实水平，并降低了金融机构的信贷配置效率，减少了储蓄与投资的总量，从而对经济增长产生负的影响。金融深化论（Financial Deepening）（Shaw E. S.，1973）则针对 McKinnon R.提出的金融抑制论认为只有减少政府对金融活动的干预，放松管制，才能提高信贷的配置效率，并有利于增加储蓄与投资的总量，从而形成金融深化与促进经济增长。另外，金融约束论（Financial Restraint）（Hellmann T.等，1997）则针对金融危机所导致的金融市场失灵提出了通过控制存款与贷款利率，为金融机构、企业、家庭和个人创造获得租金的机会，并通过竞争性活动增加收益，从而调动储蓄与投资的积极性，促进经济增长。最后，还有观点认为金融的高效率发展是金融发展的基础，政治权力会对金融资源配置和金融活动产生负的影响，而法律制度的完善和对投资者的保护对金融发展可以产生正的效应。

从以上金融发展与经济增长之间作用关系的理论可以看出金融发展在经济增长中的重要作用，但金融发展在发展中国家与发达国家的作用还是存在着显著差别的，即使在同一国家的不同发展阶段，金融发展对经济增长的影响程度也不尽相同。例如，Patrick（1966）认为对于发展中经济体来说，经济发展的初期阶段，金融发展通过金融机构的扩张和产生的金融服务促进了资源配置效率的提高，并为实体经济的技术创新提供投资与融资，从而促进和引导经济增长，属于“供给主导型”（Supply-leading）的金融发展；而对于发达经济体或经济发展的快速发展阶段，经济增长创造了金融服务需求，它是对实体经济金融服务需求的市场反应，“属于需求遵从型”（Demand-following）的金融发展。

在实证层面，Jung（1986）通过对发展中国家时间序列数据的分析，说明了金融发展与经济增长之间的互动关系。Goldsmith R. W.（1969）通过对 35 个国家 1860~1963 年的数据分析，并以金融相关率作为金融发展的指标，获得的证据表明金融发展与经济增长之间存在平行关系，即经济高速增长阶段往往伴随着金融发展水平的提高。King 和 Levine（1993）通过对 77 个国家 1960~1989 年的数据分析，认为金融发展对经济增长的贡献不仅体现在资本积累层次，更体现在促进经济持续增长的源泉生产率的增长上，因此 King 和 Levine（1993）的这项研究将对金融发展与经济增长之间相互作用关系的研究推向了一个新的高度。Williamson 和 Mahar（1998）也获得了与 King 和 Levine（1993）一致的证据，并认为金融发展与经济增长、人均资本积累和经济效率之间存在显著的正的相互作用关系。吴润生（2014）对金融发展与经济增长之间的这种双向作用关系进行了描述。李扬（2006）从金融结构的角度对金融发展与经济增长之间的这种作用关系进行了探讨。武志（2014）区分了金融增长与金融发展的概念，并认为金融增长主要表现为金融资产规模和机构数量的扩张，而金融发展更强调的是金融效率的提高，体现为对经济发展需求的满足和贡献，金融效率的提高才是影响中国经济持续增长的关键因素。崔艳娟（2014）通过对中国省际面板数据的分析也获得了金融发展对经济增长正向作用的证据，并说明了金融发展通过促进经济增长在中国贫困减缓中的作用。而 Beck 和 Levine（2002）通过国家间的数据分析认为金融发展与经济增长之间不存在互动关系。Stern（1989）在发展经济学的调查中并没有强调金融发展在经济增长中的作用。Lucas（1988）在经济发展机制的研究中则认为金融发展并不是经济增长的主导因素。

Merton（1992）、Levine（1997、2005）、Merton Bodie（2004）和 Martin Čihák、Asli Demirgüč-Kunt、Erik Feyen、Ross Levine（2013）认为金融体系可以通过以下五个渠道促进经济增长：①收集与处理有关潜在投资与资本配置的信息，并通过信贷高潜力的企业提高创新的成功概率与促进经济增长。②对资本配置后的经理人员监督与控制及公司治理，以此减少人员与公司控制的事后信息获取与实施成本，促进资本积累与长期经济增长。③促进交易与风险管理，因为越具创新性的项目其失败风险也高，对创新项目分散投资可以降低风险，并提高对创新活动的投资，因此，金融系统的风险分散服务有利于促进技术进步与经济增长。④动员与汇集储蓄，由于生产需要众多投资者的资金投入并达到一定的生产规模才能够产生收益，因此，金融系统的动员与汇集储蓄功能将储蓄转化为投资，较快地实现了资本积累，这将显著推动经济增长。⑤商品、服务、金融工具的交易便利化，可以降低交易费用，进而促进劳动分工更复杂的专业化，而专业化意味着交易的增多，由此推动技术创新与经济增长。

由此可见，发达的金融体系在经济长期增长中的显著作用、金融发展水平预示着未来资本积累、技术进步和经济持续增长的潜力。因此，通过金融工具的发展、金融市场的发展以及金融中介和金融制度的发展，金融发展的变迁与演化促进了经济资源的跨时空的大转移，并显著降低了信息获取与交易的成本，进而影响投资决策和储蓄水平，由此促进资本积累与技术创新，最终可以实现经济的长期增长。

因此，总体上说，金融发展与经济增长之间存在着直接或间接的密切联系，而不是简单的被动与遵从的因果关系。在金融发展的早期，通过金融机构的扩张与金融服务的供给，金融发展以此促进经济增长。更重要的是，金融发展通过信贷优化资源配置，挖掘有增长潜力的产业或企业，并激励高效率的投资项目进入金融市场，由此促进生产率的增长，提高经济的增长质量和经济增长的可持续性。同样，随着经济的高速增长进而对金融结构与金融工具不断产生新的金融服务需求与要求，金融结构与金融工具由简单向复杂演变，并由此促进金融发展的质的提高。可见，金融发展不能通过金融机构的简单扩张来实现经济增长的规模，而应该从金融发展的内在质量和提高金融发展效率上实现金融发展的可持续性，并最终提高经济增长的质量和可持续性。

第三节　变量选取与数据描述

一、变量选取

金融发展对经济增长的短期影响指标。本章假设短期来说，金融机构在市场资源的配置中对创造产业增长机会具有正的影响，因为较高的金融发展水平允许企业充分利用这种增长机会。特别是，在中国经济日益融入世界经济的条件下，金融发展容易受国际经济形势的变化而产生波动，由此导致的金融风险影响国内经济的增长。本章用省际贸易量占总贸易量的比值作为传递外部风险的短期影响变量，简记为 Open，数值越大，说明对短期经济增长的影响越大。

金融发展水平指标。金融发展水平指标在经典文献中通常采用的是麦氏指标，即 M2 与 GDP 的比值，也称为金融体系的流动性负债，表示经济的货币化程度。另一种指标为戈氏指标，表示金融与经济的相关程度，即 M2 加上各类贷款（L）再加上有价证券（S）与 GDP 的比值，简称为 FIR。因此，戈氏指标包含的内容更全面、更合理地反映了一国金融的市场化和发展水平，能够揭示金融发展的不同阶段金融结构的差异。但是，由于中国省际的 M2 数据和金融市场发展指标的统计数据不具有可获得性，本章分别采用存贷款总额与 GDP 的比值和金融增加值占 GDP 的比值作为金融发展水平的指标，分别简记为 DL、DEPTH。

经济增长指标。经济增长指标在经典文献中（Levine R.，2004）通常采用 GDP、人均实际 GDP 平均增长率、人均资本存量平均增长率、总生产率、人均 GDP 等来衡量经济增长。本章采用人均 GDP 作为经济增长水平的衡量指标（Barro R. J.，2000），简记为 PG。

金融发展效率指标。King 和 Levine（1993）、Levine（2004）将私有经济的贷款占 GDP 的比率作为金融发展效率的衡量指标，以此说明金融体系有效寻找高潜力公司以及进行公司控制、风险管理服务、集聚储蓄转化投资和交易便利化等的程度。目前，国际通行的做法是采用私有经济的贷款占 GDP 的比率作为金融发展效率的衡量指标。本章中，由于私有经济贷款数据的可获得性，以及测度短期信贷、中长期信贷对经济增长影响的差异，采用信贷总量、短期信贷、中长期信贷与储蓄总量的比值作为集聚储蓄转化投资当作金融发展效率的衡量指标，比值越大，说明金融机构更注重风险与效率的管理，信贷的效率越高分别简记为 EFF、EFFS、EFFL。

其他控制变量还包括教育水平变量和人均收入变量。教育水平变量由于中国实行的是九年义务教育，教育经费主要依赖政府支出，因此，升学率历年差别不显著，本章用教育经费支出占总支出的比例来测度，简记为 H。人均收入变量本章用就业人员的平均工资来度量，简记为 Wage。

二、数据描述

基础统计数据主要来源于国家统计局 1978~2011 年间的《中国统计年鉴》、《中国金融统计年鉴》等。根据数据的可获得性，空间计量模型主要采用 2007~2011 年的截面数据，并结合 2008 年金融危机所产生的显著影响，分析金融发展对经济增长的影响。数据库的组织与计量模型的求解主要以计量经济学软件 EVIEW 和数学模拟运算软件包 Matlab，以及地理信息系统 ARCVIEW 和 GeODa 作为课题实施的研究平台。

三、金融发展概况

自改革开放以来，中国经济总量由 1978 年的 3645.2 亿元增加到 2011 年的 47.29 万亿元，经济稳步增长，同比实际增长 9.2%（见图 10-1），并且经济总量排名为世界第二。同时，中国金融发展的规模与结构也发生了巨大变化，首先表现为货币供应规模的变化，货币供应量增长迅速。广义货币供应量 M2 由 1978 年的 1159.1 亿元增加到 2011 年的 85.2 万亿元，增长率达到了 73370.01%（见表 10-1），狭义货币供应量 M1 则由 948.5 亿元增加到 29.0 万亿元，增长率达到了 30458.53%。人民币贷款余额截止到 2011 年达到 54.79 万亿元，同比增长 15.8%，本外币各项存款余额截止到 2011 年达到 82.7 万亿元，同比增长 13.5%。其中，经济货币化程度（M2/GDP）由 1978 年 31.8%增加到 2011 年的 180.1%，描述储蓄功能的货币化指数（（M2-M1）/GDP）也由 1978 年的 6%增加到 2011 年的 118.8%。另外，中国银行业金融机构的总资产 2011 年已经达到了 113309 亿元（见表 10-2），总负债 2011 年已经达到了 106096 亿元（见表 10-3）。此外，根据存贷总量/GDP 变量和金融产业增加值/GDP 变量度量金融发展水平的分布图见图 10-2、图 10-5、图 10-6、图 10-9；根据短期信贷总量/储蓄变量和中长期信贷总量/储蓄变量度量金融发展效率的分布图见图 10-3、图 10-4、图 10-7、图 10-8。

表 10-1 货币供应量与增长率

单位：亿元，%

年份	M2	M1	M0	M2 GRowth	M1 GRowth	M0 GRowth	M2/GDP	（M2－M1）/GDP
2004	254107.00	95969.70	21467.30	14.67	13.58	8.72	158.94	98.91
2005	298755.70	107278.80	24031.70	17.57	11.78	11.95	161.54	103.54
2006	345603.60	126035.10	27072.60	15.68	17.48	12.65	159.77	101.50
2007	403442.20	152560.10	30375.20	16.74	21.05	12.20	151.78	94.38
2008	475166.60	166217.10	34219.00	17.78	8.95	12.65	151.31	98.38
2009	606225.00	220001.50	38246.00	27.58	32.36	11.77	177.83	113.29
2010	725851.80	266621.50	44628.20	19.73	21.19	16.69	180.78	114.38
2011	851590.90	289847.70	50748.46	17.32	8.71	13.71	180.09	118.79

资料来源：根据《中国金融统计年鉴》数据整理。

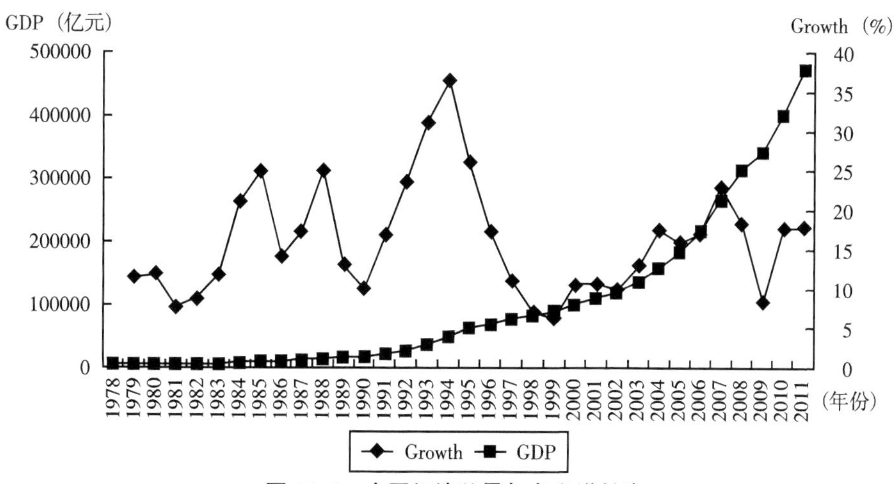

图 10-1　中国经济总量与名义增长率

资料来源：根据《中国金融统计年鉴》数据整理。

表 10-2　银行业金融机构的总资产变化

单位：亿元

机构＼年份	2007	2008	2009	2010	2011
银行业金融机构	531160	631515	795146	953053	113309
政策性银行及国家开发银行	42781	56454	69456	76521	9313
大型商业银行	285000	325751	407998	468943	53633
股份制商业银行	72742	88337	118181	149037	18379
城市商业银行	33405	41320	56800	78526	9984
农村商业银行	6097	9291	18661	27670	4252
农村合作银行	6460	10033	12791	15002	1402
城市信用社	1312	804	272	22	30
农村信用社	43434	52113	54945	63911	7204
非银行金融机构	9717	11802	15504	20896	2606
外资银行	12525	13448	13492	17423	2153
新型农村金融机构和邮政储蓄银行	17687	22163	27045	35101	4353

资料来源：数据来源于《中国金融统计年鉴》。

表 10-3　银行业金融机构的总负债变化

单位：亿元

机构＼年份	2007	2008	2009	2010	2011
银行业金融机构	500763	593614	750706	894731	106096
政策性银行及国家开发银行	39203	52648	65393	72159	8823
大型商业银行	269176	306142	386036	440332	50259
股份制商业银行	69350	83924	112541	140872	17300
城市商业银行	31521	38651	53213	73703	9320

续表

机构 \ 年份	2007	2008	2009	2010	2011
农村商业银行	5767	8756	17546	25643	3920
农村合作银行	6050	9381	11940	13887	1295
城市信用社	1247	757	255	21	24
农村信用社	41567	49893	52601	61118	6857
非银行金融机构	7961	9492	12649	17063	2131
外资银行	11353	12028	11818	15569	1943
新型农村金融机构和邮政储蓄银行	17568	21942	26713	34365	4224

资料来源：数据来源于《中国金融统计年鉴》。

第四节　理论与实证模型

一、理论模型

为了调查不同地理区域信贷市场的空间联系与相互作用规律，以及空间距离在金融发展与经济增长相互关系中的作用，本章通过构造地理空间距离权重矩阵来表示区域信贷市场中不同地理单元的相对位置，并度量观测单元的邻近特征。在此基础上，计算Moran系数，并描述区域信贷市场中金融变量随空间距离影响经济增长的强度以及相关金融变量与经济增长的空间相依性与异质性特征等。

在地理空间距离权重矩阵的构造中，通常用空间观测点 i 和 j 或观测单元质心之间的距离变化进行赋权，包括应用观测点 i 和 j 坐标计算的笛卡儿距离：$d_{ij}=\sqrt{(X_i-X_j)^2+(Y_i-Y_j)^2}$，以及包括经纬度坐标的三维球状距离：$Cosd_{ij}=Sin(x_i)Sin(y_j)+Cos(x_i)Cos(y_j)Cos(\theta_{ij})$等。其他距离权重矩阵的构造方法还包括：根据距离倒数赋权，$w_{ij}=1/d_{ij}$；距离平方的倒数：$w_{ij}=1/d_{ij}^2$；指数距离衰减函数：$w_{ij}=e^{-d_{ij}/\lambda}$或$w_{ij}=e^{-d_{ij}^2/\lambda}$；高斯距离权重，$w_{ij}=\sqrt{\varphi(d_{ij}/\sigma\lambda)}$；三次方距离权重，$w_{ij}=\sqrt{(1-(\lambda/d_{ij})^3)^3}$以及基于引力模型的权重等；其中，$d_{ij}$为地理观测单元之间的距离、$\lambda$为距离衰减参数；$\varphi$为标准正态分布密度函数；$\sigma$为距离向量的均方差。

在空间计量经济模型的构造中，根据宏观经济变量的空间相依性特征和回归模型中误差项的相依性特征分为空间滞后和空间误差两类基本模型，它们在模型设定中主要体现在滞后变量（Wy）和误差结构（$E(u_iu_j)\neq0$，即误差项显现为空间相关）的特征差异。空间滞后模型用于解释空间相互作用的存在和强度，而空间误差模型则用于解释误差项的空间地理，关注由此产生的模型参数估计的偏差影响和修正方法。根据空间计量经济模型的结构特征和金融数据特征，模型设定主要分为空间滞后模型和空间误差结构模型。

（一）空间滞后模型

空间滞后模型与时间序列模型类似，但差异之处在于表示空间相依性的空间滞后变量 Wy 与误差项 ε 相关，即 ε 服从独立同分布。这说明通常采用的基于普通最小二乘法参数的估计不再有效，由于其估计子的有偏性和不一致性。因此，在模型估计中，空间滞后项必须被视为一个内生变量，并选用考虑这种内生性的相应估计方法。其模型设定见式（10-1）：

$$y = \rho Wy + X\beta + \varepsilon$$
$$\varepsilon \sim N(0,\ \sigma^2 I) \tag{10-1}$$

（二）空间误差模型

当误差项之间存在 $E(u_i u_j) \neq 0$，那么，误差项存在空间相关，并遵循一个空间加权回归过程，即每个空间位置上的随机误差都为其空间邻近位置上的随机误差的函数，也就是说，$u_i = \lambda \sum_{j=1}^{N} w_{ij} u_i + \varepsilon_i$，其中，$\varepsilon_i$ 为服从标准正态分布的误差项，u_i 为具有空间相关结构的误差项。

$$y = X\beta + u$$
$$u = \lambda W_2 u + \varepsilon$$
$$\varepsilon \sim N(0,\ \sigma^2 I) \tag{10-2}$$

其中，W 表示元素行列为 $n \times n$ 的空间权重矩阵；y 为 $n \times 1$ 的随机变量；β、θ 为待估模型参数向量；ε 为 $n \times 1$ 的误差向量，并且服从均值为 0 和方差为 σ^2 的正态分布；u 为具有空间自相关结构的 $n \times 1$ 误差向量；I 是 $n \times 1$ 的单位矩阵；ρ、λ 分别为空间自回归和空间移动平均或空间加权项的参数；η 为服从独立同分布的 $n \times 1$ 区域误差成分向量；ξ 为服从独立同分布的 $n \times 1$ 局部误差成分向量。

二、实证模型

$$PG_{it} = \alpha_0 + \alpha_1 H_{it} + \alpha_2 W_{it} + \alpha_3 EFFS_{it} + \alpha_4 EFFL_{it} + \alpha_5 DEPTH_{it} + \alpha_6 EFF_{it} + \alpha_7 OPEN_{it} + \rho WLn(N_{it}) + \varepsilon_{it} \tag{10-3}$$

其中，PG_{it} 为 t 时期在 i 区域的人均 GDP，可作为经济增长水平；W_{it}^1 为就业人员的平均工资，可作为度量人均收入的衡量指标；$EFFS_{it}$、$EFFL_{it}$、EFF_{it} 分别为短期信贷、长期信贷、信贷总量与储蓄总量的比值，表示动员与集聚储蓄转化投资作为金融发展效率的衡量指标；存贷款总额与 GDP 比值 DL 和金融增加值占 GDP 的比值 $DEPTH_{it}$ 作为衡量金融发展水平的指标；$Open_{it}$ 为贸易流动所产生的模仿与示范学习效应对经济增长的影响，用当年在 i 区域的对外贸易占总贸易量的比重来表示；e^{α_0} 为规模常数；$e^{\varepsilon_{it}}$ 为一个服从随机独立同分布的误差项，表示未观测到的影响增长的其他因素；N_{it} 为空间滞后变量，表示邻近区域的自变量或因变量对 i 区域经济增长的影响；$WLn(N_{it})$ 为揭示金融发展对经济增长影响的空间滞后变量，表示权重矩阵为 W 的邻近区域的自变量和因变量对 i 区域增长的影响；ρ 为邻近区域的因变量或自变量的空间效应系数。在模型估计中，由于因变量的空间滞后效应系数的估计、OLS 估计子的有偏性和不一致性，$WLn(N_{it})$ 被视为内生变量，并用最大似然法进行估计（ML）。

基于空间误差项的计量模型是另一种揭示空间相依性的计量方法。尽管应用 OLS 方法对误差模型估计具有无偏性，但由于非均匀误差协方差的存在，OLS 估计子对空间滞后误差项的估计不再有效，因为空间误差滞后项不仅有偏，而且具有不一致性（见 Anselin 和 Floax，1995）。此时，基于空间误差模型可以构造如下：

$$PG_{it} = \alpha_0 + \alpha_1 H_{it} + \alpha_2 W_{it} + \alpha_3 EFFS_{it} + \alpha_4 EFFL_{it} + \alpha_5 DEPTH_{it} + \alpha_6 EFF_{it} + \alpha_7 OPEN_{it} + \varepsilon_{it} \tag{10-4}$$

$$\varepsilon_{it} = \lambda W \varepsilon_{it} + u_{it} \tag{10-5}$$

$$u_{it} \sim N(0,\ u)$$

其中，u 服从渐进正态分布；ε 遵从一个一阶马尔科夫过程；λ 为邻近区域误差项的空间效应系数。其他变量说明与式（10-3）的描述相同。

第五节　实证结果

首先，在没有考虑其他控制变量的情景下，本章分别计算了 2007~2011 年经济增长、金融变量的单变量和双变量的空间相依性的 Moran 系数。结果表明，经济增长变量具有显著的空间相依性特征（见表 10-4），也就是说，区域经济增长具有较强的空间相依性特征，这意味着区域增长存在空间外溢出效应。其次，短期信贷与储蓄的比值和中长期信贷与储蓄的比值从 2010 年开始具有显著的空间相依性（见表 10-5，表 10-6），而金融发展水平、信贷总量与储蓄比值的空间相依性并不显著（见表 10-7，表 10-8，表 10-9），说明不同地理单元的信贷市场存在着空间相互作用与空间相关性。再次，在双变量的空间相依性检验中，代表金融发展效率的短期信贷与储蓄的比值和中长期信贷与储蓄的比值对经济增长变量分别具有正和负的空间相依性（见表 10-10、表 10-11），这意味着金融发展效率的提升对经济增长具有短期与长期影响，而代表金融发展水平的存贷总量与 GDP 比值和金融产业增加值与 GDP 比值变量对经济增长变量影响的空间相依性在统计上则不显著（见表 10-13、表 10-14）。最后，信贷总量与储蓄比值对经济增长变量影响的空间相依性在统计上也不显著（见表 10-12）。

在考虑人均收入、人力资本、贸易开放度等控制变量的情景下，应用空间滞后和空间误差模型检查了金融发展效率、金融发展水平对区域经济增长的短期与长期影响。在表 10-15 中，实证结果表明空间滞后模型和空间误差模型的 LR 空间相依性检验值均在

1%水平上高度显著，经济增长与误差的空间滞后项也均在 1%水平上高度显著，模型的解释度 R^2 均在 80%以上，度量空间异质性的 BP 检验值在统计上则不显著。模型结果总体上说明了不同地理单元存在增长的空间相关性，也存在空间误差的空间相关性。描述金融发展效率的 EFF 变量（信贷总量与储蓄的比值）对经济的长期增长具有正影响，并且自 2010 年开始在统计上高度显著，其中，空间滞后模型的 EFF 变量分别在 5%和 1%水平上显现为统计显著性，而空间误差模型则在 10%和 1%水平上显现为统计显著性。但是，金融发展水平变量（金融产业增加值与 GDP 的比值）对经济增长的影响则显现为负影响，并在统计上高度显著。此外，人均收入和贸易开放度控制变量在空间滞后模型和空间误差模型中均高度显著，人力资本变量则不显著。

在表 10-16 中，将存贷总量与 GDP 比值作为金融发展水平变量，实证结果表明，空间滞后模型和空间误差模型的 LR 空间相依性检验值均在 1%水平上高度显著，经济增长与误差的空间滞后项也均在 1%水平上高度显著，模型的解释度 R^2 均在 80%以上，度量空间异质性的 BP 检验值在统计上则不显著。模型结果总体上说明了不同地理单元存在增长的空间相关性，也存在空间误差的空间相关性。描述金融发展效率的 EFF 变量（信贷总量与储蓄的比值）对经济的长期增长具有正影响，并且自 2011 年开始在统计上高度显著，其中，空间滞后模型的 EFF 变量在 10%水平上显现为统计显著性，而空间误差模型虽然显现为正影响，但统计上并不显著。但是，金融发展水平变量（存贷总量与 GDP 的比值）对经济增长的影响则显现为负影响，并在统计上高度显著。此外，人均收入和贸易开放度控制变量在空间滞后模型和空间误差模型中均高度显著，人力资本变量则不显著。

在表 10-17 中，将金融产业增加值与 GDP 比值作为金融发展水平变量以及将短期信贷与 GDP 比值和中长期信贷与 GDP 比值作为金融发展效率指标，以此度量金融变量对经济增长的短期与长期影响。实证结果表明空间滞后模型的 LR 空间相依性检验值除了 2011 年不显著以外，其他年代均在 1%水平上高度显著，而空间误差模型的 LR 空间相依性检验值除了在 2009 年 10%水平上显著以外，其他年代在统计上均不显著。经济增长与误差的空间滞后项，除了 2011 年的误差的空间滞后在统计上不显著以外，也均在 1%水平上高度显著，其中，两类模型的解释度 R^2 均在 80%以上，度量空间异质性的 BP 检验值在统计上则不显著。模型结果总体上说明了不同地理单元存在增长的空间相关性，也存在空间误差的空间相关性。描述金融发展效率的 EFFS 和 EFFL 变量（短期信贷总量与储蓄的比值和中长期信贷总量与储蓄的比值）对经济的短期增长具有正影响，对长期增长则不显著，其中，EFFS 变量在统计上高度显著，而 EFFL 变量在 2008 年金融危机后在统计上并不显著。但是，金融发展水平变量（金融产业增加值与 GDP 比值）对经济增长的影响则显现为负影响，并自 2008 年金融危机后在统计上高度显著。此外，人均收入和贸易开放度控制变量在空间滞后模型和空间误差模型中均高度显著，而人力资本变量则不显著。

在表 10-18 中，将存贷总量与 GDP 比值作为金融发展水平变量以及将短期信贷与 GDP 比值和中长期信贷与 GDP 比值作为金融发展效率指标，以此度量金融变量对经济增长的短期与长期影响。实证结果表明空间滞后模型的 LR 空间相依性检验值均在 5%水平以上高度显著，而空间误差模型的 LR 空间相依性检验值除了在 2009 年 10%水平上显著以外，其他年代在统计上均不显著，经济增长与误差的空间滞后项，除了 2011 年的误差的空间滞后在统计上不显著以外，也均在 5%水平以上高度显著，其中，两类模型的解释度 R^2 均在 80%以上，度量空间异质性的 BP 检验值在统计上则不显著。模型结果总体上说明了不同地理单元存在增长的空间相关性，也存在空间误差的空间相关性。描述金融发展效率的 EFFS 和 EFFL 变量（短期信贷总量与储蓄的比值和中长期信贷总量与储蓄的比值）对经济的短期增长具有正影响，对长期增长则不显著，其中，EFFS 变量在统计上高度显著，EFFL 变量在 2008 年金融危机后在统计上并不显著。但是，金融发展水平变量（存贷总量与 GDP 的比值）对经济增长的影响则显现为负影响，并自 2008 年金融危机后在统计上高度显著。此外，人均收入和贸易开放度控制变量在空间滞后模型和空间误差模型中均高度显著，人力资本变量则不显著。

表 10-4　经济增长（人均 GDP）的空间相依性的检验

年份	Moran's I	E（I）	Mean	Sd	P-value
2007	0.2056	-0.0357	-0.0405	0.0668	0.0200
2008	0.2084	-0.0357	-0.0376	0.0551	0.0100
2009	0.2175	-0.0357	-0.0345	0.0568	0.0100
2010	0.2210	-0.0357	-0.0328	0.0538	0.0100
2011	0.2232	-0.0357	-0.0315	0.0608	0.0100

注：单变量 Moran's I 系数由距离权重矩阵计算。

表 10-5　金融发展效率（短期信贷/储蓄）的空间相依性的检验

年份	Moran's I	E（I）	Mean	Sd	P-value
2007	-0.0166	-0.0357	-0.0371	0.0180	0.9200
2008	-0.0178	-0.0357	0.0357	0.0609	0.6900
2009	-0.0489	-0.0357	-0.0279	0.0580	0.3200
2010	0.0164	-0.0357	-0.0447	0.0433	0.0900
2011	0.0511	-0.0357	-0.0291	0.0516	0.0800

注：单变量 Moran's I 系数由距离权重矩阵计算。

表 10-6　金融发展效率（中长期信贷/储蓄）的空间相依性的检验

年份	Moran's I	E（I）	Mean	Sd	P-value
2007	-0.0492	-0.0357	0.0367	0.0178	0.2100
2008	0.0026	-0.0357	-0.0415	0.0520	0.2100
2009	-0.0145	-0.0357	-0.0436	0.0531	0.7200
2010	0.0299	-0.0357	-0.0479	0.0522	0.0800
2011	0.0546	-0.0357	-0.0316	0.0528	0.0700

注：单变量 Moran's I 系数由距离权重矩阵计算。

表 10-7　金融发展效率（信贷总量/储蓄）的空间相依性的检验

年份	Moran's I	E（I）	Mean	Sd	P-value
2007	-0.0326	-0.0357	-0.0376	0.0118	0.6600
2008	-0.0796	-0.0357	-0.0316	0.0577	0.2000
2009	-0.0759	-0.0357	-0.0288	0.0553	0.1500
2010	-0.0789	-0.0357	-0.0312	0.0586	0.1900
2011	-0.0665	-0.0357	-0.0257	0.0601	0.2500

注：单变量 Moran's I 系数由距离权重矩阵计算。

表 10-8　金融发展水平（存贷总量/GDP）的空间相依性的检验

年份	Moran's I	E（I）	Mean	Sd	P-value
2007	-0.0645	-0.0357	-0.0398	0.0364	0.2200
2008	-0.0624	-0.0357	-0.0242	0.0495	0.1800
2009	-0.0647	-0.0357	-0.0329	0.0394	0.2200
2010	-0.0679	-0.0357	-0.0388	0.0543	0.1900
2011	-0.0676	-0.0357	-0.0269	0.0624	0.1500

注：单变量 Moran's I 系数由距离权重矩阵计算。

表 10-9　金融发展水平（金融产业增加值/GDP）的空间相依性的检验

年份	Moran's I	E（I）	Mean	Sd	P-value
2007	-0.0554	-0.0357	-0.0433	0.0410	0.3600
2008	-0.0527	-0.0357	-0.0360	0.0480	0.3100
2009	-0.0546	-0.0357	-0.0332	0.0453	0.2700
2010	-0.0486	-0.0357	-0.0241	0.0587	0.2900
2011	-0.0541	-0.0357	-0.0316	0.0622	0.3700

注：单变量 Moran's I 系数由距离权重矩阵计算。

表 10-10　经济增长与金融发展效率（短期信贷/储蓄）的空间相依性的检验

年份	Moran's I	E（I）	Mean	Sd	P-value
2007	0.0803	-0.0357	0.0024	0.0372	0.9900
2008	0.1418	-0.0357	-0.0136	0.0516	0.2600
2009	0.1050	-0.0357	-0.0055	0.0409	0.1600
2010	0.1666	-0.0357	-0.0148	0.0478	0.0700
2011	0.1672	-0.0357	-0.0088	0.0591	0.0600

注：双变量 Moran's I 系数由距离权重矩阵计算。

表 10-11　经济增长与金融发展效率（中长期信贷/储蓄）的空间相依性的检验

年份	Moran's I	E（I）	Mean	Sd	P-value
2007	0.0121	-0.0357	0.0013	0.0489	0.9900
2008	-0.2119	-0.0357	0.0087	0.0414	0.0100
2009	-0.1920	-0.0357	0.0081	0.0483	0.0100
2010	-0.2089	-0.0357	0.0046	0.0457	0.0100
2011	-0.2139	-0.0357	0.0083	0.0428	0.0100

注：双变量 Moran's I 系数由距离权重矩阵计算。

表 10-12 经济增长与金融发展效率（信贷总量/储蓄）的空间相依性的检验

年份	Moran's I	E（I）	Mean	Sd	P-value
2007	0.0499	-0.0357	0.0083	0.0421	0.9900
2008	-0.0487	-0.0357	0.0031	0.0410	0.9900
2009	-0.0648	-0.0357	-0.0034	0.0441	0.2300
2010	-0.0608	-0.0357	-0.0010	0.0436	0.2400
2011	-0.0574	-0.0357	-0.0664	0.0367	0.1700

注：双变量 Moran's I 系数由距离权重矩阵计算。

表 10-13 经济增长与金融发展水平（存贷总量/GDP）的空间相依性的检验

年份	Moran's I	E（I）	Mean	Sd	P-value
2007	-0.0480	-0.0357	-0.0168	0.0412	0.9900
2008	-0.0393	-0.0357	-0.0186	0.0420	0.9900
2009	-0.0442	-0.0357	-0.0124	0.0508	0.9900
2010	-0.0493	-0.0357	-0.0109	0.0472	0.9900
2011	-0.0590	-0.0357	-0.0208	0.0438	0.2000

注：双变量 Moran's I 系数由距离权重矩阵计算。

表 10-14 经济增长与金融发展水平（金融产业增加值/GDP）的空间相依性的检验

年份	Moran's I	E（I）	Mean	Sd	P-value
2007	-0.0041	-0.0357	-0.0300	0.0491	0.9900
2008	-0.0104	-0.0357	-0.0251	0.0464	0.9900
2009	-0.0185	-0.0357	-0.0127	0.0372	0.9900
2010	-0.0040	-0.0357	-0.0167	0.0402	0.9900
2011	-0.0068	-0.0357	-0.0287	0.0473	0.9900

注：双变量 Moran's I 系数由距离权重矩阵计算。

表 10-15 金融变量（信贷总量/储蓄、金融产业增加值/GDP）对经济增长影响的空间滞后模型和空间误差模型

	变量	Model07	Model08	Model09	Model10	Model11
空间滞后模型	W_PG	0.6960	0.6964	0.7121	0.7256	0.7205
		0.0000	0.0000	0.0000	0.0000	0.0000
	C	-4.8234	-5.3039	-7.6994	-8.2521	-7.2803
		0.0309	0.0120	0.0002	0.0000	0.0000
	Wage	1.4142	1.4869	1.9714	2.0389	1.8144
		0.0035	0.0010	0.0000	0.0000	0.0000
	H	-0.3547	-0.1187	0.5102	1.0139	0.2309
		0.6092	0.8585	0.4668	0.1004	0.6980
	Open	1.3679	1.4741	1.3484	1.0092	1.1996
		0.0066	0.0059	0.0298	0.0345	0.0090
	Depth	-1.9278	-3.2215	-3.5263	-3.9890	-3.9096
		0.1687	0.0143	0.0036	0.0005	0.0005
	EFF	0.0164	0.1583	0.2077	0.2755	0.4040

续表

	变量	Model07	Model08	Model09	Model10	Model11
空间滞后模型		0.2830	0.2717	0.1285	0.0368	0.0008
	R-Squared	0.8862	0.8705	0.8792	0.8878	0.8728
	AIC	-52.8706	-51.7110	-54.7015	-59.6349	-50.0478
	BP Test	1.1836	2.0805	1.7811	1.9776	2.7414
		0.9464	0.8379	0.8785	0.8522	0.7398
	LR Test	17.1864	15.7315	17.0746	18.7075	16.9214
		0.0000	0.0001	0.0000	0.0000	0.0000
空间误差模型	C	0.4702	0.0602	-2.2307	-3.3514	-2.5575
		0.8237	0.9763	0.3158	0.0737	0.1585
	Wage	0.8717	0.9562	1.4504	1.6790	1.5068
		0.0710	0.0396	0.0039	0.0000	0.0002
	H	-0.2884	-0.3213	0.2776	0.8351	0.1333
		0.7048	0.6572	0.7266	0.2152	0.8488
	Open	1.7655	1.8741	1.7867	1.2475	1.4031
		0.0011	0.0019	0.0157	0.0320	0.0102
	Depth	-1.0065	-2.5008	-2.8429	-3.5681	-3.6194
		0.4829	0.0732	0.0352	0.0075	0.0038
	EFF	0.0114	0.1790	0.2031	0.2673	0.3700
		0.4944	0.2600	0.1859	0.0755	0.0064
	LAMBDA	0.8340	0.8123	0.8126	0.8283	0.8092
		0.0000	0.0000	0.0000	0.0000	0.0000
	R-Squared	0.8543	0.8333	0.8349	0.8400	0.8274
	AIC	-46.5177	-45.4557	-46.8064	-50.4269	-52.0269
	BP Test	3.6510	4.3194	2.5720	4.2673	2.8648
		0.6007	0.5044	0.7656	0.5116	0.7208
	LR Test	8.8335	7.4763	7.1795	7.4995	7.3294
		0.0030	0.0063	0.0074	0.0062	0.0068

注：模型系数下方的统计值为检验系数统计显著性的概率值 P-value。

表 10-16 金融变量（信贷总量/储蓄、存贷总量/GDP）对经济增长影响的空间滞后模型和空间误差模型

	变 量	Model07	Model08	Model09	Model10	Model11
空间滞后模型	W_PG	0.6771	0.6726	0.7006	0.6602	0.6271
		0.0000	0.0000	0.0000	0.0000	0.0000
	C	-4.8169	-5.2393	-6.9961	-7.3512	-6.0647
		0.0109	0.0066	0.0005	0.0000	0.0002
	Wage	1.4554	1.5408	1.8569	1.9561	1.6902
		0.0003	0.0002	0.0000	0.0000	0.0000
	H	-0.5371	-0.4019	0.3557	0.5253	-0.0367
		0.4142	0.5199	0.6098	0.3771	0.9515

续表

	变 量	Model07	Model08	Model09	Model10	Model11
空间滞后模型	Open	1.2311	1.1924	1.0032	0.7489	1.0370
		0.0132	0.0207	0.1131	0.1036	0.0218
	DL	-0.0576	-0.0851	-0.0645	-0.0731	-0.0801
		0.0386	0.0019	0.0047	0.0002	0.0004
	EFF	0.0036	0.0485	0.0791	0.0991	0.2116
		0.8247	0.7336	0.5887	0.4579	0.0916
	R-Squared	0.8940	0.8823	0.8774	0.8914	0.8716
	AIC	-55.0224	-54.6096	-54.3320	-60.9897	-59.8744
	BP Test	0.9917	1.3202	1.4350	1.6020	2.7063
		0.9632	0.9328	0.9205	0.9010	0.7452
	LR Test	17.0698	15.6504	16.2398	15.4798	11.9607
		0.0000	0.0001	0.0001	0.0001	0.0005
空间误差模型	C	-0.2167	-0.4009	-2.2560	-3.3243	-2.5328
		0.9052	0.8293	0.2768	0.0428	0.1193
	Wage	1.0518	1.1014	1.4848	1.7246	1.5527
		0.0126	0.0110	0.0018	0.0000	0.0000
	H	-0.3659	-0.5240	0.2300	0.4233	-0.0936
		0.6060	0.4375	0.7638	0.4885	0.8871
	Open	1.6468	1.6581	1.4927	1.0891	1.3170
		0.0020	0.0034	0.0392	0.0407	0.0082
	DL	-0.0486	-0.0786	-0.0626	-0.0781	-0.0902
		0.1066	0.0087	0.0136	0.0004	0.0002
	EFF	0.0006	0.0863	0.0980	0.1119	0.1976
		0.9717	0.5782	0.5346	0.4375	0.1306
	LAMBDA	0.8263	0.8111	0.8217	0.8131	0.7894
		0.0000	0.0000	0.0000	0.0000	0.0000
	R-Squared	0.8635	0.8503	0.8434	0.8600	0.8477
	AIC	-48.5134	-48.5895	-48.2272	-54.4646	-55.8553
	BP Test	2.4372	2.9149	1.8615	3.1265	2.1900
		0.7859	0.7131	0.8680	0.6805	0.8223
	LR Test	8.5607	7.6302	8.1351	6.9547	5.9417
		0.0034	0.0057	0.0043	0.0084	0.0148

注：模型系数下方的统计值为检验系数统计显著性的概率值 P-value。

表 10-17　金融变量（短期信贷总量/储蓄、中长期信贷总量/储蓄、金融产业增加值/GDP）对经济增长影响的空间滞后模型和空间误差模型

	变量	Model07	Model08	Model09	Model10	Model11
空间滞后模型	W_PG	0.4903	0.5716	0.6452	0.6066	0.5409
		0.0027	0.0003	0.0000	0.0000	0.0009
	C	-2.5823	-4.7318	-7.6822	-8.2124	-6.7687
		0.2570	0.0222	0.0002	0.0000	0.0001

续表

	变量	Model07	Model08	Model09	Model10	Model11
空间滞后模型	Wage	1.1303	1.4975	2.0493	2.1684	1.9250
		0.0146	0.0005	0.0000	0.0000	0.0000
	H	-1.1568	-0.4546	0.2199	0.6008	-0.5922
		0.1075	0.4967	0.7605	0.3347	0.3837
	Open	1.4308	1.3807	1.2385	0.8111	1.0651
		0.0023	0.0090	0.0477	0.0810	0.0161
	Depth	-0.6631	-2.8667	-3.3894	-3.7976	-3.9170
		0.6354	0.0266	0.0051	0.0007	0.0003
	EFFS	0.3609	0.4423	0.3982	0.5307	0.6670
		0.0093	0.0436	0.0477	0.0032	0.0001
	EFFL	-0.3449	-0.0948	0.0511	0.1086	0.1601
		0.0182	0.6140	0.7618	0.4722	0.3244
	R-Squared	0.9025	0.8801	0.8837	0.8987	0.8851
	AIC	-56.2172	-52.5514	-54.1670	-61.2453	-61.4357
	BP Test	2.4283	1.2937	2.0955	1.7868	8.2371
		0.8764	0.9720	0.9107	0.9382	0.0041
	LR Test	7.5468	9.4779	12.8749	12.3723	5.7514
		0.0060	0.0021	0.0003	0.0004	0.4516
空间误差模型	C	0.8895	-0.9151	-3.3530	-4.8543	-3.9430
		0.6506	0.6474	0.1363	0.0074	0.0223
	Wage	0.8249	1.2061	1.7280	2.0418	1.8766
		0.0660	0.0086	0.0007	0.0000	0.0000
	H	-1.5108	-0.7203	-0.0606	0.3734	-1.0847
		0.0523	0.3173	0.9404	0.5789	0.1511
	Open	1.6477	1.6099	1.4893	0.8767	1.1907
		0.0009	0.0073	0.0496	0.1226	0.0206
	Depth	0.0284	-2.4813	-2.9640	-3.6534	-4.1873
		0.9836	0.0669	0.0262	0.0042	0.0004
	EFFS	0.4604	0.5114	0.4197	0.5850	0.7522
		0.0010	0.0268	0.0558	0.0033	0.0000
	EFFL	-0.4500	-0.1713	-0.0282	0.0145	0.0164
		0.0020	0.4076	0.8855	0.9340	0.9260
	LAMBDA	0.6295	0.6760	0.7304	0.6868	0.4760
		0.0067	0.0011	0.0000	0.0006	0.1181
	R-Squared	0.8821	0.8482	0.8406	0.8577	0.8494
	AIC	-52.1871	-47.2084	-46.5330	-52.9923	-55.7992
	BP Test	2.7078	1.9493	2.8763	3.0583	6.5729
		0.8445	0.9243	0.8242	0.8015	0.3622
	LR Test	1.5167	2.1348	3.2410	2.1192	0.6006
		0.2181	0.1440	0.0718	0.1455	0.4383

注：模型系数下方的统计值为检验系数统计显著性的概率值 P-value。

表 10-18　金融变量（短期信贷总量/储蓄、中长期信贷总量/储蓄、存贷总量/GDP）对经济增长影响的空间滞后模型和空间误差模型

	变量	Model07	Model08	Model09	Model10	Model11
空间滞后模型	W_PG	0.4918	0.5495	0.6074	0.5281	0.4341
		0.0020	0.0004	0.0001	0.0003	0.0125
	C	-3.3265	-4.7585	-7.0841	-7.1949	-5.3299
		0.0785	0.0117	0.0002	0.0000	0.0007
	Wage	1.3163	1.5659	1.9863	2.0703	1.7667
		0.0006	0.0001	0.0000	0.0000	0.0000
	H	-1.1568	-0.6815	0.0279	0.1064	-0.8832
		0.0819	0.2735	0.9683	0.8563	0.1910
	Open	1.2993	1.1189	0.8605	0.5806	0.9217
		0.0052	0.0263	0.1673	0.1845	0.0329
	DL	-0.0388	-0.0783	-0.0645	-0.0699	-0.0805
		0.1554	0.0035	0.0032	0.0002	0.0002
	EFFS	0.3181	0.3105	0.3100	0.3693	0.4620
		0.0175	0.1546	0.1308	0.0407	0.0069
	EFFL	-0.3191	-0.1826	-0.1053	-0.0634	-0.0410
		0.0199	0.3047	0.5345	0.6612	0.7979
	R-Squared	0.9081	0.8915	0.8857	0.9044	0.8853
	AIC	-57.9430	-55.5168	-54.8482	-63.2346	-61.7972
	BP Test	2.8188	1.5571	3.5024	3.2109	8.6644
		0.8312	0.9556	0.7436	0.7819	0.1933
	LR Test	8.1204	9.4666	11.4359	9.7099	5.0342
		0.0044	0.0021	0.0007	0.0018	0.0249
空间误差模型	C	-0.2019	-1.2746	-3.5071	-4.5710	-3.3435
		0.9054	0.4872	0.0931	0.0033	0.0278
	Wage	1.0888	1.3249	1.7933	2.0274	1.8000
		0.0057	0.0019	0.0002	0.0000	0.0000
	H	-1.3955	-0.8850	-0.1209	-0.0311	-1.3578
		0.0542	0.1874	0.8756	0.9591	0.0572
	Open	1.5539	1.3986	1.1512	0.7422	1.1083
		0.0016	0.0128	0.1157	0.1488	0.0192
	DL	-0.0311	-0.0761	-0.0668	-0.0777	-0.0964
		0.2825	0.0085	0.0059	0.0001	0.0000
	EFFS	0.4156	0.3825	0.3263	0.4131	0.5296
		0.0026	0.0915	0.1304	0.0291	0.0032
	EFFL	-0.4188	-0.2348	-0.1495	-0.1256	-0.1758
		0.0028	0.2318	0.4375	0.4348	0.2882
	LAMBDA	0.6140	0.6751	0.7282	0.6488	0.2674
		0.0105	0.0012	0.0000	0.0035	0.4851
	R-Squared	0.8863	0.8632	0.8520	0.8771	0.8624

续表

	变量	Model07	Model08	Model09	Model10	Model11
空间误差模型	AIC	-53.3173	-50.2421	-48.6882	-57.4416	-58.8237
	BP Test	1.9060	1.3254	2.4682	2.3660	8.5421
		0.9281	0.9702	0.8720	0.8832	0.2010
	LR Test	1.4947	2.1918	3.2758	1.9168	0.0607
		0.2215	0.1387	0.0703	0.1662	0.8054

注：模型系数下方的统计值为检验系数统计显著性的概率值 P-value。

第六节　结论与政策含义

首先，从以上基于 2007~2011 年金融危机后金融信贷对经济增长影响的实证分析可以看出，中长期信贷和金融发展变量对经济增长产生了负影响，只有短期信贷对经济增长产生了正影响，这种中长期信贷的高速度增长与经济增速减缓之间的背离关系生动反映了自 2008 年实行应对金融危机的"四万亿投资计划"以来，商业银行通过大规模的放贷，虽然就短期影响来说遏制了经济下滑，挽救了大批企业，刺激了内需，但也带来了国内流动性过剩和资产价格的快速上涨，特别是加剧了 2009 年以来房地产价格的快速上涨等宏观调控的副产品。

其次，衡量金融发展水平的变量，存贷总量/GDP 和金融产业增加值/GDP 与经济增长变量的关系呈现为显著的负相关，这说明金融发展对经济增长产生了显著的长期影响。一方面，信贷等金融指标的高速增长，金融业的日益繁荣，金融市场通过信贷将金融资源大量配置到产出效率较低的基础设施项目和产能过剩的国有企业；另一方面，却使民营企业和中小型企业等实体经济的融资困难，企业盈利能力持续下降，最终导致宏观经济体系的整体高负债率，[①] 并使得整体上债务利用和投资的效率降低，导致了金融资源的严重错配效应，抑制了实体经济的长期持续增长。此外，部分实体经济为了追逐比实体经济高得多的投资收益，利用信贷资金进行房地产和金融投机，导致资金在金融体系内部自我循环，[②] 这对实体经济的融资造成更大压力。

最后，短期信贷总量/储蓄和中长期信贷总量/储蓄等衡量金融发展效率的变量与经济增长变量一样，存在着空间相依性的特征，这说明不同地理区域的信贷市场间存在着空间联系与相互作用，具有显著的空间邻近效应，并且其空间效应随空间距离的变化而

① 向松祚（2013）按宽口径计算，政府总负债规模超过 60 万亿元，与 GDP 比例达到 117%；按窄口径计算，中国政府负债总规模接近 30 万亿元，占 GDP 比例接近 60%。

②《金融时报》（2013 年 12 月 26 日）刊文称：中国的银行近期囤积资金，金融机构相互拆借资金，相互购买各自发行的金融产品，导致银行间市场回购利率一周前逼近 9%，再创 2013 年 6 月"钱荒"以来新高，显示银行间市场的高度紧张。

呈现空间变异性的特征。由此，根据信贷市场的这种空间变化规律，我们可以对不同地理区域的未知信贷市场的规模与发展趋势进行预测，并为区域金融发展的决策提供量化依据。

因此，本章的研究对金融发展与经济增长之间相互作用关系的争论提供了一个新的基于空间分析的研究视角，并根据中国各省的数据集和区域内与区域外变量的选取，应用空间模型的方法论探讨了空间距离对于信贷市场的重要性，描述了信贷市场中不同地理区域的空间联系与相互作用规律，说明了金融发展对经济增长存在短期与长期影响的特征差异。因此，这项研究有助于深化理解金融发展影响金融资源配置以及对经济增长影响的机制的理解。

根据以上实证结论，本章可以概括为以下几点政策建议：①降低中小银行和民营银行的准入门槛，打破国有商业银行的长期垄断，这将有利于银行间的市场化竞争，推动利率的市场化，让金融资源真正回归实体经济，促进经济持续增长。②健全和完善对投资者保护的法律与法规，减少政治权力和政府对金融活动的干预，让市场在资源配置中起决定性作用，以此提高金融资源的配置效率，为金融机构、企业、家庭和个人创造获得租金的机会，并通过竞争性活动增加收益，从而调动储蓄与投资的积极性，促进经济增长。③改革国有企业的信贷体制，禁止国企开办小额贷款公司，避免实体企业过度金融化，建立无法盈利企业的市场退出机制，以此提高债务利用和投资的效率并促进经济增长。④纠正市场对政府和央行无限救助的预期，抑制金融体系的过度扩张。⑤提高银行的风险控制水平，建立金融风险分担和应对体系，促进金融风险分散服务，并提高对创新活动的投资，以此促进技术进步与经济增长。

附录：

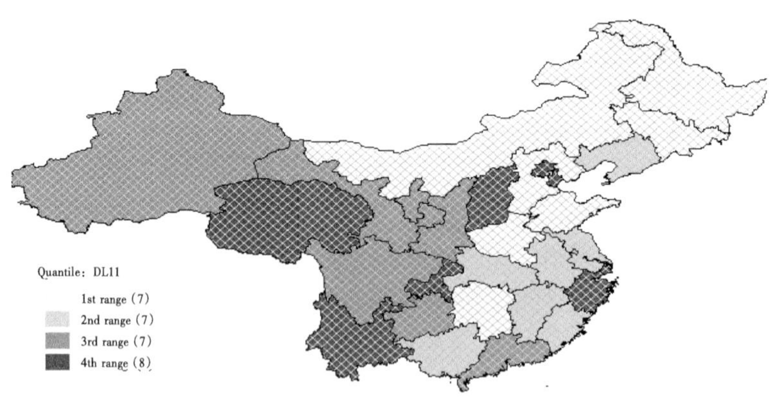

图1　基于2011年存贷总量/GDP度量金融发展水平的分布图

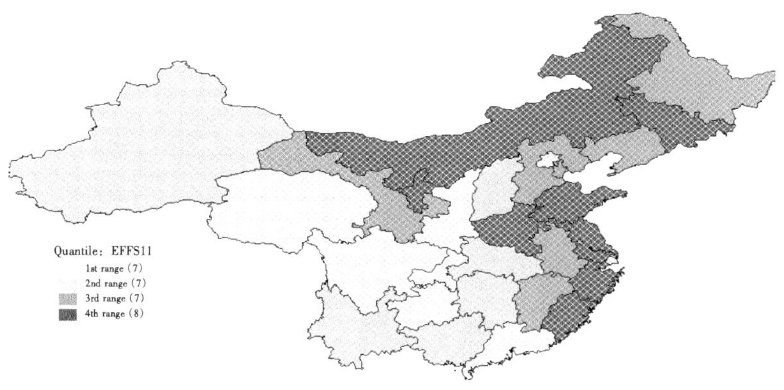

图 2　基于 2011 年短期信贷总量/储蓄度量金融发展效率的分布图

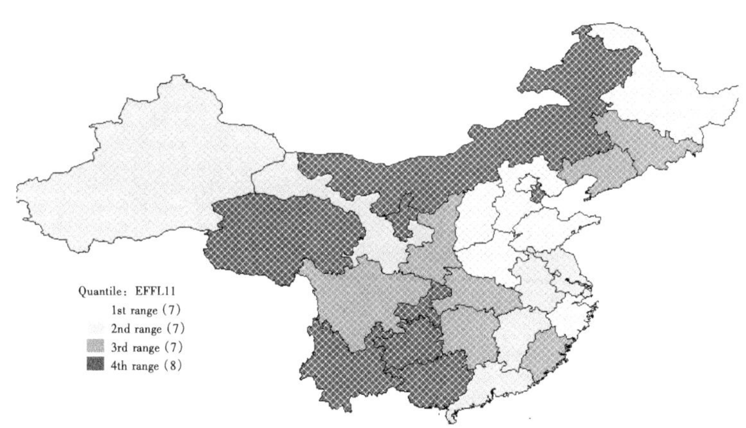

图 3　2011 年中长期信贷总量/储蓄度量金融发展效率的分布图

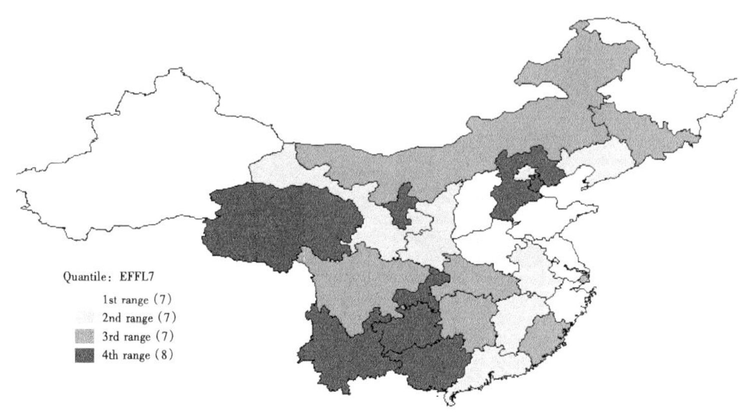

图 4　基于 2011 年金融产业增加值/GDP 度量金融发展水平的分布图

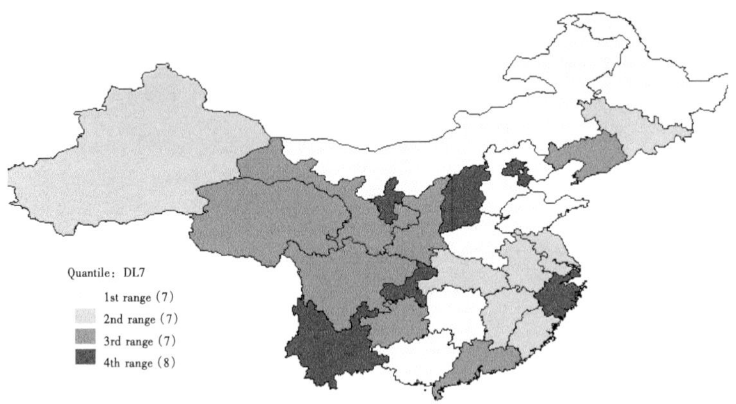

图 5　基于 2007 年存贷总量/GDP 度量金融发展水平的分布图

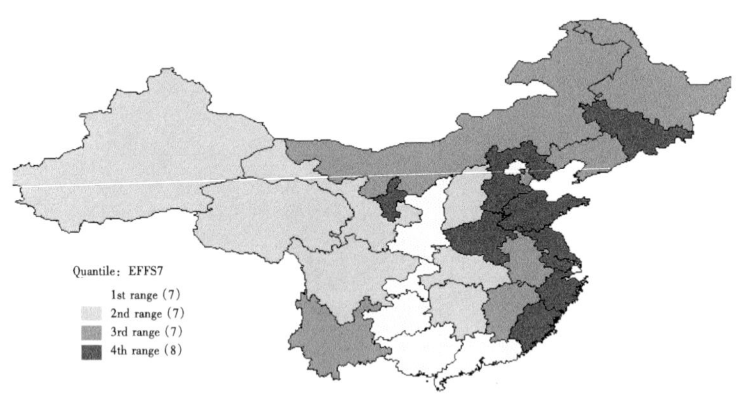

图 6　基 2007 年短期信贷总量/储蓄度量金融发展效率的分布图

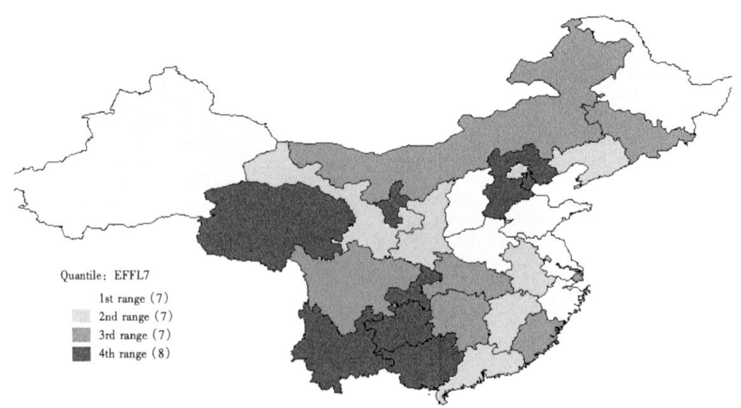

图 7　基于 2007 年中长期信贷总量/储蓄度量金融发展效率的分布图

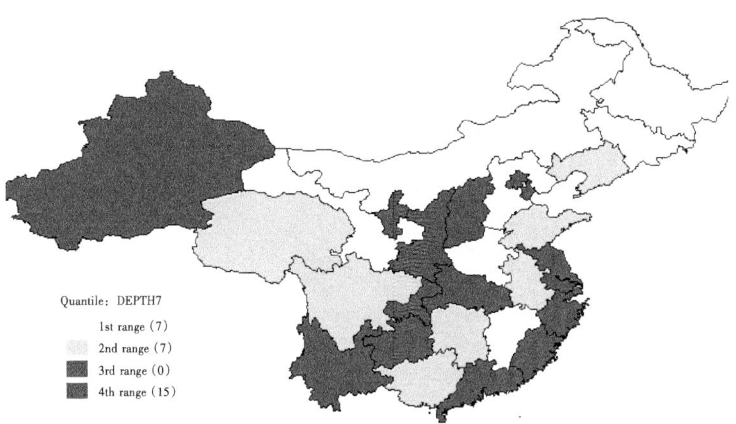

图 8 基于 2007 年金融产业增加值/GDP 度量金融发展水平的分布图

参考文献

[1] Beck T., Levine R.. Industry Growth and Capital Allocation: Does Having a Market-or Bank-based System Matter? Journal of Financial Economics, 2002 (64): 147-180.

[2] ČIhάK, Martin, Asli Demirgüč-kunt, Erik Feyen, Ross Levine. Financial Development in 205 E-conomies, 1960 To 2010. NBER Working Paper No. 18946, 2013.

[3] DemirgüÇ-kunt, Aslı, Ross Levine. Finance, Financial Sector Policies, and Long Run Growth. M. Spence Growth Commission Background Paper, No 11, World Bank, Washington, DC, 2008.

[4] Fisman R. J., Love I.. Financial Development and Growth Revisited. NBER Working Paper No. 9582, 2003.

[5] Goldsmith R. W.. Financial Structure and Development. New Haven, CT: Yale University Press, 1969.

[6] Gurley J. G., Shaw E. S.. Financial Aspects of Economic Development. American Economic Review, 1955 (45): 515-538.

[7] Gurley J. G., Shaw E. S.. Money in a Theory of Finance. Washington D. C.: Economic Development, Brookings Institution, 1960.

[8] Hellmann T. et al.. Financial Restraint: Toward A New Paradigm. The Role of Government in East Asian Economic Development: Comparative Institutional Analysis, Aoki M., et al. Eds, Oxford: Clarendon Press, 1997: 163-207.

[9] Jung W. S.. Financial Development and Economic Growth: International Evidence. Economic Development and Cultural Change, 1986, 34 (2): 333-346.

[10] King R. G., Levine R.. Finance, Entrepreneurship, and Growth: Theory and Evidence. Journal of Monetary Economics, 1993, 32 (3): 513-542.

[11] Levine R.. Financial Development and Economic Growth: Views And Agenda. Journal of Economic Literature, 1997, 35 (2): 688-726.

[12] Levine R.. Finance and Growth: Theory and Evidence. In Philippe Aghion & Steven Durlauf

(Ed.), Handbook of Economic Growth, 2005 (1): 865-934.

[13] Loayza N., Ranciere R.. Financial Fragility, Financial Development, and Growth. World Bank Mimeo, 2002.

[14] Lucas R. E.. On the Mechanics of Economic Development. Journal of Monetary Economic, 1988 (22): 3-42.

[15] Mckinnon R. I.. Money and Capital in Economic Development. Washington, DC: Brookings Institution, 1973.

[16] Merton R. C.. Financial Innovation and Economic Performance. Journal of Applied Corporate Finance, 1992 (4): 12-22.

[17] Merton R. C., Bodie Z.. The Design of Financial Systems: Towards A Synthesis of Function and Structure. NBER Working Paper Number No. 10620, 2004.

[18] Shaw E. S.. Financial Deepening in Economic Development. New York: Oxford University, 1973.

[19] Stern N.. Economics of Development: A Survey. Economic Journal, 1989, 99 (397): 597-685.

[20] Tobin J.. Money and Economic Growth. Econometrica, 1965, 33 (4): 671-684.

[21] Williamson J., Mahar M.. A Survey of Financial Liberalization. Princeton Essays in International Finance, 1998: 211.

[22] 李扬：《金融结构与经济增长》，北京：人民出版社，2006 年版。

[23] 吴润生：《中国宏观金融结构分析与政策思考》，北京：中国社会科学出版社，2014 年版。

[24] 武志：《中国经济转轨中的金融发展》，北京：科学出版社，2014 年版。

[25] 崔艳娟：《金融发展与贫困减缓：路径、效应与政策启示》，北京：经济科学出版社，2014 年版。

作　者：李新中

第十一章　中国新能源汽车产业竞争力分析及政策的国际比较
——基于波特钻石模型

第一节　引　言

随着中国汽车产销大国地位的确立，世界汽车市场向我国新能源汽车产业提出了严峻的挑战，中国政府不断采取促进新能源汽车发展的措施，出台相关政策，这无疑对我国新能源汽车的发展具有重要意义，也将对世界汽车工业的发展产生巨大影响。

目前，世界汽车产业正面临着能源紧张和节能减排的巨大压力，新动力驱动被视为拯救和发展汽车产业的唯一路径。由于石油依赖加重、大气污染和交通拥堵问题突出，发展新能源汽车已上升为世界各国的国家战略，成为调整我国汽车产业结构的必然选择。新能源汽车作为“十二五”规划中的七大新兴产业之一，已成为中国振兴经济和转变产业结构的重要突破口。在《节能与新能源汽车产业发展规划》（2012~2020 年）中，纯电动驱动作为汽车工业转型的主要战略取向，重点推进纯电动汽车和插电式混合动力汽车发展，推广非插电式混合动力汽车、节能内燃机汽车，从而提升我国汽车产业整体技术水平。

本章从迈克尔·波特的“钻石模型”入手，借鉴国内、国外学者的学术观点，根据我国新能源汽车产业的特征和发展现状，对世界主要国家新能源汽车产业政策进行比较，得出汽车产业在国际市场竞争中的优势和劣势，找到我国新能源汽车在国际市场竞争中的差距，最后，对新能源汽车产业发展提出政策建议。

第二节 迈克尔·波特“钻石理论模型”（Michael Porter Diamond Model）[1] 简述

“钻石模型”（Michael Porter Diamond Model）又称为钻石理论、菱形理论和国家竞争优势理论，它是由美国哈佛商学院的著名战略管理学家迈克尔·波特提出来的。波特的“钻石模型”（Michael Porter Diamond Model）常用于分析一个国家某种产业为什么会在国际上有较强的竞争力。波特认为，决定一个国家某种产业竞争力的主要因素有四个：

（1）生产要素。包括人力资源、天然资源、知识资源、资本资源和基础设施。

（2）需求条件。主要是指本国市场的需求。

（3）相关产业和支持产业的表现。即这些产业和相关上游产业是否具有国际竞争力。

（4）企业的战略、结构、竞争对手的表现。

这四个要素具有双向作用，形成钻石体系。除此之外还存在两大变数，即政府与机会。其中，机会是无法控制的，政府政策的影响也是不可漠视的。

“钻石模型”（Michael Porter Diamond Model）是分析国际竞争优势的工具，如果将上述四个要素的双向作用考虑到“钻石模型”（Michael Porter Diamond Model）体系，这六个因素画在图上就像一块钻石，因此，被称为“钻石模型”（见图 11-1）。

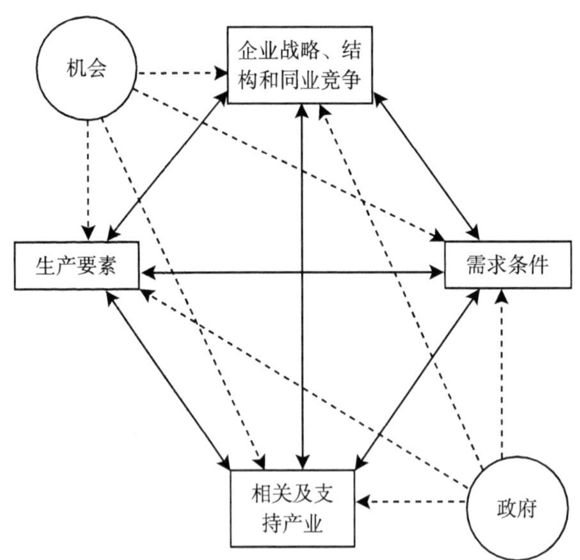

图 11-1 波特“钻石模型”体系

① MBA 智库百科（http：//wiki.mbalib.com/）。

第三节　运用迈克尔·波特“钻石理论模型”分析中国新能源汽车产业①

20 世纪 20 年代，国际劳工局首先对产业做出了系统的划分，将一个国家的所有产业分为初级生产部门、次级生产部门和服务部门。之后，许多国家都参照国际劳工局的分类方法对产业进行划分，尤其在第二次世界大战以后，西方大多数国家采用了三次产业的分类方法。②

中国的产业划分是：第一产业为农业，包括农、林、牧、渔各业。第二产业为工业，包括采掘、制造、自来水、电力、蒸汽、热水、煤气和建筑各业。第三产业为流通和服务业。产业具有规模性、职业化和社会功能性三个特点。为适应产业经济学的各个领域在进行产业分析时的不同目的的需要，可将产业划分成若干层次，这就是“产业集合”的阶段性。

波特在《国家竞争优势》一书中，分析了国家为何有贫富之分，一个重要的因素就是国家的价值体系，他把这种价值体系形象地称为“钻石体系”。本章笔者将按照中国的产业划分，运用波特“钻石体系”对我国新能源汽车产业的六个因素进行详细的分析。

一、生产要素

目前，制造业作为我国国民经济的支柱产业，是我国经济增长的主导部门和经济转型的基础，也是我国城镇就业的主要渠道和国际竞争力的集中体现。按照迈克尔·波特的分类，生产要素分为基本要素和高级要素，而汽车工业的基本要素包括所处的地理位置、非熟练劳动力、资本等。中国具有广大的劳动力市场、辽阔的土地资源。从人力资源看，具有发展汽车产业的优势，2003 年以前劳动力成本比较低（参见表 11-1）。

表 11-1　2003 年我国制造业人工成本（按照当年平均汇率）相当于世界主要国家和地区的比重

单位：%

国家/地区	中国香港地区	日本	美国	德国	英国	巴西	墨西哥	韩国	新加坡	泰国	马来西亚	菲律宾	印度
比重	5.2	2.1	2.2	2.8	2.9	18	11.3	5.2	5.9	44.2	22.7	48.3	95.6

资料来源：《我国制造业人工成本优势明显》，《经济日报》2003 年 8 月 20 日。

① MBA 智库百科（http：//wiki.mbalib.com/）。

② 傅殷才：《新经济知识辞库》MBAlib，“三次产业分类法概述”。

由于人工成本及其变动不仅关系着企业的经济效益和市场竞争能力，还关系着劳动者的切身利益，因此，它是一个非常重要的、具有社会意义的经济指标。据国际劳工组织统计资料和国家统计局的分析报告（按照当年平均汇率），2003 年我国制造业人工成本约 1200 美元，只相当于日本的 2.1%、美国的 2.2%、德国的 2.8%和英国的 2.9%，不到这几个发达国家的 3%（详见表 11-1）。报告对中国、日本、德国、美国、英国、印度、泰国等 16 个国家和地区的制造业人工成本进行了测算，结果表明，在 16 个国家和地区中，只有 4 个发达国家的制造业人工成本在 40000 美元以上，中国香港、中国台湾、韩国和新加坡的制造业人工成本在 20000~23000 美元之间，我国仅相当于韩国、新加坡等国家和地区的 5%~6%，即相当于中国香港的 5.2%、韩国的 5.2%、新加坡的 5.9%。而马来西亚、印度尼西亚、泰国、菲律宾、巴西和墨西哥，其制造业人工成本在 2000~6000 美元之间，我国还不到这些国家/地区的 50%，即相当于马来西亚的 22.7%、泰国的 44.2%、菲律宾的 48.3%、巴西的 18%和墨西哥的 11.3%。从表 11-1 数据可以看到，我国制造业人工成本略低于印度，相当于印度的 95.6%。较低的人工成本，使我国制造业与国外企业相比，一直具有人工成本低廉的优势，有力地促进了我国出口的快速增长。

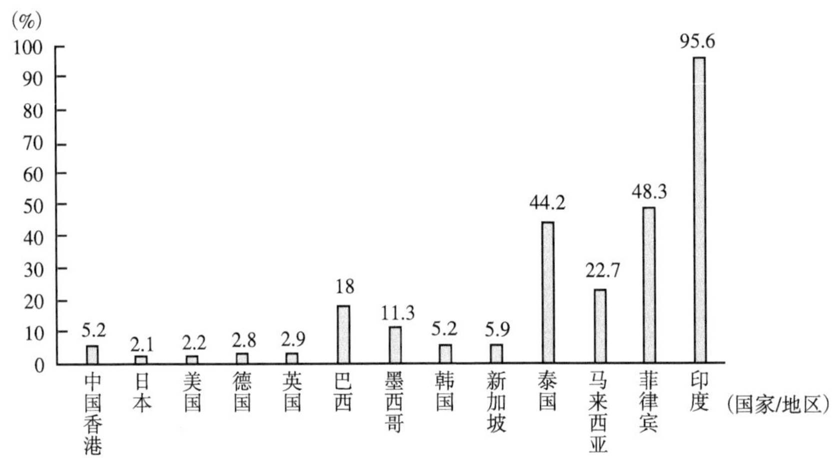

图 11-2　2003 年我国制造业人工成本（按照当年平均汇率）相当于世界主要国家/地区的比重

资料来源：同表 11-1。

2003 年以前，潜在的汽车市场需求和不断改善的投资环境，吸引了大量的外商直接投资，即使在世界外商直接投资大幅下降的形势下，我国仍得以保持高速增长，这正是我国的竞争优势所在。①

历史上第一次工业大转移出现在 20 世纪 70 年代初，密集型工业从日本转向新加坡和韩国等东亚国家。20 世纪 90 年代发生了制造业向中国大陆转移的第二次大迁徙。中国经过 20 年工业迅猛的发展和从低成本向中高收入国家的过渡，亚洲很可能会出现第

①《我国制造业人工成本优势明显》，《经济日报》，2003 年 8 月 20 日，http：//finance.sina.com.cn。

二次世界大战末以来的第三次工业大转移。

中国从农业经济跨入世界工业大国之列用了 20 年时间，之后成为钢铁、水泥等产品的全球最大的制造商，有“世界工厂”之称。近 10 年来，我国国民经济持续、稳定、快速发展，人民生活水平明显提高。2011 年，制造业人工成本已占到生产成本的 9%以上，由于汽车制造业是劳动密集型行业的典型代表，因此中国制造业人工成本不再廉价，也就是说，中国廉价劳动力时代已告终结。据相关数据显示，2014 年 8 月份中国制造业的产量和订单都在减少，增长速度有所放缓。从长远来看，中国 “世界工厂” 的称号将不复存在。中国劳动力价格的迅速提升，使在广州建厂 22 年的美国商人查尔斯·哈布斯的公司失去竞争力，正在考虑将其工厂迁至其他国家。高盛公司驻香港首席经济学家乔虹分析说，过去的 10 年，中国制造业工人的实际工资每年增长近 12%。但据美国劳工统计局 4 月份发布的报告，在 2002~2008 年期间，美国制造业的实际时薪上涨了 20%，中国却上涨了一倍。尽管我国劳动力成本有了大幅度的上涨，但是 2008 年制造业的工资水平也只相当于美国的 4%左右。

目前，中国制造业、矿业、建筑业、农业等产业的工资仍然较低，并且劳动力工资的上涨并没有降低利润，投资者依然存在。据商务部最新数据显示，虽然 2011 年的前 5 个月，中国来自美国的投资有所减少，但是来自亚洲和欧盟的投资正在增多。所以，只要管理者纵观历史、放眼未来，高工资时代带来的长期利益将会带给中国一个更有成效和更大发展的时代。①

近几年，我国劳动力成本上升的深层次原因是：

从宏观层面看，我国正进入一个生产要素成本周期性上升的阶段，成本推动的压力趋于加大。首先，过去除了由供求关系导致的低成本以外，也存在着体制和政策上人为压低劳动力成本的因素，劳动力成本上升是社会经济发展的必然结果。其次，目前我国人均 GDP 已达 2000 美元，多种生产要素价格走势开始出现拐点，土地、能源、资源价格都在大幅度上涨，劳动力成本的上升也是一个自然的过程。在改革开放之初，为解决农村剩余劳动力，农民纷纷进城打工，为城镇提供了充足的廉价劳动力，吸引了众多外资来华淘金，内外资企业都曾经饱尝了廉价劳动力的甜头。20 多年间，剔除通货膨胀的因素，农民工的工资几乎没有增长。又过了 10 年，中国社会发生了巨大的变化，在国家政策和发展战略的引导下，经济从不平衡向平衡转变，实施了西部大开发、建设社会主义新农村等一系列方案，把解决三农问题提到议事日程，使农民增加了收入，避免了“民工荒”，我国走出了低价劳动力无限供给的局面。

从全球经济一体化层面看，输入型通货膨胀导致成本上升，2008 年在基本生活消费品尤其是食品价格大幅度上涨的带动下，整体物价上涨 5.1%，带动了工资的上涨。随着我国经济发展速度的加快和经济国际化程度的日益提高，初级产品价格的变动对我国的影响越来越大，从而推动劳动力成本的迅速上升，使中国制造业尤其是劳动密集型的汽车工业逐渐失去竞争优势。

---

①《外媒称中国告别廉价劳力时代制造业工资猛涨》，《新京报》，2011 年 6 月 27 日。

21 世纪初，中国工人的工资只有墨西哥工人的 30.2%，平均每年增长 11.4%。2012 年，中国人均工资是 6500 美元/年，比泰国和菲律宾高 30%，是越南和印度尼西亚的 2~3 倍，是柬埔寨的 5~6 倍。到 2013 年底，中国工人的工资比墨西哥高 50.5%，比越南高 168%。据测算，若中国经济按照每年 7%的速度增长，2018 年人均收入将达到 1 万美元。即使迁厂或建厂到我国成本较低的中西部地区，由于东部沿海和西部省份劳动力价格的差距正在缩小，工资仅差 5%~6%，因此，迁厂带来的成本优势很快就会消失。另外，中国有着优越的基础设施和比较完整的产业供应链，还有大批技术良好的工人，可以考虑到海外寻找廉价劳力市场或提高现有的劳动生产率，这就使中国决策者面临新的挑战。

劳动力成本的迅速提升，将推动我国的产业提升和经济转型，使我国经济从出口导向型向以内需为主型转变，从而减少经济对海外市场的依赖。①

二、国内需求

按照波特的观点，在产业的国际竞争优势中，本国的客户形态具有关键性的意义。内需市场的规模可以导致企业规模经济或规模不经济。

随着劳动力成本的迅速提升，我国经济正向内需为主的模式转变，从国内对新能源汽车的需求规模看：1998 年以前新能源汽车市场不具规模，之后，国务院正式启动了“中国清洁汽车行动”，推动新能源汽车的发展，减少汽车排放对环境的污染，但是市场对新能源汽车的需求仍然很少。“十一五”计划将“节能和新能源汽车”提升到国家战略，引起国家和地方政府的高度重视，它们非常关注节能环保及新能源汽车的研发和产业化，在“十二五”期间，新能源汽车已被确立为中国振兴经济和转变产业结构的焦点。

经过十年的努力，到 2010 年，我国新能源汽车研发能力由弱变强，形成了比较完整的产业体系，在北京国际车展会和上海世界博览会上分别首发 35 辆和超过 1000 辆新能源汽车。据统计，我国主要企业新能源汽车销量从 2009 年的 0.23 万辆增长到了 2013 年的 1.76 万辆，仅仅 5 年的时间，增加了近 20 倍（见图 11-2）。

2014 年上半年，借助利好政策的推动，为满足消费者不同的需求，各大汽车企业纷纷推出自己的新能源汽车产品（见图 11-3），销量占比又有了增加。

2013 年北京市作为全国节能与新能源汽车示范推广试点城市和私人购买新能源汽车补贴试点城市，汽车产业迅猛发展，已成为拉动工业增长、带动城乡就业、推动工业结构调整、走新型工业化道路的重要力量。

以北京市推广新能源汽车为例，比亚迪 F3 电动车 F3e 的成本价已达 18 万元，是市场销售汽油版 F3 车型的将近 3 倍，如果将比亚迪 F3 售价降低到 15 万元以内推向市场，不仅市场不能接受，而且不符合政府的相关规定；一汽的混合动力版奔腾汽车的成本更

①《中国将不再是世界工厂是喜是忧?》，中国日报网站—环球在线，2014 年 8 月 23 日。

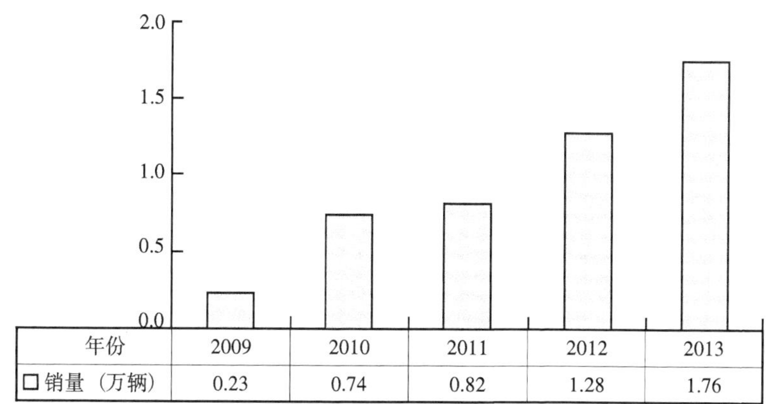

图 11-3　2009~2013 年中国新能源汽车销量

资料来源：中国产业信息网整理。

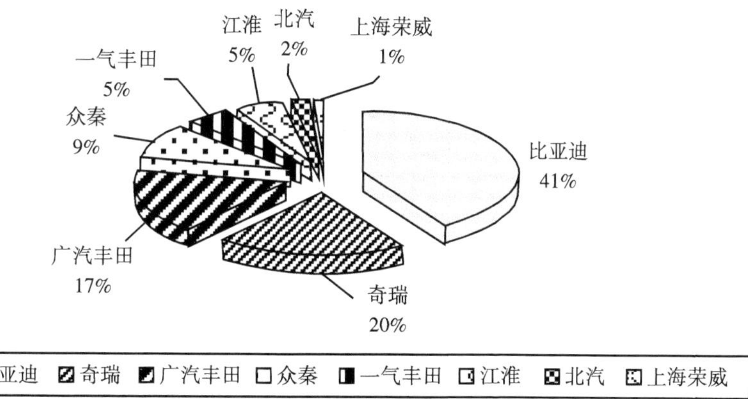

图 11-4　2014 年上半年国内主要新能源车企销量占比

资料来源：全国乘用车市场信息联席会。

是市场上汽油版奔腾汽车的 2~3 倍。由此看到，新能源汽车没有得到推广，主要是由于新能源汽车的购置成本过高，厂商与消费者都要付出更高的代价。其次，目前新能源汽车在生产成本、动力性能、稳定性等方面都不如传统燃油汽车，加上汽车消费者的驾车习惯和价格因素影响，新能源汽车的发展和普及更多地取决于政府的支持力度。从 2014 年 8 月份第四期新能源汽车申请者的需求数量看，较上期只增加近 300 人，而普通小客车申请者减少了近 11 万人（见表 11-2）。

表 11-2　2014 年新能源汽车指标申请情况

期　数	申请数（人）	审核数（人）	指标数（人）	中签比
第一期 2 月	1701	1428	1666	全中
第二期 4 月	2420	2062	1904	1.08：1
第三期 6 月	1763	1520	1666	全中
第四期 8 月	2056	—	—	—

资料来源：小客车指标办发布的信息。

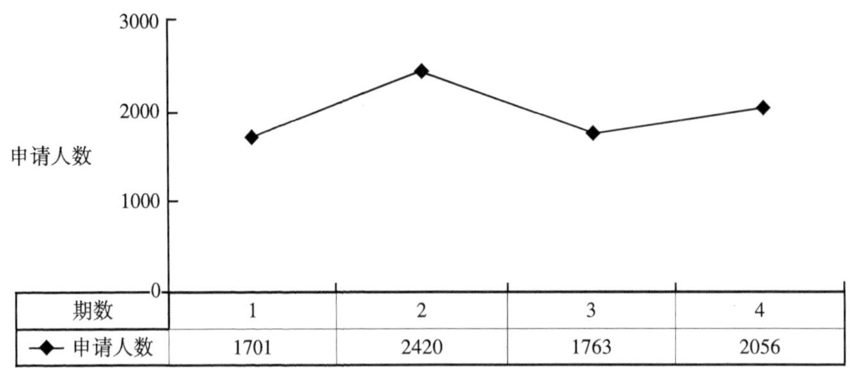

图 11-5　2014 年新能源汽车指标申请情况

资料来源：小客车指标办发布的信息。

表 11-2 显示，在北京市新能源汽车单独摇号的前三轮中，个人中签者接近 5000 人，其中大部分人还在犹豫是否购买纯电动车。而 1~8 月只有 7940 人申请，距离实现到 2015 年底北京推广应用 3.5 万辆新能源汽车的目标相差甚远。

影响消费者购买新能源汽车的主要原因是：①可供选择的纯电动汽车车型稀缺。据了解，在“卫·蓝先锋”行动计划启动仪式上，北汽新能源公司向北京市民征召 500 名环保先锋车主，分享北汽新能源提供的总价 2550 万元的环保购车基金，形成中央、地方和企业 1∶1∶1 的购车补贴标准，并以低于市场 5.1 万元、最终 8.48 万元的优惠价格配备一辆北汽新能源 E150EV，提前享受纯电动汽车的绿色出行生活，促使 E150EV 的销售有了大幅提升，占到全市新能源汽车私人购买的 40%。②充电桩的建设缓慢。目前北京全市 10 个远郊区县中已有 9 个设置了电动出租车，共有 1600 辆，今年将再增加 800 辆，到 2017 年将达到 5000 辆。截至 2014 年 8 月，北京包括慢充口在内的公用充电桩仅建成 318 个，其中约 200 个充电桩是由北汽、比亚迪等已经在京销售电动汽车的车企完成的，[①] 要在剩下的 4 个月建成 600 多个公用充电桩，才能完成“1000 个”的任务，这样的方式与速度，很难适应新能源汽车发展的需求。

当然，2014 年 2 月北汽集团收购了美国 Atieva 公司 25.02%的股份，成为 Atieva 公司的第一大股东。这个公司的研发团队具有参与过包括特斯拉在内的众多款电动汽车优势，有利于加强北汽新能源汽车的研发，加速产品升级和投放，从家庭用纯电动车到高端纯电动车，两年内都将到位。北汽集团初步的销量目标是 2014 年新能源汽车销量 2 万辆，随着加快产品投放速度，2015 年增至 3 万辆，2018 年销量 10 万辆。在推广层面，随着京津冀一体化战略的推动，北汽新能源将利用分布全国各大基地的优势，以北京市为核心市场，向全国推广新能源汽车。

近几年，中国的新能源汽车销量持续增长，国内私人购车需求不断增加。到 2013 年已销售 17642 辆。尽管如此，与土地面积相仿的日本做比较，按照千人销售的汽车数

① 北京新能源汽车发展促进中心的数据。

量，日本千人汽车保有量为589辆，而中国千人汽车保有量约为93.2辆，因此，国内市场需求还有很大的潜力。据发达国家的经验，汽车保有量只有在汽车得到充分普及，新增购车者的数量不再增加时才会趋于饱和。由此可见中国的汽车市场需求至少还有10~15年的稳定增长空间。据德国预测，到2015年，亚洲地区将拥有全球1/4的汽车，也就是2.8亿辆，其中中国和印度的市场增长潜力巨大，增长最慢的地区将是北美。

随着技术进步，汽车品种日益增多和不断满足私人购车的需求，私人购车将成为汽车消费市场的主要力量。2009年以来我国汽车产销已经连续三年超过世界汽车大国美国和日本，位居世界第一。汽车消费市场的扩大必然带动生产规模的扩大，作为规模经济效应显著的行业，规模的扩大有利于吸收新技术、新工艺和新装备以促进成本降低，致使汽车厂商在市场上进一步降价，带动更多的人加入汽车消费行列，形成生产和消费的良性循环，从而推动我国汽车产业的规模不断扩大、技术不断升级，使我国汽车产业逐渐由大国走向强国。

目前，由于居民收入的不断提高，汽车已经成为居民生活中的主要消费品，中国汽车保有量迅速增长，从2003年的2421.16万辆增加到2013年的13700万辆，中国的汽车消费已逐步走入家庭（参见图11-6）。随着私人汽车消费爆发式的增长，购车人群的观念也由只考虑汽车价格向多方面考虑转变，比如，人们会从汽车的安全性、使用成本、售后服务、技术含量、质量稳定性、残值等方面综合考虑是否购买汽车，对购车提出了更高的标准，逐步成为内行而挑剔的顾客，这将会激发出中国企业的竞争优势。

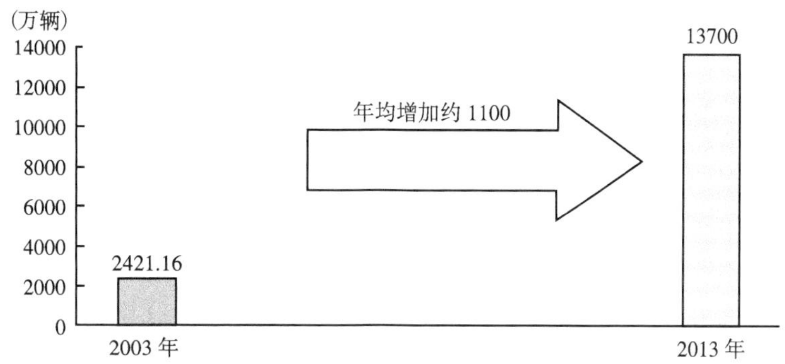

图11-6　2013年与2003年中国汽车保有量比较

资料来源：《中国汽车年鉴》各年。

中国汽车产业在促进国民经济增长、增加就业、拉动内需等方面发挥着越来越重要的作用。据统计，截至2011年8月16日，全球处于使用状态的各种汽车总保有量已突破10亿辆，[①] 中国就占了四成，并且拥有驾驶执照的中国人已经超过一亿，购买汽车群体及潜在市场庞大，中国已进入“汽车时代”，而这个高速增长的时代将会持续20年之久。[②]

① 中国行业研究网，http：//www.chinairn.com，2011年11月7日。

② 王莉：《“十二五”期间中国汽车产业由大到强的路径选择及对策建议》，（国情调研报告）2011年7月。

从我国新能源汽车的内需质量看，目前，发展新能源汽车已上升为世界各国的国家战略，将安全、节能、环保的经济型轿车作为全球轿车需求的方向，尽管近10年中国政府高度关注节能环保及新能源汽车的研发和产业化，但是中国新能源汽车无论从品种上、质量上以及安全程度上都缺乏良好的汽车消费环境。

从我国汽车内需的区域分布看，我国新能源汽车的需求区域分布并不均衡。中国国土面积广阔、省市众多、人口密度差异显著、各地区经济发展水平不均衡，城乡居民收入差距大，因此，不同区域对汽车产品的需求也不尽相同。在人口密度大、经济发达的地区，对新能源汽车的需求较多，比如，北京、上海、广东、深圳、杭州、合肥等，反之，人口密度小、经济落后的偏远地区，对新能源汽车的需求就很少甚至没有。具体地，华东、中南地区市场需求最多；华北、东北和西南地区次之；西北地区需求最少。

三、相关和支持产业

传统的燃油汽车产业链涉及钢铁、橡胶、玻璃、汽车美容产业等一百多个产业，而新能源汽车的产业链只在传统汽车产业链的基础上进行延伸。新能源汽车主要包括混合动力车和纯电动车，世界上大部分国家以发展纯电动车为主。在上游，主要增加了锂离子电池、电机及控制系统、汽车整车控制系统；在下游，增加了充电设施、电池回收等产业。

（一）上游

参与的企业较多，在纯电动汽车（EV）的成本构成中，电力驱动系统（包括动力电池系统和电机驱动系统）占整车的50%以上。锂电池行业是关键之一，其产业链主要由锂矿资源、锂电池原材料及电芯制造与封装构成，其中锂电池原材料包括正极材料、负极材料、隔膜、电解液。锂电池行业的最大壁垒在于锂资源，它关系到是否能够拥有行业的主导权。例如，天齐锂业通过收购泰利森51%的股权，控制了全球2/3的锂辉石供应，占全球锂资源市场约30%的市场份额，占中国锂精矿需求量的80%，因此，享有资源霸主的地位；电极原材料占据了锂电池价值链的主要部分，约占锂电池总成本的75%，而涉及这一业务的企业较多，其中，正极材料是决定电池安全、性能、成本和寿命的关键材料。目前，整个产业的投入集中在锰酸锂、三元材料和磷酸铁锂三种材料上，负极材料直接影响着锂电池在安全性能上的表现。

在国际上，负极材料的选择主要以石墨为主，其中天然石墨占全球50%以上的份额；隔膜是保证锂离子电池安全稳定工作的核心材料，我国80%的锂电池隔膜依赖进口，未来随着产能的扩大，将会有极大的进口替代空间；电解液是锂电池获得高电压、高比能等优点的重要保证，我国电解液覆盖了高、中、低端市场，除满足锂电池生产的需要以外，还有部分出口，江苏国泰是电解液的龙头；驱动电机领域涉及的企业较多，我国拥有丰富的稀土资源，钕铁硼是其中之一，它可以为驱动电机的生产提供重要的原材料；另外，我国的电机产品在性价比上占有一定优势，在中低端产品方面具有一定的竞争力，而我国驱动电机生产处于起步阶段，未来将有较大的发展空间。

（二）中下游

与上游相比，我国新能源汽车产业中下游的集中度比较高，投入最大的中游整车企业是比亚迪和上汽集团，而比亚迪集团同时涉及了电池和整车生产，还研发直流快速充电桩，产业链完整，将能获得更多的政策扶持；广汽集团在混合动力方面具有优势，应当得到更多的关注；福田汽车、宇通客车、安凯客车和江淮客车的推广力度很大，待观其成效。

（三）下游

下游在充电桩及建设和运营的集中度方面表现得更加充分，在充电桩的生产上，目前奥特迅是电动车充电站的首选，而在建设和运营方面，2013 年 9 月国家电网公司决定放开新能源汽车充换电设施的投资建设权，允许社会资本在快充、慢充和换电领域开展投资建设。2014 年 5 月 27 日，国家电网公司在北京发布了《关于做好电动汽车充换电设施用电报装服务工作的意见》，明确支持社会资本参与慢充、快充等各类电动汽车充换电设施建设，国家电网公司将提供方便、快捷、优质的供电服务。目前，国家已有电网规划，计划在“十二五”期间建设充电和换电站 2351 座，充电桩 22 万个，到 2020 年充电站主设备投资额将达到 320 亿元。

四、企业战略、结构和同业竞争①

2008 年金融风暴的来袭，重创了世界汽车行业，成为引爆“新能源汽车”第三次浪潮的导火索。世界各主要汽车生产国将新能源汽车作为拉动汽车产业、刺激经济复苏的手段，通过更加智能化的技术应用，使汽车在节能减排和安全性能的发展上达到了前所未有的高度。我国新能源汽车在汽车产业第三次浪潮中与其他国家的起步时间不相上下，因此，具备了一些独特的优势与条件，在国际新能源汽车市场上具有一定的竞争力，具体表现在以下几个方面：

从国际市场看，自从 2000 年世界汽车保有量迅速增长以来，石油作为汽车的主要动力来源，消耗量随之迅速增长。1950 年全球消费石油 5 亿吨，经过 30 年达到 30 亿吨，又经过 20 年增加到了 40.3 亿吨。据国际能源机构（IEA）统计，2001 年世界消耗在交通方面的石油占比已高达 57%，约占终端能源消耗总量的 19%。照这样推算，预计到 2020 年用于交通的石油将超过世界石油总消耗的 62%（2013 年世界主要国家一次能源消费结构详见表 11-3）。

① 王莉：《经济政策与模拟研究报告》（第六辑），北京：经济管理出版社，2014 年版。

表 11-3　2013 年世界主要国家一次能源消费结构（吨油当量表示）

	原　油	天然气	原　煤	核　能	水力发电	再生能源	总计/Mtoe
美国	831.0	671.0	455.7	187.9	61.5	58.6	2265.8
加拿大	103.5	93.1	20.3	23.1	88.6	4.3	332.9
墨西哥	89.7	74.5	12.4	2.7	6.2	2.5	188.0
巴西	132.7	33.9	13.7	3.3	87.2	13.2	284.0
法国	80.3	38.6	12.2	95.9	15.5	5.9	248.4
德国	112.1	75.3	81.3	22.0	4.6	29.7	325.0
希腊	14.0	3.2	7.1	—	1.5	1.4	27.2
俄罗斯联邦	153.1	372.1	93.5	39.1	41.0	0.1	699.0
西班牙	59.3	26.1	10.3	12.8	8.3	16.8	133.7
伊朗	92.9	146.0	0.7	0.9	3.4	0.1	243.9
中国	507.4	145.5	1925.3	25.0	206.3	42.9	2852.4
中国香港	17.7	2.4	7.8	—	—	<0.05	27.9
印度	175.2	46.3	324.3	7.5	29.8	11.7	595.0
印度尼西亚	73.8	34.6	54.4	—	3.5	2.3	168.7
日本	208.9	105.2	128.6	3.3	18.6	9.4	474.0
韩国	108.4	47.3	81.9	31.4	1.3	1.0	271.3
中国台湾	43.4	14.7	41.0	9.4	1.2	1.2	110.9

注：本文所指的一次能源是指商业贸易的燃料，包括用于发电的现代可再生能源。本表只取一次能源消费大于 100 百万吨油当量（Mtoe）的国家。

资料来源：《BP Statistical Review of World Energy 2014》。

表 11-3 的数据显示：2013 年世界上原油消费量最多的国家依次是美国（831 Mtoe）、中国（507.4 Mtoe）、日本（208.9 Mtoe）、印度（175.2 Mtoe）和俄罗斯（153.1 Mtoe），这 5 个国家的石油消费量占全球的 44.8%；天然气消费量最多的国家依次是美国（671.0 Mtoe）、俄罗斯（372.1 Mtoe）、伊朗（146.0 Mtoe）、中国（145.5 Mtoe）和日本（105.2 Mtoe），这 5 个国家的天然气消费量占全球的 47.7%；原煤消费量最多的国家依次是中国（1925.3 Mtoe）、美国（455.7 Mtoe）、印度（324.3 Mtoe）、日本（128.6 Mtoe）、和俄罗斯（93.5 Mtoe），这 5 个国家的原煤消费量占全球的 76.5%；核能消费量最多的国家依次是美国（187.9 Mtoe）、法国（95.9 Mtoe）、俄罗斯（39.1 Mtoe）、韩国（31.4 Mtoe）和中国（25.0 Mtoe），这 5 个国家的核能消费量占全球的 67.3%；水力发电量最多的国家依次是中国（206.3 Mtoe）、加拿大（88.6 Mtoe）、巴西（87.2 Mtoe）、美国（61.5Mtoe）和俄罗斯（41.0 Mtoe），这 5 个国家的水力发电量占全球的 56.6%；再生能源最多的国家依次是美国（58.6 Mtoe）、中国（42.9 Mtoe）、德国（29.7 Mtoe）、西班牙（16.8Mtoe）和巴西（13.2 Mtoe），这 5 个国家的再生能源占全球的 57.7%。①

世界各国已经意识到了能源的危机，积极调整能源供给结构，推动车用能源转型。汽车产业发展领先的国家具有多种新能源汽车技术，包括混合动力、纯电动、氢动力、

① 庞名立：《2013 年世界各国一次能源消费结构》，《Statistical Review of World Energy 2014》，2014 年 6 月 25 日。

生物柴油等，但各国研究开发的侧重点不尽相同，例如：美国热衷于氢动力、欧洲推崇柴油动力、日本致力于混合动力，总之，世界各国都把新能源汽车作为未来汽车产业的主攻方向。

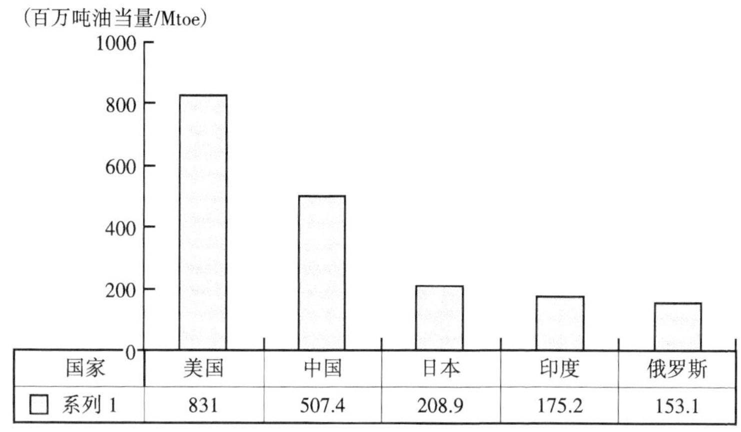

图 11-7　2013 年世界上原油消费量最多的 5 个国家

表 11-4　美国一次能源消费结构（百万吨油当量/ Mtoe）

年份	原　油	天然气	煤	核　能	水力发电	再生能源	总　计
2003	914.3	566.8	573.9	181.9	60.9		2297.8
2004	948.8	580.5	566.2	187.8	61.4		2344.7
2005	944.5	570.1	575.4	185.9	60.6		2336.6
2006	938.8	566.9	567.3	187.5	65.9		2326.4
2007	943.1	595.7	573.7	192.1	56.8		2361.4
2008	884.5	600.7	565.0	192.0	56.7		2299.0
2009	842.9	588.7	498.0	190.2	62.2		2182.0
2010	850.0	621.0	524.6	192.2	58.8	39.1	2285.7
2011	833.6	626.0	501.9	188.2	74.3	45.3	2269.3
2012	819.9	654.0	437.8	183.2	63.2	50.7	2208.8
2013	831.0	671.0	455.9	187.9	61.5	58.6	2265.8

资料来源：根据《BP Statistical Review of World Energy》历年数据整理。

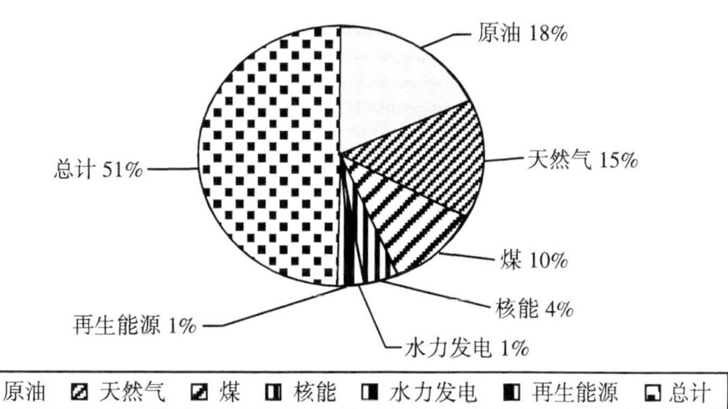

图 11-8　2013 年美国一次能源消费结构

从美国一次能源消费数据看，除水力发电发展较慢以外，其他一次能源发展得均较快（详见表 11–4）。

美国在致力于生物燃料车研究开发的同时也鼓励以混合动力车为代表的其他新能源汽车的使用，2004 年就已进入商业化推广阶段；2009 年混合动力汽车销量 35 万辆，主要车型包括美国通用生产的沃蓝达（Volt）、插电式混合动力轿车和克莱斯勒生产的 200C 插电式混合动力轿车；奥巴马政府对能源方面的计划是，在未来 10 年中投资 1500 亿美元，最终实现三个目标，即刺激经济，减少温室气体排放，提高能源安全，这被称为奥巴马的“绿色新政”。这 10 年投资的 1500 亿美元主要资助替代能源的研究，包括乙醇燃料、混合燃料动力汽车研发等，在 7870 亿美元刺激经济计划中，与开发新能源相关的投资总额超过 400 亿美元。到 2020 年把联邦燃油经济的标准从现在的每加仑汽油行驶 27.5 英里提高到 35 英里。按照新标准，到 2016 年，美国境内新生产的客车和轻卡车每百公里耗油将不超过 6.62 升。另外，为鼓励私人购买采用先进的油电混合技术的轿车，政府将为每位购买这样（一辆）汽车的个人减税 7000 美元。①

欧洲历来重视节能和减排，新能源汽车一直是其发展的重点。凭借欧洲汽车厂商在柴油发动机上领先的技术优势，在清洁柴油乘用车方面发展迅速，占乘用汽车总销量的 50%以上，各大汽车企业推出的新能源汽车主要车型包括：德国奔驰生产的精灵（Smart）纯电动轿车和法国雷诺（Renault）公司生产的 ZE 系列纯电动轿车。

目前，欧盟已经在汽车行业的碳排放标准建设方面做出了表率。2008 年 11 月，欧盟议会通过了以轿车为代表的碳排放法规总体规划，从 140 克/公里的排放标准提升到 2020 年的 95 克/公里。尽管欧洲汽车企业提出种种困难，但欧盟仍认为要坚持实施。欧盟还提出了对碳超标的新生产的轿车，将按超标比例递增的原则实行惩罚措施。例如：超过目标 3 克以内每 1 克罚 5 欧元，超 2 克罚 20 欧元，超 3 克罚 45 欧元，超标 4 克将罚 140 欧元；并且从 2015 年开始，每超标 1 克，都将被罚 95 欧元。

法国政府将在未来的四年当中投入 4 亿欧元进行混合动力汽车和电动汽车的研究开发。

日本的混合动力车也已形成产业化，其目标是使电池成本下降一半；德国先后推出“国家氢能与燃料电池技术创新计划”和“国家电动汽车发展计划”，争取到 2020 年推广 100 万辆电动汽车、2030 年达到 500 万辆、2050 年在非化石燃料驱动的城市交通中占绝对优势。

中国政府在制定和推广电动汽车政策方面居于全球前列。2001~2005 年，新能源汽车的研究就被列入我国“863”重大课题，之后，国家高度重视新能源汽车的研究发展和产业化，不断制定和调整节能和新能源汽车发展战略，2006~2007 年，我国自主研制的纯电动车、混合动力车和燃料电池车相继诞生，2010 年 6 月政府出台了《私人购买新能源汽车试点财政补助资金管理暂行办法》，为新能源汽车的市场化发展提供了极为有力的保障。从此，我国形成了比较完整的新能源汽车产业布局，当年新能源客车销售

①《世界主要国家新能源发展状况及特点浅谈》，中研网讯，2012 年 2 月 23 日。

441 辆，纯电动客车销售 177 辆，混合动力客车销售 264 辆。2011 年 1~3 月，我国新能源客车销售 648 辆，纯电动客车和混合动力客车分别销售 247 辆和 401 辆，同比上年分别增长 47%、40%和 52%，混合动力客车相比纯电动客车增长速度比例超过 12%，1000 辆纯电动客车每年可节油 38400 吨，可减少 CO_2 排放 17755 吨标准煤，能源费用可节约 2.9 亿元。由此可见，混合动力客车比纯电动客车更适合中国的国情，在市场上更有竞争力。①

汽车制造企业需要掌握车载能源、驱动及控制系统之一的核心技术，才能进行新能源汽车生产，中国的新能源汽车制造商在这些方面落后于美、日厂商，尤其是在混合动力汽车技术上与美国、日本等发达国家相比还存在很大差距，中资企业虽然掌握了一定的新能源汽车技术，但仍未能实现批量生产。即使有些车型已在国内生产，但也相当于整车进口，技术保密相当严格，不掌握核心技术，就没有制定行业标准的“优先权”，对新能源汽车的发展就会产生不良影响。②

电动车虽然为我国汽车产业提供了发展机遇，但我国与发达国家的科技水平的差距较大，与发达国家政府和企业联合制订的各种计划、巨额资金投入和大力发展电动车产业所采取的措施和政策相差甚远。我们应当借鉴国外经验，尽快集中力量在全国建设 1~2 个产业化体系健全，研发、试验、制造水平先进，具有强大产业竞争力，发展环境良好的电动车产业中心城市，积极参与国际竞争，在竞争中快速发展我国的电动车工业。③

在未来 10 年，中国发展电动汽车的计划是，有关部门将投入 1000 亿元打造新能源汽车产业链，2015 年使新能源汽车走进百姓家庭，到 2020 年中国新能源汽车销量规模将达全球第一。

从国内市场看，2003~2013 年中国能源消费结构（详见表 11-5）。

表 11-5 中国一次能源消费结构（百万吨油当量/ Mtoe）

年份	原油	天然气	煤	核能	水力发电	再生能源	总计
2003	266.4	29.5	834.7	9.9	63.7		1204.2
2004	318.9	35.1	978.2	11.4	80.0		1423.5
2005	327.8	41.2	1095.9	12.0	89.9		1566.7
2006	353.2	50.5	1215.0	12.4	98.6		1729.8
2007	362.8	62.6	1313.6	14.1	109.8		1862.8
2008	375.7	72.6	1406.3	15.5	132.4		2002.5
2009	388.2	80.6	1556.8	15.9	139.3	6.9	2187.7
2010	428.6	98.1	1713.5	16.7	163.1	12.1	2432.2
2011	461.8	117.6	1839.4	19.5	157.0	17.7	2613.2
2012	483.7	129.5	1873.3	22.0	194.8	31.9	2735.2
2013	507.4	145.5	1925.3	25.0	206.3	42.9	2852.4

资料来源：根据《BP Statistical Review of World Energy》历年数据整理。

①《我国新能源客车已经进入高速发展时期》，盖世汽车资讯，2011 年 5 月 6 日。
②《关于我国新能源汽车发展分析》，期刊网，2011 年 10 月 17 日。
③《我国新能源汽车国际竞争力分析》，国际新能源网，2011 年 4 月 14 日。

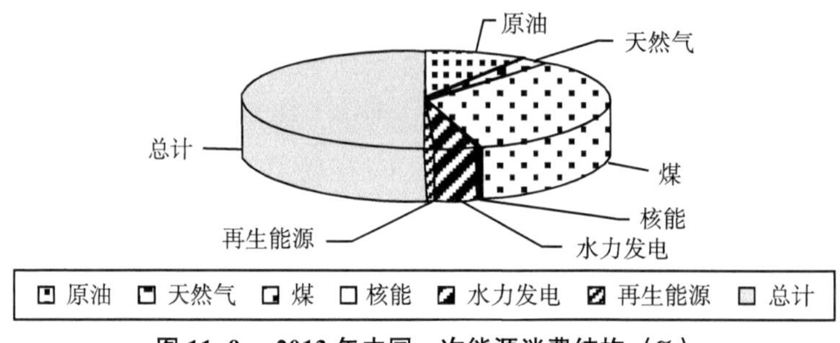

图 11-9 2013 年中国一次能源消费结构（%）

图 11-9 显示，在当前中国的能源消费结构中，煤炭仍然占一次能源消费的首位（大约七成），原油处于第二位。2012 年我国原油进口 2.85 亿吨，消费总量近六成，主要依靠进口。随着未来中国人口增长以及人均能源内在的消费需求增长，中国的能源需求仍然会无可避免地出现增长。

根据“十二五”能源规划，到 2015 年，石油对外依存度应控制在 61%以内，非化石能源消费比重需提高到 11.4%，非化石能源发电装机比重要达到 30%，天然气占一次能源消费比重要提高到 7.5%，煤炭消费比重要降低到 65%左右。尽管水电建设近几年有所放缓，但是按照目前的减排目标以及能源消费的增长需求，中国的水电装机量仍然有较大的发展空间。去年全国水电装机容量已突破 2.3 亿千瓦，位居世界首位，水电装机占全国电力装机的 21%，占全国发电量的 17%。这就需要从根本上调整我国以煤为主的能源消费结构，提高电力、新能源在终端能源消费中的比重，加快发展清洁能源，全力推动节能减排。据“十二五”能源规划，在能源供给选择排序上，降煤炭，稳石油，更多用天然气（页岩气）、水电、风电、太阳能等已成为必然的选择。

在新能源汽车的推广过程中，充电桩、充电站等基础设施的建设一直备受关注。很多观点认为，基础设施的建设应该先于新能源汽车的销售，因为无论是纯动力车还是插电式混合动力车，如何充电都是不可忽视的重要环节。充电问题的妥善解决，是新能源汽车推广的先决条件之一。2013 年开始，中国政府加大了新能源汽车推广应用措施的力度，使新能源汽车产业无论是产业支撑力、企业竞争力，还是产品竞争力都比 2012 年有了一定幅度的提高。

目前，我国汽车产业的主要竞争对手是美、日和欧洲等外国的汽车制造业。而当今世界国际汽车工业结构正在发生重大重组，由于全球汽车工业生产能力过剩，产品开发成本大幅度提高，促使产业结构调整步伐明显加快。汽车工业联盟成为世界汽车工业发展的潮流，90%以上大汽车公司的“强强联合”，形成集团优势，更具竞争力。

实际上，国际汽车市场竞争的实质是现代科技的较量，而技术创新能力是竞争取胜的关键。由于我国新能源汽车产业存在政策支持力度不够、成本相对较高、机车设施不完善等问题，虽然 2013 年我国新能源汽车产业的国际竞争力比 2012 年略有提升，但是与汽车工业发达的美国、日本等发达国家相比，它们进步速度更快，我国新能源汽车产业总体竞争力仍与其有较大的差距，落后于主要发达国家。

五、机会

机会是可遇而不可求的，它可以影响四大要素发生变化。机会是双向的，它在新的竞争者获得优势的同时，就使原有的竞争者优势丧失，只有满足新需求的厂商，才能有发展的“机遇”。

近十年来，由于石油依赖程度的加重、大气污染和交通拥堵问题突出，发展新能源汽车已成为必由之路，也是调整我国汽车产业结构的必然选择。据国际能源机构预测，到 2020 年全球交通用油将占石油总消耗的 62%以上。因此，对于石油资源短缺的中国来讲，寻找替代能源和低碳经济的有效途径显得尤为重要和紧迫（参见表 11-6）。中国地质科学院预测报告显示，中国未来 20 年的石油需求缺口将达 60 亿吨。[①] 与此同时，能源消费带来的环境问题也愈发严重，交通能源造成的环境污染所占份额越来越高，已超过了传统工业污染成为头号污染源。[②]

表 11-6　2001~2013 年中国石油消费量及进口量

单位：万吨

年份	石油消费量	石油进口量	年份	石油消费量	石油进口量
2001	22888.4	9118.2	2008	37302.9	23015.5
2002	24789.2	10269.3	2009	38384.5	25642.4
2003	27125.8	13189.6	2010	43245.2	29437.2
2004	31700.5	17291.3	2011	46697.1	25378.1
2005	32537.7	17163.2	2012	49000.3	27102.0
2006	38476.2	19453.0	2013	49008.4	28200.0
2007	36658.7	21139.4			

资料来源：①2001~2010 年数据来自 2009 年、2010 年《中国能源统计年鉴》。②2011~2012 年数据来自中国产业信息网。

波特指出的机会对于我国而言主要体现在以下三个方面：第一，随着汽车产销大国地位的确立，中国对石油的依赖程度不断加重，大气污染和交通拥堵问题日益突出，新动力驱动被视为拯救和发展汽车产业的唯一路径，发展新能源汽车已上升为世界各国的国家战略，也成为调整中国汽车产业结构的必然选择。第二，节能与环保已成为世界汽车发展的两大主题。中国政府在制定和推广电动汽车政策方面居于全球前列，地方政府在国家的带动下也纷纷出台相应政策，支持新能源汽车产业发展，国家和地方政府不断出台扶持新能源汽车产业发展的政策，为推动新能源汽车产业发展创造了良机。第三，目前，我国正处于工业化和城市化的关键时期，区域经济发展不平衡依然存在，居民收

① Reny，Wur，Han W. J.，ete. Economic，Environmental and Energy Life Cyele Assessments of Natural Gas Based Automotive Fuels in Chongqing China. ISAFXIV，2002.

② 欧阳明高：《我国节能与新能源汽车发展战略与对策》，《汽车工程》，2006 年第 28 期，第 317-321 页。

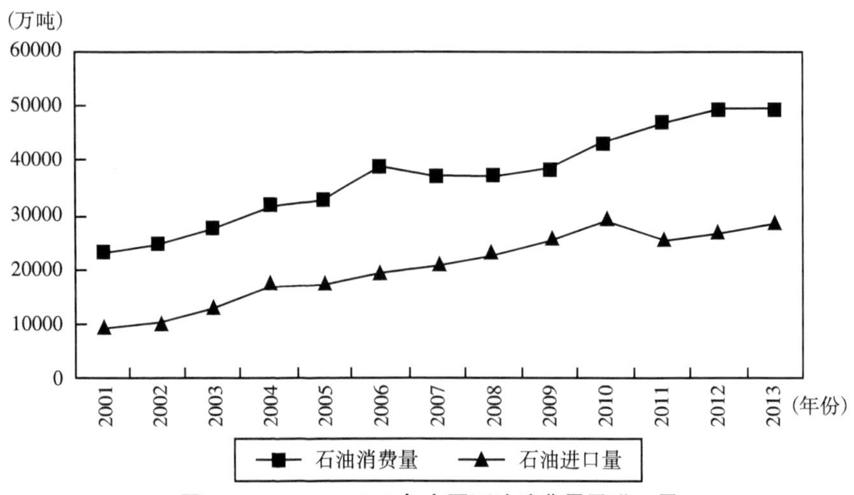

图 11-10　2001~2013 年中国石油消费量及进口量

入水平差距较大，对汽车产品的品质要求也就不同。因此，我国对新能源汽车的需求具有很大的差异。针对这些特点，根据消费者对新能源汽车产业的不同需求，应及时研究并推出适合不同消费群体的新能源汽车产品，把握机会、加快市场的导入。

六、政　府

波特指出，从事产业竞争的是企业，而非政府，竞争优势的创造最终必然要反映到企业上。即使拥有最优秀的公务员，也无从决定应该发展哪项产业，以及如何达到最适当的竞争优势。政府只能提供企业所需要的资源和创造产业发展所需要的环境。政府只有扮演好自己的角色，才能成为扩大钻石体系的力量。

从政府对四大要素的影响看，对需求的影响主要是政府采购，而政府采购必须有严格的标准，扮演挑剔型的顾客（在美国，汽车安全法规就是从政府采购开始的），采购程序要有利于竞争和创新。政府在形成产业集群方面，不能无中生有，但可以强化它。

从 20 世纪 90 年代开始，我国的汽车尾气治理就被提上了日程。2012 年，北京与美国的纽约、日本的东京和法国的巴黎汽车保有量已相差不多。到 2013 年底，我国汽车保有量达到了 1.37 亿辆，全国有 31 个城市的汽车超过 100 万辆，其中北京、天津、成都、深圳、上海、广州、苏州、杭州 8 个城市汽车已超过 200 万辆。由此而产生的汽车尾气，包括氮氧化合物（NOx）和一氧化碳（CO）的排放，引起了人们的忧虑和不安。据北京市环境保护局的分析，北京全年 PM2.5 来源中，区域传输占 28%~36%，本地污染排放占 64%~72%，而在本地污染源中，机动车又占到了 31.1%。[①] 表 11-7 对国产汽车与美国生产的汽车的排放系数进行了比较。

① 余荣华：《北京公布大气细颗粒物最新源解析：三成本地污染物来自机动车》，《人民日报》，2014 年 4 月 16 日第 9 版。

表 11–7 中国排放水平与美国排放系数的比较

污染物	国别	汽油轿车	轻型汽油车	重型汽油车	重型柴油车	摩托车
HC（碳氢化合物）	中国	10.2	11.4	17.0	9.4	4.8
	美国	2.5	2.8	8.4	2.1	4.0
CO（一氧化碳）	中国	85.2	84.8	235.6	31.3	47.2
	美国	19.0	24.0	102.0	11.5	24.2
NOX（氮氧化合物）	中国	1.6	3.2	5.0	53.4	0.5
	美国	1.0	1.2	3.1	10.2	0.4

资料来源：中国工程院、美国能源部 DOE/EIA。

从表 11–7 的比较可以看出，目前我国控制汽车排放污染水平较低，单车污染物排放比美国高出几倍。

中国政府对新能源汽车产业的发展起着极其重要的作用。1993 年国家颁布了相当于欧洲 20 世纪 70 年代的汽车尾气排放标准。从 2005 年 1 月 1 日起北京又将标准提高到欧Ⅱ标准，比全国其他省市提前了 2 年。随着新车增长速度的加快，旧车报废很慢，汽车尾气污染又有明显上升趋势，为此，北京市政府率先决定从 2006 年 3 月 1 日起，对包括轿车、越野车在内的所有轻型车和 3.5 吨以上的货车都启用严格的简易工况法检测尾气，全部实行欧Ⅱ标准，不达标的强行改造。

1999 年 12 月，科技部等印发了《关于实施“空气净化工程——清洁汽车行动”的若干意见》，牵头启动了“清洁汽车行动”工程，先后在 16 个城市和地区开展代替燃料汽车展示推广。2006 年 4 月，科技部建立“十一五”、“863”计划，“节能与新能源汽车重大项目”，继续坚持“三纵三横”的研发布局，以动力系统技术平台为核心，聚焦动力系统技术平台和关键零部件研发。2007 年 10 月，国家发展和改革委员会发布《新能源汽车生产准入管理规则》，并于 2007 年 11 月 1 日起正式施行。2008 年 7 月，北京奥运节能与新能源汽车示范运行轿车仪式在北京举行，共有 595 辆自主研发的节能与新能源汽车在北京奥运会期间实现了规模化、集中化、高强度的成功应用，在奥运史上第一次实现了以“中心区零排放，周边地区交通低排放”为特点的节能与新能源汽车大规模示范应用。2009 年 3 月，国务院发布《汽车产业调整和振兴规划》，首次提出实施新能源汽车战略，以新能源汽车为突破口，注重改造传统产品与推广新能源汽车结合，积极发展新能源汽车。2010 年 10 月，国务院发布《关于加快培育和发展战略性新兴产业的决定》，提出了包括新能源汽车等在内的七大战略性新兴产业的发展目标和措施。2012 年 3 月，财政部、国家税务总局、工业和信息化部联合下发了《关于节约能源使用新能源车船税政策的通知》，对节约能源的车船减半征收车船税，对使用新能源的车船免征车船税。2012 年 6 月，国务院发布《节能与新能源汽车产业发展规划》（2012~2020），明确了以纯电动驱动为新能源汽车发展和汽车工业转型的主要战略取向的技术路线，为我国节能与新能源汽车产业的发展指明了方向，明确了任务，提供了保障。2012 年 9 月，国务院机关事务管理局、工业和信息化部、科技部共同启动中央国家机关新能源电动公务用车试点示范工作，首批采购 23 辆新能源电动车作为公务用车。2013 年 1 月，国务院印发的

《能源发展“十二五”规划》提出，加强供能基础设施建设，为新能源汽车产业化发展提供必要的条件和支撑；到2015年，形成50万辆电动汽车充电基础设施体系。同年8月国务院发布的《关于加强发展节能环保产业的意见》中指出，在北京、上海、广州等城市扩大公共服务领域新能源汽车示范推广范围，每年新增或更新的公交车中新能源汽车的比例达60%以上，开展私人购买新能源汽车和新能源出租车、物流车补贴试点；抓紧研究制定政府机关及公共机构购买新能源汽车的实施方案。2013年9月12日，国务院印发的《大气污染防治行动计划》提出大力推广新能源汽车。公交、环卫等行业和政府机关要率先使用新能源汽车，采取直接上牌、财政补贴等措施鼓励个人购买。北京、上海、广州等城市每年新增或更新的公交车中新能源和清洁燃料车的比例达到60%以上。2013年9月13日，财政部、科技部、工业和信息化部、发改委联合发布了《关于继续开展新能源汽车推广应用工作的通知》，正式启动了新一轮的新能源汽车推广应用工作。2014年1月，财政部、工业和信息化部等四部委联合下发通知，宣布从当年起国家对纯电动乘用车、插电式混合动力（含增程式）乘用车、纯电动专用车、燃料电池汽车车型的补贴标准进行调整，2014年和2015年的补贴标准将在2013年标准基础上分别下降5%和10%。2014年3月5日，两会政府工作报告做出修改，在“努力建设生态文明的美好家园”的“出重拳强化污染防治”一段文字中，增加“推广新能源汽车”，以加快新能源汽车产业发展，促进大气污染防治。2014年5月27日，国家电网宣布向社会资本开放分布式电源并网工程和电动汽车充换电设施两个市场领域，以吸引社会资本参与充电基础设施建设。2014年7月9日，国务院常务会议决定，自2014年9月1日至2017年年底，对获得许可在中国境内销售（包括进口）的纯电动以及符合条件的插电式（含增程式）混合动力、燃料电池三类新能源汽车免征车辆购置税。2014年7月13日，国家发改委等五部委联合发布《政府机关及公共机构购买新能源汽车实施方案》，明确2014~2016年中央国家机关及纳入新能源汽车推广应用城市的政府机关和公共机构，购买的新能源汽车占当年配备更新总量的比例不低于30%，以后逐年提高。方案还规定了各省区市其他政府机关和公共机构这几年内购买新能源车的占比，尤其指出2014年，京津冀、长三角、珠三角细微颗粒物治理任务较重区域的政府机关及公共机构购买比例不低于当年的15%。

综上所述，政府在产业发展中最重要的角色是保证国内市场始终处于活跃的竞争状态，制定竞争规范。国务院出台的一系列新能源汽车产业发展的相关政策，推动了新能源汽车产业的健康、持续发展，为新能源汽车企业之间的公平竞争搭建了良好的平台。

第四节　新能源汽车产业发展战略的国际比较

国际上以电动车为代表的新能源汽车产业化的兴起，最早可追溯至20世纪50年代。六七十年代一些著名的汽车公司就转向研究和开发电动汽车，并竭尽全力地推动新能源汽车的产业化。

2013 年法国通过了“空气质量紧急计划”，针对 2011 年推出的“颗粒减排计划”中的缺陷，重新制订了一系列的紧急措施，并结合地方政府“空气保护计划”的制订，共同应对空气污染问题。

英国于 1997 年开始实施《国家空气质量战略》，并于 2000 年、2003 年和 2007 年分别进行修订和补充，形成了英国空气质量政策的基本战略框架。

欧盟从 1973 年欧共体时代开始就出台了一系列的环境行动计划，作为治理大气颗粒物政策措施的指导纲领。

目前，美国、日本和欧洲是全球新能源汽车发展比较成熟的国家。2008 年以后世界主要汽车制造大国都制订了新能源汽车推广规划（见表 11-8），各有侧重，不尽相同。

表 11-8　世界主要汽车市场新能源汽车产销规划

国　家	规划时限	新能源车产销目标	新能源汽车类型
美　国	2015 年	100 万辆（保有量）	插电式混合动力、增程型电动车、纯电动车
中　国	2015 年	50 万辆（产销总量）	插电式混合动力、纯电动
	2020 年	500 万辆（产销总量）	插电式混合动力汽车、纯电动汽车
日　本	2020 年	200 万辆（年销量）	电动车（80 万辆）、混合动力（120 万辆）
	2030 年	年销量 70%	电动车、混合动力
德　国	2020 年	100 万辆（保有量）	电动车
	2030 年	500 万辆（保有量）	电动车
法　国	2020 年前	200 万辆（累计产量）	清洁能源汽车
韩　国	2015 年	120 万辆（产量，10%世界电动车市场）	电动车
	2020 年	小型电动车普及率 10%	电动车

资料来源：盖世汽车网。

一、美国

2009~2010 年的导入期后的三年里，美国新能源汽车销量快速增长，2013 年销售近 10 万辆，约占全球销量的 50%，产品从 2009 年的两款增至 2013 年的近 20 款（见图 11-11）。

到 2010 年底，美国已有混合汽油和柴油电动车 191 万辆，主要用于公司和个人，2013 年新能源汽车销量迅速增加到 9.7 万辆。奥巴马总统实施了总价值 47 亿美元的新能源补贴政策，其中 37 亿用于新能源汽车的免税补贴，10 亿美元用于奖励普及电动车等新能源汽车的基础设施研究。

二、日本

日本从 2009 年开始向市场导入新能源汽车，产品从 2009 年的 3 款增长到了 2013 年的 9 款。日本政府非常重视电动车的研究和开发，到 2013 年新能源汽车销量比 2009

年增长了 31 倍（见图 11-12）。

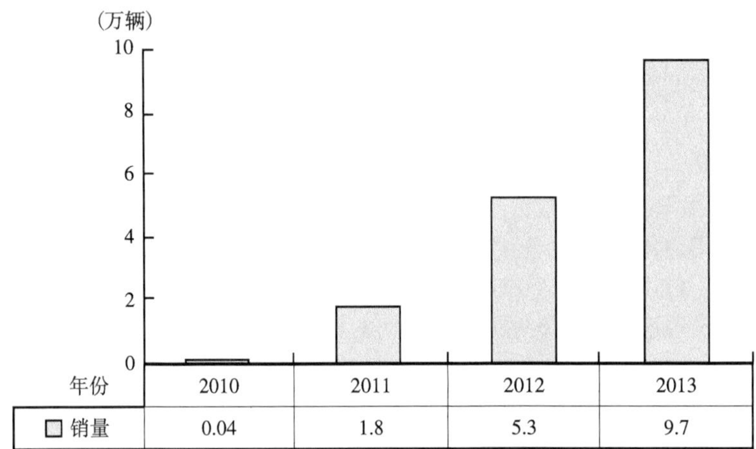

年份	2010	2011	2012	2013
销量	0.04	1.8	5.3	9.7

图 11-11　2010~2013 年美国新能源汽车销量

资料来源：根据中国产业信息网整理。

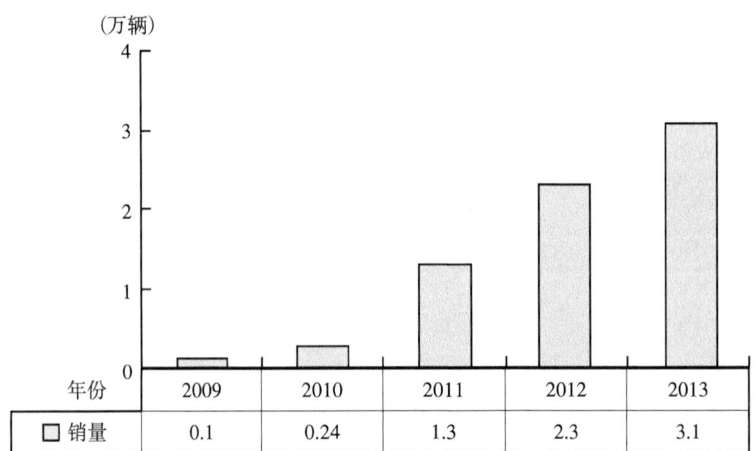

年份	2009	2010	2011	2012	2013
销量	0.1	0.24	1.3	2.3	3.1

图 11-12　2009~2013 年日本新能源汽车销量

资料来源：根据中国产业信息网整理。

据统计，1989 年日本使用电动车 1046 辆；1990 年为 1271 辆；1991 年为 1037 辆；1992 年为 1300 辆。丰田公司的最新混合动力汽车“Pries”是世界上最早批量生产的混合动力汽车，到 2013 年已生产 6 万辆，其中在日本销售了 3.5 万辆，在美国销售 1 万多辆，在欧洲销售 1 万多辆。日本各大电力公司不仅在资金上参与电动车的研究开发，也在公务汽车的选用上优先选用电动车。日本实施严格的车辆排放标准并制定严格的排放法规，通过法规刺激市场对电动汽车的需求，鼓励新能源汽车消费，包括现处于实用阶段的低公害汽车的普及和燃料电池等下一代低公害汽车的开发。

三、德国

德国早在 1971 年就成立了城市电动车交通公司（GES），投入大量资金积极组织电动车的研究和开发。1991 年，在拜尔州投入了 300 辆电动车运行，并拨款 400 万马克，对于购买电动汽车的消费者进行车价 30%的资助；同时，汉堡市也采取措施，对购买电动车的消费者进行车价 25%的资助，鼓励用户购买电动汽车。

德国政府指定奔驰和大众汽车公司合资，建立了德国汽车工业有限公司的科技开发机构。

四、法国

法国是一个缺少石油的国家，每年要进口大量石油，导致石油制品价格昂贵，大约是美国的 4 倍。因此，法国在研制和推广电动汽车的行动方面是全世界最积极的国家之一。

法国除了对电动汽车的研究、开发进行大力支持外，还实施对电动车购买的财政鼓励措施。

五、韩国

韩国政府大力支持发展新能源汽车。但是配套基础设施问题是制约其发展的因素之一。电动车应用较广的场所主要是商场和交通比较拥挤的地区，政府会给巡警或者交警配备纯电动便捷式的辅助交通工具，政府部门使用更多的车是中高端的国产车，但不是纯电动车，因为它无法满足政府正常的工作需要。为鼓励新能源汽车的发展，韩国企划财政部在 2009 年就对混合动力车实行减税优惠，包括享受个人消费税、登记税、取得税、教育税等方面的减税优惠。

六、中国

混合动力客车比纯电动客车更适合中国的国情，在市场上更有竞争力。[①] 在政策补助政策的扶持下，2009 年以来中国新能源汽车销量持续高速增长（见图 11-13）。

图 11-13 显示，到 2013 年，中国新能源汽车销量从 2009 年的 0.23 万辆增长到 2013 年的 1.76 万辆，增加了近 20 倍。

过去，中国的新能源汽车没得到全面推广，主要是由于新能源汽车的购置成本过高，推广新能源汽车，厂商与消费者都要付出更高的代价。另外，新能源汽车的管理政

①《我国新能源客车已经进入高速发展时期》，盖世汽车资讯，2011 年 5 月 6 日。

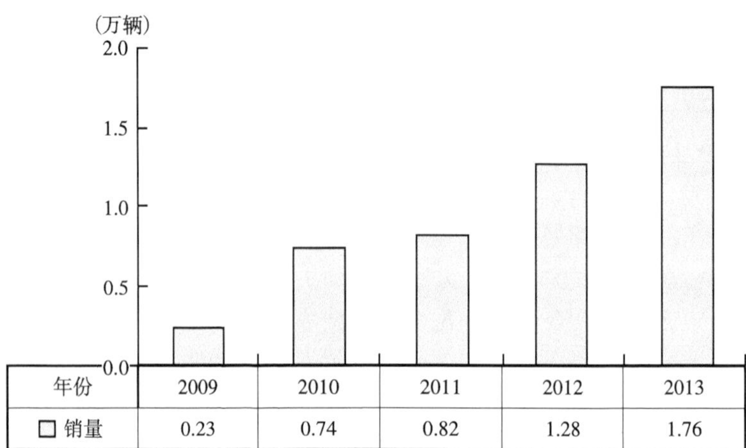

年份	2009	2010	2011	2012	2013
□ 销量	0.23	0.74	0.82	1.28	1.76

图 11-13　2009~2013 年中国新能源汽车销量

资料来源：中国产业信息网整理。

策也面临涉嫌地方保护的争议。

目前，中国大部分受污染城市的环境压力与美国加州类似，机动车是这些地区污染源的主要来源，迫切需要采取硬性、有效的措施推动新能源汽车的普及，降低汽车尾气污染。美国加州在 1998 年针对防止大气污染制定了限制法规，规定“零污染”汽车的销售比例要占新车销售额的 2%。加州提出的“零排放”汽车占比要求具有一定的合理性，值得我国借鉴。新能源汽车占比要求可以迫使我国汽车企业尽快研发、产业化新能源汽车，推动新能源汽车产业化进程。

另外，日本在公务汽车的选用上优先选用电动车、实施严格的车辆排放标准和制定严格的排放法规，通过法规刺激市场对电动汽车的需求，也是不错的经验，值得思考。

节能与环保已成为世界汽车发展的两大主题。中国新能源汽车制造的技术水平落后于美国和日本，由于汽车制造企业需要掌握车载能源、驱动及控制系统之一的核心技术，才能进行新能源汽车生产，而中国的新能源汽车制造商在这方面远远落在美、日厂商之后，即便有些车型已在国内生产，但也相当于整车进口，技术保密相当严格。掌握不了核心技术，就没有制定行业标准的“优先权”，对新能源汽车的发展产生影响。

第五节　中国新能源汽车产业的国际竞争力[①]

历次经济危机对世界汽车产业格局的影响都在不同阶段推动了汽车产业重组和技术进步，而重组都是围绕着企业规模和核心竞争力进行的。2008 年的金融危机对全球汽车产业造成了很大的冲击，美国、欧洲各国、日本的汽车产量和销量出现了大幅度的下

① 冯飞：《我国发展电动汽车有三大优势三大劣势》，新浪汽车，2009 年 9 月 5 日。

滑，至今全球汽车市场还未全部复苏。在这轮危机中，一些大的汽车巨头纷纷倒闭，带来了新一轮汽车产业的重组。2009 年中国汽车产业之所以能够迅速复苏，销量大幅度提升，主要得益于市场的需求。中国汽车产业主要是需求拉动型而不是技术推动型产业。新能源汽车的发展无疑有利于实现节能减排，新能源汽车与传统的汽柴油汽车相比具有明显优势，也可以解决我国二氧化碳排放问题，为我国新能源汽车的技术发展和技术创新奠定基础。

中国发展新能源汽车的优势：

（1）中国的汽车市场规模大，具有多样性的特点。多样性意味着我们在低速电动汽车、一些特殊场合或者农村市场，有可能率先实现商业化应用。比如现在正在研究当中的低速电动汽车的率先应用；另外，多元化的新能源、新产品、新概念汽车也有较好的需求市场。

（2）我们的技术取得了局部突破，电池工业在全球最大，锂离子电池取得了先进水平，在产业化方面的问题已经基本解决。

（3）中国锂离子资源量位居全球第三，资源保障能力强，在电动机、汽车所需要的资源方面占有一定的优势。经调查，我国的锂离子和其他国家的锂离子相比，制造成本低占有明显的优势。

中国发展新能源汽车的劣势：

（1）整车企业支配能力弱。目前，国内生产新能源汽车比较活跃的是非传统汽车企业，比如，电池及其他企业。

（2）技术基础不牢固。基础研究能力差、电池性能从理论上讲还有数倍提高的空间，但是实际上这个空间能否提升，取决于基础研发能力。特别是材料技术的发展，中国与世界发达国家在科技研发投入方面与发达国家有着差距，要缩小这个差距，就要改变我国研发经费不足的格局。

（3）充换电设施建设需要大规模的投资。另外，中国绝大部分车主没有私人车库，马路停车现象较多，因此，需要大规模的基础设施建设。

产业集群是一个国家提高一个产业竞争力的有效方式。只有通过产业集群才能把规模经济和分工统一起来，使产业竞争力得到迅速的提升。中国汽车产业要实现产业集群，必须解决好两个问题：①结构调整，即提升技术创新，培育竞争新优势。②增强可持续发展，即关键是“十二五”规划对汽车产业和汽车企业同样需要制定与本企业发展阶段相适应的结构调整战略。

第六节　新能源汽车发展的政策建议

综上所述，我国虽然已基本构成了新能源汽车政策的支持框架，但人工成本的快速增长、车型稀缺、购置和使用成本过高、基础设施建设缓慢、试点城市考核制度问题、地方保护主义和新能源汽车电池回收的突出问题等严重制约着新能源汽车产业的健康发展。建议尽快出台有力措施，进一步引导市场消费、推动新能源汽车产业可持续的健康发展。

（1）针对人工成本迅速增长问题，若想降低人工成本是不太切合实际的，劳动力的低成本并不一定保证生产的永久持续，建议考虑借鉴国外经验，通过提高生产率来解决，从而提升我国在国际市场的竞争力。例如，日本曾是一个低成本国家，现在劳动力成本比以前提高了很多，但是汽车生产商仍然存在，这是因为它们在同一时间着手进行了生产率的提升。另外，日本汽车生产商也不必在海外市场建厂，同样可以采用财政金融等措施，那样日本汽车工厂就可以取得有利地位，生产出质优价廉的汽车用于出口，生产效率比海外工厂也要高得多。①

（2）针对新能源汽车的车型稀缺问题，建议新能源汽车企业充分利用全国科研机构技术优势，在车型方面进行研发创新，加速产品的升级和投放，不仅生产家庭用纯电动车，还能生产出适应全国高端需求的纯电动车。

（3）针对使用成本过高问题，建议政府相关部门尽快出台进一步降低消费者使用环节的费用，例如，高速公路通行费、过路、过桥费和停车费等。

（4）针对基础设施建设缓慢问题，建议国家尽快出台相关政策，鼓励超前建设，对适度超前建设冲电、换电基础设施的试点城市给予资金支持，提高区域建设基础设施的积极性。在新一轮新能源汽车的推广过程中，更加重视充电设施建设布局和网络化的建设，明确基础建设以及运营主体的商业模式。深入研究充电设施的商业模式，充分调动多方参与基础设施建设和运营的积极性，例如，调动中石化、中石油、中海油等石油企业的积极性，利用现有的加油、加气站改建成加油充电综合服务站，并利用其网络优势，逐步增加加油充电综合服务站的数量。尽快形成合理的利益分配机制和开放、可持续的基础设施运营机制。

具体地讲：

第一，吸引社会资本投资建设公共充换电设施。可以在社会公共停车场建设充电桩，推动新能源产业的发展。

第二，在城市快速路联络线等，利用桥下空间进行充电停车位建设。

第三，可以在大型购物中心、商场和超市停车场配建充电停车位；在高速公路的服务区建设快充设施。

第四，在具备条件的加油站和电动汽车专业销售（4S）店等处，投建快充桩。

另外，进一步完善充电接口的技术内容，提高充电设备的通用性，为统一标准的国际化做准备。

（5）针对提升节能减排水平，降低污染物排放浓度，建议在目前新能源汽车还没得到普及，大气污染日益加重的情况下，实施环保技术改造，采用先进生产工艺、环保技术和管理手段，降低污染物排放浓度、排放总量和单位产品的污染物排放量。即在推动

① 来源：《华尔街日报》。

新能源汽车产业发展的同时，监督各加油站添加汽油添加剂，用以提高汽车燃烧效率，起到节油，降低尾气排放和减少对环境的污染的作用。添加剂的成本由汽油使用者以税的形式付给加油站。这样促使燃油汽车的消费者会将其使用的燃油成本与新能源汽车消耗的成本进行比较，加大选择新能源汽车的可能，推动新能源汽车的销量。

（6）针对新能源汽车中的地方保护主义问题，建议国家出台相关规定，对于企业生产出的高品质新能源汽车，优先向全国销售，减免中间程序，国家给予的补贴直接由商户付给购买汽车的主人，减免中间程序，地方政府也要按照国家规定给予购买汽车的主人一定的财政补贴。

（7）在全国重点城市建立考核制度问题，建议对新能源汽车的推广、基础设施建设等工作缓慢的单位，从推广目标完成率、基础设施建设、支持政策、地方财政补贴等方面建立完善的考核体系，加大考核力度，对于未达标的单位采取惩罚措施。

（8）针对新能源汽车电池回收的突出问题，建议通过立法的形式延伸生产者责任，严格市场准入管理，制订操作性强的实施细则；构建便利、高效的回收利用网络，推行押金制度；利用销售渠道建立废旧电池回收网络；修改完善汽车零部件再制造的法律法规；对生产和流通实行严格监管。

新能源汽车虽然为我国汽车产业提供了发展机遇，但与发达国家的科技水平差距较大，与政府和企业联合制订的各种计划、巨额资金投入和大力发展新能源汽车产业所采取的措施和政策相比，我国相差甚远。我们应当借鉴国外经验，尽快集中力量在全国建设 1~2 个产业化体系健全，研发、试验、制造水平先进，具有强大产业竞争力，发展环境良好的新能源汽车产业中心城市，积极参与国际竞争，在竞争中快速发展我国的新能源汽车产业。[①] 所以，我国完全有条件、有可能生产出具有自主知识产权和国际水平的新能源汽车。中国正在实施一项雄心勃勃的纯电动汽车示范项目，将投资 150 亿美元用于扶持新能源汽车的发展。

作 者：王 莉

①《我国新能源汽车国际竞争力分析》，国际新能源网，2011 年 4 月 14 日。

第十二章 中国战略性新兴产业技术效率的测度与分析①

第一节 问题的提出

2012年7月，国务院发布了《“十二五”国家战略性新兴产业发展规划》，提出：要把握世界新科技革命和产业革命的历史机遇，面向经济社会发展的重大需求，以改革创新为动力，以营造良好的产业发展环境为重点，以企业为主体，以工程为依托，加强规划引导，加大政策扶持，着力提升自主创新能力，加速科技成果产业化，推动战略性新兴产业快速健康发展，抢占经济科技竞争制高点，促进产业结构升级。规划实施的重要目标之一是：战略性新兴产业创新能力大幅提升，企业重大科技成果集成、转化能力大幅提高，掌握一批具有主导地位的关键核心技术，建成一批具有国际先进水平的创新平台，发明专利质量数量和技术标准水平大幅提升，重要骨干企业研发投入占销售收入的比重达到5%以上，一批关键核心技术达到国际先进水平。

中央政府关于战略性新兴产业发展规划的表述说明，战略性新兴产业的培育和发展，关键在于技术，特别是核心技术的研发。因此，中央政府和一些地方政府通过组织重大工程和专项，全力推进战略性新兴产业的技术进步。2013年，国家发改委组织实施了移动互联网及第四代移动通信（TD-LTE）产业化专项，以移动智能终端为着力点，提高移动智能终端核心技术开发及产业化能力，培育出一批能够整合产业链上下游资源、具备一定规模的移动互联网骨干企业，并且组织开展了2014~2016年国家物联网重大应用示范工程区域试点工作，在工业、农业、节能环保、商贸流通、交通能源、公共安全、社会事业、城市管理、安全生产等领域，组织实施一批示范效果突出、产业带动性强、区域特色明显、推广潜力大的物联网重大应用示范工程区域试点项目，推动物联网产业有序健康发展。这一工程将扶持一批物联网骨干企业，提高中国物联网技术应用水平，引导企业实现创新驱动发展，带动物联网关键技术突破和产业化，推动中国物联

① 基金项目：中国社会科学院经济政策与模拟重点研究室课题；国家自然科学基金项目“中国战略性新兴产业的空间布局与行动路径”（项目号：71273276）。

网产业健康快速发展。

同年，天津滨海新区以空客 A320 项目为龙头，建设天津空港经济区航空产业基地，包括总装线、发动机维修、机载设备、航空复合材料、航空培训、运载火箭、航空会展、金融等在内的 50 余个项目纷纷落户空港经济区，力图打造世界级航空航天产业基地。福建则追踪世界生物医药产业发展前沿，以医药骨干企业和名优产品为龙头，以科技创新为动力，加强医药原料生产、药物新剂型及新型医疗器械的研发设计、生产制造，延伸生物医药产业链，建设海峡西岸现代生物医药基地。

同样地，国际上，日本信越化学工业 2013 年宣布已经成功开发出一种智能手机、电动汽车（EV）使用的锂离子充电电池新材料，这种材料不但可以缩减电池体积，更重要的是能够将锂离子电池电量提升 10 倍，预计将在 3~4 年后主要供应给日本国内外电池厂商。2013 年，日本研究人员开发出了一种新材料，能从钢铁厂的废气等混合气体中提纯一氧化碳，从而变废为宝。这一研究小组在美国《科学》杂志上发表了这一成果。他们认为，这种新材料不但能有效分离工业废气和汽车尾气中的一氧化碳，还能用于提取页岩气和可燃冰所释放出的一氧化碳。有专家预测，一氧化碳的回收、分离、纯化技术的发展将在化工利用中发挥重要作用。另外，美国加州大学圣巴巴拉分校固态照明和能源中心（SSLEC）的研究人员也在 2013 年宣布了一项突破性的研究成果，即他们可以改良荧光粉，使 LED 照明更明亮更高效，这一研究的目标是光效达到 90%，或 300 流明/瓦，这加快了低效率白炽灯和荧光灯灯泡的淘汰速度。

新兴产业发展的大量经验表明，产业的发展，核心技术是关键。谁拥有了核心技术，谁就拥有了话语权，谁就掌控了产业发展的制高点。从近几年战略性新兴产业发展的状况看，中国新兴产业整体的科技创新能力还不是很强，一些重点领域关键核心技术还较缺乏。如新一代信息技术产业中的集成电路芯片，笔记本电脑操作系统，智能终端操作系统等，都受到国外技术的主导，技术上的差距明显。因此，政府在关于战略性新兴产业发展的具体规划里，都强调技术的研发和自主创新，强调产业创新发展能力的大幅提升，强调要突破一批关键核心技术，为战略性新兴产业发展奠定坚实基础。因此，测度和分析中国战略性新兴产业的技术效率及前景有重要的理论意义和实践意义。据此，本章利用 Malmquist 指数测度中国七大战略性新兴产业的全要素生产率。

第二节　研究方法的选择

测定和分析中国战略性新兴产业，根据所掌握的数据，本章拟运用经典的全要素生产率指标测定中国战略性新兴产业的技术进步和技术效率问题。

全要素生产率，是总产量与全部要素投入量之比，衡量生产活动在一定时间内的效率，是产出增长率超出要素（资本、劳动力）投入增长率的部分，其增长率常常被视为科技进步的指标，来源包括技术进步、组织创新、专业化和生产创新等。从经济增长的角度来说，生产率与资本、劳动等要素投入都贡献于经济的增长。从效率角度考察，生产率等同于一定时间内国民经济中产出与各种资源要素总投入的比值。从本质上讲，它反映的则是各国家（地区）为了摆脱贫困、落后和发展经济在一定时期里表现出来的能力和努力程度，是技术进步对经济发展作用的综合反映。

全要素生产率是用来衡量生产效率的指标，它有三个来源：一是效率的改善；二是技术进步；三是规模效应。在计算上它是除去劳动、资本、土地等要素投入之后的“余值”，衡量效益改善技术进步的程度。

测定全要素生产率经典的方法是 Malmquist 指数。Malmquist 指数最早由瑞典经济学家和统计学家 Malmquist 于 1953 年提出，目标在于研究不同时期的消费变化。1982 年，Caves 等据此引入了距离函数（Distance Function），通过测度生产决策单位与生产前沿面的距离来反映全要素生产率变化情况，即 Malmquist 生产率指数（Malmquist Index，以下简称 M 指数）。所谓的生产前沿面是指在当前技术水平下，给定投入不变时产出的最大值，或者给定产出不变时投入的最小值。

设定：x^t 是 t 期的投入（向量集），y^t 是 t 期的产出（向量集）；x^{t+1} 是 t+1 期的投入（向量集），y^{t+1} 是 t+1 期的产出（向量集）；$\bar{y}^t(x^t)$ 是 t 期生产活动中投入要素 x^t 以生产前沿面 S^t（t 期的技术水平）为参考集的技术前提下的潜在最大产出；$\bar{y}^{t+1}(x^{t+1})$ 是 t+1 期生产活动中投入要素 x^{t+1} 以生产前沿面 S^{t+1}（t+1 期的技术水平）为参考集的技术前提下的潜在最大产出；$\bar{y}^{t+1}(x^t)$ 是 t 期生产活动中投入要素 x^t 以生产前沿面 S^{t+1}（t+1 期的技术水平）为参考集的技术前提下的潜在最大产出；$\bar{y}^t(x^{t+1})$ 是 t+1 期生产活动中投入要素 x^{t+1} 以生产前沿面 S^t（t 时期的技术水平）为参考集的技术前提下的潜在最大产出。

于是有技术效率：

$$e^t = \frac{y^t(x^t)}{\bar{y}^t(x^t)} = D_0^t(x^t, y^t)$$

从而得出 t 期的实际产出：

$$y^t(x^t) = \bar{y}^t(x^t) \times D_0^t(x^t, y^t)$$

同理 t+1 期的实际产出为：

$$y^{t+1}(x^{t+1}) = \bar{y}^{t+1}(x^{t+1}) \times D_0^{t+1}(x^{t+1}, y^{t+1})$$

则 t 期到 t+1 期的产出增长率为：

$$\frac{y^{t+1}(x^{t+1})}{y^t(x^t)} = \frac{\bar{y}^{t+1}(x^{t+1}) \times D_0^{t+1}(x^{t+1}, y^{t+1})}{\bar{y}^t(x^t) \times D_0^t(x^t, y^t)}$$

变形为：

$$\frac{y^{t+1}(x^{t+1})}{y^t(x^t)} = \frac{D_0^{t+1}(x^{t+1}, y^{t+1})}{D_0^t(x^t, y^t)} \times \frac{\bar{y}^{t+1}(x^{t+1})}{\bar{y}^t(x^t)}$$

D_0^t 表示 t 期基于产出视角的距离函数，反映投入固定和生产技术既定条件下实际产出与最大可能产出的比值。

可见，如果 $D_0^t(x^t, y^t)=1$，就说明第 n 个生产决策单元产业处于最佳生产前沿面上；如果 $D_0^t(x^t, y^t)<1$，则说明第 n 个生产决策单元产业处于最佳生产前沿面上落后于最佳技术前沿面。

这样，在 t 期的技术水平条件下，从 t 期到 t+1 期的生产率变化就可表示为：

$$M^t=\frac{D^t(x^{t+1}, y^{t+1})}{D^t(x^t, y^t)}$$

其中，x^t、y^t 和 x^{t+1}、y^{t+1} 分别表示 t 期和 t+1 期的投入和产出。

同样地，在 t+1 期的技术条件下，从 t 期到 t+1 期的生产率变化就可表示为：

$$M^{t+1}=\frac{D^{t+1}(x^{t+1}, y^{t+1})}{D^{t+1}(x^t, y^t)}$$

显然，时期的选择可能导致计算结果的差异，为了避免这一缺陷，Caves 等于 1982 主张采用 M^t 和 M^{t+1} 的几何平均来计算 Malmquist 指数，也就是即将 t 期技术水平和 t+1 期技术水平下的两个生产率相对数进行几何平均，于是 Malmquist 指数被定义为：

$$M(x^{t+1}, y^{t+1}, x^t, y^t)=\left[\frac{D_c^t(x^{t+1}, y^{t+1})}{D_c^t(x^t, y^t)}\times\frac{D_c^{t+1}(x^{t+1}, y^{t+1})}{D_c^{t+1}(x^t, y^t)}\right]^{\frac{1}{2}}$$

这一指数测度了在规模报酬固定的前提下（以 c 表示），某个决策单位从 t 期到 t+1 期，全要素生产率的变动情况。如果 $M>1$，就说明生产率呈现上升趋势；反之则表明生产率呈下降趋势。

1997 年，Fare 等把 Malmquist 生产率指数进一步分解为技术效率变化指数（technical efficiency change，tec）和技术水平变化指数（technical change，tc）：

$$M(x^{t+1}, y^{t+1}, x^t, y^t)=\left[\left(\frac{D_c^t(x^{t+1}, y^{t+1})}{D_c^t(x^t, y^t)}\right)\left(\frac{D_c^{t+1}(x^{t+1}, y^{t+1})}{D_c^{t+1}(x^t, y^t)}\right)\right]^{\frac{1}{2}}$$

上式可变形为：

$$=\left[\frac{[D_c^{t+1}(x^{t+1}, y^{t+1})]^2}{[D_c^t(x^t, y^t)]^2}\times\frac{D_c^t(x^{t+1}, y^{t+1})}{D_c^{t+1}(x^{t+1}, y^{t+1})}\times\frac{D_c^t(x^t, y^t)}{D_c^{t+1}(x^t, y^t)}\right]^{\frac{1}{2}}$$

即有：

$$=\frac{D_c^{t+1}(x^{t+1}, y^{t+1})}{D_c^t(x^t, y^t)}\times\left[\left(\frac{D_c^t(x^{t+1}, y^{t+1})}{D_c^{t+1}(x^{t+1}, y^{t+1})}\right)\left(\frac{D_c^t(x^t, y^t)}{D_c^{t+1}(x^t, y^t)}\right)\right]^{\frac{1}{2}}$$

$=tec\times tc$

=技术效率指数×技术进步指数

上式中各元素的含义为：

$\frac{D_c^{t+1}(x^{t+1}, y^{t+1})}{D_c^t(x^t, y^t)}$是规模报酬不变（CRS）且要素自由处置条件下的技术效率的相对变

化指数；

$\left(\frac{D_c^t(x^t, y^t)}{D_c^{t+1}(x^t, y^t)}\right)$是投入为 x^t 时的技术变化；

$\left(\frac{D_c^t(x^{t+1}, y^{t+1})}{D_c^{t+1}(x^{t+1}, y^{t+1})}\right)$是投入为 x^{t+1} 时的技术变化，两个数的几何平均则表示技术进步的相对变化，即技术进步指数。

这里，tec 和 tc 都是以规模报酬固定的形式来定义的。其中：tec 表示规模报酬不变情况下技术效率的变化指数，它测度从 t 期到 t+1 期每个决策单位到生产技术前沿面的距离。

若 tec>1，表明决策单位的当期生产比上一期更接近生产技术的前沿面，即相对技术效率有所提高；反之，则相对技术效率降低。tc 则测度从 t 期到 t+1 期间，决策单位生产前沿面的外移程度。若 tc>1，表明本期生产技术前沿面向外移动了，即决策单元群出现了技术进步状况，否则就表明技术维持在了原来水平上（tc=1）甚至出现了倒退（tc<1）。

进一步地，1994 年，Fare 等又将技术效率变化指数分解为基于规模报酬可变（VRS，用下标 v 表示）的纯技术效率相对变化指数（pure technical efficiency change，ptec）和规模效率相对变化指数（scale efficiency change，sec）。

即 $$\frac{D_c^{t+1}(x^{t+1}, y^{t+1})}{D_c^t(x^t, y^t)} = \frac{D_V^{t+1}(x^{t+1}, y^{t+1})}{D_V^t(x^t, y^t)} \times \frac{\dfrac{D_c^{t+1}(x^{t+1}, y^{t+1})}{D_v^{t+1}(x^{t+1}, y^{t+1})}}{\dfrac{D_c^t(x^t, y^t)}{D_v^t(x^t, y^t)}}$$

于是：Malmquist（以下简记为 M）指数 M 就成为：

$$M = \frac{D_V^{t+1}(x^{t+1}, y^{t+1})}{D_V^t(x^t, y^t)} \times \frac{D_C^{t+1}(x^{t+1}, y^{t+1})/D_V^{t+1}(x^{t+1}, y^{t+1})}{D_C^t(x^t, y^t)/D_V^t(x^t, y^t)} \times \left[\frac{D_C^t(x^{t+1}, y^{t+1}) \times D_C^t(x^t, y^t)}{D_C^{t+1}(x^{t+1}, y^{t+1}) \times D_C^{t+1}(x^t, y^t)}\right]^{\frac{1}{2}}$$

$$= ptec \times sec \times tc$$

即纯技术效率相对变化指数（ptec）×规模效率相对变化指数（sec）×技术进步指数（tc）。

其中，ptec 测度了实际投入与必要投入之间的距离，如果 ptec>1，表明技术效率改善；反之则表明技术效率恶化了。

sec 测度了实际经营规模与最适度生产规模之间的距离，如果 sec>1，表明决策单位在向长期的最适度生产规模状况逼近；反之，则表明决策单位距离规模报酬的目标越来越远。

全要素生产率是宏观经济学的重要概念，是分析经济增长源泉和技术进步的重要统计方法，也是现代产业测度技术效率的经典指标。估算全要素生产率有助于对经济增长源泉进行分析，即分析各种因素，特别是投入要素增长、技术进步和能力实现等对经济增长的贡献，判别一个国家、地区抑或产业经济是投入型增长还是效率型增长，进而确定经济增长的可持续性。由于 Malmquist 指数不需要对所选定的生产函数的具体形式进行假设，故而避免了由于函数设定错误或缺陷而产生的估计偏差问题。同时，它可以将测算的 TFP 进行分项分解，探寻效率改进和技术进步的主要构成因素。因而，其是理想的测定战略性新兴产业的技术效率的方法。

第三节 数据处理及运算结果分析

企业技术水平是产业技术发展的直接表现，故我们运用战略性新兴产业企业数据来反映技术进步和技术效率。根据 Malmquist 指数对数据的要求，我们选取企业（上市公司）的“营业收入”为产出指标（Y）；选取“固定资产净额”（X_1）和“企业员工总数”（X_2）为投入指标。

所用上市公司数据，根据战略性新兴产业上市公司板块总结的汇总得到，共有 778 家战略性新兴产业上市公司，财务数据来源于 WIND 数据库和上市公司年报，剔除 2009~2013 年间数据不完整的公司 44 家，最终用于测算的上市公司 734 家，数据所属时间为 2009~2013 年。

为便于分析说明，我们将节能环保产业企业的数据列示如下（见表 12-1）：

表 12-1 节能环保产业上市公司相关数据

企业	营业收入（万元）					固定资产净额（万元）	
	2013	2012	2011	2010	2009	2013	2012
方兴科技	98263	97092	107368	61132	58912	43049	33788
古井贡酒	458058	419706	330798	187916	134143	126648	78374
ST 国通	42150	30017	25304	35246	17143	21806	23340
精诚铜业	384636	320522	322277	293766	215655	51050	56047
皖能电力	1256777	764495	515037	378429	332578	1464455	1138226
盛运股份	117007	84874	66516	42419	31409	92251	87729
安徽水利	681223	649019	531293	383348	204340	84883	68438
铜陵有色	7399971	7725877	7074064	5130378	3075518	996448.5	1005741
皖维高新	357306	287915	313777	239435	167196	355391	371177
海螺型材	405265	419644	407304	396265	404563	174630	170260
鑫科材料	437872	392101	501395	366859	275696	52694	38872
北新建材	749008	668516	596912	436908	327503	563208	496324
碧水源	313327	177155	102601	50047	31356	27872	21526
动力源	79327	77264	69478	77131	60573	23214	12383
国电清新	76502	38327	44805	32073	33120	120127	106102
航天长峰	98105	87899	111196	53010	35393	5229	5712
合康变频	66185	70257	59151	38740	29566	31671	10377

续表

企业	营业收入（万元）					固定资产净额（万元）	
	2013	2012	2011	2010	2009	2013	2012
华电国际	6662467	5948997	5449081	4544878	3666182	11046312	10688126
嘉寓股份	139039	110979	99710	73626	64874	31348	23924
桑德环境	268383	211214	160844	97201	68446	45303	45610

企业	固定资产净值			员工总数（万人）				
	2011	2010	2009	2013	2012	2011	2010	2009
方兴科技	29039	31726	41342	2451	2188	1947	846	857
古井贡酒	36278	34007	35725	5988	5440	5203	4621	3578
ST 国通	26275	30241	32340	494	320	294	313	298
精诚铜业	54596	13866	15004	2541	2560	2485	2241	2274
皖能电力	794619	492290	505926	3772	3463	3754	3784	3925
盛运股份	43543	30851	17122	2261	2098	1859	1324	910
安徽水利	69625	73138	38811	4451	3791	2962	2416	2227
铜陵有色	987156	1019915	925394	15966	15966	15844	15498	15781
皖维高新	256466	164768	141516	5019	5084	3118	3080	3048
海螺型材	162499	163472	135101	4560	1141	1387	1378	1241
鑫科材料	42745	33462	34613	1856	2017	1795	1830	2001
北新建材	365384	327955	276816	11355	11742	4028	3647	3360
碧水源	19991	16913	3486	1625	1185	1185	830	390
动力源	11885	7509	7671	3124	2918	3219	1448	1336
国电清新	79677	83917	88475	394	305	313	235	183
航天长峰	6541	7033	7761	1086	1081	1061	736	858
合康变频	10023	8170	1283	1261	1124	1095	614	335
华电国际	8925191	7455772	6376346	24304	23878	22533	21283	18058
嘉寓股份	16000	13948	9182	2119	1639	1718	1397	950
桑德环境	46439	37558	4002	2022	1450	1265	1249	1196

资料来源：中金在线（http：//hy.stock.cnfol.com）。

表 12-1 是节能环保产业计算全要素生产率的部分基础面板数据，此处列出旨在说明后文运算结果的真实性。由于全部 7 个产业 5 年 3 个指标的数据共计 11010 个，无法完整列示，只能略去。

重复运用 M 指数的计算公式，可以计算出 7 个战略性新兴产业的全要素生产率指数如后。

一、节能环保产业

节能环保产业选取的企业包括安徽方兴科技股份有限公司、安徽国通高新管业股份有限公司、北京北新集团建材股份有限公司、北京国电清新环保技术股份有限公司、北京航天长峰股份有限公司、北京合康亿盛变频科技股份有限公司、北京万邦达环保技术股份有限公司、福建福日电子股份有限公司、福建龙净环保股份有限公司、福建三安光电股份有限公司、福建厦门三维丝环保股份有限公司、福建元力活性炭股份有限公司等186家，运用M指数的计算公式，所得的全要素生产率指数如表12-2所示。

表12-2 节能环保产业全要素生产率指数

year	effc	tc	ptec	sec	M（TFP）
2	0.973	1.103	0.917	1.061	1.073
3	0.719	1.437	0.808	0.891	1.033
4	0.967	0.992	0.854	1.132	0.958
5	1.077	0.927	1.109	0.971	0.998
mean	0.924	1.099	0.915	1.009	1.015

节能环保产业是指为节约能源资源、发展循环经济、保护环境提供技术基础和装备保障的产业，包括：节能技术和装备、高效节能产品、节能服务产业、先进环保技术和装备、环保产品与环保服务等。表12-2显示，2009~2013年，中国节能环保产业全要素生产率指数为101.15%，规模效率指数为100.9%；其技术进步指数为109.99%，即该产业出现了技术前沿面外移；纯技术效率指数则小于100%，即纯技术效率不高。

二、新一代信息技术产业

新一代信息技术产业选取的是安徽四创电子股份有限公司、北京北斗星通导航技术股份有限公司、北京大唐电信科技股份有限公司、北京中国东方红卫星股份有限公司、福建榕基软件股份有限公司、广东超华科技股份有限公司、广东深圳市大富科技股份有限公司、贵州中国振华（集团）科技股份有限公司、湖北烽火通信科技股份有限公司、江苏亨通光电股份有限公司、辽宁奥维通信股份有限公司、辽宁东软集团股份有限公司、山东青岛软控股份有限公司、上海贝岭股份有限公司、上海东方明珠（集团）股份有限公司、四川成都国腾电子技术股份有限公司、四川鹏博士电信传媒集团股份有限公司、天津普林电路股份有限公司、浙江大华技术股份有限公司等109家企业，运用M指数的计算公式，得其全要素生产率指数如表12-3所示。

表12-3 新一代信息技术产业全要素生产率指数

year	effc	tc	ptec	sec	M（TFP）
2	1.066	1.009	1.034	1.031	1.076
3	0.997	0.967	0.872	1.144	0.964
4	0.906	1.007	0.897	1.011	0.912
5	0.782	1.322	0.833	0.939	1.034
mean	0.932	1.067	0.906	1.028	0.994

资料来源：http：//hy.stock.cnfol.com。

新一代信息技术产业主要是指宽带建设、信息网络基础设施、一代移动通信、下一代互联网核心设备和智能终端的研发产业，包括三网融合、物联网、云计算、集成电路、新型显示、高端软件、高端服务器等。表 12-3 显示，2009~2013 年，新一代信息技术产业的全要素生产率指数为 99.4%，技术进步指数为 106.7%，出现了技术前沿面外移或产业的技术进步。该产业的规模效率指数为 102.8%，但纯技术效率指数较低，未达到 100%。

三、生物医药产业

生物医药产业选取的是浙江通策医疗投资股份有限公司、北京中油金鸿能源投资股份有限公司、上海兰生股份有限公司、广东嘉应制药股份有限公司、深圳翰宇药业股份有限公司、吉林金浦钛业股份有限公司、海南康芝药业股份有限公司、广西桂林莱茵生物科技股份有限公司、上海交大昂立股份有限公司、广州阳普医疗科技股份有限公司、深圳市海普瑞药业股份有限公司、重庆智飞生物制品股份有限公司、天津红日药业股份有限公司、重庆福安药业（集团）股份有限公司、广东华润三九医药股份有限公司、上海现代制药股份有限公司、浙江英特集团股份有限公司等 149 家企业，运用 M 指数的计算公式，得其全要素生产率指数如表 12-4 所示。

表 12-4 生物医药产业全要素生产率指数

year	effc	tc	ptec	sec	M（TFP）
2	1.050	0.966	0.945	1.111	1.013
3	1.216	0.931	1.205	1.009	1.132
4	0.925	1.059	0.918	1.008	0.979
5	0.987	1.009	0.955	1.034	0.996
mean	1.039	0.990	0.999	1.040	1.029

资料来源：http：//hy.stock.cnfol.com。

生物医药产业包括生物技术产业和医药产业。现代生物技术产业，是以现代生命科学理论为基础，利用生物体及其细胞、亚细胞和分子的组成部分，结合工程学、信息学等手段开展研究及制造产品，或改造动物、植物、微生物等，并使其具有所期望的品质、特性，进而为社会提供商品和服务的综合性技术，涉及医药、农业、海洋、环境、能源、化工等多个领域，包括基因工程、细胞工程、发酵工程、酶工程、生物芯片技术、基因测序技术、组织工程技术、生物信息技术等。医药产业则是指现代药品、医疗器械、医疗技术的生产研发等。表 12-4 显示，生物医药产业的全要素生产率指数为 102.9%，技术进步指数为 99%，即没有出现技术前沿面外移；其规模效率指数这 104%，即产业的规模效益较好，但纯技术效率较低。

四、高端装备制造业

高端装备制造业选取的是安徽全柴动力股份有限公司、安徽四创电子股份有限公司、北方导航控制技术股份有限公司、北京北斗星通导航技术股份有限公司、北京航天科技控股集团股份有限公司、北京航天时代电子技术股份有限公司、北京中国北车股份有限公司、北京中航重机股份有限公司、北京中信国安信息产业股份有限公司、福建闽东电力股份有限公司、广东广州中海达卫星导航技术股份有限公司、广东中信海洋直升机股份有限公司、贵州贵航汽车零部件股份有限公司、哈尔滨东安汽车动力股份有限公司、河北博深工具股份有限公司、河南洛阳轴研科技股份有限公司、哈尔滨哈飞航空工业股份有限公司、湖北华工科技产业股份有限公司、湖南中联重科股份有限公司、吉林启明信息技术股份有限公司、山东济南柴油机股份有限公司、江苏航天晨光股份有限公司、江苏南通科技投资集团股份有限公司、江苏亚星锚链股份有限公司等 142 家企业，运用 M 指数的计算公式，得其全要素生产率指数如表 12-5 所示。

表 12-5　高端装备制造业全要素生产率指数

year	effc	tc	ptec	sec	M（TFP）
2	0.950	1.124	0.979	0.971	1.068
3	0.846	1.170	0.894	0.946	0.990
4	0.803	1.112	0.963	0.834	0.893
5	0.959	1.015	0.927	1.035	0.974
mean	0.887	1.104	0.940	0.944	0.979

资料来源：http：//hy.stock.cnfol.com。

高端装备制造业是以高新技术为引领，处于价值链高端和产业链核心环节，决定着整个产业链综合竞争力的战略性新兴产业是现代产业体系的脊梁，也是推动工业转型升级的引擎。表 12-5 显示，高端装备制造业的全要素生产率指数为 97.9%，其技术进步指数为 101.04%，即出现了技术前沿面外移或技术进步情况。值得注意的是，高端装备制造业的纯技术效率和规模效率均低于 100%，显示规模效率和纯技术效率较低。

五、新能源产业

新能源产业选取的是安徽安泰科技股份有限公司、安徽东旭光电科技股份有限公司、北京当升材料科技股份有限公司、北京有研新材料股份有限公司、北京中航三鑫股份有限公司、福建闽东电力股份有限公司、甘肃方大炭素新材料科技股份有限公司、广东宝丽华新能源股份有限公司、广东惠州亿纬锂能股份有限公司、广东深圳市德赛电池科技股份有限公司、湖南湘潭电化科技股份有限公司、河北风帆股份有限公司、河北威远生物化工股份有限公司、河南多氟多化工股份有限公司、湖北三峡新型建材股份有限公司、湖北武汉东湖高新集团股份有限公司、湖南金瑞新材料科技股份有限公司、吉林长春燃气股份有限公司、江苏宏发科技股份有限公司、江苏九鼎新材料股份有限公司、江苏双良节能系统股份有限公司、江苏徐州燃控科技股份有限公司等 187 家企业，运用 M 指数的计算公式，得其全要素生产率指数如表 12-6 所示。

表 12-6 新能源产业全要素生产率指数

year	effc	tc	ptec	sec	M（TFP）
2	0.809	1.430	0.987	0.819	1.157
3	0.470	2.291	0.922	0.510	1.077
4	3.400	0.262	1.020	3.335	0.891
5	1.068	0.968	0.891	1.199	1.034
mean	1.084	0.955	0.954	1.137	1.035

资料来源：http：//hy.stock.cnfol.com。

新能源是指新开发利用或正在积极研究、有待推广的能源，如太阳能、地热能、风能、海洋能、生物质能和核聚变能等。从事新能源开发、利用的单位和企业叫新能源产业。由表 12-6 可知，新能源产业的全要素生产率为 103.5%，技术进步指数为 95.4%，没有出现技术前沿面外移，即没有出现技术进步。虽然该产业的纯技术效率为 95.4%，但规模效率达 113.7%，表明新能源产业的规模效率较好。

六、新材料产业

新材料产业选取的是安徽精诚铜业股份有限公司、北京北矿磁材科技股份有限公司、北京中材科技股份有限公司、福建三安光电股份有限公司、深圳达实智能股份有限公司、深圳德赛电池科技股份有限公司、广东中炬高新技术实业（集团）股份有限公司、河北风帆股份有限公司、河南多氟多化工股份有限公司、河南神马实业股份有限公司、河南豫光金铅股份有限公司、湖北三峡新型建材股份有限公司、湖南辰州矿业股份有限公司、湖南科力远新能源股份有限公司等 147 家企业，运用的 M 指数的计算公式，得全要素生产率指数如表 12-7 所示。

表 12-7 新材料产业全要素生产率指数

Year	effc	tc	ptec	sec	M（TFP）
2	0.518	1.000	0.877	0.590	0.518
3	1.041	1.063	1.394	0.746	1.106
4	0.863	1.090	0.748	1.154	0.941
5	1.108	0.923	1.001	1.106	1.023
mean	0.847	1.000	0.978	0.866	0.847

资料来源：http：//hy.stock.cnfol.com。

新材料是指新出现或正在发展中的具有传统材料所不具备的优异性能的材料，它是与基础材料或传统材料相对应的概念。新材料或者是高技术发展需要，具有特殊性能的材料，或者是由于采用新技术、新工艺、新装备，使材料性能比原有性能有明显提高，或展示了新功能的材料。它包括新建筑材料、新化工材料、生物医用材料、新金属材料、新能源材料、纳米及粉体材料、新型复合材料、高性能陶瓷材料、电子信息材料、新型碳材料、新型稀土材料、新型材料制造技术与设备等。表 12-7 显示：新材料产业的全要素生产率为 84.7%，其技术进步指数没有发生变化，纯技术效率和规模效率也都低于 100%，表明其技术效率和规模效率方面表现不理想。

七、新能源汽车

新能源汽车业选取的是安徽安凯汽车股份有限公司、北京北汽福田汽车股份有限公司、北京当升材料科技股份有限公司、北京五矿发展股份有限公司、北京中国南车股份有限公司、北京中国有色金属建设股份有限公司、福建厦门金龙汽车集团股份有限公司、甘肃兰州长城电工股份有限公司、广东广晟有色金属股份有限公司、深圳德赛电池科技股份有限公司、贵州贵航汽车零部件股份有限公司、贵州中国振华（集团）科技股份有限公司、河北风帆股份有限公司、河南森源电气股份有限公司、河南许继电气股份有限公司、河南郑州宇通客车股份有限公司、湖南科力远新能源股份有限公司、吉林吉恩镍业股份有限公司、吉林一汽轿车股份有限公司、江苏国电南京自动化股份有限公司、江苏国电南瑞科技股份有限公司等 56 家企业，运用 M 指数的计算公式，得其全要素生产率指数如表 12-8 所示。

表 12-8　新能源汽车产业全要素生产率指数

year	effc	tc	ptec	sec	M（TFP）
2	1.177	0.984	1.109	1.061	1.158
3	1.426	0.730	1.432	0.996	1.041
4	0.701	1.280	0.691	1.014	0.897
5	0.905	1.078	0.934	0.969	0.975
mean	1.016	0.998	1.006	1.009	1.013

资料来源：http：//hy.stock.cnfol.com。

新能源汽车是指除汽油、柴油发动机之外所有其他能源汽车，它能减少空气污染和缓解能源短缺。由表 12-8 可知，新能源汽车产业全要素生产率为 101.3%，其技术进步指数为 99.8%，即该产业没有出现技术前沿面外移或没有出现技术进步，但其规模效率和纯技术效率却出现了增长。

第四节　政策思考

前文七大战略性新兴产业的全要素生产率运算和分解结果显示，中国战略性新兴产业在技术进步方面还存在明显的不足，值得高度重视，需要在政策上鼓励，行动上加大力度。

（1）加强对生物医药、新能源产业、新材料产业、新能源汽车产业的技术研发，培育国际著名的品牌。

目前，中国的生物医药、新能源产业、新材料产业、新能源汽车产业的企业创新能力还较薄弱，核心关键技术尚欠缺，因此，要加强此类产业发展的技术基础，强化此类企业创新主体的地位，实施产业创新发展工程，建设支撑这些发展的配套服务体系。要通过国家科技重大工程或重大专项工作，加强对生物医药、新能源产业、新材料产业、新能源汽车产业的企业一些关键核心技术和前沿技术的研究，不断提高这些产业企业的技术创新水平，促成其在全球性产业竞争中占领制高点，培育出中国的生物医药、新能源、新材料国际著名品牌和著名企业。

目前，生物医药领域的长春高新、ST 协和、广州药业、天坛生物、恒瑞医药、达安基因、科华生物、岳阳兴长等企业是国内的领军企业或骨干企业，新能源领域的无锡尚德电力控股有限公司、比亚迪汽车股份有限公司、华锐风电科技（集团）股份有限公司、新疆金风科技股份有限公司、英利绿色能源控股有限公司、江西赛维 LDK 太阳能高科技有限公司、皇明太阳能股份有限公司、中航惠腾风电设备股份有限公司、广东明阳风电产业集团、苏州阿特斯阳光电力科技有限公司、江苏太阳雨新能源集团有限公司、合肥阳光电源股份有限公司、晶澳太阳能光伏科技有限公司、湘电集团有限公司、广东核电集团有限公司、新奥集团股份有限公司、中国核工业集团公司、龙源电力集团股份有限公司、保利协鑫能源控股有限公司、胜利油田胜利动力机械集团有限公司、南京高精齿轮集团有限公司、中国大唐集团公司、上海杉杉科技有限公司、中通客车控股股份有限公司、中国电力投资集团公司、中国华能集团公司、常州亿晶光电科技有限公司、江苏林洋新能源有限公司等，是国内这一领域的领军企业或骨干企业。这些企业的市场占有率和知名度居行业前列，其技术或产品质量均达到国际同类产品的先进水平，极有可能问鼎国际前沿，有着重要的发展潜质。因此，应加大对这些企业的扶持力度，促成其研发同行业的核心技术，培育其成为国际知名企业。

（2）加快对高端装备制造业、新材料产业等产业的兼并、重组，提高生产的规模效益，增强国际竞争实力。

企业兼并，是两个或两个以上的企业根据契约关系进行产权合并，以实现生产要素的最优化组合的经营行为。企业兼并可以现金方式购买或者以承担被兼并企业的全部债权债务等形式来获得被兼并企业的产权，也可通过政府行政干预将经营不善、亏损严重的企业纳入本系统内或本行政地域内具有经营优势的企业。企业重组，是对企业本身的生产资源各要素进行分析、整合以及内部优化组合的活动。企业重组的形式通常有业务重组、资产重组、债务重组、股权重组等形式。无论是兼并还是重组，目的都是促进生产资源的优化分配，加强企业的经营管理，提高企业的经济效益。

前文的分析说明，我国装备制造业、新材料产业的规模效益目前还较低，这些产业中在国际上有影响、有地位的著名企业还不多。因此，可以通过国家重点建设工程形式，选准有发展潜力的企业进行装备制造企业和新材料企业的兼并或重组，加快产品的更新换代，提升企业的竞争力，如促成有实力的顶级企业进行重大技术装备自主化工作；支持装备制造骨干企业进行联合重组，发展具有工程总承包、系统集成、国际贸易和融资能力的大型企业集团；不断完善装备制造产品的国家标准体系。

同时，可以鼓励装备制造企业收购或兼并与自身业务相关的原料供应企业，形成一体化集团公司，确保骨干企业生产原料和产品价格的合理性；促成装备制造企业或新材料企业通过相同技术平台的扩张，集中资源优势，强化核心业务，形成专业化公司，以利其有效控制市场，提高市场占有率和对全球市场的影响力；可通过混合型扩张或集群发展，剥离附属企业和配套单位，发展主要产品，攻关核心技术，实现优势互补、强强联合，形成专业化生产或综合型大企业，达到生产能力和技术水平的深层次提高，保证这些超大型企业在国际化、全球化的竞争和战略利益的追求中占领制高点。

(3) 强强联合，优势互补，加强对顶级企业间的垄断性技术合作，确定企业的技术创新主体地位，提高企业的核心竞争力。

生产技术是一个产业发展的灵魂，一个产业或企业只有技术实现了关键性突破，才能保证产业和企业的领先发展。中国战略性新兴产业发展的优势关键在于核心技术和关键技术的领先，而核心技术、关键技术往往被少数垄断企业所掌控。因此，要使战略性新兴产业在国际上占领先机，就需要建立起战略性新兴产业顶级企业间的技术合作联盟，增强其技术竞争实力。调查显示，较之美国的技术垄断合作，无论是在理念还是在行动上，我国战略性新兴产业企业的技术合作联盟明显落后，特别是顶级企业的技术合作十分欠缺。

因此，有必要从航空装备、轨道交通装备、新能源、新材料等几个行业入手引导顶级制造企业进行技术性垄断合作。可以促成中国航空工业集团与中国商用飞机有限责任公司在大飞机制造领域组成垄断性技术合作联盟，促成中国航天科技集团与航天科工集团在卫星及应用技术方面组成垄断性技术合作联盟，促成中国北车集团和中国南车集团在轨道交通装备方面组成垄断性技术合作联盟，促成中国船舶工业集团、中国船舶重工集团在海洋工程装备制造技术方面组成垄断性技术合作联盟。更进一步，可以促成上海汽车集团股份有限公司与北汽福田汽车股份有限公司、重庆长安汽车股份有限公司的技术合作；促成成都硅宝科技股份有限公司、江苏宏达新材料股份有限公司、浙江巨化股份有限公司、海三爱富新材料股份有限公司间的技术合作；促成中兴通讯与烽火通信等，永鼎股份与中天科技、新海宜、通鼎光电等，中兴通讯与特发信息、中国卫星、大唐电信、长江通信、奥维通信、星网锐捷等，中兴通讯与同洲电子、数码视讯、电广传媒、中视传媒等，TFT-LCD 与京东方、TCL 集团、宇顺电子等的技术合作。

国家发改委和国务院国有资产监督管理委员会可统筹国家顶级战略性新兴产业企业的技术力量，集中进行行业的共性技术攻关，帮助企业突破技术“瓶颈”，在推进原始创新的同时，利用国内外已有的先进成果进行引进消化吸收再创新和集成创新。政府可考虑设立“国家战略性新兴产业技术奖励制度”，按行业组织实施“国家战略性新兴产业技术研发重点工程”，突出战略性新兴企业与研发机构的主体地位，支持战略性新兴行业领军企业参与国家装备制造科技计划和重点工程项目，引导顶级企业培育和创立具有国际影响力的自主品牌，帮助企业构建起支撑产品设计创新的研发平台，最终实现战略性新兴产业技术水平的全面提升。

参考文献

[1] 方春阳、孙巍、王铮等：《国有商业银行的效率测度及其行为特征的实证检验》，《数量经济技术经济研究》，2004 年第 4 期。

[2] 杨茜淋：《金融业技术效率的参数法估计》，《特区经济》，2012 年第 10 期。

[3] 吴珍胜：《金融业效率与货币国际化的实证研究》，《生产力研究》，2013 年第 4 期。

[4] 李晓庆、刘湘斌：《我国商业银行效率测度及影响因素分析》，《上海财经大学学报》，2005 年第 4 期。

[5] 金春雨、韩哲、张浩博：《我国区域金融业全要素生产率的追赶效应与增长效应分析》，《统计与决策》，2013 年第 3 期。

[6] 杨洪焦等：《我国制造业的集聚态势及其演进分析》，《数量经济技术经济研究》，2008 年第 5 期。

[7] 吴学花、杨蕙馨：《中国制造业产业集聚的实证研究》，《中国工业经济》，2004 年第 10 期。

[8] 冯春林：《国内战略性新兴产业综述》，《经济纵横》，2011 年第 1 期。

[9] 肖兴志等：《发展战略、产业升级与战略性新兴产业选择》，《财经问题研究》，2010 年第 8 期。

[10] 宋河发、万劲波、任中保：《我国战略性新兴产业内涵特征、产业选择与发展政策研究》，《科技发展》，2011 年第 1 期。

[11] 王利政：《我国战略性新兴产业发展模式分析》，《中国科技论坛》，2011 年第 1 期。

[12] 刘洪昌、武博：《战略性新兴产业的选择原则及培育政策取向》，《现代经济探讨》，2010 年第 10 期。

作　者：李金华

第十三章　水资源的多维属性及配置政策比较分析①

第一节　引　言

水是生命之源、生产之要、生态之基。水资源的这种多维属性使得其在不同系统中都发挥着重要的作用。例如，在经济系统中，其作为生产要素参与生产活动，与其他要素结合形成不同类型的有价值的产品；在生态系统中，其作为生态的基础支撑区域内生态系统的健康运行；在社会系统中，水资源的健康合理利用是提高人民生活水平、人民福利最大化、维持社会稳定的重要因素。水资源的多种属性特征使得其成为维系可持续发展的重要资源，也是我国生态文明建设的重要领域。

然而，水资源亦是稀缺的，水资源的稀缺性使得其不能同时完全满足不同系统的需求，并且水资源的利用具有外部性，不同系统对水资源的利用对其他系统都造成一定的影响。水资源在不同系统之间的竞争性是用水矛盾的突出表现之一。已有的水资源矛盾研究一部分关注于空间维度的用水矛盾，一部分关注于经济领域内各行业的用水矛盾。尽管经济系统和生态系统、环境系统之间的用水矛盾已经取得了很大的进展，相当多的研究提出了合理科学的水资源在不同系统之间的配置方法，但是对一个流域的水资源在不同系统之间利用和配置的科学性、合理性的测度与分析的研究尚不完善。例如，一个流域将大部分的水资源配置给经济系统，对生态系统和环境系统等造成不可逆转的破坏，这是不合理的调控配置方式。又例如，一个流域或者区域利用市场机制将水资源主要配置给能够拉动 GDP 的经济部门或者配置给生态系统和环境系统，却加重了人民负担，造成人民生活福利的损失，这也是不合理的配置方式。

本章基于水资源的多维属性，考虑水资源在经济系统中的要素属性，在环境系统中的动力属性，在生态系统中的基础属性，以及在社会系统中的福利属性，提出水资源多

① 本文获得中国社会科学院经济政策与模拟重点研究室项目、国家自然科学基金重点项目（编号：50939006）、国家社科基金青年项目（编号：13CGL091）、中国社会科学院数量经济与技术经济研究所重点（青年）项目和中国水利水电科学研究院流域水循环模拟与调控国家重点实验室开放基金项目（编号：IWHR-SKL-201301）的资助。

维属性的概念，对水资源的多维属性进行测度，反映流域（区域）的水资源配置利用的合理性。值得说明的是，这里的配置利用方式既有工程配置的“硬”配置，又有政府和市场的“软”配置，是两种调控配置形式。本章研究的主要方法是层次分析模型和多系统耦合水资源模拟结果。在水资源多维属性理论分析的基础上，提出水资源多维属性测度指标体系，根据层次分析方法给予指标权重赋值。根据层次分析指标体系的需要，在多系统水资源模拟的基础上，分析不同配置情景下水资源多维属性值，分析研究区不同调控配置情景的合理性和科学性，并提出相关政策建议。

本章研究选定在渭河流域，是考虑到渭河流域位于我国的西北地区，水资源紧缺，区域内关中城市群是我国重要的城市群之一，同时该区域也是我国黄土高原重要的生态保护区，渭河流域内水资源系统间用水矛盾相对突出，具有一定的特殊性和代表性。本章不仅在理论层面上提出了水资源多维属性，也为渭河流域的不同水资源配置的合理性提供了定量测度，为渭河流域的水资源配置提供了合理和科学参考。本章主要侧重于水资源多维属性的梳理、定量系统分析水资源两种调控配置模式的优劣以及提出可行的措施建议。

第二节　理论基础及已有研究进展

“二元”水循环理论认为水循环的驱动模式由“自然”模式占主导逐渐转变为“自然—社会”的“二元”模式。也就是说越来越多的人类社会经济因素影响水循环，同时“供用耗排”的社会水循环深刻地改变了水循环模式。水循环的“二元”模式是在水的资源性质逐渐凸显，经济社会用水量足够大的背景下产生的，已突出改变了水循环原有模式。这种改变突出反映了水资源经济属性、社会属性的重要性。本章首先是考虑水的资源性质，也就是将水作为资源的范畴内进行讨论，对于不能被人类所用的水，不在水资源的范畴内，也不在本章的讨论范围内。

水资源评价一般只评价可见的并且被人类直接利用的水资源，也就是只对工程开发利用的可更新的地表水和地下水进行评价。然而，瑞典水文学家 Falkenmark（1995）提出了蓝水、绿水的概念，其中“蓝水”为降雨直接形成的地表水和地下水；“绿水”为下渗到土壤层的为植物生长所用的水。王浩等（2006）基于分布式水文模型进一步对水资源进行了科学的评价，提出了广义水资源和狭义水资源。从水资源理论的发展来看，水资源的功能和属性已不局限于经济发展的取水工程的直接取用水，水资源在社会、生态、环境等方面的功能和属性越来越受到重视。

在对水资源的多维属性的研究方面，不同学科的学者对水资源属性的研究角度有一定的差别。单平基（2013）从法律的角度分析了水资源的属性，认为水资源由于其物理性质，完全为私人所有已不可能，但也不能作为完全公用物和公有物，水资源在我国应具有类似于公共用物的属性，这样有利于水资源归国家所有，也有利于公平用水的权利。方兰和杨波（2013）在评估水资源功能价值中对水资源价值的评估方法进行了详细综述，各种评估方法的基础都是基于水资源的属性，只是不同的评估方法侧重的水资源属性有差别。例如疾病成本法和人力资本法更侧重于水资源的环境属性，条件价值法更侧重于经济属性。马捷和锁利铭（2010）从水资源冲突的角度出发，认为水资源的多维属性与水资源的共享的矛盾是水资源冲突的根源所在，在其分析中，水资源的第一层级属性为经济属性，第二层级属性为社会属性，第三层级属性为生态属性。从已有的研究来看，虽然研究的角度不同，但对于水资源的多维属性的认识趋于相似，现有的基于相对单一属性的水资源调控配置模式造成了水资源的突出矛盾，例如以经济属性为重，水资源向收益较高的行业或地区配置，挤占收益较低的如农业的用水，或者挤占部分经济较落后地区的水资源，造成社会发展的不公平和不稳定。类似的对于用水矛盾的研究相对较多，因此，对水资源的调控配置需要科学系统地进行。

然而，由于之前水文统计和水文水资源相关技术的局限，对生态和环境方面的水资源的功能和作用的测度相对较困难，更多的研究偏重于经济社会方面。随着“二元”水循环模型的开发以及“二元”水循环及其伴生过程技术的逐渐成熟和完善，水资源在生态、环境功能和属性的测度方法已变得可行，同时其在经济社会方面的方法也得到了进一步提升。

第三节　研究框架及模拟方法

一、研究思路和研究框架

本章以水资源多维属性和系统论为基础，以研究水资源与经济、社会、环境、生态等方面的关系为主线，在建立分布式水文模型 WEP-L、水资源 CGE 模型和 ROWAS 模型形成综合模拟框架的基础上，对水资源和经济、社会、环境、生态的关系进行模拟（见图 13-1）。根据水资源的多维属性理论建立水资源多维属性评价指标体系，设立不同调控配置情景，并利用层次分析法和灰色关联方法对情景对不同调控配置情景的优劣进行定量评价。据此提出政策建议。需要说明的是，综合模拟框架的开发是笔者参与的中国水利水电科学研究院贾仰文教授主持的国家自然科学重点基金项目“自然—社会”二元水循环耦合规律研究”的成果，WEP-L 模型和 ROWAS 模型由项目组成员完成，笔者参与了 CGE 模型的部分开发工作，感谢上述项目组对本次研究的大力支持。

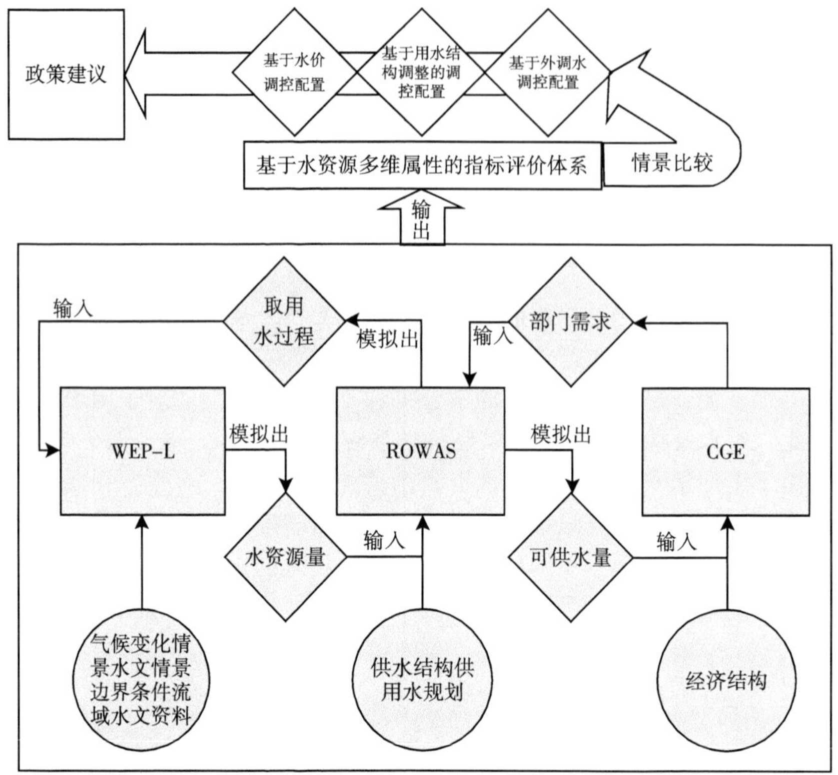

图 13-1　综合模拟框架结构

二、模型原理及方法介绍

（一）分布式水文模型 WEP-L

1. WEP-L 模型的介绍及应用情况

“二元”水循环模型是基于物理机制的分布式水文模型 WEP-L。WEP-L（Water and Energy Transfer Processes in Large River Basins）模型是建立在 WEP 模型基础之上，以适应水循环模型在大尺度流域上的应用。WEP 模型综合了分布式水文模型和陆面过程模型的各自优点，并在考虑子网格内空间变异性的基础上，耦合模拟了水循环过程和地表能量交换过程。WEP 模型由贾仰文教授等在 20 世纪 90 年代中后期开发于日本，并在日本和韩国的多个流域得到验证而且趋于完善。此后不久，WEP（以及后来的改进版 WEP-IWHR 和 WEP-L）在我国黑河流域、黄河流域、长江源区以及松花江流域和辽河流域得到广泛应用并取得较好模拟结果。

WEP 模型具有以下主要优点：耦合模拟了流域水文过程和能量转化过程；利用马赛克法综合考虑计算单元内土地利用的空间变异性；通过对地下水流进行数值模拟直接在产汇流中反映出地形参数。另外为了使模型适应大尺度流域的模拟，模型在以下方面做出了改进：将由数字地形图（DEM）得来的“子流域套等高带”作为计算单元（计算单元面积在 $50km^2$ 以下，适合作为大尺度流域的计算单元）；植被类型分为植被覆盖区、灌溉农田区和非灌溉农田区从而考虑到农业和灌溉对水文循环的影响；将具有一定机制的分水规则用于水文循环中用以模拟用水过程，包括水库运营规则，河道引水以及分水等；根据人口和 GDP 的时空分布来估计各用水的时空分布；引用温度指数法来模拟积、融雪对流域水循环的影响。

2. 模型结构和主要模拟过程

如图 13-2 所示，WEP-L 模型每个计算单元在纵向上将模型分为九层，从上到下依次为：植被冠层或建筑物截留层、地表洼地储留层、土壤表层、土壤中层、土壤底层、过渡带层、无压地下水层，弱透水层和承压地下水层。在计算单元表面采用“马赛克”法将每个计算单元的土地类型分为：植被域、灌溉农田域、非灌溉农田域、水域和不透水域。植被域又细分为裸地域、高植被域（森林和都市绿化树）和低植被域（草地）；不透水域则被分为城市不透水地面，城市冠层和裸岩区。计算单元内的各个土地利用类型的水、热通量参照土壤—植被—大气通量交换方法（SVATS）的 ISBA 模型分别计算并平均为每个计算单元的水、热通量。此外，WEP-L 模型子流域之间汇流方式和计算之间的汇流如图 13-3 所示。

WEP-L 模型主要模拟的水文过程包括：融雪过程、蒸散发过程、下渗过程、地表径流过程、地下径流过程、壤中流过程、坡面汇流过程、河道汇流过程和用水过程。模拟的能量过程主要包括：短波辐射、长波辐射、潜热通量、感热通量和土壤热通量。

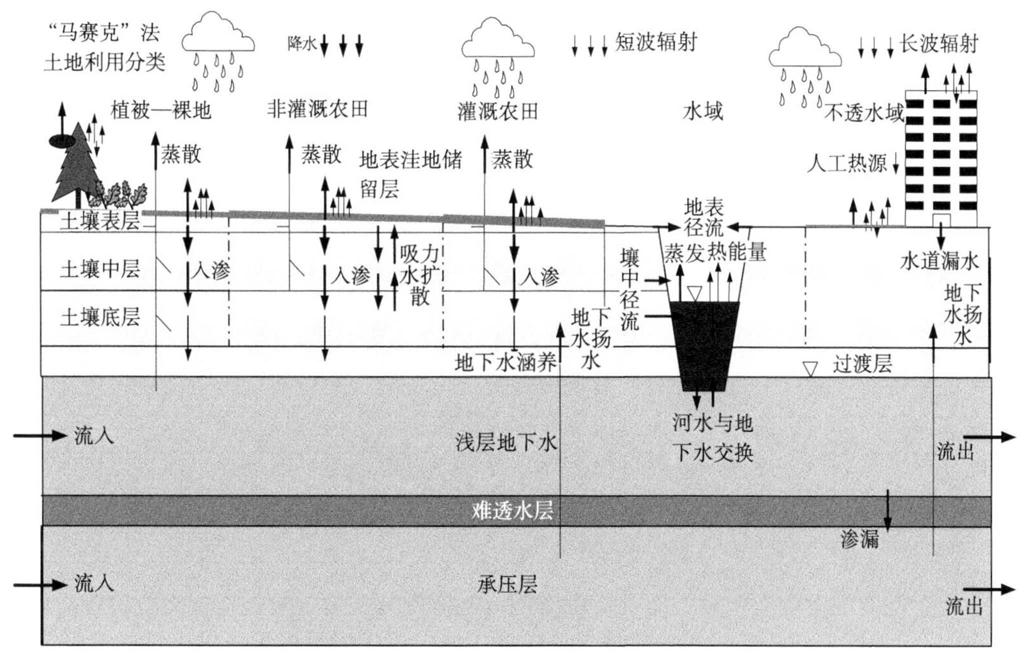

图 13-2　WEP-L 模型计算单元垂向结构划分

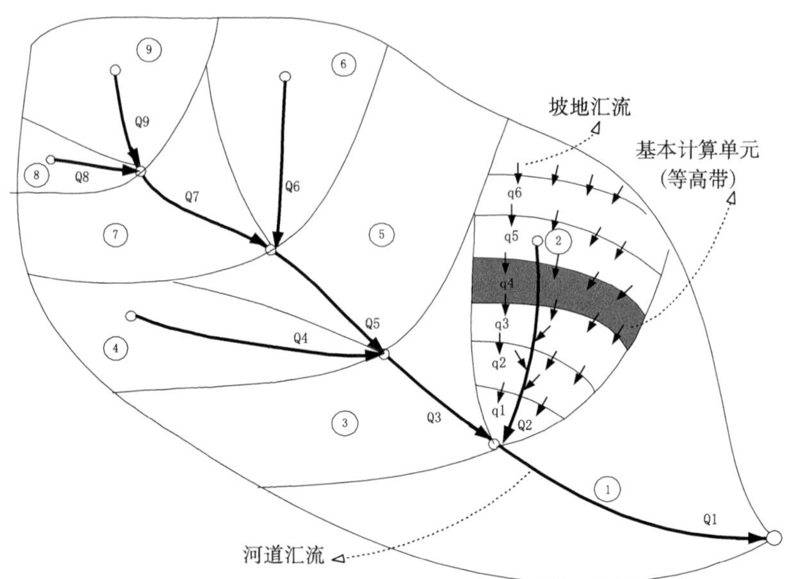

图 13-3　WEP-L 模型一个子流域内水平结构划分

蒸散发过程包括植被冠层截留蒸发，植被蒸腾，水体、土壤、城市覆盖以及城市植被蒸发。入渗和表层流利用 Green-Ampt 公式对多层土壤进行计算；非饱和带土壤水运动利用 Richard 方程进行计算。

在地下水运动模拟中，在多层含水层中利用近似三维 Boussinesq 方程进行数值模拟，并且计算时间步长为一天。地表径流与潜水层的相互作用是通过源汇项进行考虑的，例如源汇项包括：非饱和带土壤层对地下水的补给，河道地下水之间的相互作用，人工用水系统的渗漏，地下水抽水，下层地下水层的越流补给以及蒸发。地下水出流利用 Darcy 定律进行计算，并且根据河道材质水力参数和河道与潜水水头差进行计算。模型各过程计算公式见表 13-1。

表 13-1　WEP-L 水循环各要素模拟公式

水循环要素	模拟公式
蒸发	Penman 公式和 Penman-Monteith 公式及修正 Penman 公式
地表径流	分为霍顿坡面径流和饱和坡面径流分开计算
坡向壤中流①	K(θ)sin(slope)LD
垂向壤中流	Green-Ampt 铅直一维入渗模型
地下水过程	BOUSINESSQ 方程模拟地下水运动；达西定律模拟地下水与河道交换
河道汇流	采用运动波或动力波模型一维数值计算
坡面汇流	坡面汇流采用运动波模型计算
积、融雪	度日因子法模拟

① k(θ)为体积含水率 θ 对应的沿山坡方向的土壤导水系数；slope 为地表面坡度；L 为计算单元内河道长度；D 为不饱和土壤层厚度。

（二）水—经济 CGE 模型开发

在已开发的水—经济 SAM 表的基础上，对水—经济 CGE 模型进行开发。其主要结构如下：

模型中综合考虑了水资源、生产、外贸和消费。该模型将用于今后水与经济的相互作用研究。本次开发的模型涵盖国民经济中的 144 个部门，除此之外，还对农业部门的种植结构进行了划分（夏季种植、冬季种植、油料作物等），对植被进行了划分（蔬菜种植、作物种植等），对畜牧业进行划分（牲畜销售、家禽养殖业等）。由于本模型重点考虑了灌溉用水，所以种植业再次被划分为灌溉种植业和非灌溉种植业。由于模型需要，将研究区域根据水资源分区划分为若干区域，需要将生产和消费活动划分到各个次级的研究区中，以供 SAM 表和 CGE 模型研究的需要。最后，为了研究不同的生产技术对生产活动的影响，模型划分了生产活动的六个因素：三种劳动力类型（非熟练技术劳动力、熟练技术劳动力和高技术劳动力）、农业用地、灌溉用水和资本。

1. 生产技术

模型假设每个区域包括三个生产部门：农业、工业和服务业。生产者被限定在多层揉入网状生产中，如图 13-4 所示。在多层网状模型的最顶层，CES 模型将计算每个部门的投入，并分为两个大类：中间投入和初始投入。中间投入将利用里昂惕夫函数进行

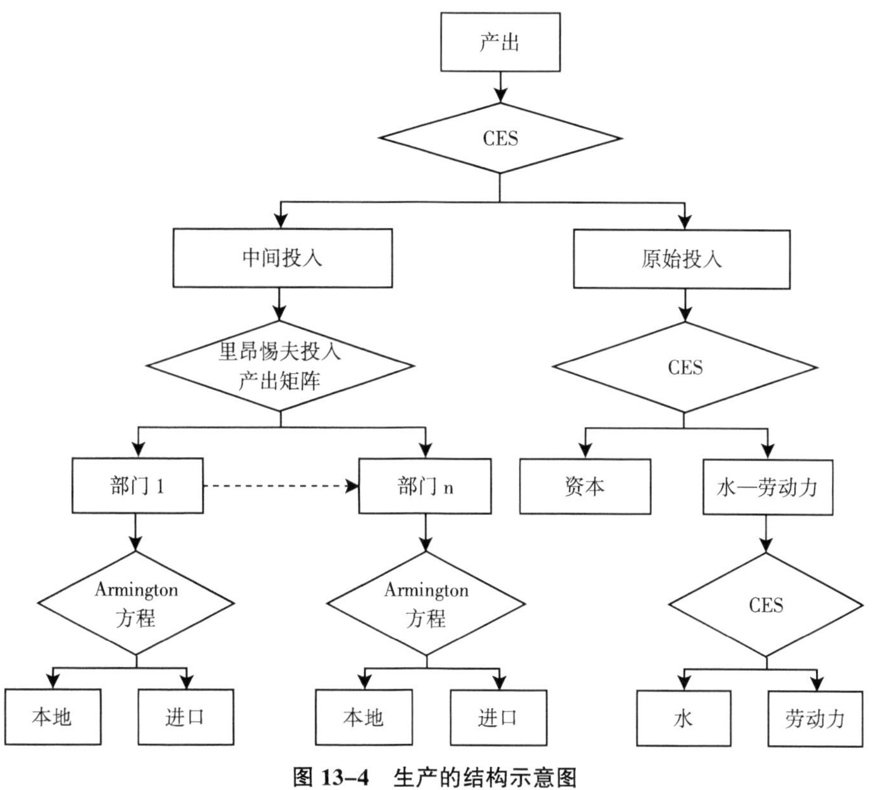

图 13-4　生产的结构示意图

计算。增加值本来就是 CES 函数的原始因子。水资源在模型中被处理为产出的直接因素在 CES 模型中直接利用。水资源和劳动力联合应用在 CES 函数中。

2. 当地最终需求

模型假设每个区域都有两种类型的家庭消费者：农村家庭和城市家庭。在每个区域，家庭从劳动力和水资源的投入中直接或者间接得到收入，从其他账户得到转移支付。此外，家庭会根据收入调整商品消费的选择将其效用最大化。支出主要由线性支出模型来决定。

在每个区域，企业不消耗商品，其收入主要来源是资本的回流。通过政府的直接税收，净收益的一部分将会转移到家庭中，而剩下的部分将被企业储蓄利用。

模型假定每个区域只有一个政府部门。政府的主要收入来自税收，政府支出由 C-D 消费模型来计算。

3. 区域间、当地和国际贸易

在每个区域，当地总支出分为当地购买和出口到其他地区（中国的其他地区、世界其他国家）。多层 CET 模型将被用来计算贸易活动，如图 13-5 所示。在每个区域，当地市场需求包括：生产者的中间需求，城市和农村家庭消费，政府消费，投资以及中间投入。所有的当地市场需求是有一个复合了当地供给的和从其他区域进口的、ROC 的、ROW 的商品。本章研究中应用了 Arminton CES 函数来计算包括当地产出和进口商品的需求构成，如图 13-6 所示。

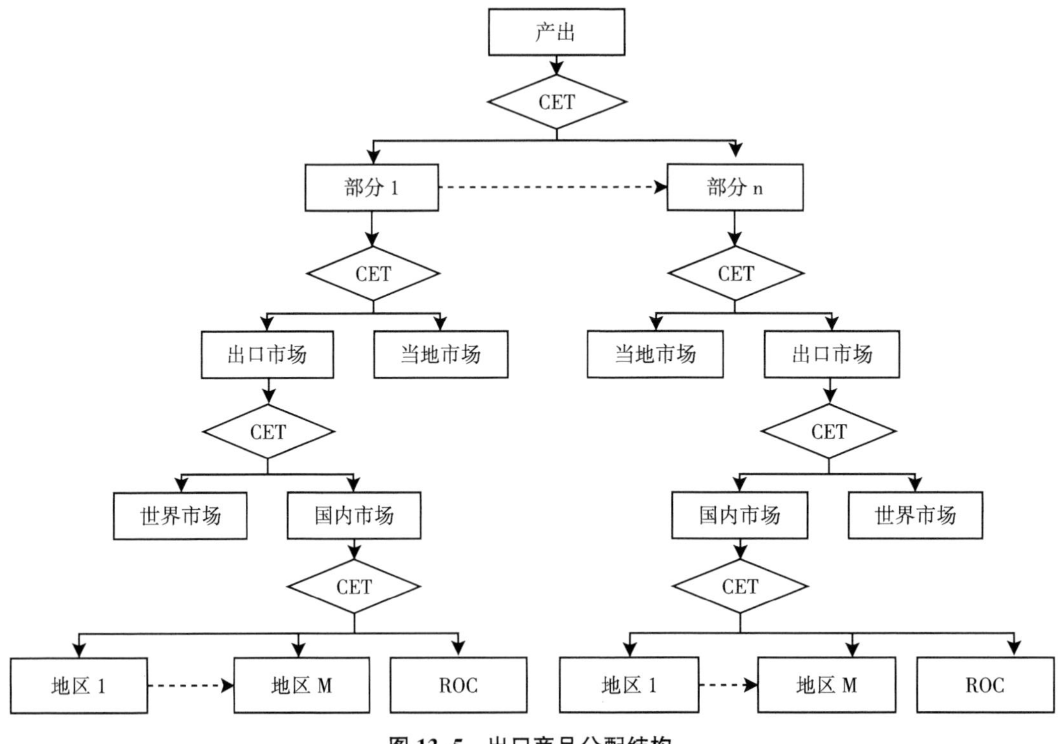

图 13-5　出口商品分配结构

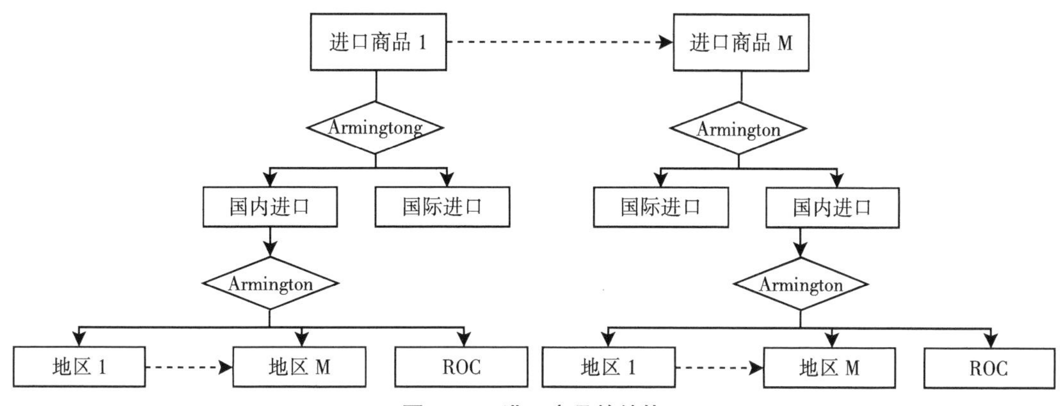

图 13-6　进口商品的结构

4. 宏观经济闭合

模型采用新经典闭合规则，对于每个区域，宏观系统限制闭合规则由三部分组成：政府支出—收入平衡、投资和储蓄的平衡、贸易平衡。政府储蓄率是外生的，而政府支出是内生的。区域资本的弹性较大，每个家庭储蓄的边际倾向是固定的。实际汇率是外生的，而外汇储备是内生的。

5. 水—经济 SAM 表

在 CGE 模型中应用的社会核算矩阵（SAM）是恒定的、多部门的、全经济数据的，而且耦合了国际核算、投入产出、资金流和国际贸易统计来综合地、不变数据地表达国家的经济，其主要结构如表 13-2 所示。SAM 表来自投入产出表，并可以被认为是投入产出表的扩展。

6. 区域间贸易

由于国内贸易核算是由省级投入产出表提供的，只提供各省份与中国其他地区的商品进出，区域的相互贸易数据不能直接获得。因此本章采用贸易的重力模型估计区域间的贸易流，其主要公式如下：

$$x_i^{gh} = e^{\alpha}\left(x_i^{go}\right)^{\beta_1}\left(x_i^{ho}\right)^{\beta_2}\frac{\left(G^g\right)^{\beta_3}\left(G^h\right)^{\beta_4}}{\left(d^{gh}\right)^{\beta_5}}$$

7. 水资源均衡价格

在本章研究中，基年的水资源的边际价格（影子价格）用以代表水资源的均衡价格。在完全竞争市场中，一个物品投入的边际值等于其边际成本。因此可以认为水资源的影子价格等于其均衡价格。在本章中，开发了边际生产率模型来计算每个区域每个部门的水资源利用价值。在这个模型中，水资源和其他要素一样，可用 C-D 模型计算。

$$Z = AK^{\alpha}L^{\beta}W^{\gamma}$$

其中，Z 为增加值，L 为劳动力，K 为资本，W 代表水资源，α、β、γ 分别为劳动力、资本和水资源的弹性。

由于规模不变的假设，所以：

$$\alpha + \beta + \gamma = 1$$

表 13-2 社会核算矩阵（SAM）的基本结构

收入		1 活动	2 商品	要素			5 居民	6 企业	7 政府	8 资本账户	9 ROW	10 汇总
				3 劳动	4 资本	水资源						
1 活动	生产		总产出									总产出
2 商品	商品	中间投入					居民消费		政府消费	总投资	流入	总需求
要素	3 劳动	劳动者报酬										要素总收入
	4 资本	资本收益										
	水资源											
5 居民				劳动收入	资本收入			转移支付	转移支付		对居民的净转移	居民总收入
6 企业					投资收益				转移支付		对企业的净转移	企业总收入
7 政府		生产税净额	关税消费税等		投资收益要素税		直接税	企业税			对政府的净转移	政府总收入
8 资本账户							居民储蓄	企业储蓄	政府储蓄		省外净储蓄	总储蓄
9 ROW												向其他地区的总支出
10 汇总		总投入	总供给	劳动总支出	资本总支出		居民总支出	企业总支出	政府总支出	总投资	来自外部地区的总收入	

可以变换得到其对数形式：

$$LN\left(\frac{Z}{W}\right) = LnA + \alpha \times Ln\left(\frac{K}{w}\right) + \beta \times Ln\left(\frac{L}{W}\right)$$

根据统计数据计算可以得到水资源的产出弹性：

$$\sigma = \frac{\partial LnZ}{\partial LNW} = \gamma = 1 - \alpha - \beta$$

因此水资源的边际价值为：

$$\rho = \sigma \times \frac{Z}{W}$$

据此可以得到每个地区每个部门的水产出弹性和水资源均衡价格。

8. 水资源 SAM 表

为针对水资源管理政策进行分析，建立嵌入水资源的 SAM 是很有必要的，可应用静态的宏观经济数据库来对模型参数进行率定。本章研究引用可计算水资源边际价值来估算水的总经济价值。

$$T = \rho \times W$$

T 为水资源经济价值，W 为用水量。

由于本章将水资源作为原始投入应用到产出模型中进行研究，水资源核算可以从劳动力和资本中提取。据此可以得到各个区域的水资源 SAM 表格，为 CGE 模型的率定提供数据。

在嵌入水资源的 SAM 表的基础上将对水—经济 CGE 模型的部分变量和公式进行阐述。大部分变量在嵌入水资源的 SAM 表的基础上进行了率定，也有一些参数需要根据其他数据源进行率定，主要包括水—经济 CGE 模型中的行为弹性参数等。

在 CGE 模型中，消费、政府消费、平均储蓄率、平均税率等可以由水资源 SAM 表进行率定得出。其他非共享参数，如弹性参数，包括产出要素之间的可替代弹性参数、Armington 弹性、CET 弹性等是外生固定的。尽管在理想情况下，所有参数都可以用 CGE 模型来进行计算，但是由于方法的复杂性和数据的有限性，本章利用和参考了其他研究对初始要素投入和中间投入要素之间的 CES 弹性参数、Armington 弹性参数和 CET 弹性参数。

在本章中，水资源作为产出的要素在产出模型中进行计算。因此，水资源的替代弹性对研究的结果非常敏感。考虑到上述原因，本章利用经济数据和水资源数据计算每个区域的每个部门的水资源替代弹性。在模型的框架上，水资源和劳动力在模型的最底层利用 CES 模型综合考虑。其双层 CES 嵌套模型如下：

$$Y_{WL} = (\alpha W^{-\rho_1} + (1-\alpha) L^{-\rho_1})^{-\frac{1}{\rho_1}}$$

$$Y = A(bY_{WL}^{-\rho} + b(1-b)K^{-\rho})^{-\frac{m}{\rho}}$$

其中，Y_{WL} 为水资源和劳动的耦合，Y 为增加值，A 为技术效率，a 和 b 为共享参数，ρ_1、ρ 为转换参数。

上述公式可以被线性近似转换为对数形式：

$$LnY = LnA + bmLnY_{WZ} + (1-b)mLnK - 0.5\rho mb(1-b)[Ln(\frac{Y_{WL}}{K})]^2$$

$$LnY_{WL} = \alpha LnW + (1-a)LnL - 0.5\rho_1\alpha\ (1-a)(Ln(\frac{W}{L}))^2$$

将上述两式合并可得：

$$LnY = LnA + bmaLnW + bm(1-a)LnL + (1-b)mLnK$$
$$-0.5mb\rho_1\alpha(1-a)[Ln(\frac{W}{L})]^2 0.5\rho mb(1-b)[Ln(\frac{Y_{WL}}{K})]^2$$

通过回归计算可以，计算出 a、b、m、ρ、ρ_1。根据上述计算，可以得出水资源—劳动力替代弹性和资本为水资源—劳动力综合替代弹性。

$$\sigma_1 = -\frac{1}{\rho_1}$$

$$\sigma = -\frac{1}{\rho}$$

根据上述公式计算得到每个区域每个部门的替代弹性参数，可将上述参数带入 CGE 模型中进行相关的政策模型。

三、层次分析法与灰色关联分析

层次分析法是美国匹兹堡大学教授萨泰于 20 世纪 70 年代提出的一种系统分析方法。它综合了定性与定量分析，模拟人的决策思维过程，是解决多因素复杂系统，特别是难以定量描述的社会系统的分析方法。应用 AHP 解决问题的思路是：首先，把要解决的同题分层系列化，即根据问题的性质和所要达到的目标，将问题分解为不同的组成因素，按照因素之间的相互影响和隶属关系将其分层聚类组合，形成一个递阶的、有序的层次结构模型；其次，对模型中每一层次因素的相对重要性，依据人们对客观现实的判断给予定量表示，再利用数学方法确定每一层次全部因素相对重要性次序的权值；最后，通过综合计算各层因素相对重要性的权值，得到最低层（方案层）相对于最高层（目标层）的相对重要性次序的组合权值，以此作为评价和选择方案的依据。

首先根据设立的指标体系设计调查表，通过问卷调查专家组得出各层次指标间的相互重要程度。其次构造判断矩阵：将环境绩效的多个元素权重的整体判断转变为对这些元素进行“两两比较”，并将比较结果转化为定量的判断数据，形成判断矩阵 A。对于每个判断矩阵 A，相对重要性的程度可以分别用 1~9 及其倒数进行标度（如表 13-3 所示）。

表 13-3　重要性标度含义表

重要性标度	含　义
1	表示两个元素相比，具有同等重要性
3	表示两个元素相比，前者比后者稍重要
5	表示两个元素相比，前者比后者明显重要
7	表示两个元素相比，前者比后者强烈重要
9	表示两个元素相比，前者比后者绝对重要

通过判断矩阵计算其最大特征根和特征向量。

（1）计算判断矩阵每一行元素的乘积 M_i：

$$M_i = \prod_{j=1}^{n} a_{ij},\ i = 1,\ 2,\ \cdots,\ n \tag{13-1}$$

（2）计算 M_i 的 n 次方 W_i：

$$W_i = \sqrt[n]{M_i} \tag{13-2}$$

（3）对向量 $W_i = (w_1,\ w_2,\ \cdots,\ w_n)$ 归一化处理得到：

$$w_i = \frac{w_i}{\sum_{j=1}^{n} w_j} \tag{13-3}$$

则 $w_i = (w_1,\ w_2,\ \cdots,\ w_n)$ 即为所求的特征向量，每个 n 阶矩阵相应的一致性比例为：

$$CR = \frac{CI}{RI} \tag{13-4}$$

其中：

$$CI = \frac{\lambda_{max} - n}{n - 1} \tag{13-5}$$

RI 为平均随机一致性指标。若 $CR < 0.1$，则判断矩阵一致性满足要求，即判断结果可靠，否则需要重新构造判断矩阵。

（4）根据特征方程：

$$AW = \lambda_{max} w \tag{13-6}$$

计算判断矩阵的最大特征根：

$$\lambda_{max} = \sum_{i=i}^{n} \frac{(AW)_i}{nW_i} \tag{13-7}$$

其中，$(AW)_i$ 表示向量 AW 的第 i 个元素采用两两比较的方法构造判断矩阵。第 i 个评价方面的权重系数矩阵 $A_i = (a_{i1},\ a_{i2},\ \cdots,\ a_{im})$，式中 a_{ij} 为第 i 个指标评价方法中各要素的权重，且满足：

$$0 < a_{ij} \leqslant 1,\quad \sum_{j=1}^{m} a_{ij} = 1 (j = 1,\ 2,\ \cdots,\ m) \tag{13-8}$$

灰色关联分析是我国著名学者邓聚龙教授于 1982 年提出的，它通过对部分已知信息的生成、开发、实现，对现实世界进行确切的描述和认识。灰色关联分析的具体步骤如下：

计算灰色关联系数：

$$\varepsilon_i(k) = \frac{\min_i \min_k \left| x_0^{(k)} - x_i^{(k)} \right| + \zeta \max_i \max_k \left| x_0^{(k)} - x_i^{(k)} \right|}{\left| x_0^{(k)} - x_i^{(k)} \right| + \zeta \max_i \max_k \left| x_0^{(k)} - x_i^{(k)} \right|} \tag{13-9}$$

其中，$\varepsilon_i(k)$ 是比较数列 X_i 与参考数列 X_0 在第 k 个评价指标上的相对差值，ζ 是分辨系数。

计算灰色加权关联度公式：

$$r_i = \frac{1}{n} \sum_{k=1}^{n} w_k \varepsilon_i(k) \tag{13-10}$$

其中，r_i 为第 i 个评价对象对理想对象的灰色加权关联度。

第四节　研究区及调控配置情景

一、研究区域概况

渭河是黄河第一大支流，发源于甘肃渭源县鸟鼠山，流经甘肃、宁夏、陕西三省，在陕西潼关注入黄河。渭河流域总面积13.5万平方公里，干流全长818公里，其中陕西省境内河长502公里。宝鸡以上为上游段，河谷狭窄，川峡相间，水流湍急；宝鸡峡至咸阳为中游段，河长171公里，河道宽，多沙洲，水流分散；咸阳至潼关为下游段，河长208公里，河道淤积严重，比降较小。渭河支流众多，其中，南岸的数量较多，但较大支流集中在北岸，水系呈扇状分布，集水面积1000平方公里以上的支流有14条。流域属典型的大陆型季风气候，冬季寒冷而干燥；春季气温不稳定，降水较少；夏季气候炎热多雨，降水集中于七至九月，多雷暴雨，常出现伏旱；秋季凉爽较湿润，多有阴雨天气。气候特点可以分为暖温带半湿润区及暖温带半干旱区气候区，处于干旱地区和湿润地区的过渡地带。

随着经济社会的快速发展，渭河流域水循环已从“自然”模式占主导逐渐转变为“自然—社会”二元模式，其具体表现为地表径流、地下径流和河川径流等自然水循环通量日益减小，而取水量、用水量、耗水量及排污量等社会水循环通量不断增大，这种状况影响了流域水循环系统原有的生态和环境服务功能，引发了一系列的资源、环境与生态问题，包括：经济社会快速发展导致水资源供需矛盾突出；水污染严重，水生态环境差；水土流失问题尚未得到有效遏制；河道泥沙淤积严重、防洪形势依然严峻。本章以渭河流域为例，以水资源多维属性为基础，以水资源与经济、社会、环境、生态的系统关系为主线，以层次分析法和灰色关联为评价方法，综合评估水价、外调水、用水结构调整等水资源调控配置方式对经济、社会、环境、生态的综合影响，为我国干旱半干旱地区的水资源管理和经济、社会、环境、生态发展提供科学依据。

二、调控配置情景方案设置

水资源是满足经济发展、社会稳定、生态良好、环境优美的重要因素之一。在配置水资源到每个领域时，通常采用价格杠杆将水资源配置到经济效率较高的产业或者地区中去，或者通过调水将水资源配置到缺水地区，也有通过水权转换等形式来置换水资源。对于利用价格杠杆的，是将水资源作为生产的要素来看，通过价格杠杆提高水资源的效率。然而，由于水资源的弹性较小，这种方式对降低水资源利用作用相对较小，并且易造成增加成本，造成社会矛盾。近年来，对于调水工程的质疑越来越大，认为破坏生态和环境，同时也造成新的社会不公平。用水结构调整在水资源管理的实践中有较多的成功案例。本章中对这三种配置方式的优劣，从水资源、社会、经济、生态、环境出发系统定量分析。具体调控配置情景如表 13-4 所示。

表 13-4 调控配置方案设置

类 别	序 号	编 号	方案描述
水价调整	1	S10	农业、工业和服务业水价提高 10%
	2	S25	农业、工业和服务业水价提高 25%
	3	S50	农业、工业和服务业水价提高 50%
	4	S75	农业、工业和服务业水价提高 75%
	5	S100	农业水价提高 100%，工业水价提高 70%，三产水价提高 44%
跨流域调水	1	T5	外调水量 5 亿立方米
	2	T10	外调水量 10 亿立方米
	3	T15	外调水量 15 亿立方米
用水结构调整	4	Ta5	分配 5%的农业用水量到工业和服务业中
	5	Ta10	分配 10%的农业用水量到工业和服务业中
	6	Ta20	分配 20%的农业用水量到工业和服务业中

第五节 指标体系建立及调控配置分析

一、基于水资源多维属性的指标体系建立

借鉴“二元”水循环及伴生过程的成果，根据科学性、系统性、客观性、可获得性原则从水资源对经济、社会、环境和生态以及社会水循环系统 4 个方面的影响建立了一套有 19 个指标的基于水资源多维属性的调控方案评价指标体系。其分析架构和指标说明分别如图 13-7 和表 13-5 所示。

向全国水资源研究领域、资源环境经济领域、社会学领域、管理学领域研究学者和博士研究生发放《基于水资源多维属性的调控方案评价体系调查问卷》100 份，向水利部门的专家发放《基于水资源多维属性的调控方案评价体系调查问卷》20 份，共计发放 120 份调查表，回收 105 份调查表，回收表格占全部发放调查表的 88%。在回收表格中又剔除了填写质量较差的调查表，最后实际有效调查表为 98 份，有效表格占全部所发调查表的 82%。所得出的标度能够反映人们对“二元”水循环调控方案评价体系的共识。根据 98 份有效问卷，利用算术平均法得出各层面之间的对比，其中对比方法采用 1~9 标度法，即 1 为相同重要，数值越高，重要性越大。如表 13-6 所示，如经济层面相对社会层面来说是相同重要，经济层面相对生态环境层面稍微重要（赋值为 2）。最后得出各

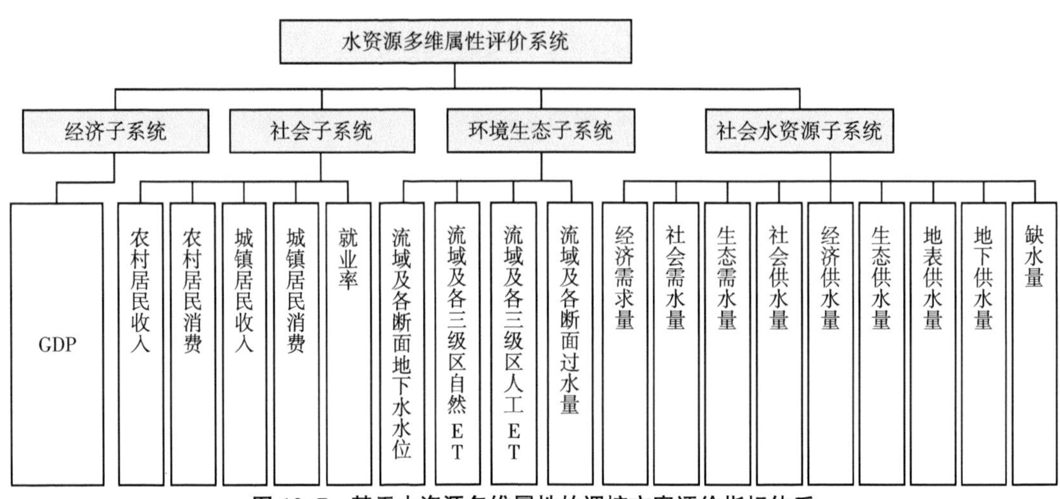

图 13–7　基于水资源多维属性的调控方案评价指标体系

表 13–5　基于水资源多维属性的调控方案指标体系

	子系统	指　标
基于水资源多维属性的调控配置评价指标	经济子系统	GDP
	社会子系统	农村居民收入
		农村居民消费
		城镇居民收入
		城镇居民消费
		就业率
	生态环境子系统	流域及各断面地下水水位
		流域及各三级区自然 ET
		流域及各三级区人工 ET
		流域及各断面过水量
	社会水循环子系统	经济需水量
		社会需水量
		生态需水量
		经济供水量
		社会供水量
		生态供水量
		地表供水量
		地下供水量
		缺水量

表 13–6　基于水资源多维属性的调控方案矩阵及分析结果

	经济层面	社会层面	生态环境层面	社会水循环层面	Wi
经济层面	1	1	2	2	0.3333
社会层面	1	1	2	2	0.3333
生态环境层面	0.5	0.5	1	1	0.1667
社会水循环层面	0.5	0.5	1	1	0.1667

注：判断矩阵一致性比例：0，明显小于 0.1，结果可用。

一级层面的权重 W_i。

在经济层面上，虽然 CGE 模拟给出的经济数据较多，但是都跟 GDP 有很强的内生关系，并且其重要性都较总的 GDP 有很大差别，因此，在选择经济层面指标时，只用总的 GDP 来表征，不再使用模型输出的第一产业、第二产业、第三产业 GDP 等经济子指标。

社会层面各个指标之间的对比矩阵及分析结果如表 13-7 所示，从结果来看，就业率比重最大，在我国制定经济政策时，GDP 增长率下限的主要依据就是劳动就业率，因此，学者们普遍认为就业率的比重最重要，达到社会层面的近一半权重；城镇收入和农村收入次之，这与我国政策的大方向有直接关系；农村消费和城镇消费最低。农村收入和城镇收入关系到社会稳定，在制定政策时应优先考虑。

表 13-7 社会层面各指标对比矩阵及分析结果

社会层面	农村收入	农村消费	城镇收入	城镇消费	就业率	W_i
农村收入	1	3	0.5	2	0.3333	0.1532
农村消费	0.3333	1	0.1667	0.5	0.2	0.0562
城镇收入	2	6	1	3	0.2	0.2402
城镇消费	0.5	2	0.3333	1	0.3333	0.101
就业率	3	5	5	3	1	0.4494

注：判断矩阵一致性比例：0.0784，明显小于 0.1，结果可用。

表 13-8 生态环境层面各指标对比矩阵及分析结果

生态环境层面	流域及各断面地下水水位	流域及各三级区自然 ET	流域及各三级区人工 ET	流域及各断面过水量	W_i
流域及各断面地下水水位	1	5	5	1	0.4101
流域及各三级区自然 ET	0.2	1	1	0.1667	0.0785
流域及各三级区人工 ET	0.2	1	1	0.2	0.082
流域及各断面过水量	1	6	5	1	0.4294

注：判断矩阵一致性比例：0.0016，明显小于 0.1，结果可用。

表 13-9 社会水循环层面各指标对比矩阵及分析结果

社会水循环层面	经济需水量	社会需水量	生态需水量	经济供水量	社会供水量	生态供水量	地表供水量	地下供水量	缺水量	W_i
经济需水量	1	0.25	1	1	0.3333	0.25	0.2	0.2	0.1667	0.0326
社会需水量	4	1	6	5	2	2	0.5	0.5	0.2	0.1365
生态需水量	1	0.1667	1	1	0.25	0.25	0.5	0.3333	0.3333	0.0434
经济供水量	1	0.2	1	1	0.3333	0.3333	0.3333	0.3333	0.25	0.04
社会供水量	3	0.5	4	3	1	1	0.5	0.5	0.3333	0.0942
生态供水量	4	0.5	4	3	1	1	0.5	0.5	0.5	0.1028
地表供水量	5	2	2	3	2	2	1	1	0.5	0.1487
地下供水量	5	2	3	3	2	2	1	1	0.5	0.1532
缺水量	6	5	3	4	3	3	2	2	1	0.2487

注：判断矩阵一致性比例：0.0493，明显小于 0.1，结果可用。

根据 AHP 方法得到各个指标的权重系数，如表 13–10 所示。

表 13–10　各指标权重计算结果

指　标	权　重
GDP	0.3333
农村居民收入	0.0511
农村居民消费	0.0187
城镇居民收入	0.0801
城镇居民消费	0.0337
就业率	0.1498
流域及各断面地下水水位	0.0684
流域及各三级区自然 ET	0.0137
流域及各三级区人工 ET	0.0137
流域及各断面过水量	0.0716
经济需水量	0.0054
社会需水量	0.0072
生态需水量	0.0067
经济供水量	0.0227
社会供水量	0.0157
生态供水量	0.0171
地表供水量	0.0248
地下供水量	0.0255
缺水量	0.0414

二、调控方案比较分析

（一）水价配置方案评价

根据各方案各指标的属性判断在最优状态下的数值，根据最优状态分指标计算各方案各指标灰色关联矩阵。表 13–11 为各指标的数值矩阵，表 13–12 为各指标灰色关联度矩阵。

表 13–11　水价配置方案指标数值

方　案	S10	S25	S50	S75	S100	最　优
GDP	–0.97	–2.16	–3.54	–4.55	–4.5	–0.97
农村居民收入	–3.32	–7.13	–11.52	–14.6	–15.61	–3.32
城镇居民收入	–1.71	–3.86	–6.55	–8.58	–7.98	–1.71
农村居民消费	–4.74	–10.15	–16.39	–20.73	–21.64	–4.74
城镇居民消费	–3.06	–6.78	–11.35	–14.71	–14.02	–3.06
劳动力剩余率	1.02	2.37	4.25	5.79	5.34	1.02
地下水水位	–16.448	–16.444	–16.444	–16.444	–16.444	–16.444

续表

方 案	S10	S25	S50	S75	S100	最 优
流域自然 ET	400.024	400.001	399.988	399.981	399.98	399.98
流域人工 ET	99.606	99.476	99.319	99.224	99.223	99.223
入黄水量	55.8379	55.9556	56.1362	56.243	56.2446	56.2446
经济需水量	39.38	38.71	38.01	37.57	37.47	37.47
社会需水量	9.74	9.74	9.74	9.74	9.74	9.74
生态需水量	0.54	0.54	0.54	0.54	0.54	0.54
经济供水量	38.34	37.72	37.06	36.65	36.55	36.55
社会供水量	9.18	9.18	9.18	9.18	9.18	9.18
生态供水量	0.51	0.51	0.51	0.51	0.51	0.51
地表供水量	28.79	28.44	28.08	27.84	27.8	27.8
地下供水量	17.81	17.55	17.26	17.08	17.02	17.02
缺水量	1.62	1.57	1.54	1.51	1.51	1.51

表 13-12 水价配置方案指标灰色关联度

方案	S10	S25	S50	S75	S100
GDP	1.00	0.67	0.28	0.00	0.01
农村居民收入	1.00	0.69	0.33	0.08	0.00
城镇居民收入	1.00	0.69	0.30	0.00	0.09
农村居民消费	1.00	0.68	0.31	0.05	0.00
城镇居民消费	1.00	0.68	0.29	0.00	0.06
劳动力剩余率	1.00	0.72	0.32	0.00	0.09
地下水水位	0.00	1.00	1.00	1.00	1.00
流域自然 ET	0.00	0.52	0.82	0.98	1.00
流域人工 ET	0.00	0.34	0.75	1.00	1.00
入黄水量	0.00	0.29	0.73	1.00	1.00
经济需水量	0.00	0.35	0.72	0.95	1.00
社会需水量	1.00	1.00	1.00	1.00	1.00
生态需水量	1.00	1.00	1.00	1.00	1.00
经济供水量	0.00	0.35	0.72	0.94	1.00
社会供水量	1.00	1.00	1.00	1.00	1.00
生态供水量	1.00	1.00	1.00	1.00	1.00
地表供水量	0.00	0.35	0.72	0.96	1.00
地下供水量	0.00	0.33	0.70	0.92	1.00
缺水量	0.00	0.45	0.73	1.00	1.00

根据表 13-12 的灰色关联度矩阵和表 13-10 的各指标的权重计算各个方案下最优度。各方案最优度结果如表 13-13 所示，数值越大，越优越。

表 13-13　水价配置方案计算结果

方案	S10	S25	S50	S75	S100
计算结果	0.7134	0.648786	0.474374	0.337294	0.356316

从计算结果来看，提高水价并不是有效的调控手段，水价的提高显著地降低了经济指标和社会福利，但是对生态和环境以及社会水资源系统的提升有限。各方案水价提升越高，最优度越低。

（二）外调水及用水结构调整配置方案评价

外调水及用水结构调整配置方案下各指标数值如表 13-14 所示，外调水及用水结构调整配置方案下指标最优关联度如表 13-15 所示。根据表 13-15 的各指标关联度与各指标权重计算得到各指标的得分和各方案的总最优度。计算结果如表 13-16 所示。

表 13-14　外调水及用水结构调整配置方案下各指标数值

方　案	T5	T10	T15	Ta5	Ta10	Ta20	最优
GDP	0.39	1.39	2.27	2.17	3.82	5.17	5.17
农村居民收入	0.6	2.16	3.55	2.88	5.02	6.74	6.74
城镇居民收入	1.02	3.65	5.95	5.94	10.43	14.15	14.15
农村居民消费	1.3	4.68	7.71	6.9	12.18	16.55	16.55
城镇居民消费	1.72	6.2	10.21	10.11	18.04	24.79	24.79
劳动力剩余率	-0.75	-2.59	-4.15	-4.2	-7.1	-9.36	-9.36
地下水水位（m）	-16.411	-16.383	-16.358	-16.444	-16.454	-16.463	-16.358
自然 ET（mm）	400.916	400.941	400.964	400.851	400.819	400.758	400.758
人工 ET（mm）	98.709	98.74	98.763	98.663	98.696	98.673	98.663
入黄水量（亿 m^3）	59.5847	63.1912	66.9092	56.3939	56.7359	57.4567	66.9092
经济需水量	40.01	40.01	40.01	40.01	40.01	40.01	40.01
社会需水量	9.74	9.74	9.74	9.74	9.74	9.74	9.74
生态需水量	0.54	0.54	0.54	0.54	0.54	0.54	0.54
经济供水量	39.13	39.23	39.29	39	38.97	38.71	38.71
社会供水量	9.19	9.2	9.2	9.17	9.17	9.16	9.16
生态供水量	0.53	0.53	0.53	0.51	0.51	0.51	0.51
地表供水量	32.33	35.23	37.52	28.63	28.09	27.06	27.06
地下供水量	15.07	12.28	10.05	18.59	19.07	19.77	10.05
缺水量	1.44	1.34	1.27	1.61	1.64	1.91	1.27

表 13-15　外调水及用水结构调整配置方案下各指标最优关联度

方　案	T5	T10	T15	Ta5	Ta10	Ta20
GDP	0.00	0.21	0.39	0.37	0.72	1.00
农村居民收入	0.00	0.25	0.48	0.37	0.72	1.00
城镇居民收入	0.00	0.20	0.38	0.37	0.72	1.00

续表

方　案	T5	T10	T15	Ta5	Ta10	Ta20
农村居民消费	0.00	0.22	0.42	0.37	0.71	1.00
城镇居民消费	0.00	0.19	0.37	0.36	0.71	1.00
劳动力剩余率	0.00	0.21	0.39	0.40	0.74	1.00
地下水水位（m）	0.50	0.76	1.00	0.18	0.09	0.00
自然 ET（mm）	0.23	0.11	0.00	0.55	0.70	1.00
人工 ET（mm）	0.54	0.23	0.00	1.00	0.67	0.90
入黄水量（亿 m^3）	0.30	0.65	1.00	0.00	0.03	0.10
经济需水量	1.00	1.00	1.00	1.00	1.00	1.00
社会需水量	1.00	1.00	1.00	1.00	1.00	1.00
生态需水量	1.00	1.00	1.00	1.00	1.00	1.00
经济供水量	0.28	0.10	0.00	0.50	0.55	1.00
社会供水量	0.25	0.00	0.00	0.75	0.75	1.00
生态供水量	0.00	0.00	0.00	1.00	1.00	1.00
地表供水量	0.50	0.22	0.00	0.85	0.90	1.00
地下供水量	0.48	0.77	1.00	0.12	0.07	0.00
缺水量	0.73	0.89	1.00	0.47	0.42	0.00

表 13-16　外调水及用水结构调整配置方案下最优度得分

方　案	T5	T10	T15	Ta5	Ta10	Ta20
GDP	0.00	0.07	0.13	0.12	0.24	0.33
农村居民收入	0.00	0.01	0.02	0.02	0.04	0.05
城镇居民收入	0.00	0.00	0.01	0.01	0.01	0.02
农村居民消费	0.00	0.02	0.03	0.03	0.06	0.08
城镇居民消费	0.00	0.01	0.01	0.01	0.02	0.03
劳动力剩余率	0.00	0.03	0.06	0.06	0.11	0.15
地下水水位（m）	0.03	0.05	0.07	0.01	0.01	0.00
自然 ET（mm）	0.00	0.00	0.00	0.01	0.01	0.01
人工 ET（mm）	0.01	0.00	0.00	0.01	0.01	0.01
入黄水量（亿 m^3）	0.02	0.05	0.07	0.00	0.00	0.01
经济需水量	0.01	0.01	0.01	0.01	0.01	0.01
社会需水量	0.01	0.01	0.01	0.01	0.01	0.01
生态需水量	0.01	0.01	0.01	0.01	0.01	0.01
经济供水量	0.01	0.00	0.00	0.01	0.01	0.02
社会供水量	0.00	0.00	0.00	0.01	0.01	0.02
生态供水量	0.00	0.00	0.00	0.02	0.02	0.02
地表供水量	0.01	0.01	0.00	0.02	0.02	0.02
地下供水量	0.01	0.02	0.03	0.00	0.00	0.00
缺水量	0.03	0.04	0.04	0.02	0.02	0.00
总最优度	0.15	0.33	0.49	0.39	0.61	0.80

从表 13-16 可以看出，从外流域调水有利于区域水循环调控，调水越多，方案的最优度得分越高。在外调水 5 亿立方米时，其得分只有 0.15，随着外调水增加，其得分也线性增加，说明了外流域调水是有效的调控方案。对于用水结构来说，用水结构的优化相对跨流域调水是更有效的水循环调控方案，在 5%的农业用水分配到工业和服务业方案中（Ta5 方案），其得分大于外调 10 亿立方米的方案；在 10%的农业用水量分配到工业和服务业方案中（Ta10 方案），其得分 0.61，大于外调水 15 亿立方米的方案；分配 20%的农业用水到工业和服务业中方案中（Ta20 方案），其得分最高，达到 0.8。从各方案对比来看，流域内的用水结构调整是最好方案，将水资源转移到生产附加值、生产效率较高的产业是流域水资源调控最佳方案。

第六节　结论及政策建议

水资源的多维属性说明在对水资源政策进行评价时，不能用单一的或者简单的方法进行评价，应该系统地评价水资源政策对经济、社会、生态、环境的影响。本章基于水资源多维属性理论，建立水资源政策模拟综合框架，充分考虑到水资源政策的专业特点，利用物理机制的分布式水文模型、水资源配置模型以及可计算一般均衡模型，优化模型间耦合机制；利用层次分析法和灰色关联方法对水资源调控配置政策进行评价。根据模拟、评价和分析，利用水价配置水资源是最不好的调控，不仅造成了经济增长的降低，也对社会福利造成了一定的影响。调水的配置方式是中间的配置方式，就其结果来看，其主要是效果不明显，并且对其他地区造成不良后果。结构型水资源利用调整是最优的方式。基于本章研究，提出以下政策建议：一是不宜全面提升水价，提高水价应在用水弹性较大的行业；二是慎用大型调水工程；三是积极推广水权转换、水生态补偿政策。

参考文献

[1] Falkenmark M.. Land-water Linkages: a Synopsis. Inland and Water Integration and River Basin Management: Proceedings of an FAO Informal Workshop. Food and Agriculture Organization of the United Nations, 1995 (1): 15-16.

[2] 王浩、仇亚琴、贾仰文：《水资源评价的发展历程和趋势》，《北京师范大学学报》，2010 年第 3 期。

[3] 单平基：《论我国水资源的所有权客体属性及其实践功能》，《法律科学》（西北政法大学学报），2014 年第 1 期。

[4] 方兰、杨波：《浅析水资源功能价值及主要评估方法》，《资源开发与市场》，2013 年第 11 期。

[5] 马捷、锁利铭：《水资源多维属性与我国跨界水资源冲突的网络治理模式》，《中国行政管理》，2010 年第 4 期。

作　者：王喜峰　牛存稳　贾仰文　周　娜　郝春沣

第十四章　我国省域能源消耗产出效率研究①

第一节　引　言

纵观人类历史，任何一个国家社会的文明与发展，都离不开与资源和环境的抗争和博弈。在我国改革开放、经济建设如火如荼开展的今天，工业化、城市化进程不断加快，生产力迅速提高，生产资料和物质资源得到极大丰富，与此同时，能源问题也日益凸显，成为我国经济发展中的极大挑战和发展桎梏。在我国人均能源储量较低和能源需求潜力巨大的背景下，解决能源问题可以从三个方面进行：一是增加能源供给，二是抑制能源需求，三是提高能源利用效率（魏楚，2009）。由于增加供给和抑制需求实际也是提高能效的两个方面（即在产出既定的前提下减少投入，或者在投入既定下增加产出），因此实际上解决能源问题可以归结为提高能源消耗产出效率。可以说，研究我国能源消耗产出效率，不仅关系着我国经济的可持续发展，更是环境保护和污染治理中的重要依据和途径。

目前关于能源效率的定义为：在提供同等产出的条件下减少能源投入，即同等产出下，能源投入越少，能源效率越高（世界能源委员会，1995）。部分学者将能源效率分为能源经济效率和能源技术效率（曾胜等，2008），前者又称为能源强度，指单位经济产出所消耗的能源量，可以用单位能耗 GDP 或单位产品能耗表示，能源强度越低，能源经济效率越高；后者通过提高能源生产技术水平和技术创新来提高能源效率，其数值越大，能源效率越高。然而，已有文献对能源效率的定义并未达成一致，有的学者利用单要素生产率进行测度，如热力学指标测度法、物理指标测度法、经济指标测度法；有的学者利用全要素生产率进行研究，主要通过非参数法或者参数法测算全要素生产率。目前，大部分学者利用非参数法中的数据包络分析法来测算能源的全要素生产率，而采用参数分析法的文献较为少见。由于参数分析法中的随机前沿模型可以通过具体指标量化能源效率的绝对值，其采用随机前沿面构造能源的最优产出更加符合实际，因此本章

① 本章获得 2013 年中国社会科学院经济政策与模拟重点研究室项目、2012 年度中国社会科学院经济政策与模拟重点研究室项目、2013 年度中国社会科学院数量经济与技术经济研究所所重点课题（青年项目）的资助。

采用前沿分析中的随机前沿方法测算我国的能源消耗产出效率。

本章的结构安排如下：第二节是文献综述，研究当前我国经济发展及能源消耗的基本状况，就能源与经济发展之间及能源使用效率评估的国内外文献进行回顾和总结；第三节是随机前沿模型与数据说明，主要介绍随机前沿分析方法及其理论公式，建立面板数据下的随机前沿模型，同时给出本章所需样本数据及变量选取；第四节是能耗产出效率的测算与分析，通过构建面板随机前沿模型测算我国 28 个省份的能源消耗产出效率，分析政府规模、第二产业增加值、城镇化率、开放度对能源产出效率的影响，同时构建混合 OLS 模型、个体固定效应模型、双固定效应模型、个体随机效应模型，在 Hausman 检验后，确定使用双固定效应模型分析能源消耗产出效率的影响因素；第五节是结论及启示。

第二节　文献综述

近年来，能源消耗已成为阻碍我国经济发展和工业化进程的绊脚石，对能源效率问题的研究成为学术界关注的热点。现有文献在能源消耗的指标选取和测算方法上存在巨大差异，早期研究主要运用能耗系数度量能源消耗，但由于其指标的单一性无法揭示经济系统中的复杂关系，因此后来学者们综合运用统计学和经济计量学的方法构建综合指标体系，分析不同指标对能源消耗产出的影响程度，研究能源消耗与经济发展之间的波动关系，同时运用格兰杰因果检验研究能源消耗与经济增长的因果关系。

目前，国外关于能源消耗的文献主要研究不同能耗部门的能源投入以及能源投入与经济增长之间的关系。Zhang 和 Lahr（2014）认为，中国能源利用的增长在一定程度上刺激了经济发展，中国区域间经济增长、能源投入和能源消耗具有极大的差异性。通过分解 1987~2007 年中国的能源消耗数据发现，各区域能源消耗的增加均源于能源需求的增加，同时 2002~2007 年生产结构的改变提高了大部分地区的能源需求。提高能源密集型产业的能源效率，需要显著降低能耗强度。我国能源从西北、中部和北部向沿海地区输送，政府应当优化产业结构，缓解能源需求。Bampatsou 等（2013）认为，能源技术效率指标反映了在给定能源投入时创造国内生产总值的能力。他们运用数据包络分析法测算了欧盟 15 国 1980~2008 年的技术效率指标。结果表明，核能源是一种新的能源投入，但对各国的能源技术效率起到反向作用。同时，当化石燃料的能耗下降，可再生能源开发后，能够在给定投入的情况下获得更高的产出。Zhou 等（2010）认为，1970~2001 年间中国通过实施积极的能效政策使能源需求量增长显著下降，单位能耗 GDP 每年下降约 5%。然而 2002~2005 年的单位能耗 GDP 平均每年增长约 3.8%。为了控制能源需求增长，2005 年 11 月中国政府出台了能源强度在 2006~2010 年减少 20%的减排目标。该目标表示，中国能源和经济的前景不容乐观，中国积极的减排措施有利于减少全球温室气体的排放。Sinton 等（1998）指出，1980 年中国政府出台了一系列政策来刺激能源效率和经济增长水平的提高，并获得了巨大成功。中国是在工业化初期能源需求增长显著慢于 GDP 增速的少数几个国家之一。他们研究了中国节能减排的措施和效果，同时指出了中国未来降低能源强度所面临的挑战。Farinelli 等（2001）指出，尽管中国已经是世界第二大能源消费国，其单位能耗 GDP 仍然处于世界较低水平。20 世纪 70 年代，中国的能源效率非常低，而 1980~1997 年中国 GDP 能耗强度平均每年下降 5.4%。目前，中国能源对 GDP 的产出弹性为 0.5。中国要想成为能源产出效率较高的国家还需要付出很大努力，当前中国经济高速发展，但能源基础设施仍处于较低水平，中国能源产出效率仍有进一步提升的空间。

部分文献研究了能源消耗与人口增长、环境污染之间的关系。Morikawa（2012）根据能源消费微观数据，实证分析了城市服务业的能源强度效应。研究表明，人口稠密的城市服务设施能源消耗效率更高，当人口密度翻番时，能源效率提高约 12%。研究发现，服务业转型时，放松阻碍城市聚结的过度管制，同时加大对城市中心的基础设施投资，将有利于环境友好型经济增长。Schueftan 和 González（2013）指出，由于煤炭的大量使用，低效率能源利用以及极端的低温气候使智利东部城市的环境污染非常严重。他们将能源消耗进行分类，测算了减排潜力，并分析了在高煤炭消耗下的环境污染后果。此外，大部分建筑的保温设施并不完善，这是造成能源效率使用低下的主要原因。Mahmood 和 Marpaung（2014）运用 CGE 模型研究了巴基斯坦经济中碳税对能源效率的影响。结果表明，碳税对 GDP 有负向影响，但对污染排放起到抑制作用；当能源效率提高时，GDP 会相应增加。Craig 和 Allen（2014）研究了影响提高能源效率和清洁能源使用的因素。他们通过对 2000 余名受访者进行电话调查，发现人口因素、人口态度、购买力因素等能够影响能源效率。Tso 等（2013）基于中国制造业企业数据分析了能源消耗的影响因素，通过多元回归分析发现，能源消耗总量与企业规模正相关，与企业效率负相关。因此，综合能耗主要取决于总产出和企业绩效。在总产出一定的前提下，制造企业提高能源效率的最佳途径是提高能源管理水平和建立能源管理标准。Eberspächer 和 Verl（2013）基于图形优化理论，开发出了可以选择能源优化配置的消耗模型，通过具体工业行业数据实例分析，证实了该方法的可行性。Andrews-Speed（2009）研究了 2003 年中国能源密集型产业，基于中国改革开放近 30 年提高能源效率的方案，分析了 2004 年中国政府出台的“于 2006~2010 年减少 20%能源排放强度”政策的效果。尽管中国政府在 1980~2001 年实现了能源排放强度的持续降低，但由于中国经济结构的改变导致行业能源强度需求上升以及技术创新率下降，这种趋势在 2002 年发生了逆转。中国政府在未来需要减少经济和金融工具的使用，减少能源政策对社会政策的依赖，减少政策制定的约束。

此外，有关国外文献运用非参数方法研究了部门能源效率。Blancard 和 Martin（2014）基于数据包络分析法测算了农业部门的能源效率，运用成本函数将能源效率分解为技术效率和配置效率，借助能源效率模型测算在最小能耗产出下的最优投入，同时对 2007 年法国农作物数据做出实证分析，但他们运用数据包络分析法得到的能源效率是相对固定的数值，因而无法进行横向对比，所给予的政策建议也具有局限性。Ma S.

Y. 和 Ma Z. X.（2011）认为，传统的 DEA 模型是基于自我评价系统的评估方法，决策单元不能自由选择参照体系。为解决此类问题，他们提出基于 BCC 模型的产出导向 DEA 模型，并运用该模型测算了 1990~2007 年中国能源消耗效率和 GDP 增速，同时对比分析了 2006 年部分发达城市的技术效率。Hu 和 Wang（2006）指出，目前大多数文献在研究地区生产率和效率时，忽视了能源投入因素。他们分析了我国各省份的能源投入情况，通过引入新指标，将劳动力、资本存量、能源消耗和粮食产量作为投入变量，GDP 为产出变量，运用 DEA 方法得出 1995~2002 年中国 28 个省份的能源效率。研究表明，我国中部地区的全要素能源效率最低；除西部地区外，我国全要素能源效率在样本期内逐年上升；我国全要素能源效率和人均收入呈现“U”形关系，表明能源效率最终促进了经济增长。Ramanathan（2006）采用数据包络分析法综合分析了 1980~2001 年全球二氧化碳排放、GDP 增长以及能源消耗之间的关系。研究发现，1980 年全球能源效率最高，经济增长最快，在同等能耗下的二氧化碳排放最少。但后来的 15 年在波动中下降，1996~2001 年有所回升。Azadeh 等（2007）运用数据包络分析法测算了能源密集型产业的能源效率，并借助主成分分析法和数值分类法分析检验了数据包络分析模型的有效性。此外，构建了超效率数据包络分析模型并对其进行了敏感性分析。他们的研究具有以下特点：一是在测算能源效率的指标中加入了结构指标；二是综合运用了数据包络分析法、成分分析法和数值分类法分析；三是测算了能源密集型部门的全要素能源效率和最优能耗。

国内关于中国能源消耗的研究主要集中在能源效率、碳排放效率、能耗强度影响因素的对比分析。魏楚和沈满洪（2007）研究了我国能源效率的影响因素，发现第三产业在 GDP 中的比重对能源效率产生正向影响，政府财政支出比重、进出口比重对能源效率产生负向影响，工业中国有经济比重对能源效率的影响不显著。此外他们还研究了中国区域间能源效率差异，认为不同区域能源效率存在趋同性，差异逐渐减小，能源效率最高的地区是东北老工业基地，其次是东部沿海和中西部地区。续竞秦和杨永恒（2012）基于谢泼德能源距离函数分析了我国省际能源效率及其影响因素。研究表明，我国能源效率整体水平偏低，从东部向西部依次递减，大部分省份能源效率“先降后升”，转折点出现在 2006 年。GDP、FDI、电力消耗比重对能源效率产生正向影响，资本—劳动力占比、第二产业比重对能源效率产生负向影响，同时各影响因素在不同地区间存在明显差异。孙海等（2009）将能耗强度分解为结构份额和效率份额，分别给出二者的计算公式、在制造业能源强度中的贡献率和对能源消耗强度的影响。研究发现，结构份额和效率份额均对能源消耗具有正向影响，并且效率份额对能源消耗的影响大于结构份额的影响。我国产业结构调整和能源使用效率的提高，使我国制造业能耗强度不断下降，政府应通过调整制造业内部结构，鼓励发展高产出、低能耗产业，促进制造业结构优化升级，提高行业效率。邱灵等（2008）运用聚类分析法将我国能源利用效率划分为高效区、中效区和低效区，利用 Theil 系数分析不同区域内能源利用效率的特点，运用面板数据定量研究区域能源效率的影响因素。研究表明，我国区域间能源利用效率差异明显并有扩大之势，能源高效区集中在东部沿海地区。吴巧生和成金华（2006）对比分析了现有能源消耗强度分解模型的求解方法，发现计算结果误差最小的是简单平均微分 PDM2 方法。利用经济与能源统计数据，研究了能源消耗强度变化对中国能源消耗强度下降的影响。结果表明，中国能源消耗强度下降主要是由于各部门能源使用效率的提高，工业部门的技术改进与工业结构变动存在关联，即工业结构变动在某种程度上促进了工业技术的改进，而工业技术的改进在某种程度上也导致了工业结构的变动。刘元华等（2011）运用结构分析法分析了能源消耗的驱动因子，将能源消耗增量分解为产出因子、效率因子、结构因子等，并测算出不同因子对我国能耗增量的贡献度。结果表明，当前中国能耗年均增长的决定因子是经济产出，促进能源节约的重要手段是提高能源利用效率，随着我国工业化进程的完成，第二产业比重逐步下降，产业结构调整、提高能源利用效率将成为节约能耗的重要手段。熊强和郭贯成（2013）从三次产业的角度分析了能源消耗、能源利用效率及碳排放的关系。利用灰色关联度分析法，研究了三次产业的固定资产投资额、碳排放总量、单位 GDP 消耗。结果表明，第二产业投资对能源消耗和碳排放的相关度最高，第三产业投资对能源利用效率没有显著影响。政府应当合理引导产业投资结构，降低能耗，提高能源利用效率，转变经济发展方式，实现国家经济低碳发展。张珍花和戴丽亚（2012）通过构造能源消耗的投入产出模型，研究了中国三次产业的能源消耗效率。结果表明，我国三次产业直接能源效率不断提高，改善我国三次产业部门能源消耗效率可以从调整能源消费结构、加大能源技术进步投入、制定有效产业发展政策、优化产业结构、积极开展高新节能技术研发入手。

少数文献通过测算中国全要素生产率增长率，研究中国能源效率对经济增长的影响以及制约我国经济可持续发展的因素。查冬兰等（2009）考察了能源要素约束下我国省级全要素生产率增长率，发现资本产出弹性最大，能源产出弹性显著为正，我国产业结构正在从劳动密集型向资本密集型和能源密集型转变，技术进步和规模效率增长是我国全要素生产率增长的主要动力，而技术效率对全要素生产率增长起到阻碍作用。目前我国地区全要素生产率增长从高到低依次为东部、中部和西部，因此缩小区域经济差异，不仅要解决地区间要素投入差异，更要注重地区间全要素生产率增长的协调发展。曾胜等（2008）认为当前我国能源利用率低下，能源消耗仍以粗放型为主，能源总量不足是我国经济可持续发展的“瓶颈”；运用时间序列数据评价了我国能耗的相对有效性，发现技术进步和能源结构在经济发展中至关重要，我国未来经济的发展必须依靠控制能源消耗、调整能源结构、开发新能源资源、提高能源利用率。

另外一些文献借助参数法和非参数法构建能源效率模型，分析了我国能源效率低下的原因。魏楚（2009）利用非参数 DEA 方法构建全要素框架能源效率模型，通过横向对比全球 96 个国家（地区）的投入产出数据发现，中国的全要素能源技术效率相对落后，其原因在于财政分权制度造成区域竞争和市场分割，从而导致中国能源规模效率低下，并且由于我国能源相对价格较低，导致我国能源的要素配置效率低下。此外，产业结构、产权制度、资本深化、能源结构等因素使我国区域间能源效率存在巨大差异。张庆芝等（2011）运用随机前沿的方法研究了我国钢铁企业的能源消耗与能源效率问题，发现目前我国钢铁企业存在产能过剩，过度投资等现象，资本利用效率低下，企业规模与企业效率呈倒“U”形关系。陈黎明和黄伟（2013）运用随机前沿方法测算了我国各省份的碳排放效率，并用核密度方法对碳排放效率进行动态演化，结果表明，尽管我国碳排放效率整体偏低，碳排放效率不断提高，区域间碳排放效率呈差异性扩大，但1998年后区域差异有缩小的趋势。孙广生等（2012）在测算我国工业行业资本存量的基础上，运用数据包络分析法计算我国各行业的技术效率值，建立了行业能源消耗与行业产出、技术效率的面板数据模型，分析了产出增长与技术效率提高对各行业能源消耗的影响。研究表明，行业产出对能源消耗有显著正向影响，技术效率起到相反的作用，但前者的影响大于后者的影响，能源需求是提高行业发展的必然趋势。干春晖和郑若谷（2009）运用随机前沿函数估算了我国工业行业的全要素生产率和技术效率。研究发现，生产率的提高与市场化经济制度、产业规模和能源消耗有关；我国工业行业生产效率在波动中增长，行业规模与生产效率呈现倒“U”形关系，行业间差异明显。我国工业全要素生产率增长主要来自技术进步和资源配置效率的提高，但行业间全要素生产率增长源泉差异巨大。

综观现有研究，存在以下特点：一是测算全要素生产率增长率的指标选择、样本期、数据、方法存在差异，难以对测得的指标进行系统对比；二是运用能源强度等单一指标测算对经济增长的影响，忽视了资本存量和劳动力对产出的贡献，以及能源、资本存量、劳动力之间的替代效应；三是运用数据包络分析法构造的生产前沿面是固定的，所有误差都被看做是技术无效的结果，这忽略了测量误差和系统噪声的影响，可能会对效率的测量产生偏误；四是构建的随机前沿模型中误差项可能存在序列相关，解释变量也可能存在内生性，从而造成参数估计出现偏误（Simar 和 Wilson，2007）。

第三节 随机前沿模型与数据说明

本章基于 Farrell（1957）等的研究，介绍随机前沿分析方法及其理论公式，建立面板数据下的我国能源消耗产出随机前沿模型，对模型参数进行估计。同时根据 1990~2012 年《中国统计年鉴》和分省份统计资料的面板数据，分析影响我国能源消耗产出效率的因素，搜集有关变量并给出变量的描述性统计。

一、随机前沿模型

Aigner 和 Chu（1968）指出，可以选择任意函数包络样本点来确定生产前沿。假设有 N 个 DMU 的截面数据，则生产前沿可以表示为：

$$\ln y_{it} = f(x'_{it}, \beta) - u_{it} \quad (i = 1, \cdots, N \quad t = 1, \cdots, T) \tag{14-1}$$

其中，x_{it} 是投入向量，y_{it} 是产出向量，β 是未知参数向量，$f(x'_{it}\beta)$ 表示生产函数，u_{it} 表示技术无效项非负随机变量。然而 Aigner 和 Chu（1968）的方法存在一个问题，即

y_{it} 以非随机 $\exp[f(x'_{it}\beta)]$ 为上限，没有考虑测量误差和系统噪声对产出的影响。Aigner、Lovell 和 Schmidt（1977）、Meeusen 和 Van Den Broeck（1977）提出随机前沿模型：

$$\ln y_{it} = f(x'_{it}, \beta) + (v_{it} - u_{it}) \qquad (i = 1, \cdots, N \quad t = 1, \cdots, T) \tag{14-2}$$

由于产出值以随机变量 $\exp(f(x'_{it}\beta) + v_{it})$ 为上限，随机误差 v_{it} 可正可负，因此随机前沿围绕确定部分 $\exp[f(x'_{it}, \beta)]$ 扰动。式（14-2）可以写为：

$$y_{it} = \exp[f(x'_{it}\beta)] \times e^{v_{it}} \times e^{-u_{it}} \qquad (i = 1, \cdots, N \quad t = 1, \cdots, T) \tag{14-3}$$

式（14-3）中，$\exp[f(x'_{it}, \beta)]$ 是确定部分，$e^{v_{it}}$ 是系统噪声，$e^{-u_{it}}$ 是技术无效项。因此以产出为导向的技术效率是可观测产出与随机前沿产出之比：

$$TE = \frac{y_{it}}{\exp[f(x'_{it}\beta) + v_{it}]} = \frac{\exp[f(x'_{it}\beta) + v_{it} - u_{it}]}{\exp[f(x'_{it}\beta) + v_{it}]} = e^{-u_{it}} \tag{14-4}$$

假定 v_{it} 与 u_{it} 独立分布，且 $v_{it} \sim i.i.dN(0, \sigma_v^2)$。对于 u_{it}，运用时变无效性模型，即期望劳动者能够通过“干中学”，使技术效率水平随着时间 t 的变大而发生明显的系统变化。假定 $u_{it} = \delta(t) u_i$，其中 u_i 可用最大似然法进行估计，假设其分布为截断正态分布（Battese 和 Coelli，1988）：$u_{it} \sim i.i.dN+(\mu, \sigma_i^2)$。对于决定技术无效性如何随时间变化的 $\delta(t)$，Battese 和 Coelli（1992）将其设为 $\delta(t) = \exp[\eta(T - t)]$。此外，$\gamma = \sigma_u^2/(\sigma_u^2 + \sigma_v^2)$。$\sigma_v^2$、$\sigma_u^2$、$\eta$、$\gamma$ 为待估计参数。

对于 $\delta(t)$，有如下性质：①$\delta(t) \geqslant 0$。②$\delta(T) = 1$。③$\delta(t)$ 的符号完全由 η 决定，且对于任意 η 它都是凸的。④当 $\eta > 0$ 时，$\delta(t)$ 是 t 的减函数，t 越大技术越有效；当 $\eta < 0$ 时，$\delta(t)$ 是 t 的增函数，t 越大技术越无效；当 $\eta = 0$ 时，$\delta(t) = 1$，此时技术效率不随时间 t 变化。

由 γ 的定义可以看出：①$\gamma \in [0, 1]$。②当 $\gamma = 0$ 时，$\sigma_u^2 = 0$，此时合成误差 $\varepsilon_{it} = v_{it} - u_{it}$ 完全由 v_{it} 决定，技术无效对产出的影响可以忽略不计，此时用最小二乘法即可估计式（14-2）。③当 $\gamma = 1$ 时，$\sigma_v^2 = 0$，合成误差 ε_{it} 完全由 u_{it} 决定，随机扰动对产出的影响可以忽略不计，此时生产前沿面是确定的，不必用随机前沿模型进行分析。

因此，对待估参数 γ、μ 和 η 进行检验是必要的，建立如下三个假设检验：①H_0：$\gamma = 0$；H_1：$\gamma \neq 0$。当原假设成立时，技术无效对产出的影响可以忽略不计；当备择假设成立且 $\gamma = 1$ 时，随机扰动对产出的影响可以忽略不计。②H_0：$\mu = 0$；H_1：$\mu \neq 0$。当原假设成立时，第 t 期无效性效应是半正态的。③H_0：$\eta = 0$；H_1：$\eta \neq 0$。当原假设成立时，技术效率不随时间 t 变化。

二、数据说明

（一）能源消耗产出效率模型变量

已有研究从碳排放效率、能源利用效率以及能源消耗的影响因素入手，分析了不同投入要素对产出的影响（熊强和郭贯成，2013；刘元华等，2011）。陈黎明和黄伟（2013）指出，政府干预、R&D 投入对碳排放有正向作用，开放度、城市化、煤炭消耗比重、第二产业比重对碳排放效率产生负向作用。邱灵等（2008）认为，影响我国能源利用效率的主要因素有能源结构、产业结构、价格水平、投资水平和技术水平，第二、第三产业对能源利用效率分别有显著负向和正向影响，经济发展水平对能源利用效率的影响不显著。因此，参考有关文献，构建本章能源消耗产出效率模型的指标为：投入变量选取实际资本存量、就业人口、总能耗；产出变量选取为实际 GDP/总能耗。

其中，实际 GDP 为各地区实际生产总值 GDP，以 1978 年的不变价格进行衡量。对于实际资本存量的测算，目前有许多方法，本章采用 Wu（2000）的方法，运用永续盘存法计算各省份的总投资来衡量实际资本存量，其中初始实际资本存量为过去投资的总和。根据 CPI 测算出定基 CPI，利用上年的实际资本存量、当年的资本形成总额以及当年的定基 CPI，测算当年的实际资本存量。假设当年的实际资本存量为 K（t），当年的定基 CPI 为 CPI，当年的资本形成总额为 C，上年的实际资本存量为 K（t-1），则当年的实际资本存量的测算公式如下：

$$K(t) = \Delta K(t) + (1 - \delta) K(t - 1) \quad (14\text{-}5)$$

$$\Delta K(t) = CPI/C \times 100 \quad (14\text{-}6)$$

其中，δ 是折旧率，本章参照已有文献大多采用的数值取 5%，则上面两式可以综合写为：

$$K(t) = CPI/C \times 100 + 0.95 \times K(t - 1) \quad (14\text{-}7)$$

（二）效率项影响因素变量

为了进一步研究由能源消耗产出效率模型测算出的能源消耗产出效率的影响因素，考察政府规模、第二产业增加值、城镇化率、开放度对我国能源消耗产出效率的影响。能源消耗产出效率模型变量和效率项影响因素变量说明及数据统计分别如表 14-1 和表 14-2 所示。

表 14-1　能源消耗产出效率模型变量和效率项影响因素变量说明

分类		变量	符号	单位	定义
能源消耗产出效率模型变量	投入变量	实际资本存量	capital	亿元	以 1990 年为基期进行调整
		就业人口	labor	万人	年末从业人员数
		总能耗	energy	万吨标准煤	—
	产出变量	实际 GDP/总能耗	egdp	亿元	以 1990 年为基期进行调整
效率项影响因素变量		政府规模	govexprate	%	政府规模与实际 GDP 的比值
		第二产业增加值	second	%	第二产业增加值与实际 GDP 的比值
		城镇人口	urban	%	城镇人口与人口总量的比值
		进出口总额	trade	%	进出口总额与实际 GDP 的比值

表 14–2　能源消耗产出效率模型变量和效率项影响因素数据统计

变量	观测值	平均值	标准差	25%分位数	中位数	75%分位数	最大值	最小值	合计
capital	644	6757	7939	1812	3797	8461	52679	130	4351444
labor	644	2301	1495	1112	1966	3390	6335	206	1481738
energy	644	7513	6175	3354	5872	9204	38899	474	4838166
egdp	644	0.35	0.17	0.20	0.32	0.47	0.81	0.08	226.02
govexprate	644	0.02	0.04	0.00	0.01	0.02	0.36	0.00	13.46
second	644	0.83	0.30	0.61	0.79	1.02	2.06	0.25	531.96
urban	644	0.40	0.17	0.27	0.39	0.50	0.89	0.00	258.98
trade	644	0.58	0.88	0.13	0.21	0.54	5.40	0.03	372.58

注：将重庆并入四川；由于数据缺失，海南及西藏未列出。
资料来源：1990~2012 年《中国统计年鉴》、分省份《统计年鉴》、大智慧数据库。

图 14–1 显示了 1990~2012 年我国实际资本存量、就业人口、实际 GDP 与总能耗之间的关系。由图 14–1 中可以看出，我国单位能耗 GDP 在 1996 年前维持在 19.6%左右，从 1996~2000 年单位能耗 GDP 相对于其他年份增速较快，由 1996 年的 19.8%上升至 2000 年的 20.6%，年均增长 0.2%。1990~2012 年我国实际资本存量、就业人口和总能耗逐年上升，其中就业人口增速较为平缓，总能耗与实际资本存量逐年递增。可以看出，总能耗与实际资本存量基本呈正相关关系，这主要是因为实际资本存量是根据我国总投资计算的，从而也说明伴随着我国投资额的增加，实际资本存量上升，总能耗随之增加，单位能耗 GDP 快速增长。

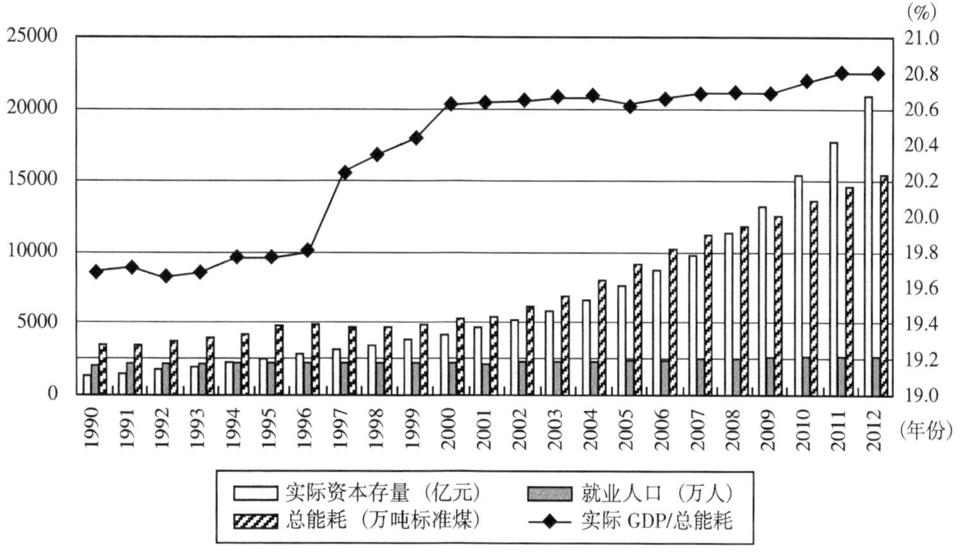

图 14–1　1990~2012 年我国实际资本存量、就业人口、实际 GDP 与总能耗之间的关系

注：实际资本存量、就业人口、总能耗为左轴；实际 GDP/总能耗为右轴。

第四节 能耗产出效率的测算与分析

一、能耗产出效率模型的构建

（一）假设检验

在对随机前沿模型进行参数估计前，需要对模型进行假设检验，以逐步确定模型的形式。本章采用广义似然比检验对参数构造假设检验。假设原假设为 H_0，备择假设为 H_1，含有约束条件模型的似然函数值为 L（H_0），不含约束条件模型的似然函数值为 L（H_1），则广义似然比统计量 LR 的定义为：

$$LR = -2 \times [\ln L(H_0) - \ln L(H_1)] \tag{14-8}$$

当原假设为 H_0 成立时，LR 统计量服从混合卡方分布，其自由度为受约束变量的个数。由前文分析可知，可对模型进行如下假设检验：①生产函数模型假定检验。当原假设成立时模型生产函数退化为 C-D 生产函数，$H_0: \alpha_i = \beta_j = \gamma_j = \delta_j = \eta_k = 0(i = 1, 2;\ j = 2, 3;\ k = 1, 2, 3)$。②技术无效项存在性检验。当原假设成立时可以推出 $\sigma_u^2 = 0$，此时技术无效项对产出的影响可以忽略不计，$H_0: \gamma = \mu = \eta = 0$。③技术无效项分布检验。当原假设成立时，技术无效项服从半正态分布 $u_n \sim i.i.dN^+(0, \sigma_u^2)$，$H_0: \mu = 0$。④技术无效项时变性检验。当原假设成立时，技术无效项不随时间变化，同时也说明此时技术效率不随时间变化，$H_0: \eta=0$。表 14-3 为随机前沿模型下四种参数假设检验结果。

表 14-3 随机前沿模型参数假设检验结果

原假设 H_0	自由度 k	对数似然值	LR 值	临界值 $x_\alpha^2(k)$		检验结果
				$\alpha = 0.05$	$\alpha = 0.01$	
$\alpha_i = \beta_j = \gamma_j = \delta_j = \eta_k = 0$	11	712.8026	567.2760	19.68	24.70	拒绝
$\gamma = \mu = \eta = 0$	3	944.4315	793.1905	7.81	11.34	拒绝
$\mu = 0$	1	970.5874	845.5024	3.84	6.63	拒绝
$\eta = 0$	1	871.7753	647.8781	3.84	6.63	拒绝

由表 14-3 可知，对随机前沿设定的假设检验结果均在 $\alpha = 0.01$ 的显著性水平上显著拒绝原假设，可以得出如下结论：①生产函数采用 Translog 生产函数是合适的，α_i，β_j，γ_j，δ_j，$\eta_k(i = 1, 2;\ j = 2, 3;\ k = 1, 2, 3)$ 不全为 0，说明此时模型未退化为 C-D 生产函数。②技术无效项显著不为 0，说明技术无效项存在且对产出的影响显著。③技术无效项服从半正态分布 $u_i \sim i.idN^+(\mu, \sigma_i^2)$，$\mu \neq 0$。④技术无效项随时间变化，前文对技术无效项的设定 $u_{it} = \exp(\eta(T - t))\ u_i$ 是合理的。

（二）模型构建

由前文可知，求解随机前沿模型首先需要确定式（14-2）中的生产函数 f（x_{it}'；β）。目前在随机前沿模型中使用较多的生产函数有两种：一是 C-D 生产函数；二是 Translog 生产函数。前者的优势在于模型简单，较易估计模型参数，但其假设条件过强；后者的优势在于生产函数适应性强，能使要素产出弹性随投入的变化而变化，但其缺点是形式复杂，容易产生多重共线性等问题（傅晓霞和吴利学，2006）。假设第 p 种投入要素下第 i 个 DMU 在时间 t 的投入为 x_{itp}，产出为 y_{it}，p = 1，…，P。则由式（14-2）可知，C-D 生产函数及 Translog 生产函数下的随机前沿函数表达式分别为式（14-9）和式（14-10）：

$$\ln y_{it} = \beta_0 + \sum_{p=1}^{P} \beta_p \ln x_{itp} + v_{it} - u_{it} \tag{14-9}$$

$$\ln y_{it} = \beta_0 + \sum_{p=1}^{P} \beta_p \ln x_{itp} + \frac{1}{2} \sum_{p=1}^{P} \sum_{q=1}^{P} \beta_{pq} \ln x_{itp} \ln x_{itp} + v_{it} - u_{it} \tag{14-10}$$

其中，β_0、β_p（p = 1，…，P）是待估参数。对于使用哪种生产函数更好，目前还没有统一的结论。但由于当 β_{pq}（p = 1，…，P；q = 1，P）= 0 时，式（14-10）退化为式（14-9），因此式（14-9）是式（14-10）在 $\beta_{pq}=0$ 下的特殊形式。事实上，Translog 生产函数正是 C-D 生产函数在（0，0）点的近似二阶 Taylor 展开。因此本章选择更一般的形式 Translog 生产函数，并在估计出参数后进行如下假设检验：H_0：$\beta_{pq}=0$；H_1：$\beta_{pq}\neq 0$，当原假设成立时生产函数退化为 C-D 生产函数。此外，技术无效项 u_{it} 满足前文的设定。

本章最终选取 1990~2012 年 23 年间 28 个省份的 644 组观测值。根据 Battese 和 Coelli（1992）的做法，构建如下超越对数随机前沿模型：

$$\begin{aligned}
\ln egdp_{it} = {} & \alpha_0 + \alpha_1 t + \alpha_2 \frac{t^2}{2} \\
& + \beta_1 \ln labor_{it} + \frac{1}{2}\beta_2 t \ln labor_{it} + \frac{1}{2}\beta_3 \ln labor_{it} \ln labor_{it} \\
& + \gamma_1 \ln capital_{it} + \frac{1}{2}\gamma_2 t \ln capital_{it} + \frac{1}{2}\gamma_3 \ln capital_{it} \ln capital_{it} \\
& + \delta_1 \ln energy_{it} + \frac{1}{2}\delta_2 t \ln energy_{it} + \frac{1}{2}\delta_3 \ln energy_{it} \ln energy_{it} \\
& + \eta_1 \ln labor_{it} \ln capital_{it} + \eta_2 \ln labor_{it} \ln energy_{it} + \eta_3 \ln capital_{it} \ln energy_{it} \\
& + v_{it} - u_{it}
\end{aligned} \tag{14-11}$$

运用 Froniter4.1 软件，在格点搜索后采用极大似然估计法进行估计。Frontier4.1 软件的模型估计结果仅给出各解释变量的 t 统计量，由于随机前沿模型实际是多元线性回归方程，其自由度 f = n - k - 1 = 28 - 14 - 1 = 13，其中 n 为样本数，k 为自变量数。查 t 分布表可得 $t_{0.01/2}(13) = 3.012$，$t_{0.05/2}(13) = 2.160$，$t_{0.1/2}(13) = 1.771$。模型的参数估计如表 14-4 所示。

表 14-4　我国能源消耗产出效率随机前沿模型的参数估计

变　量	(1)	(2)	(3)	(4)	(5)
常数项	0.4953 (0.8210)	4.4460*** (5.7388)	1.0907 (1.2762)	6.4330*** (6.6218)	−0.9878*** (−3.0233)
t	0.0224 (1.2071)	0.1219*** (5.6780)	−0.0185 (−0.7679)	0.0726** (2.7451)	—
$t^2/2$	0.0008 (1.5190)	0.0006 (1.1105)	−0.0028*** (−5.7835)	−0.0013** (−2.7065)	0.0016*** (5.2835)
$\ln labor_{it}$	0.1043 (0.7054)	−0.1186 (−0.6680)	0.6714*** (3.5530)	−0.2408 (−1.0322)	0.2293** (2.1699)
$\frac{1}{2}t\ln labor_{it}$	0.0110 (1.6518)	0.0085 (1.3880)	0.0211*** (3.2755)	0.0169** (2.5089)	0.0280*** (7.0268)
$\frac{1}{2}\ln labor_{it}\ln labor_{it}$	0.0856** (2.3803)	0.1823*** (5.4508)	0.0775* (2.0620)	0.1992*** (4.7627)	0.1137*** (3.5085)
$\ln capital_{it}$	1.0581*** (4.9460)	0.4638** (2.2511)	1.1229*** (4.9253)	0.3655 (1.3837)	0.7853*** (40.5777)
$\frac{1}{2}t\ln capital_{it}$	−0.0116 (−1.4337)	−0.0006 (−0.0739)	0.0306*** (3.4508)	0.0152* (1.7768)	−0.0241*** (−8.5313)
$\frac{1}{2}\ln capital_{it}\ln capital_{it}$	0.0381 (0.7972)	0.0344 (0.7682)	−0.0279 (−0.5121)	0.0364 (0.7625)	—
$\ln energy_{it}$	−1.3956*** (−5.1655)	−1.3171*** (−6.7698)	−1.7132*** (−8.2777)	−1.4061*** (−6.6875)	−0.9064*** (−8.6536)
$\frac{1}{2}t\ln energy_{it}$	0.0034 (0.4570)	−0.0225*** (−3.3847)	−0.0237** (−2.9966)	−0.0294*** (−4.0406)	0.0032 (0.6973)
$\frac{1}{2}\ln energy_{it}\ln energy_{it}$	0.2931*** (4.7411)	0.2376*** (4.5061)	0.2231*** (3.5392)	0.1929*** (3.3311)	0.0895*** (2.9992)
$\ln labor_{it}\ \ln capital_{it}$	0.0685** (2.3418)	0.0153 (0.5387)	−0.0433 (−1.4641)	−0.0300 (−1.0057)	—
$\ln labor_{it}\ \ln energy_{it}$	−0.1297*** (−3.6044)	−0.1559*** (−5.4765)	−0.0945** (−2.8179)	−0.1218*** (−3.5229)	−0.1104*** (−4.0648)
$\ln capital_{it}\ \ln energy_{it}$	−0.1362** (−2.9495)	−0.0452 (−1.0865)	−0.0366 (−0.7370)	−0.0136 (−0.2998)	—
σ^2	0.0355*** (23.7223)	1.0121*** (3.8087)	0.0417*** (15.5955)	0.9006*** (3.6782)	0.0319 *** (27.6474)
γ	0.9309*** (133.0046)	0.9980*** (1781.9275)	0.9442*** (124.4921)	0.9975*** (1406.9894)	0.9218*** (154.3767)
μ	0.3634*** (9.8123)	—	0.3968*** (10.5686)	—	0.3428*** (8.5897)
η	−0.0425*** (−17.1155)	−0.0171*** (−7.7178)	—	—	−0.0466*** (−21.4414)
对数似然值	905.8757	970.5874	871.7753	944.4315	890.0845
LR 值	716.0789	845.5024	647.8781	793.1905	687.6657

注：括号内为 t 统计量；***、** 和 * 分别表示解释变量在 1%、5%和 10%的水平下显著。

其中，模型（1）是加入所有变量的测算结果，模型（2）~模型（4）在模型（1）的基础上分别限定：①$\mu=0$，$\eta\neq0$。②$\mu\neq0$，$\eta=0$。③$\mu=0$，$\eta=0$。从变量的显著性来看，模型（3）通过检验的参数较多，因此选择模型（3）为基准模型。在模型（3）的基础上，剔除不显著的变量，进一步进行估计得到模型（5）的估计结果。模型（5）的表达式如下：

$$\begin{aligned}\text{lnegdp}_{it}=&\alpha_0+\alpha_2\frac{t^2}{2}+\beta_1\text{lnlabor}_{it}+\frac{1}{2}\beta_2\text{tlnlabor}_{it}+\frac{1}{2}\beta_3\text{lnlabor}_{it}\text{lnlabor}_{it}\\&+\gamma_1\text{lncapital}_{it}+\frac{1}{2}\gamma_2\text{tlncapital}_{it}+\delta_1\text{lnenergy}_{it}+\frac{1}{2}\delta_2\text{tlnenergy}_{it}\\&+\frac{1}{2}\delta_3\text{lnenergy}_{it}\text{lnenergy}_{it}+\eta_2\text{lnlabor}_{it}\text{lnenergy}_{it}+v_{it}-u_{it}\end{aligned}\quad(14\text{-}12)$$

由表 14-4 的估计结果可知，模型（5）的解释变量全部通过了检验。模型（5）中的 μ 显著不为 0，说明技术无效项存在且对产出的影响显著，其分布为半正态分布 u_n~i.i.d$N^+(\mu,\sigma_u^2)$，$\mu\neq0$。由于 η 不为 0 且显著为负，说明技术无效项随时间变化，$\delta(t)$是 t 的增函数，t 越大技术越无效，此外，$u_{nt}=\exp(\eta(T-t))u_n$ 的设定是合理的。

下文选取模型（5）做进一步研究。由模型（5）可以计算出 1990~2012 年我国能源消耗产出效率，将样本期间分为三个时段：1990~1996 年、1997~2002 年、2002~2012 年，研究不同时段下我国各省份能源消耗的产出效率，如表 14-5 所示。

表 14-5 三时段下我国各省份能源消耗产出效率

省　份	1990~1996 年	1997~2002 年	2003~2012 年
北　京	0.8624	0.8186	0.7470
天　津	0.9026	0.8707	0.8171
河　北	0.8408	0.7909	0.7106
辽　宁	0.9410	0.9210	0.8869
上　海	0.9957	0.9942	0.9915
江　苏	0.9616	0.9485	0.9257
浙　江	0.9257	0.9009	0.8587
福　建	0.9041	0.8725	0.8197
山　东	0.9086	0.8784	0.8278
广　东	0.9924	0.9897	0.9850
山　西	0.7696	0.7017	0.5972
内蒙古	0.7604	0.6904	0.5833
吉　林	0.8706	0.8291	0.7609
黑龙江	0.8546	0.8085	0.7337
安　徽	0.8357	0.7844	0.7021
江　西	0.8237	0.7693	0.6825
河　南	0.7379	0.6629	0.5500
湖　北	0.8821	0.8439	0.7808
湖　南	0.8243	0.7701	0.6835
广　西	0.8127	0.7555	0.6647
四　川	0.7957	0.7341	0.6377
贵　州	0.6725	0.5848	0.4587

续表

省　份	1990~1996 年	1997~2002 年	2003~2012 年
云　南	0.7063	0.6249	0.5049
陕　西	0.7928	0.7305	0.6331
甘　肃	0.7427	0.6687	0.5570
青　海	0.6777	0.5909	0.4656
宁　夏	0.6185	0.5221	0.3895
新　疆	0.8215	0.7666	0.6789
东部平均	0.9235	0.8985	0.8570
中部平均	0.8176	0.7623	0.6749
西部平均	0.7378	0.6642	0.5544
全国平均	0.8298	0.7794	0.7012

注：将重庆并入四川；由于数据缺失，海南及西藏未列出。

由表 14-5 可知，总体来看我国能源消耗产出效率不容乐观。1990~1996 年全国能源产出效率平均为 0.8298，1997~2002 年下降到 0.7794，2003~2012 年进一步下降到 0.7012，三个时段分别有 17%、22%和 30%的提升空间。这说明随着经济发展，我国能源消耗的产出效率是下降的，也就是说，尽管我国在近 20 年来创造了世界瞩目的经济奇迹，但在经济发展的同时，每消耗 1 单位的标准煤，实际 GDP 产出下降，大量的能源投入并没有带来同比例的经济产值增加。分区域可以看出，三时段下我国能源消耗产出效率从高到低均为东部、中部和西部，1990~2012 年我国东部、中部、西部的能源消耗产出平均效率分别为 0.8930、0.7516 和 0.6522，说明我国区域能源消耗产出效率差异比较明显，东部发达省份的效率较高，中西部地区相对落后，产出效率较低。

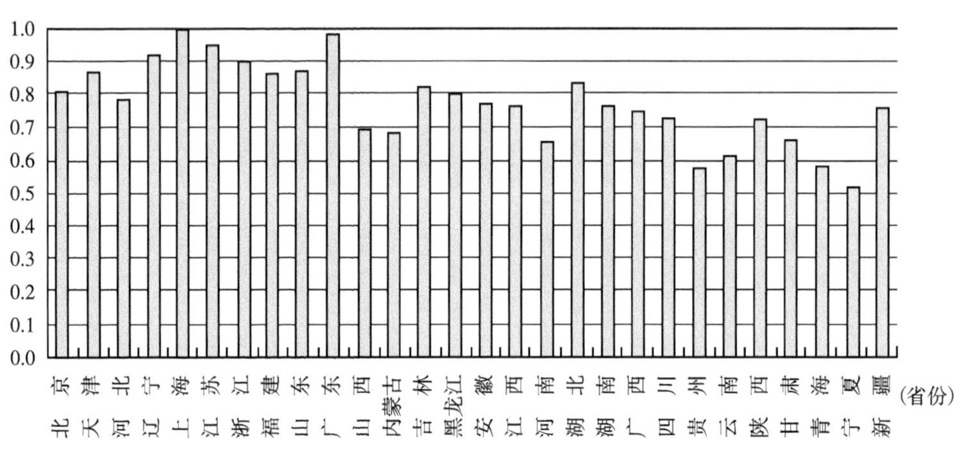

图 14-2　1990~2012 年我国各省份能源消耗产出效率

注：将重庆并入四川；由于数据缺失，海南及西藏未列出。

由图 14-2 可以看出，1990~2012 年我国能源消耗产出效率最高的地区为上海和广东，其能源消耗产出效率分别为 0.9938 和 0.9890，说明这两个地区在给定产出时，能源消耗的损失是最少的。我国能源消耗产出效率最低的省份为贵州和宁夏，分别为0.5720和0.5100。此外还可以发现，我国省份间能源消耗产出效率差异较大，能源消耗产出效率较高的省份效率值趋近于1，较低的省份效率不足60%，因此政府部门应当注意缩小各省份各区域间的能源产出效率，提高经济欠发达地区传统能源的技术水平，淘汰落后工艺，积极引进新技术、新能源，提升落后地区的单位能耗GDP。

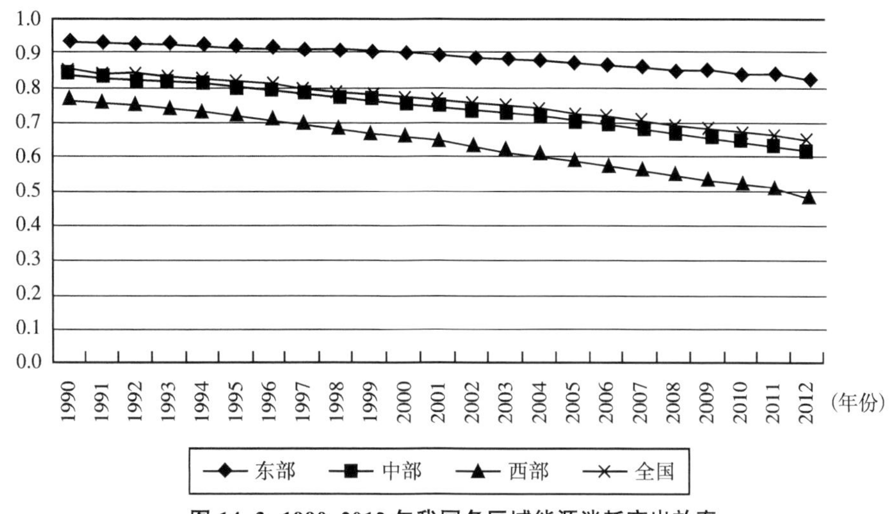

图14-3 1990~2012年我国各区域能源消耗产出效率

图14-3显示了1990~2012年我国各区域能源消耗产出效率。① 从图14-3可以明显看出，我国各区域能源消耗产出效率逐年下降，东部的能源消耗产出效率最高，高于全国平均水平；中部地区能源消耗产出效率基本与全国平均水平持平；西部能源消耗产出效率低于全国平均水平且下降幅度较快。2012年全国能源消耗产出效率为0.6512，比1990年的0.8500下降19.88%，平均每年下降0.86%。因此，西部地区在开发和使用能源时，应当向中东部地区借鉴先进的生产技术和管理水平，提高能源使用效率，降低单位能耗，使地区的能源利用得以优化配置。

二、能耗产出效率分析

进一步分析政府规模、第二产业增加值、城镇化率、开放度对各省份能源消耗产出效率的影响，构建模型如下：

$$m_{it} = \lambda_0 + \lambda_1 govexprate/gdp_{it} + \lambda_2 second/gdp_{it} + \lambda_3 urbanpopulation/totalpopulation_{it} + \lambda_4 trade/gdp_{it} + \theta_{it} \quad (14-13)$$

① 三大区域的划分方法为：东部地区包括北京、天津、河北、辽宁、上海、江苏、浙江、福建、山东、广东10个省份；中部地区包括山西、吉林、黑龙江、安徽、江西、河南、湖北、湖南、内蒙古9个省份；西部地区包括四川、贵州、云南、陕西、甘肃、青海、宁夏、新疆、广西9个省份。

其中，模型参数估计采用 t 检验，其自由度 $f=n-k-1=28-4-1=23$，其中 n 为样本数，k 为自变量数。查 t 分布表可得 $t_{0.01/2}(23)=2.807$，$t_{0.05/2}(23)=2.069$，$t_{0.1/2}(23)=1.714$。借助 Eviews 7 软件，可以得到上述模型的估计如表 14-6 所示。

表 14-6　能耗产出效率模型的参数估计

变　量	（1）	（2）	（3）	（4）
C	—	0.9093*** (156.5763)	0.7754*** (92.8590)	0.8254*** (117.0737)
govexprate	0.4116 (1.6344)	0.3259*** (4.9340)	0.4582*** (9.3534)	0.4247*** (8.7126)
second	0.3840*** (13.2621)	−0.2120*** (−36.8021)	−0.0730*** (−8.3644)	−0.1259*** (−17.2025)
urban	0.8680*** (13.5839)	0.0480*** (4.1743)	0.0572*** (6.8472)	0.0552*** (6.6227)
trade	0.0205 (1.4194)	0.0002 (0.0691)	0.0226*** (9.4186)	0.0142*** (6.2583)
R^2	−2.9070	0.9588	0.9803	0.9705
调整后的 R^2	−2.9253	0.9567	0.9785	0.9690
标准误差	0.2833	0.0298	0.0210	0.0230
残差平方和	51.3793	0.5419	0.2596	0.3236
似然比统计量	−99.6310	1366.0590	1602.9980	—
D-W 统计量	0.0780	—	—	0.1128
F 统计量	—	459.3059	552.6800	650.0327
P 值（F 统计量）	—	0.0000	0.0000	0.0000

注：括号内为 t 统计量；***、** 和 * 分别表示解释变量在 1%、5%和 10%的水平下显著；模型（1）~ 模型（4）分别为混合 OLS 模型、个体固定效应模型、双固定效应模型、个体随机效应模型。

（一）利用 F 统计量分析采用混合 OLS 模型还是个体固定效应模型

建立原假设和备择假设为：

$H_0: \alpha_i=\alpha(i=1, \cdots, 28) \leftrightarrow H_1: \alpha_i(i=1, \cdots, 28)$ 互不相同

原假设表示模型中不同个体的截距相同，即原假设成立时为混合回归模型；备择假设表示模型中的不同个体的截距项 α_i 不同，即拒绝原假设时为个体固定效应模型。根据 F 统计量的定义可以得出：

$$F=\frac{(SSE_r-SSE_u)/[(NT-k-1)-(NT-N-k)]}{SSE_u/(NT-N-k)}$$

$$=\frac{(51.3793-0.5419)/(28-1)}{0.5419/(28\times 23-28-4)}=\frac{1.8829}{0.0009}=2126.6094$$

其中，SSE_r 表示约束模型，即混合 OLS 的残差平方和；SSE_u 表示非约束模型，即个体固定效应模型的残差平方和，非约束模型比约束模型多了 $N-1=27$ 个被估参数。由于 $F_{0.05}(27, 612)=1.75<2126.6094$，因此采用个体固定效应模型更合适。

（二）利用 Hausman 统计量分析采用固定效应模型还是随机效应模型

构造原假设和备择假设为：

H_0：效应与回归变量无关↔H_1：效应与回归变量相关

原假设成立时真实模型为随机效应模型，拒绝原假设时真实模型为固定效应模型。设固定效应模型与随机效应模型的参数估计量分别为$\hat{\beta}_w$和$\hat{\beta}_{re}$，则当真实模型为随机效应模型时，二者的差异很小，估计是一致的；如果真实模型是固定效应模型，那么$\hat{\beta}_w$是一致估计量而$\hat{\beta}_{re}$是非一致估计量，二者差异很大。因此比较二者的差异即可判断模型是固定效应模型还是随机效应模型——差异小时建立随机效应模型，差异大时建立固定效应模型。Hausman 检验结果如表 14-7 所示。

表 14-7　Hausman 检验结果

卡方统计量		卡方自由度		P 值
127.4046		4		0.0000
变量	固定效应模型参数估计	随机效应模型参数估计	分布方差的差	P 值
govexprate	0.4582	0.4247	0.000023	0.0000
second	-0.0730	-0.1259	0.000023	0.0000
urban	0.0572	0.0552	0.000000	0.0000
trade	0.0226	0.0142	0.000001	0.0000

由表 14-7 可知，$H=\dfrac{(\hat{\beta}_w-\tilde{\beta}_{re})^2}{s(\hat{\beta}_w)^2 s(\tilde{\beta}_{re})^2}=127.4046>\chi^2_{0.05}(4)=9.49$，因此拒绝原假设，模型存在固定效应，应选取固定效应模型。

（三）选取个体固定效应模型还是双固定效应模型

进一步分析可知，双固定效应模型的参数全部通过了 0.01 水平下的显著性检验，而个体固定效应模型下进出口总额变量 trade 没有通过显著性检验；采用模型（3）双固定效应模型调整后的 R^2 为 0.9785，大于个体固定效应下的调整后的 R^2；回归模型的标准误差为 0.0210，小于其他模型；似然比统计量和 F 统计量分别为 1602.998 和 552.6800，大于其他模型，同时模型（3）的 F 统计量显著。

综上所述，采用模型（3）的拟合效果最优，因此本章选取双固定效应模型，进一步分析能耗产出效率的影响因素。模型（3）的表达式为：

$$\begin{aligned} m_{it} = {} & 0.7754+\sum_{i=1}^{28} d_i D_i+\sum_{j=1990}^{2012} e_j E_j \\ & +0.4582\times govexprate/gdp_{it}-0.0730\times second/gdp_{it} \\ & +0.0572\times urbanpopulation/totalpopulation_{it} \\ & +0.0226\times trade/gdp_{it}+\theta_{it} \end{aligned} \tag{14-14}$$

其中，D_i 和 E_j 是虚拟变量，D_1，D_2，…，D_{28} 和 E_{1990}，E_2，…，E_{2012} 的定义分别如下：

$$D_j=\begin{cases}1，如果属于第 i 个个体，i=1，…，28\\0，其他\end{cases} \tag{14-15}$$

$$E_j=\begin{cases}1，如果属于第 j 个截面，j=1990，…，2012\\0，其他（不属于第 j 个截面）\end{cases} \tag{14-16}$$

D_i 和 E_j 的系数 d_i 和 e_j 如表 14-8 所示。

表 14-8　虚拟变量 D_i 和 E_j 的系数 d_i 和 e_j

	变　量	系　数	变　量	系　数
个体固定效应系数	d1	−0.0392	d15	0.1255
	d2	0.0955	d16	−0.0873
	d3	0.0402	d17	0.0740
	d4	−0.0585	d18	0.0040
	d5	−0.0854	d19	0.1967
	d6	0.1568	d20	−0.0382
	d7	0.0433	d21	−0.0418
	d8	0.0467	d22	−0.2088
	d9	0.1967	d23	−0.1550
	d10	0.1868	d24	−0.0299
	d11	0.1422	d25	−0.1107
	d12	0.0157	d26	−0.2481
	d13	0.0965	d27	−0.2982
	d14	−0.0004	d28	−0.0191
时间固定效应系数	e1990	0.0585	e2002	−0.0079
	e1991	0.0554	e2003	−0.0139
	e1992	0.0546	e2004	−0.0200
	e1993	0.0555	e2005	−0.0292
	e1994	0.0511	e2006	−0.0363
	e1995	0.0490	e2007	−0.0440
	e1996	0.0453	e2008	−0.0476
	e1997	0.0390	e2009	−0.0581
	e1998	0.0304	e2010	−0.0600
	e1999	0.0205	e2011	−0.0712
	e2000	0.0106	e2012	−0.0837
	e2001	0.0017		

注：D1~D28 分别表示北京、天津、河北、山西、内蒙古、辽宁、吉林、黑龙江、上海、江苏、浙江、安徽、福建、江西、山东、河南、湖北、湖南、广东、广西、四川、贵州、云南、陕西、甘肃、青海、宁夏、新疆 28 个省份；D1990~D2012 分别表示 1990~2012 年。

从模型（3）可以看出，政府规模、第二产业增加值、城镇化率、开放度对能源消耗产出效率的影响均显著，且除第二产业增加值外，其他变量对能源消耗产出效率的影响均为正。

政府规模对能源消耗的影响显著为正，说明政府干预能源生产和消耗，引导企业走向高效能、低排放之路，提高能源的利用效率具有重要意义。单位 GDP 政府支出每提高 1 个单位，能源消耗产出效率增加 0.4582 个单位，可以说，在企业能源消耗效率的影响因素中，政府规模占据极其重要的作用，对能源消耗效率的影响高达 45.82%，因此政府应当注重政策调控的作用。一方面合理规划能源的开采和使用，优化能源资源配置；另一方面大力监管能源排放，通过出台新政，引导相关产业走向低碳排放之路。

第二产业增加值对能源消耗的影响显著为负，说明当前我国第二产业尽管是能源使用的主要行业，但其能源消耗产出效率是较低的。单位 GDP 第二产业增加值每提高 1 个单位，能源消耗产出效率减少 0.0730 个单位。可以看出，尽管第二产业增加值对能源消耗产出效率的影响不大，但由于其负向作用使得有关部门必须注重第二产业能源消耗效率的提高。由于第二产业以制造业为主，是能源消耗的主要部门，但目前我国仍然以煤炭为主要生产原料，其对能源的利用效率是低下的，虽然政府部门正在着手开发新能源，如水力、风力、核电等清洁能源，这些能源在消耗产出效率上较高，但目前由于技术原因尚未普及，致使我国第二产业仍然依靠传统的生产工艺和设备，阻碍了能源消耗产出效率的提高。因此，使用新能源替代原有传统煤炭能源，是日后能源开采和使用的发展方向，也是政府部门提高能源消耗产出效率的必由之路。

城市化率对能源消耗的影响显著为正，说明城市化率可以有效提高能源消耗产出效率。城市化率每提高 1 个单位，能源消耗产出效率增加 0.0572 个单位。由此可见，尽管城市化率对能源消耗产出效率仅有 5.72%的贡献，但这种影响依然是显著的，城市化进程有利于提高能源消耗产出效率。纵观中国城市的发展，政府在 20 世纪 90 年代出台推行城市化的政策方针后，城市化建设如火如荼，大量劳动力从农村涌向城市，为城市建设带来了丰富的劳动力，城市生产力水平得到极大提高。1990 年北京和上海的城市化率分别为 73.48%和 68.60%，而到 2012 年两城市的城市化率提高到 86.20%和 89.30%。城市化的发展需要大量的基础设施建设，城市居民对能源的消耗需求也随着生活水平的提高日益增长，城市化对推动国家 GDP 增长具有重要作用，因此在单位能耗一定的情况下，所获得的 GDP 产出较多。要想提高我国城市对能源消耗的产出效率，仍需依靠政策手段监督和引导城市居民使用新型能源，合理规划，在单位能耗既定的情况下，创造更多的经济财富。

进出口总额对能源消耗的影响显著为正，说明对外贸易的提高有利于我国能源消耗产出效率的提高。单位 GDP 进出口总额每提高 1 个单位，能源消耗产出效率增加 0.0226 个单位。对外贸易的开放有利于国外先进技术的引进，促使我国传统工业更新换代，提高能源消耗产出效率。进一步提高我国能源消耗产出效率，需要继续实施以出口为导向的经济发展战略，积极学习发达国家在清洁能源，环境治理方面的管理经验和先进手段，逐渐淘汰低附加值产业和高能耗低产出行业，建立适合我国社会、经济、环境发展的民族支柱产业体系。

第五节 结论及启示

本章基于随机前沿分析方法构造了中国能源消耗产出效率模型，测算了1990~2012年我国28个省份的能源消耗产出效率，研究了政府规模、第二产业增加值、城镇化率、开放度对能源消耗产出效率的影响。根据实证研究和测算结果，本章的研究结论主要如下：

（1）尽管我国在近20年来创造了世界瞩目的经济奇迹，但在经济发展的同时，每消耗1单位的标准煤，实际GDP产出下降，大量的能源投入并没有带来同比例的经济产值增加。我国各区域能源消耗产出效率逐年下降，从高到低为东部、中部和西部。东部的能源消耗产出效率最高，高于全国平均水平；中部地区能源消耗产出效率基本与全国平均水平持平；西部能源消耗产出效率低于全国平均水平且下降幅度较快。

（2）我国省份间能源消耗产出效率差异较大，能源消耗产出效率较高的省份效率值趋近于1，较低的省份效率不足60%，因此政府部门应当注意缩小各省份各区域间的能源产出效率，提高经济欠发达地区传统能源的技术水平，淘汰落后工艺，积极引进新技术、新能源，提升落后地区的单位能耗GDP。西部地区在开发和使用能源时，应当向中东部地区借鉴先进的生产技术和管理水平，提高能源使用效率，降低单位能耗，使地区的能源利用得以优化配置。

（3）政府规模对能源消耗的影响显著为正，单位GDP政府支出每提高1个单位，能源消耗产出效率增加0.4582个单位；第二产业增加值对能源消耗的影响显著为负，说明第二产业能源消耗产出效率较低，单位GDP第二产业增加值每提高1个单位，能源消耗产出效率减少0.0730个单位；城市化率对能源消耗的影响显著为正，说明城市化率可以有效提高能源消耗产出效率，城市化率每提高1个单位，能源消耗产出效率增加0.0572个单位；进出口总额对能源消耗的影响显著为正，说明对外贸易的提高有利于我国能源消耗产出效率的提高，单位GDP进出口总额每提高1个单位，能源消耗产出效率增加0.0226个单位。

本章的主要政策建议如下：一是扭转单位能耗GDP产出下降的趋势，缩小我国能源消耗产出效率的区域性差异；二是注重政府政策调控的作用，合理规划能源的开采和使用，优化能源资源配置，严格监管能源排放，通过出台新政，引导相关产业走向低碳排放之路；三是以制造业为主的第二产业目前仍然以煤炭为主要生产原料，其对能源的利用效率低下，使用新能源替代原有传统煤炭能源，是日后能源开采和使用的发展方向，也是政府部门提高能源消耗产出效率的必由之路；四是应进一步提高我国城市对能源消耗的产出效率，通过政策监督和引导城市居民使用新型能源，合理规划，创造更多的经济财富；五是积极学习发达国家在清洁能源、环境治理方面的管理经验和先进手段，逐渐淘汰低附加值产业和高能耗低产出行业，大力研发新能源开采和使用技术，努力创造中国经济发展的又一个奇迹。

参考文献

[1] Blancard S., Martin E.. Energy Efficiency Measurement in Agriculture with Imprecise Energy Content Information. Energy Policy, 2014 (66): 198-208.

[2] Zhang H., Lahr M. L.. China's Energy Consumption Change from 1987 to 2007: A Multi-regional Structural Decomposition Analysis. Energy Policy, 2014 (67): 682-693.

[3] Azadeh A., Amalnick M. S., Ghaderi S.F., Asadzadeh S. M.. An Integrated DEA PCA Numerical Taxonomy Approach for Energy Efficiency Assessment and Consumption Optimization in Energy Intensive Manufacturing Sectors. Energy Policy, 2007 (35): 3792-3806.

[4] Bampatsou C., Papadopoulos S., Zervas E.. Technical Efficiency of Economic Systems of EU-15 Countries Based on Energy Consumption. Energy Policy, 2013 (55): 426-434.

[5] Ramanathan R.. A Multi-Factor Efficiency Perspective to the Relationships among World GDP, Energy Consumption and Carbon Dioxide Emissions. Technological Forecasting & Social Change, 2006 (73): 483-494.

[6] Morikawa M.. Population Density and Efficiency in Energy Consumption: An Empirical Analysis of Service Establishments. Energy Economics, 2012 (34): 1617-1622.

[7] Schueftan A., GonzáLez D. A.. Reduction of Firewood Consumption by Households in South-central Chile Associated with Energy Efficiency Programs. Energy Policy, 2013 (63): 823-832.

[8] Mahmood A., Marpaung C. O. P.. Carbon Pricing and Energy Efficiency Improvement-why to Miss the Interaction for Developing Economies? An Illustrative CGE Based Application to the Pakistan Case. Energy Policy, 2014 (67): 87-103.

[9] Craig C. A., Allen M. W.. Enhanced Understanding of Energy Ratepayers: Factors Influencing Perceptions of Government Energy Efficiency Subsidies and Utility Alternative Energy Use. Energy Policy, 2014: (66): 224-233.

[10] Ma S. Y., Ma Z. X.. The Efficiency of Chinese Energy Consumption and GDP. Energy Procedia, 2011 (5): 1727-1731.

[11] Tso G. K. F., Liu F., Liu K.. The Influence Factor Analysis of Comprehensive Energy Consumption in Manufacturing Enterprises.Procedia Computer Science, 2013 (17): 752-758.

[12] Eberspächer P., Verl A.. Realizing Energy Reduction of Machine Tools Through a Control-Integrated Consumption Gragh-based Optimization Method. Procedia CIRP, 2013 (7): 640-645.

[13] Hu Jin-li, Wang Shih-chuan. Total-Factor Energy Efficiency of Regions in China. Energy Policy, 2006 (34): 3206-3217.

[14] Zhou N., Levine M. D., Price L.. Overview of Current Energy-efficiency Policies in China. Energy Policy, 2010: 6439-6452.

[15] Sinton J. E., Levine M. D., Wang Q. Y.. Energy Efficiency in China: Accomplishments and Challenges. Energy Policy, 1998, 11 (26): 813-829.

[16] Andrews-speed P.. China's Ongoing Energy Efficiency Drive: Origins, Progress and Prospects. Energy Policy, 2009 (37): 1331-1344.

[17] Farinelli U., Yokobori K., Zhou F. Q.. Energy Efficiency in China. Energy for Sustainable Development, 2001, 4 (V): 32-38.

[18] Simar L., Wilson P. W.. Estimation and Inference in Two-Stage, Semi-parametric Models of Production Processes. Journal of Econometrics, 2007, 136 (1): 31-64.

[19] 魏楚:《中国能源效率问题研究》，浙江大学博士学位论文，2009 年。

[20] 张庆芝、何枫、赵晓:《基于 SFA 的能源消耗、代理成本及股权结构与钢铁企业效率关系研究》,《管理学报》，2011 年第 7 期。

[21] 魏楚、沈满洪:《能源效率及其影响因素：基于 DEA 的实证分析》,《管理世界》，2007 年第 8 期。

[22] 查冬兰、周德群、严斌剑:《能源约束下的我国全要素生产率增长比较——基于技术可变的面板随机前沿生产模型》,《系统工程》，2009 年第 6 期。

[23] 曾胜、刘朝明、涂瑞:《我国能源消耗的效率评价》,《科技进步与对策》，2008 年第 11 期。

[24] 续竞秦、杨永恒:《我国省际能源效率及其影响因素分析——基于 2001~2010 年面板数据的 SFA 方法》,《山西财经大学学报》，2012 年第 8 期。

[25] 陈黎明、黄伟:《基于随机前沿的我国省域碳排放效率研究》,《统计与决策》，2013 年第 9 期。

[26] 孙海、王元地、许正权:《我国制造业能源消耗强度变化的因素分解——基于结构份额和效率份额视角》,《科技进步与对策》，2009 年第 20 期。

[27] 邱灵、申玉铭、任旺兵、严婷婷:《中国能源利用效率的区域分异与影响因素分析》,《自然资源学报》，2008 年第 5 期。

[28] 吴巧生、成金华:《中国能源消耗强度变动及因素分解：1980~2004》,《经济理论与经济管理》，2006 年第 10 期。

[29] 刘元华、吴玉峰、李新、程会强、韦子超、夏宾:《中国能源消耗增量结构分解研究》,《中国人口·资源与环境》，2011 年第 2 期。

[30] 熊强、郭贯成:《中国能源消耗及利用效率、碳排放与产业投资结构的灰色关联分析》,《科技与经济》，2013 年第 2 期。

[31] 孙广生、向涛、黄祎、杨先明:《效率提高、产出增长与能源消耗——基于工业行业的比较分析》,《经济学》（季刊)，2012 年第 1 期。

[32] 张珍花、戴丽亚:《中国产业能源消耗效率变化的实证分析——基于投入产出方法》,《生态经济》，2012 年第 7 期。

[33] 干春晖、郑若谷:《中国工业生产绩效：1998~2007——基于细分行业的推广随机前沿生产函数的分析》,《财经研究》，2009 年第 6 期。

作　者：陈星星